MARKUS THIELE
Zeit der Schuldigen

MARKUS THIELE

ZEIT DER SCHULDIGEN

Roman nach einem wahren Kriminalfall

Lübbe

 Die Bastei Lübbe AG verfolgt eine nachhaltige Buchproduktion. Wir verwenden Papiere aus nachhaltiger Forstwirtschaft und verzichten darauf, Bücher einzeln in Folie zu verpacken. Wir stellen unsere Bücher in Deutschland und Europa (EU) her und arbeiten mit den Druckereien kontinuierlich an einer positiven Ökobilanz.

Originalausgabe

Copyright © 2024 by Bastei Lübbe AG,
Schanzenstraße 6–20, 51063 Köln

Vervielfältigungen dieses Werkes für das Text- und
Data-Mining bleiben vorbehalten.

Textredaktion: Dr. Arno Hoven, Düsseldorf
Umschlaggestaltung: Manuela Städele-Monverde unter der Verwendung
von Motiven von © shutterstock: kwest | Simbert Brause
Satz: two-up, Düsseldorf
Gesetzt aus der Utopia
Druck und Verarbeitung: GGP Media GmbH, Pößneck

Printed in Germany
ISBN 978-3-7577-0038-6

1 3 5 4 2

Sie finden uns im Internet unter luebbe.de
Bitte beachten Sie auch: lesejury.de

Ne bis in idem
(Art. 103 Abs. 3 GG)

Everything I tell you has been spoken
And everything I say was said before
But everything I feel is for the first time
And everything I feel, I feel for you.
Return to me, October Project, 1993

Für Marion.
Du weißt, warum.

Der vorliegende Roman wurde inspiriert durch den realen Fall der 1981 ermordeten Frederike von Möhlmann. Insbesondere die hier im Buch dargestellte Prozesshistorie im Anschluss an die Tat und die rechtlichen Zusammenhänge entsprechen in ihren wesentlichen Elementen weitgehend den tatsächlichen Geschehensabläufen. Die Personen im Text, ihre Beziehungen zueinander und ihre Handlungsmotive sind hingegen frei erfunden.

ERSTER TEIL
SCHULD

Prolog

Neun Millimeter

November 2022

Anne erkennt ihn sofort, als sich die Tür der Regionalbahn öffnet und er auf den Celler Bahnsteig tritt. Sein zurückgekämmtes Haar schimmert im Morgenlicht wie Raureif. Die dichten Koteletten reichen bis zu den Kieferknochen hinab und erinnern noch immer an Fingernagelbürsten. Der Lodenmantel ist speckig und glänzt, Volker März trägt ihn beinahe sein ganzes Leben. Er geht aufrecht und lächelt. Es ist das Lächeln eines Mannes, der sich sicher ist, die Welt kann ihm nichts anhaben. Er nimmt Anne nicht wahr, als er auf den Ausgang zutritt.

Es ist der 22. November 2022 – irgendwie eine Schnapszahl, denkt sie. März ist inzwischen zweiundsiebzig Jahre alt, er ist immer noch schlank und einen Meter dreiundachtzig groß. Er hat für sein Alter eine durchtrainierte Figur. Steht alles in der Ermittlungsakte, die mehrere Tausend Seiten umfasst. Anne kennt sie auswendig, jedes Detail hat sie im Kopf. Er treibt dreimal pro Woche Sport in einem Fitnessstudio, und noch immer hilft er stundenweise als Hausmeister bei einer Wohnungsgenossenschaft aus. Er kann sich von dem Job nicht trennen, hat er bei einer seiner Vernehmungen mal gesagt, die Kollegen und die Hausbewohner liebten ihn so sehr. Er sei dort die gute Seele, das hat er auch mal gesagt.

Der Taxistand ist verwaist. März stellt seine Aktentasche auf den Boden und zündet sich eine Zigarette an. Nebel hängt über dem Bahnhofsvorplatz und zieht durch die Straßen, es ist feucht und kalt. Menschen kommen und gehen. Sie reden nicht miteinander, jeder ist mit sich selbst beschäftigt. Einige telefonieren, andere starren zu Boden, und alle haben es eilig. Die beste Deckung findet sich in der Anonymität der Masse.

Als Anne sich hinter ihn stellt, riecht sie sein Rasierwasser. Tabac Original. Es ist süß. Es ist zu männlich für ihn.

»Guten Morgen, Herr März«, sagt sie.

Er dreht sich um, seine Zigarette fällt zu Boden. »Frau Paulsen. Was wollen Sie von mir?«

Sie zieht ihre Dienstwaffe unter der Jacke hervor und drückt ihm die Mündung in den Bauch; sie achtet darauf, dass kein anderer die Pistole sehen kann. »Wenn Sie schreien oder sich zur Wehr setzen, erschieße ich Sie auf offener Straße. Haben Sie das verstanden?«

Er nickt. Sein Haar ist dünn geworden, der Wind spielt mit den flusigen Strähnen.

»Und wenn Sie nicht genau das tun, was ich Ihnen sage, erschieße ich Sie auch. Haben Sie das auch verstanden?«

Er nickt noch einmal.

»Wir gehen jetzt zu meinem Wagen, und Sie werden einsteigen. Wir machen eine kleine Spritztour.«

»Sie sind ja verrückt geworden. Was soll das?«

Anne drückt die Waffe fester gegen seinen Unterleib. »Drehen Sie sich um. Sie gehen vor. Dahinten, der blaue Golf. Machen Sie schon.«

März nimmt seine Tasche auf und setzt sich in Bewegung. Sein faltiger Nacken ist ausrasiert, die gebräunte Haut mit Altersflecken gesprenkelt. Er trägt seine goldene Panzerkette um den Hals, sein Lieblingsschmuck. Er hustet und räuspert sich, das typische Kratzen einer Raucherlunge. Anne denkt an seine gelben Finger, von denen in der Akte immer wieder die Rede ist.

Sie dirigiert ihn zur Beifahrertür ihres Golf. Beim Einsteigen hält sie die Waffe weiter auf ihn gerichtet, und als auch sie im

Wagen Platz genommen hat, wirft sie ihm ein Paar Handschellen zu. »Los, anlegen.«

Mit fahrigen Bewegungen kommt er ihrer Anweisung nach. »Ich bin ein freier Mann, das wissen Sie. Was Sie machen, ist ungesetzlich.«

Sie startet den Motor.

»Wo bringen Sie mich hin?«

»Schnauze«, sagt sie, während sie kurz in den Seitenspiegel blickt und aufs Gas tritt.

Er soll nicht reden. Noch nicht. Er wird noch genug Zeit zum Reden haben. Er wird sich wünschen, nie wieder so viel Zeit zu haben. Anne spürt, wie sich ihre Haut spannt. Ihr ist, als würde alle Luft aus dem Wagen gesaugt, als würde er von außen zerdrückt.

Die Straßen der Celler Innenstadt sind ungewöhnlich leer für acht Uhr früh. Anne fährt in Richtung Westen. Sie biegt auf die B216, die nach Hambühren führt. März denkt jetzt wahrscheinlich, er weiß, wohin sie mit ihm will, deshalb fragt er kein weiteres Mal. Aber mit dem Ziel ihrer kleinen Reise, wo sie alles für ihr Kommen vorbereitet hat, rechnet er mit Sicherheit nicht.

Sie nimmt ihr Handy aus der Hosentasche. Thomas hat versucht, sie zu erreichen, war klar. Sechs Mal in den letzten acht Stunden. Er gibt keine Ruhe, war auch klar. Sie schaltet das Gerät aus. So ist keine Ortung möglich.

Der ganze Wagen riecht nach Tabac Original, als würden zwei Millionen Duftbäume damit am Rückspiegel baumeln. Sie öffnet das Fenster einen Spalt. Frische Luft dringt herein. Die Scheibenwischer kämpfen gegen den Nebel an, der immer wieder einen Schleier auf die Frontscheibe legt.

»Das wird Sie Ihre Dienstmarke kosten«, sagt er und lacht künstlich auf.

Das Lachen wird ihm vergehen, egal, ob echt oder nicht.

Im Rückspiegel sieht Anne einen Wagen, der schon seit Celle hinter ihr ist. Ein schwarzer Volvo. Sie kennt niemanden, der einen schwarzen Volvo hat. Sie verlangsamt das Tempo, der fremde Wagen kommt im Spiegel näher. Er scheint ebenfalls langsamer zu werden. Annes Herzschlag dagegen wird schneller. Sie steuerte ihr Auto in die nächste Parkbucht und hält an.

»Was ist los?«, fragt März.

Der Volvo fährt vorbei. Der Fahrer trägt eine Kapuze. Sie erkennt ihn nicht, kann sein Gesicht nicht sehen. Könnte auch eine Frau sein ... könnte alles Mögliche sein. Sie sieht Gespenster. Ermittlerkrankheit. Überall lauern Gespenster.

Sie steuert ihren Golf wieder auf die Straße und fährt weiter.

Etwa dreihundert Meter vor Hambühren biegt sie rechts auf das weiträumige Grundstück. Das alte Bahnhofsgebäude, das von einem Bauzaun umschlossen wird, ist völlig verfallen, die Kneipe darin ebenso. Über dem Eingang hängt noch immer das vertraute Schild: »*Wartesaal*«.

Als Anne gestern alles herbrachte, traute sie ihren Augen nicht. Ein paar der Fenster waren eingeschlagen und vergittert, der Tresen und etliche Stühle demoliert. Überall Dreck, Taubenkot, Glasscherben, kaputte Bierkrüge. Das uralte Radio mit Plattenspieler lag auf dem Fußboden, das Klavier hingegen war immer noch dort, wo es früher schon gestanden hatte, hinten in der Ecke. Und alles war bedeckt mit einer dicken Patina aus Staub.

Sie parkt hinterm Haus. Die Gleise gegenüber werden seit den 1980er Jahren nicht mehr befahren, zwischen den Bahnschwellen wachsen Büsche und Sträucher.

Das Abrissunternehmen hat zwei Bagger auf dem Schotterplatz abgestellt und einen Container. Morgen gehen die Arbeiten los, morgen früh um acht rücken die Jungs an und legen alles in Schutt und Asche. Dann ist der *Wartesaal* Geschichte.

Perfekter kann ein Ort nicht sein, auch wenn die Zeit knapp werden könnte.

März schüttelt den Kopf.

Sie steigt aus und öffnet die Beifahrertür. »Raus!«

Er stemmt sich aus dem Auto. So durchtrainiert ist er offenbar doch nicht, das Alter hat mehr Spuren hinterlassen als nur weiße Haare. Er ist einen Kopf größer als sie, ein alter, knochiger Mann. Seine gefesselten Hände zittern. Sie packt ihn am linken Oberarm und zieht ihn mit sich zur Bodenluke.

»Was soll das werden?«, fragt er. »Wollen Sie mich hier einsperren und verhungern lassen?«

Keine schlechte Idee. Aber sie hat etwas anderes mit ihm vor.

Sie zieht das Vorhängeschloss aus den Metallwangen der Luke. Es hat gestern unter dem Druck der Brechstange sofort nachgegeben und war problemlos aufgesprungen.

Acht Stufen führen in den Keller. Daneben ist eine kleine Rampe, auf der früher die Bierfässer hereingerollt wurden. Alles ist mit Matsch und Laub verschmiert und schlierig. Beim Hinabgehen stützt Anne März unterm Arm.

Unten ist es vollkommen finster. Sie schaltet ihre Taschenlampe ein. Der weiß gestrichene Lehmputz ist an unzähligen Stellen von den Wänden gebröckelt. Modriger Geruch hängt in der Luft. Als Kind hat Anne sich nur selten hierher getraut. Sie glaubte, überall würden Geister lauern, es war furchtbar unheimlich. Heute weiß sie, dass es keine Geister gibt. Dennoch flößen ihr die Kellerräume Unbehagen ein. Sie ist froh, als sie März die Holzstufen emporschieben kann, die in die Kühlkammer hinter dem Schankraum führen.

In der Kühlkammer stehen noch die alten Regale, Metallgestelle mit Einlegeböden aus Spanholz. Die Schiebetür zum Lastenaufzug in der Wand steht offen. In diesem Raum hat Mutter damals ihre Vorräte aufbewahrt: Fleisch, Konservendosen,

Gemüse und Schnapsflaschen. In der Ecke stand eine Kühltruhe, darin gab es immer Eis am Stiel oder mit Waffelhörnchen.

Anne öffnet den Querriegel der schweren Stahltür und schiebt März in die ehemalige Gaststube. Der *Wartesaal* – ein guter Name für eine Bahnhofskneipe. Vor der Theke sind Barhocker im Boden verschraubt. Die runden Sitze lassen sich drehen.

»Setzen Sie sich«, sagt sie und deutet auf einen der Hocker. Im Raum ist es dunkel, die Fensterjalousien sind heruntergelassen. Der Strahl der Taschenlampe tanzt über März' Gesicht.

Er kneift die Augen zusammen und setzt sich. Seine Kniegelenke knacken. Sie öffnet eine seiner Handschellen und befestigt sie am Hockerbein. Das wird halten. Aus eigener Kraft kommt er davon nicht los.

Natürlich weiß er, wo er ist, auch wenn er so tut, als säße er zum ersten Mal an dieser Theke.

Anne schenkt in zwei der hergebrachten Gläser Mineralwasser ein und schiebt eines zu ihm rüber. Er greift mit der linken Hand danach und trinkt.

Seine tiefliegenden Augen sind dunkel umrandet, die buschigen Brauen darüber inzwischen silbern und die Pupillen ganz hell. Sie leuchten wasserblau. Wie damals.

Seinem Blick nach zu schließen scheint er nicht zu erkennen, wen er mit Anne wirklich vor sich hat. Aber das kommt schon noch.

Gegenüber steht der Stammtisch. Anne sieht ihn voller Menschen. Mutter ist dabei, ein paar Onkel und Tanten und sogar Oma und Opa. Alle Erwachsenen rauchen. Im Holzofen brennt Feuer. Lachen ... Und überall stehen Biergläser herum. Wenn mehrere davon leergetrunken sind, geht Mutter mit ihnen hinter den Tresen, spült sie durch und zapft sie wieder voll. Dazu Schweineschnitzel auf den Tellern, panierte Fleischlappen mit

Hela-Soße, Paprikastreifen, Zwiebeln und Pommes. Anne ist vier oder fünf Jahre alt. Sie könnte sich reinsetzen in Mutters Soße, und natürlich mag sie am liebsten Pommes frites. Sie spielt mit dem Playmobil-Polizeiauto oder mit ihren Puppen; Opa hat nur für sie ein kleines Holzhäuschen gebaut. Opas Hände sind voller Gicht, sie sind rau und riesengroß, aber ganz warm, wenn er ihr über die Wangen streichelt.

Anne hat gern auf seinem Schoß gesessen. Trotz seiner Gichthände hat er oft Klavier gespielt. Er ist zu früh gestorben.

Ihr Herzschlag geht schnell. Er ist ungleichmäßig, als hätte das Rad, das den Kreislauf antreibt, eine Unwucht.

Ihre Finger sind klamm und steif vor Kälte. Sie nimmt ein paar Holzscheite aus der Ecke, schichtet sie im Ofen auf, wie sie es von Opa gelernt hat, stopft Zeitungspapier dazwischen und zündet es an. Das Holz ist ausgedörrt, es brennt sofort. Der Rauch zieht durch das Rohr nach draußen.

März schaut ihr zu. Seine Nasenflügel zucken, als würden sie irgendeinen unangenehmen Gestank wahrnehmen. Und er grinst. Das Grinsen sticht ihr in den Magen.

Die Luft in der Gaststube erwärmt sich, daran können auch März' Eisaugen nichts ändern, die sich im Raum umsehen. Hört er auch das Klavier spielen, auf das er starrt? Und weiß er noch, dass der Zigarettenautomat vorn rechts neben dem Ausgang stand?

»Und jetzt?«, fragt er. »Was machen wir jetzt?«

Sie nimmt den Laptop, den sie gestern hergebracht hat, vom Regal, klappt das Display auf und schließt das Diktiergerät an. Die Spracherkennungssoftware ist auf dem neuesten Stand. Anne hat das Programm auf März' Stimme trainiert; die alten Bänder aus seinen Vernehmungen von damals sind alle noch bei den Akten. Sie hatte sich die Sache schwieriger vorgestellt, aber es war alles in wenigen Minuten erledigt.

Sie schaltet das Gerät ein und setzt sich auf den Hocker neben ihn.

»Jetzt«, sagt sie. »Jetzt reden wir.«

Er beginnt zu lachen. Erst sacht, dann lauter und unkontrolliert. Er lacht schließlich so heftig, dass er wieder husten muss. Mit seiner linken, freien Hand wischt er sich übers Gesicht. »Ihr Eifer ist wirklich einmalig«, sagt er.

»Nehmen Sie Ihr Telefon in die Hand.«

»Was?«

»Sie haben mich verstanden.«

Er holt sein Telefon aus der Manteltasche. »Haben Sie kein eigenes?« Er grinst.

Sie legt den Zettel vor ihm auf den Tresen. Ganz oben hat sie mit rotem Kugelschreiber die Nummer ihres Diensttelefons im Präsidium geschrieben. Darunter steht der Text.

»Sie werden jetzt diese Nummer wählen. Wenn die Mailbox anspringt, sprechen sie diesen Text.« Sie zeigt auf das Papier.

Er nimmt den Zettel in die Hand, überfliegt die Zeilen und legt ihn zurück. »Was soll der Scheiß?«

»Machen Sie schon. Wir haben nicht den ganzen Tag Zeit.«

»Vergessen Sie's.«

Sie zieht ihre Dienstwaffe aus dem Holster, ganz ruhig, ganz sacht, und legt sie auf den Tresen.

Er starrt auf die Pistole und fängt an, auf seiner Unterlippe zu kauen.

Sie beugt sich ein Stück zu ihm hinüber. Der süßlich-herbe Duft seines Rasierwassers passt wirklich nicht zu ihm.

Langsam nimmt sie die Waffe in die Hand und führt sie nach unten. Sie drückt den Lauf an seine Kniescheibe und spannt den Hahn.

»Was soll das?«, fragt er zu laut. Seine Stimme klingt nervös, sein Oberkörper zuckt zurück. »Lassen Sie das.«

Sie drückt ab.

März schreit auf. Die P6 war nicht geladen, seine Kniescheibe ist nur vom nach vorn stoßenden Pistolenlauf getroffen worden. Anne greift in ihre Jackentasche, nimmt ein volles Magazin heraus und tauscht es gegen das leere im Griff der Waffe. Sie zieht den Schlitten zurück und lässt ihn nach vorn schnellen. Das Projektil rastet ein, der Metallverschluss schnappt zu. Erneut führt sie die Mündung an sein Knie, und erneut spannt sie den Hahn.

»Sie sollten mich ernst nehmen«, sagt sie und lächelt, auch wenn es ihr schwerfällt.

Das Kaliber der P6 beträgt neun Millimeter, die Mündungsgeschwindigkeit liegt bei dreihundertvierzig Metern pro Sekunde. Das entspricht etwa der Geschwindigkeit des Schalls, weshalb das menschliche Gehör den Knall des Abfeuerns erst wahrnimmt, wenn die Kugel längst im Ziel steckt.

Anne drückt ein zweites Mal ab.

Hätte sie erneut seine Kniescheibe im Visier gehabt, wäre der Knochen zertrümmert worden, noch bevor März den Schuss gehört hätte. Stattdessen steckt die Kugel im Fußboden. Dennoch schreit März laut auf – nicht vor Schmerz, sondern vor Entsetzen. Für Schmerz bleibt noch genug Zeit.

»Seien Sie still«, sagt Anne. »Tun Sie einfach nur das, was ich Ihnen sage.«

Er nimmt sein Telefon und wählt die Nummer. »Hallo, Frau Paulsen. Ich bin's, Volker März. Wir müssen reden. Bitte kommen Sie zu mir. Am besten jetzt gleich. Ich bin zu Hause. Es ist wichtig. Danke.«

Sein Kehlkopf geht auf und ab. Er bewegt sich mit der gleichen Unwucht, die auch Annes Kreislauf beherrscht und die jetzt, genau in diesem Augenblick, zu einer Wucht geworden ist.

1.

Von Ohrläppchen zu Ohrläppchen

November 1981

Zuerst roch der Tod nach Desinfektion, die Verwesung kam später. Das galt vor allem hier, im Sektionsraum der Eppendorfer Rechtsmedizin, den Kriminalhauptkommissar Klaus Margraf seit Jahren kannte und an den er sich nie gewöhnen würde.

Er stand in der Mitte des Raumes und wusste nicht, wohin mit seinen Händen. Die Luft war erfüllt von Spiritus und Chlor, auch eine Spur Essig mochte dabei sein. Von der Decke fiel grelles Neonlicht. An der Wand befanden sich schachbrettartig die Edelstahlluken für die sterblichen Überreste derer, die ins Jenseits gegangen waren. Das Ganze wirkte wie ein riesiger Apothekerschrank, drei Meter hoch und bestimmt acht Meter breit. Sechs Luken nebeneinander, vier übereinander. Vierundzwanzig Verwahrorte für Suizide, Morde und diejenigen Fälle, bei denen sich ein natürliches Ableben herausstellen würde – Verwahrorte für den Tod. Und irgendwie auch für das Leben.

Margraf, lass das. Pathos steht dir nicht. Er zwirbelte seinen Schnauzer. Er zwirbelte ihn immer nur an der linken Seite. Freunde und Kollegen lachten schon darüber und behaupteten, der Bart sei dadurch asymmetrisch – links etwas länger und spitzer als rechts.

Eine Lichtröhre an der Decke knackte und begann zu flackern, aber schon nach wenigen Sekunden funktionierte sie wieder. Auf einem Rollwagen, der wie die Luken an der Wand aus Edelstahl gefertigt war – irgendwie war hier sehr vieles aus Edelstahl gefertigt –, warteten Scheren, Zangen und Pipetten,

Metallschalen, Spreizer, Sägen und Skalpelle auf ihren nächsten Einsatz. Margraf ging langsam darauf zu, jeder Schritt im Raum erzeugte ein Echo.

Es blieb für ihn ein Rätsel, was Menschen dazu brachte, Gerichtsmediziner zu werden – welchem Antrieb sie folgten, Leichen aufzuschneiden, Organe zu sezieren und all das schwarze Blut und den Gestank zu ertragen. Dabei sahen die meisten aus wie du und ich. Sie kamen morgens zum Dienst, blieben acht oder mehr Stunden im Reich der Toten und fuhren am Abend heim zu Frau und Kind, als hätten sie in ihrem Job nichts Besonderes erlebt. Margraf kannte einige von ihnen. Sie alle beherrschten ihr Metier, aber herausragend war allein einer: Professor Dr. Victor von der Straten. Er liebte seinen Beruf und gab sich ihm hin, wie ein Musiker sich seinem Klavier hingab oder ein Maler seinen Farben: sanft, gefühlvoll, ernst und stets voller Respekt gegenüber den Toten. Immer, wenn Margraf ihn im Institut aufsuchte, ergoss sich leise Schlagermusik aus den Lautsprechern, die in die Raumdecke eingebaut waren, und immer besangen ein Mann oder eine Frau das Schicksal der Welt oder die große Liebe und das Leid, das sie – offenbar zwangsläufig – mit sich brachte.

Das war heute nicht anders. Jürgen Drews mit *Ein Bett im Kornfeld* erklang in dem gekachelten Raum.

Margraf zog seinen Mantel aus und hängte ihn an den Garderobenständer in der Ecke hinter der Tür. Der runde Ständer war aus Mahagoniholz gefertigt. Dunkel und naturbelassen, wie er war, wirkte er wie ein Fremdkörper zwischen all den weißen Kacheln, dem grauen Fliesenboden, dem gleißenden Neonlicht und dem ganzen Edelstahl an Türen und Tischen. Er hätte besser in eine Dorfkneipe gepasst. Aber der Leiter der Rechtsmedizin war eben ein Exot, und Margraf hätte es nicht gewundert, wenn er den Ständer bei einer Skatrunde in irgendeiner lausigen Hafenpinte gewonnen hätte. *Junge, komm bald wieder.*

Er trat an den Tisch und unterzog sich der immer wieder unangenehmen, doch vertrauten Prozedur. Er nahm zwei kleine Wattekugeln, tunkte sie in eine nach Menthol riechende, wachsartige Masse und schob sich die Bäusche in die Nasenlöcher. Das Menthol brannte an den Schleimhäuten, unweigerlich schossen ihm Tränen in die Augen. Unglaublich, dass sich Gerichtsmediziner selbst daran zu gewöhnen schienen.

Die Hamburger Rechtsmedizin am Uniklinikum Eppendorf zählte zu den renommiertesten Instituten im Land. Rund einhundertzwanzig Fälle von Mord und Totschlag landeten hier pro Jahr, was statistisch bedeutete, dass in der Region an jedem dritten Tag ein Mensch getötet wurde. Die Aufklärungsquote konnte sich sehen lassen, sie lag bei etwa achtundneunzig Prozent. Und ein Grund dafür war von der Straten, der in diesem Moment den Sezierraum betrat und Margraf mit Handschlag und kantigem Nicken begrüßte.

»Eine verdammte Vergeudung«, grummelte er, ging zu einer der Luken, öffnete den Hebelverschluss und zog die Metallbahre heraus.

Das Scharnier der Führungen an den Seiten rastete ein, der längliche weiße Plastiksack darauf schien zu zucken. Am Fußende baumelte ein Datenkärtchen aus hellgrüner Pappe: »Nina Markowski, geb. 01.05.1964. Todeszeitpunkt: 4. Nov. 1981.«

Fünf Tage war das her, doch Margraf war erst gestern in den frühen Morgenstunden zum Fundort gerufen worden. Ein älteres Ehepaar hatte die Leiche in einem Waldstück zwischen Celle und Hambühren entdeckt.

Unter »Todesursache« war auf dem Kärtchen vermerkt: »Fremdeinwirkung.« Das genügte für Ermittlungen. Das *Wie* würde sich später herausstellen. Kriminalistik war ein Puzzle, war ein Suchen nach Zusammenhängen, bei dem aus Einzelteilen Stück für Stück ein Gesamtbild entstand. Von der Straten tat das an einem Metalltisch, mit Säge und Skalpell, und manchmal war seine Arbeit mehr wert als die der Kripo.

»Was haben Sie für mich?«, fragte Margraf.

Von der Straten zog sacht den Reißverschluss des Plastiksacks auf. »Das Mädchen war siebzehn. Der Täter hat sie vergewaltigt und dabei defloriert. Wir haben Spermareste und Blut in ihrer Vagina und ihrem Slip gefunden.« Er zog den Reißverschluss bis zum Fußende und klappte die Seiten auf.

Die Wirkung des Menthols verflüchtigte sich, der Verwesungsgeruch wurde stärker, diese einzigartige Mischung aus süßlichem Fleisch und schäumender Säure. So roch nur der Tod.

Blonde, dreckverschmierte Haare. Die schwarze Wimperntusche verlaufen. Spröde, fast blaue Lippen. Der Hals war durchtrennt und provisorisch wieder zugenäht worden, die Naht sah aus wie aus einem Frankensteinfilm. In der linken Brust befanden sich zwei verkrustete Stichwunden. Die Bauchdecke war eingefallen, das Opfer hatte offenbar eine Menge Blut verloren.

»Wir haben zweiundzwanzig Messerstiche gezählt«, sagte von der Straten. Er streifte sich Latexhandschuhe über. »Neben Hals und Brust hat der Täter ihr mehrfach in die Hüfte und den Unterleib gestochen. Ich schätze die Länge der Klinge auf etwa fünfundzwanzig Zentimeter. Er muss wie besessen gewesen sein, völlig außer Kontrolle. Schauen Sie sich mal den Hals an.« Von der Straten deutete auf den Kehlkopf, der kaum noch zu erkennen war. Mit dem Zeigefinger fuhr er über die Naht. »Der Schnitt geht tief runter bis zur Halswirbelsäule. Der Kerl muss eine Menge Kraft gehabt haben. Und dann einmal von links nach rechts, sehen Sie? Keine Ausfransungen, alles ganz glatt. Er wollte auf Nummer sicher gehen. Das Herz des Mädchens hat noch eine Weile gearbeitet und hat das Blut aus der Halsschlagader gepumpt. Sie ist ausgeblutet wie Schlachtvieh.«

Margraf beugte sich ein Stück hinab. Es war ihm schleierhaft, wie von der Straten einen sauberen Schnitt erkennen konnte. Die Wunde sah aus wie andere auch: dunkelrot, fast schwarz, wellig, voller Schorf.

»Haben Sie sonst noch was?«, fragte er.

Von der Straten ging zu einem Tisch an der Wand, auf dem eine Thermoskanne und ein paar Becher standen, und schenkte sich Kaffee ein. »Wollen Sie auch?«

Margraf winkte ab. »Ich trinke keinen Kaffee.«

Die Neonröhre an der Zimmerdecke flackerte abermals, kam aber wie beim ersten Mal gleich darauf wieder zur Ruhe.

Von der Straten hob die Schultern und nippte an der schwarzen Plörre. »Unter ihren Fingernägeln befanden sich Erde und Hautpartikel. Sie wird sich gewehrt haben und hat dabei den Täter gekratzt.« Er drehte das Radio leiser.

»Könnte es eine Beziehungstat gewesen sein?« Unwillkürlich, vielleicht aus einem Gefühl des Mitleids heraus, streckte Margraf die Hand aus, um das Gesicht der Toten sacht zu berühren, doch er konnte sich nicht dazu überwinden. Sein Arm erstarrte mitten in der Bewegung, er wandte sich von der Leiche ab. Es war immer wieder unbegreiflich, wozu Menschen imstande waren.

»Darf ich Ihnen eine persönliche Frage stellen, Herr Kommissar?«

Margraf zuckte mit den Schultern. »Sicher.«

»Wann haben Sie die Leitung der Mordkommission übernommen?«

»Vor gut einem Jahr. Warum?«

»Wie viele Leichen haben Sie schon gesehen, die so zugerichtet waren?«

»Weiß nicht. Noch nicht so viele – jedenfalls nicht in dem Zustand.« Diese gottverdammten Wattekügelchen in seiner Nase störten, er bekam keine Luft. Er zog sie heraus und warf sie in einen Papierkorb. Sofort war der Verwesungsgestank zurück.

»Noch nicht so viele«, wiederholte von der Straten. »Aber Sie wissen, dass keine so ist wie die andere.«

Margraf nickte. Natürlich wusste er das. »Worauf wollen Sie hinaus?«

»Ich halte Sie für einen hervorragenden Ermittler. Die Sache von neulich, als Sie Staatsanwalt Jablonski davon überzeugt haben, das Ermittlungsverfahren gegen diesen, diesen ... Sie wissen schon.«

»Jan Köfler«, sagte Margraf.

»Ja, genau, Köfler, so hieß der Kerl. Als Sie Jablonski die fehlende Tatwaffe präsentiert haben ... À la bonne heure.«

Jablonski hatte die Sache nicht ernst genommen – warum auch immer –, und das hatte Margraf gestunken. Es gab nichts Schlimmeres als einen Staatsanwalt, der seinen Job nicht tat. Jablonski hatte zudem Margraf die Hierarchieverhältnisse spüren lassen: Er oben, Margraf unten. Daraufhin hatte Margraf dem Ermittlungsrichter seine Ergebnisse direkt präsentiert. Es hatte keinen Tag gedauert, dann war Jablonski wieder in der Spur gewesen. Margraf war ein geduldiger Mann, aber man durfte seine Geduld nicht überstrapazieren.

»Herr Jablonski ist manchmal etwas schwerfällig.«

»Wohl wahr«, pflichtete von der Straten bei. »Deshalb war Ihr Einsatz Gold wert. Nur ...«

»Nur?«

»Verletzungen bei Leichen einzuordnen, das müssen Sie noch lernen.« Von der Straten nippte wieder an seinem Kaffee.

Margraf stutzte. Verletzungen bei Leichen einordnen? Er? Was für ein Unsinn. Dafür gab es schließlich die Rechtsmedizin.

Das Beurteilen von Wunden überließ er gerne denen, die darauf spezialisiert waren, von der Straten zum Beispiel. Margraf wandte sich den Lebenden zu und ihren Beziehungen zum Opfer. Denn auf diesem Gebiet war er der Experte, und manchmal war es auch seine Arbeit, die mehr wert war als die von der Stratens.

Allerdings musste sich Margraf eingestehen, dass er den Urteilen und Wertschätzungen des Gerichtsmediziners große Bedeutung beimaß. Von der Stratens »Ich halte Sie für einen hervorragenden Ermittler« war runtergegangen wie Öl. Es tat gut, Lob von einer solchen Koryphäe zu hören. Der Mann war eine Institution, war Jahrzehnte im Geschäft und kannte die Stärken und Schwächen von Ermittlungsbeamten. Oft genug hatte er als Sachverständiger im Gerichtssaal mitansehen müssen, wie offensichtlich Schuldige wegen irgendwelcher Fehler bei den Ermittlungen freigesprochen wurden. Eine Tatsache, die für sie beide nicht nur unerträglich, sondern geradezu perfide war. Wahrscheinlich wäre Köfler auf freiem Fuß geblieben, wenn Margraf nicht insistiert hätte. Bisher lag seine Aufklärungsquote bei hundert Prozent. Das durfte gern so bleiben.

»Sie fragen mich, ob es eine Beziehungstat war? Ich weiß es nicht. Aber ich weiß eins ... Oder besser gesagt: Von einem gehe ich nach dreißig Jahren Berufserfahrung aus.«

»Und das wäre?«

Von der Straten musterte Margraf einen Moment lang. Dann stellte er seinen Kaffeebecher beiseite, trat an den Leichnam und schloss den Reißverschluss der Plastikfolie genauso behutsam, wie er ihn geöffnet hatte.

»Also, die Geschichte geht so: Er vergewaltigt das Mädchen, okay? Als er fertig ist, setzt sein Verstand ein. Er realisiert, dass die ganze Sache gefährlich für ihn werden könnte. Das ist möglicherweise der Moment, in dem das Mädchen zu fliehen versucht. Er denkt an das Messer, das er mitgenommen hat – für alle

Fälle –, sieht sich vielleicht schon im Knast und zählt eins und eins zusammen. Er läuft ihr nach und sticht auf sie ein, wahllos, wie besessen. Er muss die Vergewaltigung vertuschen, er muss dafür sorgen, dass er deswegen nicht zur Rechenschaft gezogen wird. Also sticht er wieder und wieder zu. Bis sie daliegt und schreit oder nur noch wimmert. Und jetzt sieht er keinen anderen Ausweg mehr. Sie muss weg, ganz weg. Sie darf nie mehr reden, nie der Polizei erzählen können, was ihr passiert ist. Da nimmt er sein Messer, beugt sich über sie und durchtrennt ihr fein säuberlich die Kehle, von Ohrläppchen zu Ohrläppchen. Jetzt erst kann er sicher sein, dass sie für immer schweigt. Aus meiner Sicht ein klarer Mord zur Verdeckung einer Straftat.«

Von der Straten löste die Arretierung der Bahre und schob sie zurück in die Wand. »Eine Beziehungstat ...«, fuhr er fort. »Ja, vielleicht. Aber es kann auch jemand gewesen sein, der zuvor keinerlei Kontakt zum Opfer hatte und nach der Vergewaltigung einfach die Kontrolle verloren hat. Wäre nicht das erste Mal.« Er streifte die Handschuhe ab, warf sie in den Mülleimer und musterte Margraf wieder.

Chris Roberts sang *Du kannst nicht immer siebzehn sein*. Margraf war drauf und dran, das Radio auszuschalten. Die Musik war nicht zu ertragen.

So, wie der Täter das Opfer zugerichtet hatte, war es ihm vermutlich nicht nur um das Verdecken seiner Vergewaltigung gegangen. Wer derart wütete, musste voller Hass oder Rachsucht sein – Motive, die ihre Wurzeln zumeist in einer tief empfundenen Kränkung fanden. Und das sprach durchaus dafür, dass sich Täter und Opfer gekannt hatten.

»Ach«, sagte von der Straten. »Bevor ich es vergesse: Schauen Sie mal, was ich noch habe.« Er hielt ein kleines, durchsichtiges Tütchen in die Luft, in dem sich zwei Groschen befanden.

»Hatte sie die bei sich?«, fragte Margraf.

»Die lagen ein paar Meter von der Leiche entfernt im Gras. Ihre Fingerabdrücke sind darauf. Sie wird sie vermutlich verloren haben.«

Margraf nahm das Tütchen und betrachtete die Münzen, zwei messingfarbene Zehnpfennigstücke. Sie zeigten keinerlei Auffälligkeiten, nicht einmal Dreck oder Grasreste klebten daran. »Vielleicht hat sie versucht, irgendjemanden anzurufen, bevor sie zum Täter in den Wagen gestiegen ist.« Er gab das Tütchen von der Straten zurück.

Der Gerichtsmediziner schaute sein Gegenüber mit zusammengekniffenen Augen an.

»Was ist?«, fragte Margraf.

Von der Straten lächelte, zog seinen Kittel aus und legte ihn über seinen Unterarm. »Ich möchte nicht unhöflich sein, aber hat Ihnen schon mal jemand gesagt, dass Ihr Schnäuzer schief ist? Also ... Ich meine ... ein bisschen ... nur ein klein wenig, aber es fällt mir jedes Mal auf, wenn ich Sie sehe. Er ist links länger als rechts.«

Der Mann war wirklich unglaublich. Dass er ausgerechnet in diesem Moment und unter diesen Umständen auf den Bart zu sprechen kam ... Margraf verschlug es die Sprache, er schüttelte nur den Kopf.

»Entschuldigung, ist ja auch nicht so wichtig«, sagte von der Straten. »Also, was haben Sie jetzt vor?«

Als Erstes, wenn er zu Hause war, würde er im Badezimmer nach der Bartschere suchen.

»Ich werde bei den Eltern ansetzen. Der Vater hat sich von der Mutter getrennt, kaum dass Nina geboren war. Er hat sich nie um seine Tochter gekümmert. Mal sehen, wo ich ihn finde und wie er sich zu der Sache äußert.«

»Und was ist mit der Mutter?« Von der Straten trank langsam einen weiteren Schluck. Der Kaffee musste längst kalt sein.

»Charlotte Markowski«, antwortete Margraf. »Ich habe ihr die Nachricht vom Tod ihrer Tochter überbracht. Sie ist zusammengebrochen. Ein Rettungswagen hat sie ins Lüneburger Krankenhaus gefahren. Ich muss schauen, ob sie schon vernehmungsfähig ist.«

»Verstehe. Das eigene Kind zu verlieren muss grauenhaft sein.«

Margraf hatte Charlotte Markowski aufgefangen, als ihr die Knie weggesackt waren. *Nein. Nein. Das stimmt nicht. Sie lügen*, hatte sie immer wieder gestammelt. Ihre Tochter sei oben in ihrem Zimmer. Charlotte bringe ihr später Tee. Sie bringe ihr jeden Abend Tee.

»Nina war ihr Ein und Alles«, sagte Margraf. »Manch einer geht an so was kaputt.«

Von der Straten klopfte ihm auf die Schulter, als wollte er ihn trösten. »Ein so junges Leben ... einfach ausgelöscht. Eine verdammte Verschwendung, ich sag's Ihnen.«

Margraf ging zur Tür und nahm seinen Mantel vom Haken. Bevor er den Raum verließ, drehte er sich noch einmal um. »Darf ich Ihnen auch eine persönliche Frage stellen, Herr Professor?«

Von der Straten zog die Augenbrauen hoch.

»Warum hören Sie ständig diese grauenhafte Musik? Deutscher Schlager ist Folter.«

Von der Straten lachte, trat zum Radio und drehte es lauter. Eine Frau sang davon, ganz Paris träume von der Liebe.

»Heile Welt«, rief er. »Wunderbare, heile Welt.« Er begann zu tanzen.

Der Kerl war wirklich durchgeknallt. Aber mancher Wahnsinn ließ sich wohl nur mit Wahnsinn ertragen.

2.
Wallat, denk nach!

November 2022

Da stimmt was nicht. Nick Wallat schaut auf sein Handy. Zwei Nachrichten hat er auf Annes Mailbox hinterlassen, hat in den letzten vier Stunden mehrfach versucht, sie zu erreichen. Sie hat sich einfach abgemeldet auf der Dienststelle, wegen irgendeines Außentermins. Aber das passt nicht zu ihr. Wenn sie ermittelt, ruft sie als Erstes ihn an, ihren Teamleiter, und stimmt das Vorgehen mit ihm ab.

Es ist zwölf Uhr mittags, Regen schlägt gegen die Scheiben, dieser typische Novemberregen, grau, stoisch, er läuft gelangweilt an den Fensterscheiben herab. Die Büros im obersten Stock der Polizeidirektion I sind verwaist, die Kollegen schlagen sich die Bäuche in der Kantine voll. Currywurst mit Pommes, Königsberger Klopse, Spaghetti Bollo oder Backfisch mit Kartoffelsalat. Immer das Gleiche. Wallat kann den Fraß nicht mehr sehen und ist auf Obst und Proteinshakes umgestiegen. Heute waren Anne und er zum Essen verabredet, wollten gemeinsam zu dem kleinen Sushi-Laden fahren, der am Lüneburger Marktplatz neu eröffnet hat. Sie wollten sich hier treffen, in Annes Büro, in dem Wallat jetzt steht und in dem bis auf den Regen draußen an den Scheiben nur der leise surrende Ventilator des Computers unter dem Schreibtisch zu hören ist.

Verbrauchte Luft hängt im Raum, es riecht nach Papier und Holz und altem Linoleum; die warme Trockenheit kratzt im Hals. Wallat dreht die Heizung herunter und öffnet eines der Fenster auf Kipp. Unten im kleinen Hafenbecken dreht sich ein

Motorboot im Kreis, nicht schnell, aber konstant. Der Fahrer hat das Boot offenbar nicht im Griff. Ein paar Möwen kreisen unter dem düsteren Wolkenhimmel und kreischen. Manchmal segeln sie herab, setzen sich auf einen der Pontons und warten auf irgendetwas, immer mit diesem überheblichen Blick in ihren Knopfaugen.

Wallat muss wissen, was los ist, vielleicht ist Anne in Gefahr. Sie neigt dazu, Dinge selbst in die Hand zu nehmen, womöglich auch jetzt. Es wäre nicht das erste Mal, dass sie übers Ziel hinausschießt. Leidenschaft ist wichtig, für jeden Beruf, vor allem für ihren. Aber das darf nicht überhandnehmen, die Beschäftigung mit einem Fall darf nicht zur Obsession werden. Bei Anne verwischen die Grenzen hin und wieder, und ihre Verbissenheit in der März-Sache grenzt an Unprofessionalität. Aber Wallat hütet sich, sie darauf anzusprechen und ihr zu raten, sich von ihrem Verstand und nicht von den Gefühlen leiten zu lassen. Warum sagt er es ihr eigentlich nicht? Er ist immerhin ihr Boss.

Er öffnet die oberste der drei Schubladen ihres Schreibtischs. Sonst macht er so was nicht, es gehört sich nicht. Aber er hat keine Wahl. Stifte, Papier, ein Lineal, ein Taschenrechner, etwas Münzgeld. Danach zieht er die mittlere Schublade heraus: Batterien, ein Diktiergerät, eine kleine Taschenlampe und unzählige Büroklammern. Nichts, was ihm weiterhelfen könnte. In der untersten Schublade findet er den Karton eines alten Telefons und ein paar in Kunststofffolie verpackte Tampons. Das ist alles. Nichts Persönliches. Nichts, was Rückschlüsse auf sie und ihr Privatleben zulässt.

Seit fünf Jahren arbeitet er jetzt mit ihr zusammen, doch bis heute weiß er nicht, ob sie mit ihrem Thomas glücklich ist, welche Freunde sie hat oder was sie überhaupt in ihrer Freizeit treibt. Wenn er sie danach fragt, lächelt sie nur, und wenn er sie nach Dienstschluss auf einen Drink oder ins Kino einladen will, schüttelt sie den Kopf. Anne ist eine erstklassige Ermittlerin, aber es ist ihm ein Rätsel, warum sie sich ausgerechnet in seine Abteilung hat versetzen lassen, die Abteilung, die intern nur »AlWi« genannt wird – die Abkürzung für »Alles Widerliche«. Die wenigsten Kollegen wollen freiwillig hier arbeiten. Kindesmisshandlungen, Pornografie, Menschenhandel. Der Tod ist Nebensache, im Vordergrund stehen körperliche Qualen und seelische Verstümmelungen. Stirbt ein Opfer, ist es meist Erlösung.

Anne ist eine attraktive Frau: schlank, einen Meter siebzig groß, lange, zum Zopf gebundene schwarze Haare. Ihre Finger sind so zierlich wie die eines jungen Mädchens, und wenn sie lacht, sieht sie aus wie Mitte zwanzig, nicht wie Ende vierzig. Sie ist klug und ehrgeizig, sie wäre genau die Richtige für die Abteilung Wirtschaftskriminalität. Weiße Kragen statt blutverschmierter Abgründe. Aber sie wollte unbedingt in Wallats Abteilung, wollte zu den Opfern des Abschaums der Menschheit. Zu strangulierten Babyleichen, zu geschundenen und entstellten Körpern kleiner Jungen und Mädchen, auf deren Gesichtern und Rücken Zigaretten ausgedrückt wurden. Zu den jungen Menschen, die von Stiefvätern, den eigenen Müttern oder dem Freund der Familie, dem lieben Onkel von nebenan, jahrelang missbraucht wurden. Anne lässt sich von all dem nicht abschrecken; sie sieht ihre Berufung darin, sich genau da einzusetzen. »Warum sollen die schwierigsten Fälle ausgerechnet von den schlechtesten Ermittlern bearbeitet werden?« Das entgegnete sie damals Klaus Margraf – Wallats Vorgänger als Leiter der Mordkommission –, nachdem er sie beim Bewerbungsgespräch gefragt hatte, warum sie ausgerechnet in die AlWi wolle. Wallat war ebenso wie sein einstiger Kollege sofort angetan von ihr, vor allem, weil Anne die gleiche Wellenlänge hat wie sie beide, was die Arbeitsmoral anbetrifft.

Ihr Schreibtisch ist perfekt aufgeräumt. Er sieht aus, als

würde daran nicht gearbeitet. Keine Aktenstapel, kein einziges Blatt Papier. Nur der Computermonitor und das Telefon, neben dem fein säuberlich ein Kugelschreiber und ein Textmarker liegen.

Wallat nimmt den Hörer ab und drückt die Wahlwiederholung. Im Display erscheint ein doppelter Strich. Das passt zu ihr, sie hat die gespeicherten Anrufe gelöscht.

Er setzt sich auf den Schreibtischstuhl und schaltet den Computer ein. Der Bildschirmschoner erscheint, das sich drehende Wappen der Lüneburger Kripo. Er gibt das Passwort ein, das alle in der Abteilung haben, und öffnet den Internetbrowser. Anne hat die Chronik bereinigt: kein Hinweis darauf, was sie sich zuletzt angesehen, was sie recherchiert oder woran sie gearbeitet hat. Irgendwie typisch für sie. Aber es ist nicht in Ordnung, es verstößt gegen die Absprachen, die sie in der Abteilung haben. Die Recherchen sollen für alle einsehbar und nachvollziehbar sein; das dient dem Schutz jedes Einzelnen von ihnen. Fällt ein Mitglied des Teams aus, können die anderen seine Arbeit sofort weiterführen. Wichtiger aber: Wird ein Kollege vermisst, wird er womöglich entführt und als Geisel genommen, können seine letzten Recherchen Aufschluss über den oder die Täter geben. Anne weiß das, und sie hat sich offenbar bewusst zu einem Regelverstoß entschlossen. Sie macht einen Alleingang, das steht fest, sie will niemanden mit reinziehen, worein auch immer.

Wallat schaltet den Rechner aus, geht zum Fenster und sieht den Regentropfen zu, wie sie die Scheibe hinablaufen. Manchmal schließen sich zwei oder drei Tropfen zu einem größeren zusammen, der sich an der unteren Fensterkante bricht und zerfließt.

Das Boot im Hafenbecken ist zum Stillstand gekommen. Ein Mann steht am Außenborder und zieht unentwegt am Anlasser, aber der Motor springt nicht an.

Ein einziges Mal hat Anne ihre Reserviertheit aufgegeben. Ist noch nicht lange her, Anfang September. Wallat hatte Geburtstag, sein zweiundfünfzigster. Sie hatten beide Dienst bis neun Uhr abends. Das Team und ein paar seiner Freunde hatten eine Spontanparty in der *Gangsterbar* organisiert, die unweit von seiner Wohnung in der Lüneburger Altstadt liegt. Anne trank zu viel und er auch. Aus irgendeinem Grund kam sie mit in seine Bude, und kurz darauf landeten sie in seinem Bett. Die Nacht war warm und feucht, und ohne ein Wort zu verlieren, entledigten sie sich ihrer Kleidung. Anne saß schließlich auf ihm, ihre Brüste glänzten im Mondlicht, das durchs Fenster fiel. Sie hatte die Augen geschlossen, und als sie kam, schlug sie mit den Fäusten auf seinen Brustkorb ein. Am anderen Morgen wollte er ihr Kaffee machen. Doch sie lehnte ab, zog sich Hals über Kopf an, entschuldigte sich bei ihm und verließ die Wohnung. Sie entschuldigte sich tatsächlich bei ihm – wofür auch immer. Sie haben nicht mehr darüber gesprochen. Wallat ist die Sache nicht unangenehm, trotzdem hat sie einen faden Nachgeschmack.

Das Einzige, was außer ihm hier im Raum lebt, ist eine Orchidee. Sie steht auf der Fensterbank, ihre Blätter schimmern grün und sehen saftig aus. Als Wallat eines der Blätter leicht zwischen Daumen und Zeigefinger zusammenpresst, gibt es nach wie Muskelfleisch, ein Abdruck entsteht.

Wallat, denk nach! Wo könnte sie stecken? Zuletzt hat sie an der März-Sache gearbeitet. Was hat sie vor? Sie kann doch nicht wirklich so verrückt sein, dass sie da was im Alleingang macht.

Er sieht sich die Rücken der Ordner an, die alphabetisch geordnet in der Schrankwand stehen, und geht die Aufschriften mit dem Zeigefinger ab. *Klein, Kluse, Kusz, Lemke, Lowajek, Manthey ... März.* Da ist er. Der Ordner steht neben den anderen, als sei er einer von vielen. Wallat zieht ihn hervor, setzt sich wieder und blättert. Es ist der letzte Band der Reihe, die aus insgesamt zwölf Ordnern besteht; die anderen elf sind wahrscheinlich im Archiv. In diesen Akten befinden sich unzählige Unterlagen: Urteile, etliche Gerichtsbeschlüsse, psychiatrische und technische Gutachten, Protokolle von Zeugenaussagen, Observationen und tausend Blatt mehr. Gewissheiten und Zweifel, vereint zu der Erkenntnis, dass nichts ist, wie es scheint, und manches nicht so scheint, wie es ist.

Volker März, inzwischen zweiundsiebzig, früher Außendienstmitarbeiter für einen Tabakgroßhändler als Zigarettenautomatenbefüller. Klaus hat damals, 1981, als er gerade Leiter der Abteilung geworden war, eine Sonderkommission einberufen, die SoKo *Gold*.

Auf der letzten Seite der Akte findet sich ein Vermerk mit Bleistift. Das ist Annes Handschrift. Sie hat ein einziges Wort notiert: »Tanz.«

Wallat klappt den Ordner zu und stellt ihn zurück zu den anderen. Er hat eine Ahnung. Anne stellt irgendetwas mit März an. Hoffentlich irrt er sich.

3.

Tanz

August 1981

Wie jedes Jahr hatte sich auch diesmal eine Menschenschlange vor dem Eingang zum Festzelt gebildet. Links und rechts wurde er von zwei mickrigen Birken gerahmt, darüber hing ein Banner: »Hambührener Schützenfest, 3. bis 5. August 1981«.

Die Schlange löste sich schneller auf als erwartet. Das Zelt war prall gefüllt mit Menschen. Den meisten stand Schweiß auf der Stirn, die Luft war stickig und verbraucht. Fast alle rauchten, die Jüngeren Zigarette, die alten Herren Zigarre. Ihre Bäuche pressten den Stoff der weißen Hemden über den Hosenbund hinaus, die Hosenträger schienen jeden Moment zu bersten, und alle hatten einen Krug Bier in der Hand und rote Gesichter.

Ninas Rock war nicht zu kurz. Der Aufstand, den Mama vorhin veranstaltet hatte, war völlig überflüssig gewesen. Die Röcke von Ninas Freundinnen waren auch nicht länger, das trug man heutzutage so. Und es war immerhin Tanz und Nina siebzehn, also fast volljährig. Mamas spießige Ansichten gingen ihr schon lange auf den Keks, aber das sagte Nina natürlich nicht laut. Mama meinte es nur gut, das betonte sie oft genug.

Den Nachmittag hatte Nina mit Kathi und Andrea in der Badeanstalt verbracht. Anderswo war es zu heiß gewesen, selbst im Schatten der Bäume. Später hatte sie zu Hause geduscht und sich zurechtgemacht. Mama war ins Bad gekommen. Wie immer hatte sie nicht angeklopft, und Nina hatte nicht abgeschlossen. Sofort war Mama auf den Rock und den knallroten Lippenstift zu sprechen gekommen. Zu ihrer Zeit habe es so etwas nicht gegeben, hatte sie gesagt, das sei nuttig. Sie hatte Mama gebeten, das Bad zu verlassen, und Mama war kopfschüttelnd abgezogen.

Mütter mussten offenbar so sein. Die ihrer Freundinnen waren nicht anders, und auch deren Väter hatten total altmodische Vorstellungen. Sie trugen genau zwei Arten von Klamotten, diese Väter: entweder Blaumann und Holzfällerhemd oder Cordhosen. Dazu gern eine dieser gruseligen Übergangsjacken, die es in den Kaufhäusern immer runtergesetzt und ausschließlich in einem hellen Grau oder diesem Khaki gab, das dann auch noch als »Schlamm« bezeichnet wurde. Die Dinger waren von der aktuellen Mode so weit entfernt wie Roland Kaiser von Pink Floyd. Aber es wäre unfair gewesen, Vater »X« oder Vater »Y« oder überhaupt die Männer von Hambühren dafür zu verurteilen. Sie taten nur das, was die meisten taten: Sie kleideten sich wie alle anderen, hörten Schlager wie alle anderen und gingen wie alle anderen sonntags zum Fußballplatz, um die erste Herrenmannschaft anzufeuern und zu hoffen, dass es endlich mit dem Aufstieg in die Bezirksliga klappen würde. Da standen sie dann mit breiter Brust und ausladenden Bäuchen, aßen Bratwurst, tranken Bier, Schnaps oder Kräuterlikör und rauchten HB oder Reval ohne Filter. Es war der immer gleiche Trott, dem sie sich gefügig hingaben, tagein, tagaus, Woche für Woche, ein Leben lang. Das gab ihnen Sicherheit, ein Gefühl von Vertrautheit, das sie brauchten, um glücklich oder wenigstens zufrieden zu sein. Um zwölf Uhr gab es Mittagessen, um drei Uhr Kaffee und Kuchen, und um sechs war es Zeit fürs Abendbrot. Die Frauen standen, wenn sie nicht Wäsche machten oder die Wohnung putzten, in der Küche und waren Millionen von Stunden ihres Lebens mit dem Zubereiten von Millionen von Mahlzeiten beschäftigt. Doch auch ihnen schienen diese immer wiederkehrenden, gleichbleibenden Abläufe wie bei einem Uhrwerk nichts auszumachen, im Gegenteil. Ihre Mütter hatten so gelebt und davor ihre Großmütter. Das Leben war so und nicht anders. Es wäre sinnlos gewesen, sich zu beklagen.

Wahrscheinlich war Ninas Vater das alles auf die Nerven gegangen, ohne dass er es laut ausgesprochen hatte. Und vielleicht war er einfach vor diesem eintönigen Leben in einer Kleinstadt geflüchtet, nicht nur vor Frau und Kind. Nina wusste es nicht, sie kannte ihn überhaupt nicht. Sie wusste nicht einmal, ob er sonntags zum Fußball ging oder eine Übergangsjacke trug.

Nina hatte schon als kleines Kind mehr gewollt. An einem sonnigen Julimorgen war sie mit ihrem Dreirad aufgebrochen und hatte sich fest vorgenommen, bis in den Harz zu fahren, bis zu Oma und Opa nach Braunlage. Sie hatte keine Vorstellung davon gehabt, wie weit es bis dorthin war, und wenn sie es gewusst hätte, wäre ihr nicht bewusst gewesen, dass man mit einem Kinderdreirad eine derart lange Strecke nicht bewältigen konnte. Doch das alles war egal gewesen. Ausgerüstet mit ihrer Puppe Emma, ein paar Keksen aus Mamas Süßigkeitenschublade und einer Capri-Sonne, hatte sie sich aufgemacht, den Ort wiederzufinden, an dem die Großeltern lebten und an dem Mama immer lachte. Genau dahin wollte sie fahren, und da wollte sie für immer bleiben, zur Not auch ohne Mama. Oma und Opa waren ja da.

Mama war außer sich gewesen, als sie Nina etwas außerhalb von Hambühren auf dem Fahrradweg neben der Landstraße aufgegabelt hatte. Sie hatte Nina einen Klaps auf den Hintern verpasst, das Dreirad in den Kofferraum geworfen und war mit ihr zurück nach Hause gefahren. Auch Oma und Opa waren sauer gewesen, aber ein Gutes hatte die Sache gehabt: Die Herbstferien hatten sie in Braunlage bei den Großeltern verbracht, in dem schönen hölzernen Haus, in dem Nina ein eigenes Zimmer hatte, von dem aus man den Wurmberg sehen konnte. Während der langen Autofahrt dorthin hatte Nina versucht, sich den Weg zu merken. Das allerdings war ihr erst Jahre später gelungen.

Die Welt jedenfalls war riesig und stand ihr offen, heute mehr denn je. Ihre Abiturnote im übernächsten Jahr würde sicher eine Eins vor dem Komma haben, vielleicht würde sie Musik studieren oder Medizin. Sie war die Einzige in ihrer Familie, die es so weit gebracht hatte, und wer weiß: vielleicht war ja sogar Mama irgendwann stolz auf sie. Und ihr Vater würde sich endlich für seine Tochter interessieren.

Die Kapelle vorn auf der Bühne machte eine Pause. Die Musiker stärkten sich mit Mettbrötchen, die mit reichlich Zwiebeln belegt waren.

Während Nina sich durch die Menge schlängelte, fiel ihr Blick auf Volker März, der mit ein paar anderen Männern aus der Kapelle etwas abseits der Bühne stand. Er bemerkte sie ebenfalls und winkte ihr zu. Sie erwiderte seinen Gruß, er lächelte. Volker war die Klarinette. Er beherrschte sein Instrument und benötigte für die meisten Stücke keine Noten. Bei einem anderen Fest in Hambühren hatte er ihr gegenüber mal erwähnt, die Noten seien in ihm drin wie unsichtbare Fahrpläne. Er hatte tatsächlich »Fahrpläne« gesagt, was Nina zunächst nicht verstanden und was wiederrum zu Unverständnis bei ihm geführt hatte. Doch je länger sie darüber nachdachte, desto mehr konnte sie nachvollziehen, was er damit meinte. Immer wenn er ein Lied spielte, fuhr er in Gedanken die »Notenwege« ab, die er vor seinem geistigen Auge sah. Er fuhr von Station zu Station, fuhr mal langsamer, mal schneller, stoppte kurz und fuhr wieder an. Dabei gehorchten seine Hände dem, was er vor seinem inneren Auge sah. Sein Gefühl für die Musik gab den Tönen einen Rahmen und entlockte dem Instrument die notwendigen Klänge. Beim Singen im Chor ging es Nina ganz ähnlich. Ein Stück klang am schönsten, wenn sie es mit geschlossenen Augen vortragen konnte.

Unwillkürlich zupfte sie an ihrem Rocksaum. Volker schaute noch immer zu ihr und reckte einen Daumen in die Luft. Er hatte sein Hemd beinahe bis zum Bauchnabel aufgeknöpft, und seine schwarzen Brusthaare waren zu sehen. Die Goldkette um seinen Hals glänzte. Er kleidete sich anders als die meisten Männer in Hambühren; eine schlammfarbene Übergangsjacke besaß er bestimmt nicht.

Katharina und Andrea mussten längst hier sein. Sie hatten sich für sieben Uhr verabredet, und es war bereits halb acht. Nina ging Richtung Ausgang und trat ins Freie.

Am Stand gegenüber versuchten sich ein paar Jungs mit Luftgewehren. Kichernde Mädchen, alle jünger als Nina, stachelten ihre kleinen Verehrer an, eine Kunststoffblume für sie zu schießen. Oder, besser noch, einen der flauschigen Bären.

Einer der Jungs hatte Probleme, das Gewehr ruhig zu halten, doch das Glück war auf seiner Seite, als er abdrückte. Ein Pappröhrchen, das um den Metallstängel einer Plastikrose baumelte, zerbarst in kleine Stücke. Sofort bejubelten ihn die anderen und klopften ihm auf den Rücken, während die Mädchen weiter kicherten. Der Mann hinterm Tresen zupfte die Blume aus der Halterung und gab sie dem Jungen. Er reichte sie einem der Mädchen, das sie entgegennahm, ganz ohne zu kichern, aber wohl mit geröteten Wangen, Nina konnte es nicht richtig erkennen.

Von rechts, etwas weiter hinten, blitzten die Lichter des Autoscooters in den blauen Sommerhimmel. Musik drang aus großen Boxen: *Rivers of Babylon* von Boney M. Autoscooter wollte Nina heute auch noch fahren, und wenn Kathi und Andrea nicht bald kamen, würde sie allein rübergehen.

»Soll ich dir auch eine Rose schießen?« Volker stand unvermittelt neben ihr und deutete auf den Stand gegenüber. Sein Rasierwasser war süß. Nina kannte den Duft: Tabac Original. Es roch gar nicht so übel, wie alle immer sagten.

»Hey, musst du nicht spielen?« Sie wischte sich eine Haarsträhne aus dem Gesicht.

Volker war einen halben Kopf größer als sie. Die Muskeln an seinem Oberkörper und an seinen Armen zeichneten sich unter dem Stoff des engen weißen Hemdes ab. Im Gegensatz zu den anderen aus der Kapelle war sein Bauch ganz flach. Er war angeblich einunddreißig Jahre alt, aber er sah viel jünger aus.

»Bist du ganz allein hier?«, fragte er. Sein glatt gekämmtes Haar war in der Mitte gescheitelt, die Haut seines Gesichts gebräunt. Er achtete auf sich, das sah man sofort. Er war sich selbst wichtig, und es bedeutete ihm etwas, wenn andere gut von ihm sprachen. Nina wusste das, oder jedenfalls vermutete sie es. Mama nannte ihn einen »feinen Kerl«. Nur seine Hände passten nicht dazu. Seine Finger waren gelb vom Tabak, er rauchte eine Zigarette nach der anderen. Auch in diesem Moment zündete er sich eine an. Der Nagel seines rechten Daumens war ungewöhnlich lang, viel länger als alle anderen, und schimmerte beige.

»Ich warte auf ein paar Freundinnen, sie wollten längst hier sein.« Nina ging ein paar Schritte und sah sich abermals um, doch keine Spur von den beiden.

Drüben am Schießstand gab das Mädchen dem Jungen, der ihr die Rose geschossen hatte, einen Kuss auf die Wange. Daraufhin legte er vorsichtig seinen Arm um ihre Hüften.

Der Geruch von gebrannten Mandeln und Bratwürsten zog über den Festplatz. Beim Autoscooter erklang jetzt Abbas *Waterloo*. Die Diskokugel über der Fahrbahnfläche schickte Lichtblitze zu den Fahrzeugen und den umstehenden Menschen. Ein paar Leute am Rand des Fahrgeschäfts tanzten.

Nina drehte sich zu Volker und ging auf ihn zu. Ihr Absatz rutschte in eine Spalte der Holzdielen, sie stolperte. Mit einem Satz war Volker neben ihr, bekam ihren linken Arm zu fassen und fing sie auf. Sein Griff war fest und beherzt, aber er tat nicht weh.

»Oh«, sagte sie. »Tut mir leid. Danke.« Sie strich ihren Rock glatt.

»Ich habe zu danken«, erwiderte er.

»Wofür?«

Er lächelte und gab ihren Arm frei. »Dass ich dich auffangen durfte.«

Seine dunklen Brusthaare kräuselten sich über dem Stoff seines weißen Hemdes. Die goldene Panzerkette um seinen Hals glitzerte. Volker war viel älter als sie, aber so viel älter eigentlich auch nicht. Oder doch? Ja, doch, vierzehn Jahre, falls das mit den einunddreißig Jahren stimmte. Er war fast doppelt so alt wie sie. Aber er sah wirklich nicht danach aus. Seine Hand war weich und warm gewesen – und zugleich stark. Das hätte sie gar nicht vermutet bei diesem Mann, der ihr immer zart und verletzlich vorgekommen war, trotz seiner Köpergröße von bestimmt einem Meter achtzig und seiner breiten Brust. Er sprach nie laut und war nie aufdringlich, verhielt sich eher zurückhaltend. Wenn Kathi und Andrea nicht kamen, würde sie ihn fragen, ob er mit ihr Autoscooter fuhr.

Aus dem Inneren des Zelts erklang ein Gong.

Volker zog die Augenbrauen hoch. »Ich muss wieder«, sagte er. »Magst du mitkommen und zuhören? Ich bin wahrscheinlich der schlechteste Klarinettenspieler auf der Welt. Aber ...«

Nina ahnte, was kam. Sie verschränkte ihre Arme auf dem Rücken und bewegte ihren Oberkörper ein wenig von links nach rechts. »Aber?«, fragte sie.

Er faltete die Hände vor seinem Mund, atmete durch und streckte die Arme nach ihr aus. »Wenn ich sehe, dass du mir zuhörst, dann bin ich mit Sicherheit besser als sonst.«

Am Schießstand gegenüber versuchte der nächste Junge sein Glück. Er legte an, zielte und schoss daneben. Die Freunde um ihn herum lachten und winkten ab. Der Mann hinterm Tresen nahm ihm das Gewehr aus der Hand, spannte den Lauf und gab es ihm zurück.

Nina hakte sich bei Volker ein. »Du bist auch ohne mich gut«, sagte sie »Aber ich komme trotzdem mit. Vorsichtshalber.«

Auf der Bühne sortierte sich die Kapelle unter dem Jubel der Gäste an den langen Tischreihen. Emmi und Fred Klüsen saßen da. Sie waren bereits über achtzig Jahre alt und küssten sich bis heute auf offener Straße. Die Jungs von der freiwilligen Feuerwehr daneben hatten Bierkrüge in der Hand und umarmten sich. Am Ende der Tischreihe saß Mama, an deren Seite dieser Typ aus Lüneburg war, dieser Hans-Dieter. Er flüsterte ihr irgendetwas ins Ohr. Mama lachte mit geschlossenen Augen und warf ihren Kopf zurück, die Ellenbogen auf den Tisch gestützt, während ein langes Aschestück von ihrer Kippe fiel. Ihr Oberkörper schwankte. Ein Glas mit schwarzer Flüssigkeit stand vor ihr, sicher Cola-Rum. Sie liebte das Zeug.

Oben auf der Bühne nahm Volker seinen Platz rechts in der zweiten Reihe ein, während sich Nina unten am Ende der Bierzelttische hinsetzte. Sollten Kathi und Andrea gleich herkommen, würden sie sie sofort finden. Nina sah zum Eingang. Immer noch nichts von den beiden. Inzwischen war es halb neun.

Die Kapelle eröffnete mit einem Engtanzlied: *Santa Maria* von Roland Kaiser. Es fehlte ein Sänger, aber Nina kannte den Text auswendig, er lief andauernd zu Hause in der Küche. ... *Nachts an deinen schneeweißen Stränden, hielt ich ihre Jugend in den Händen. Glück, für das man keinen Namen kennt ...*

Die Tanzfläche füllte sich rasch. Auch Mama tanzte, Hans-Dieter hatte sie aufgefordert. Okko Modersohn, Inhaber des einzigen Schmuck- und Uhrengeschäfts in Hambühren, sah den beiden vom Tisch aus zu. An seinem Gesichtsausdruck war nicht zu erkennen, was ihm gerade durch den Kopf ging, aber wenn Nina nicht alles täuschte, hatte auch er ein Auge auf Mama geworfen. Er lächelte immerzu, wenn er Mama ansprach oder wenn er für sie und sich selbst Bier oder einen Sekt bestellte.

Volker spielte seine Klarinette mit offenen Augen, die ganze Zeit über sah er Nina an. Die Noten brauchte er offenbar wirklich nicht. Davon war Nina auch nicht mehr weit weg, wenn sie sang. Einige Stücke konnte sie fast ohne Notenblätter vortragen, die Fahrpläne waren bereits in ihrem Kopf. Bestimmt gab es Lieder, die sich nur mit Klarinette und Gesang spielen ließen.

... Heiß war ihr stolzer Blick, und tief in ihrem Innern verborgen brannte die Sehnsucht, Santa Maria (Maria), den Schritt zu wagen, Santa Maria (Maria), vom Mädchen bis zur Frau ...

Als das Lied zu Ende war, spendeten die Leute Beifall. Die Männer auf der Bühne stärkten sich mit einem kräftigen Schluck aus ihren Bierkrügen.

Die Luft im Festzelt war zum Schneiden dick. Hans-Dieter ging hinaus, wahrscheinlich musste er zur Toilette oder brauchte etwas zu essen. Jedenfalls hatte Okko Modersohn sofort erkannt, dass Mama allein zu ihrem Platz zurückgekehrt war. Er stand auf, strich sich durch sein kurzes braunes Haar, prüfte den Sitz seiner Krawatte, wischte sich mit der flachen Hand über das Revers seines dunklen Sakkos und ging dann zwei Tischreihen weiter, direkt auf Mama zu. Er sagte etwas zu ihr, entschuldigte sich vielleicht für seine Aufdringlichkeit, die er empfunden haben mochte, oder lud sie zu einem Getränk ein. Mama lächelte und nickte. Er setzte sich neben sie. Auch er war sicherlich ein Mann, den Mama als »feinen Kerl« bezeichnen würde. Es war schön, die beiden nebeneinander zu sehen. Nicht nur er lachte immerzu, wenn die beiden zusammen waren, auch sie tat es.

Als die Kapelle einen Marsch – oder war es eine Polka – anstimmte, brach das ganze Zelt endgültig in einen begeisterten Jubel aus. Alles schunkelte und tanzte und lachte. Volker blies in seine Klarinette. Das Instrument kam Nina zu fein für diese Art von Musik vor, und es freute sie irgendwie, als Volker mit den Augen rollte, während er spielte.

»Ha!«, rief jemand hinter ihr.

Sie drehte sich um. Kathi und Andrea setzten sich neben Nina auf die Bank. Sie stellten drei Bierkrüge ab, von denen einer für Nina bestimmt war. Sie mochte kein Bier, es war ihr zu bitter. Dennoch stieß sie mit den beiden an und trank.

»Wo wart ihr denn so lange?«, rief Nina gegen den Lärm an. Es war so heiß im Zelt, dass ihre Bluse am Rücken klebte.

»Sorry«, sagte Andrea. Ihr Rock war mindestens genauso kurz wie Ninas. »Meine Oma ist doch heute achtzig geworden. Als Kathi mich abholen wollte, hat sie uns nicht gehen lassen. Wir mussten unbedingt noch Waschpulverbowle mit ihr trinken.«

»Mein Mund klebt immer noch vom ganzen Vanilleeis«, sagte Kathi, und sie lachten alle drei.

Wieder machten die Musiker eine Pause. Ein Kellner brachte frisches Bier auf die Bühne. Volker unterhielt sich mit Maik Kreutzer, einem Automechaniker mit eigener Werkstatt, bei dem alle in Hambühren ihre Wagen reparieren ließen. Mama sagte immer, Maik Kreutzer sei der reichste Mann weit und breit, nur das Finanzamt wisse nichts davon. Nina fragte sich, ob Volker bei ihm mit Zigarettenstangen aus seinem Lieferwagen bezahlte, wenn er seinen weißen BMW bei ihm reparieren ließ.

»Oh, là, là.« Andrea bewegte ihren Kopf hin und her. »Sieh mal, wer dich die ganze Zeit anstarrt.« Sie deutete mit einem Nicken zur Bühne.

Nina hatte gar nicht mitbekommen, dass Volker sich von Maik abgewandt und seinen Blick wieder auf sie gerichtet hatte.

Kathi zündete sich eine Zigarette an. »Der wäre 'ne super Partie«, meinte sie mit der Kippe im Mund. »Da hat man immer was zu rauchen, ohne bezahlen zu müssen.«

»Der lässt sich das anders bezahlen«, sagte Andrea.

»Und dann fasst er dir mit seinen gelben Fingern unter den Rock«, sagte Kathi.

»Ja, genau.« Andrea lachte. »Oder er streichelt dir damit im Gesicht rum.«

»Boah«, entfuhr es Kathi. »Hör auf damit. Das ist ja widerlich.«

Beide lachten. Volker konnte ihr Lachen oben auf der Bühne sicher nicht hören, und selbst, wenn er sie genau beobachtete, erkannte er bestimmt nicht, dass die Häme ihm galt. Er war groß und selbstbewusst, aber in diesem Moment tat er Nina leid.

»Ich finde ihn eigentlich ganz nett«, sagte sie.

Sofort verebbte das Gelächter.

»Wie bitte?«, rief Andrea.

»Ey, der Typ ist 'n Spasti.« Kathi fasste sich an die Stirn. »Der ist über dreißig und wohnt noch immer bei seinen Eltern. Der hört James-Last-Platten wie mein Opa.«

Andrea blickte leicht angewidert. »Echt! Und dann sein Dandygehabe und die buschigen Koteletten. Total gruselig. Nina, wie kannst du an dem irgendwas nett finden? Der Kerl geht gar nicht.«

Ein Kellner kam an den Tisch. Nina schmeckte noch immer das bittere Bier auf der Zunge ... »Drei Cola-Rum«, sagte sie laut.

Der Kellner notierte und verschwand.

»Coole Idee«, meinte Andrea, und Kathi gab Nina einen Kuss auf die Wange.

Hans-Dieter hatte sich inzwischen an die Theke gestellt und seinen Arm auf die Schultern eines Mannes gelegt, den Nina nicht kannte. Mama saß mit Okko Modersohn am Tisch. Sie hockten ganz dicht beieinander, und noch immer lächelten beide, während sie sich unterhielten.

Es dauerte nicht lange, und der Kellner kam mit den Getränken. Die Mischung war stark, und es fehlten Eiswürfel. Das hielt

Andrea aber nicht davon ab, gleich eine zweite Runde zu bestellen.

Ihre beiden Freundinnen hatten schon recht: Volker März war speziell. Sie sah zu ihm auf die Bühne. Er schloss beim Spielen immer wieder die Augen und schien wie versunken in die Musik. Angeblich hatte er noch nie eine Freundin gehabt, und im Ort wurde gemunkelt, er sei vom anderen Ufer, weil er immer teure Kleidung und Goldschmuck trug und sein Rasierwasser so penetrant roch. Außerdem zeigte er sich stets mit perfekt gekämmtem Haar, und seine Haut war selbst im Winter sonnengebräunt, weil er wahrscheinlich viel Geld fürs Solarium in Lüneburg ausgab, wohin er oft mit seinem immer blitzblanken BMW fuhr.

Volker war jedenfalls nicht wie die anderen, so viel stand fest. Er achtete – von seinen gelben Nikotinfingern einmal abgesehen – auf sein Äußeres und war höflicher als die meisten Männer im Ort, von den Jungs in Ninas Alter ganz zu schweigen. Der Umstand, dass er mit Anfang dreißig angeblich noch Jungfrau war, machte ihn nicht zu einem schlechten Menschen.

Andrea kippte den Rest ihres Cola-Rums in einem Zug runter, knallte das Glas auf den Tisch und stand auf. »Los, Mädels!«, rief sie gegen die Musik an. »Ab zum Autoscooter.« Sie eilte zusammen mit Kathi nach draußen.

Nina trank aus. Als sie aufstand, gaben ihre Knie ein wenig nach. Für einen Moment sah sie alles doppelt im Festzelt.

Beim Rausgehen drehte sie sich noch einmal zur Bühne. Volker spielte seine Klarinette und sah ihr nach. Sie hob ihre Fäuste in die Luft und deutete ein unsichtbares Lenkrad an, das sie nach links und rechts bewegte. Vielleicht kam er später nach. Ein verrückter Gedanke – aber auch irgendwie ein schöner. Volker nickte.

Draußen auf dem Festplatz drängelten sich die Menschen zwischen Buden und Ständen hindurch, die alle hell erleuchtet waren. Der Himmel hatte sich inzwischen verdunkelt, und zum Glück war es nicht mehr so heiß. Nina lief zu Kathi und Andrea, die bereits bei ein paar Jungs aus der Schule standen. Nina kannte nicht alle, aber einen erkannte sie sofort: Tim. Den coolen Tim aus der Dreizehnten. Er trug einen weißen Strickpullover von Lacoste und eine weite Jeans, die unten in Cowboystiefeln steckte. An seinem Hüftknochen baumelte ein Fuchsschwanz. Ninas Atmung wurde schneller.

In seinem Tennisverein war Tim kürzlich Meister bei den Herren geworden, und er konnte sich die Mädchen aussuchen, die mit ihm ausgehen wollten. Er sah super aus und fuhr ein rotes Alfa Cabrio mit Holzlenkrad und Ledersitzen.

Sie stieg die zwei Stufen zum Rand der Fahrbahnfläche hinauf, als Tim sich zu ihr drehte. Die Musik dröhnte, die Autoscooter sirrten vorbei und stießen zusammen. Einen Moment lang hatte er Schwierigkeiten, sich auf den Beinen zu halten. Er torkelte, fing sich aber, indem er sich bei einem seiner Freunde an der Schulter festhielt.

»Oh, wen haben wir denn da?«, fragte er.

»Hi, Tim.«

»Hi«, erwiderte er ihren Gruß. »Schön, dich zu sehen.«

Darauf nickte sie nur.

»Kommst du mit, was essen?« Kathi neben ihr deutete mit dem Daumen in Richtung Bratwurststand.

Nina schüttelte den Kopf, sie hatte keinen Hunger.

Kathi zog mit Andrea ab, die sich nach vier, fünf Schritten noch einmal umdrehte und rief: »Wir sind gleich zurück, lauf nicht weg!«

Tim legte einen Arm um Ninas Schultern. Er schwankte so sehr, dass Nina fürchtete, zusammen mit ihm auf die Fahrbahnfläche zu kippen. Vielleicht hätte sie doch mit zum Bratwurststand gehen sollen. Sie konnte es noch immer, aber irgendetwas hielt sie zurück. Es war schon cool, neben Tim hier zu stehen, mit seinem Arm auf ihrer Schulter. Ein paar andere Mädchen sahen mürrisch zu ihr herüber; Dutzenden von ihnen brach in diesem Augenblick vermutlich das Herz. Tim. Der Schwarm aller. Nina und keine andere in seinem Arm. Sie wollte es genießen, aber er schwankte weiter, er war völlig betrunken, und sein Atem roch nach Zwiebeln. Am liebsten wäre sie abgehauen. Sie traute sich nicht.

Sein Gesicht kam ihrem ganz nah. »Hast du einen Freund?«
Er Geruch aus seinem Mund war furchtbar. Nina löste sich aus seiner Umarmung und wollte Andrea und Kathi nachgehen, doch Tim streckte die Hand aus und hielt sie fest.

»Was ist denn?«, fragte er. »Feierst wohl nicht gern, was?« Er trank einen Schluck aus seinem Krug; das Bier lief ihm aus den Mundwinkeln über den Hals und sickerte in den weißen Pullover.

Die Fahrrunde auf der Fläche war vorüber, ein Wagen hielt direkt vor Nina. Er war grün und schwarz und glitzerte.

Tim trat auf die Fahrbahnfläche und zog Nina mit sich. »Komm«, rief er. »Eine Runde.«

Nina wollte weg – und sie wollte es nicht. Vielleicht würde er sie morgen, wenn er wieder nüchtern war, sogar mit seinem Cabrio von der Schule abholen. Ein bescheuerter Gedanken wahrscheinlich, aber vielleicht nicht völlig abwegig.

Sie zwängte sich mit ihm auf die schmale Plastikbank des Autoscooters. Er fummelte umständlich in der Hosentasche und zog einen Chip hervor, den er vorn in den Schlitz steckte.

Die Musik war laut, die blitzenden bunten Lichter verschwammen zu einem einzigen Farbenbrei, während der Ansager mit sonorer Stimme den Spaß beim Fahren anpries. »Zusteigen, bidde, zusteigen! Das ist super hier, da kommt Freude auf.«

Es erklang ein ohrenbetäubendes Signal, und der Wagen

setzte sich in Bewegung. Tim lachte, der Fahrtwind ließ seine Haare zu allen Seiten flattern. Die Fahrbahnfläche war voller Autoscooter, alles blinkte, ständig kreischte jemand auf, und die Bässe hämmerten. Immer wieder wurde ihr Wagen von anderen gerammt, und auch Tim rammte andere Fahrzeuge. »Yeah!«, schrie er dabei in einem fort. »Yeah!«

Plötzlich packte er ihre Hand und drückte sie ans Lenkrad. »Mach du mal«, sagte er und legte seine Rechte auf ihr Knie.

Tims Hand war kalt und feucht. Seine Schulter stieß unentwegt gegen ihre, er ließ seine Hand an der Innenseite ihres Schenkels hinaufwandern. Die Bässe dröhnten weiter aus den Boxen, das bunte Licht blitzte wie wild. Für einen Moment hatte Nina das Gefühl, in einem diffusen Traum zu sein. Sie versuchte, die Hand von ihrem Schenkel wegzureißen, aber Tims Griff war zu fest. Seine Finger erreichten ihren Slip. Tim sollte das lassen, sie wollte das nicht. Sie wollte aussteigen, davonrennen. Aber der Wagen fuhr und fuhr, stieß gegen andere, wechselte die Richtung, blieb in Bewegung.

Schließlich war die Fahrt vorbei. Der Wagen kam an der Stelle zum Stehen, an der sie eingestiegen waren. Die Jungs am Rand grölten und applaudierten. Unvermittelt neigte Tim seinen Oberkörper zu Nina und drückte sich fest an sie. Sein Kopf war zwischen ihren Brüsten, sie spürte seine Zunge auf ihrer Haut, mit der Hand rieb er über ihre Scham. Der Stoff ihres Slips war dünn, mit einem Finger drang er in sie ein. *Dieses widerliche Schwein!* Nina wollte ihn wegdrücken, aber er war zu stark und zu schwer. Um Himmels willen, sie musste irgendwie raus aus diesem gottverdammten Wagen.

Tim presste seinen Mund auf ihren. Angewidert riss sie den Kopf zur Seite. Er schob seinen Finger tiefer in ihre Scheide. Gleichzeitig leckte er über ihren Hals.

Tims strahlend weißer Pullover, Lichtblitze, der Fuchsschwanz. Alles verschwamm. Mama war da, sogar Vater. Die zwei schrien sich an. Nina streckte eine Hand nach beiden aus, aber die Hand verschwand in gleißendem Weiß, und dann verschwand erst Mama und danach Vater. Mama hatte recht gehabt: Der Rock war zu kurz. Warum hatte sie nicht auf sie gehört? Der Rock war zu kurz, er war zu nuttig. Nina war wie eine Nutte herumgelaufen, jeder hatte es sehen können. Kein Wunder, wenn ein betrunkener Kerl darauf abfuhr. Aber Tim? Der tolle Tim? Das war doch unmöglich. *Bist selber schuld, Schlampe. Warum läufst du auch so rum. Musst dich nicht wundern. Männer sind eben nur Männer. Die können nichts dafür. Pech gehabt. Was reizt du sie auch? Wirklich: Selbst schuld.*

»Nein!«, schrie sie aus vollem Hals, was die Jungs am Rand noch mehr dazu brachte, Tim mit ihrem Gegröle anzustacheln. »Nein!« Sie musste hier weg, aber der Masse von Tims Körper konnte sie nichts entgegensetzen. Der Schweiß auf seiner Stirn, sein entrückter Blick. Starre Augen. Irre Augen.

Ihre Gegenwehr erlahmte. Der eigene Körper gehorchte ihr nicht mehr. Sie konnte sich nicht mehr bewegen. Sie spürte sich nicht mehr.

Wie aus dem Nichts schnellte eine Faust auf Tim zu und schlug seinen Kopf zur Seite. Nina roch süßes Rasierwasser, erkannte buschige Koteletten.

Volker packte Tim am Ausschnitt seines Pullovers und verpasste ihm einen zweiten Schlag. Blut trat aus Tims Nase, er ließ von Nina ab. Volker zog sie hoch, zog sie raus aus dem Wagen. Die anderen Jungs hörten auf zu lachen. Sie standen reglos da. Tim torkelte zu ihnen und fiel in ihrer Mitte auf die Knie. Auf der Fahrbahnfläche lag der Fuchsschwanz, irgendjemand trat aus Versehen drauf. Die Musik dröhnte weiter. Nina klammerte sich an Volker. Er legte seinen Arm um sie und zog sie vom Fahrgeschäft fort.

Zwischen ihren Beinen brannte es, sie zitterte am ganzen Körper, sie verlor die Orientierung. Was war da gerade passiert? Wo war sie? Wie spät war es? Doch sie erinnerte sich. Das Festzelt, die Kapelle, Cola-Rum. Tanz. Sie richtete sich auf und holte Luft.

Volker strich sacht über ihren Kopf. »Alles ist gut«, flüsterte er und küsste ihre Stirn.

Abseits des Festplatzes, unter einer Straßenlaterne, setzten sie sich auf eine Bank. Volker zog sein Jackett aus und legte es über ihre Schultern. Der Mond schien, es war noch warm, und die Musik des Volksfestes wehte zu ihnen herüber.

Was eben geschehen war – es konnte nur ein böser Traum gewesen sein. Sie musste nur fest genug daran glauben, dann würde sie morgen aufwachen, und alles war gut. Sie musste sich nur kräftig schütteln, und alles war fort. Langsam hob sie den Kopf. Der Himmel war sternenklar und funkelte.

Volker streichelte weiter ihr Haar und wischte ihr die Tränen von den Wangen. Er sollte die ganze Nacht bei ihr bleiben. Er sollte nicht aufhören mit dem, was er gerade tat. Er sollte sie weiter streicheln. So, wie Vater es in ihrer Vorstellung tat. Sie ist ein kleines Mädchen, Vater setzt sich zu ihr ans Bett. Er liest ihr eine Gutenachtgeschichte vor und küsst ihre Stirn, bevor er das Licht auf ihrem Nachttisch löscht.

Volkers Finger waren nicht gelb. Nina drückte ihren Kopf fester an seine Brust. Er atmete ruhig, doch sein Herz schlug schnell.

4.
Wo ist deine verdammte Deckung, Mann?

November 1981

Die Justizvollzugsanstalt auf der Elbinsel Hahnöfersand, rund fünfunddreißig Kilometer westlich von Hamburg, gab es seit etlichen Jahrzehnten, und so sah sie auch aus. Die roten Backsteinbauten waren längst ergraut und erinnerten an die Gebäude der Speicherstadt, die größtenteils verlassen waren und allmählich verfielen. Der gottverdammte Novembernebel tat sein Übriges. Margraf stand vor dem Eingangstor des acht Meter hohen Stacheldrahtzauns, der das ganze Gelände sicherte, und fühlte sich, wie er sich immer fühlte, wenn er hier war: wie beim Casting für einen Horrorfilm. Es war vier Uhr nachmittags, und es dämmerte bereits. Von irgendwoher krächzte ein Rabe in die Trübnis, sicher ein Original aus einem dieser Edgar-Allan-Poe-Streifen.

Der Öffner surrte, und Margraf trat in den mit Kieselsteinen belegten Hof. Der Pförtner grüßte mürrisch hinter seiner Panzerglasscheibe und ließ den Besucher mit einem Handzeichen passieren. Margraf verspürte ein Gefühl der Enge in seiner Brust, während er durch das Gebäudeinnere ging. Zunächst ein langgestreckter Flur: graue Fliesen am Boden, weiße Putzwände und schummriges Licht, das aus flachen Milchglasleuchten von der Decke fiel. Am Ende des Gangs – von dem links und rechts Türen abgingen, die alle verschlossen und unbeschriftet waren und von denen Margraf bis heute nicht wusste, was sich dahinter verbarg – führte eine Treppe in die oberen Stockwerke. Er ergriff das Geländer und nahm die Stufen im Zweierschritt.

Es war ein schmales Treppenhaus, das die vier Etagen dieses kasernenartigen Gebäudes miteinander verband und auch zu einem normalen Mietshaus hätte gehören können. Wer hier seine Haftstrafe zu verbüßen hatte, konnte einem leidtun. Wer hier allerdings freiwillig arbeitete, der konnte nicht alle Tassen im Schrank haben – oder tat es aus einer inneren Überzeugung heraus.

»Kommen Sie rauf«, rief jemand von ganz oben.

Die Reibeisenstimme war unverkennbar. Sie gehörte Manfred Wellmann, einem alten, untersetzten Mann, dessen Körper nie über einen Meter sechzig hinausgekommen war. Ein Haarkranzträger und Zigarrenraucher. Er stand kurz vor seiner Pensionierung und wollte partout nicht einsehen, warum der Gesetzgeber sich eine solche Unverschämtheit wie die Altersgrenze für Beamte ausgedacht hatte. »Nicht alle Tassen im Schrank« oder »Überzeugung« – bei Wellmann war beides möglich.

In seinem Büro roch es nach kalter Asche. Wellmann saß hinter seinem Schreibtisch. Er zündete sich gerade eine frische Zigarre an und verschwand augenblicklich hinter einer Rauchwolke. Mit der rechten Hand wedelte er sich aus der Gefangenschaft des Qualms frei.

»Kaffee?«, fragte er.

Margraf schüttelte den Kopf. »Ich trinke keinen Kaffee.«

Wellmann rollte mit den Augen. »Vergesse ich immer wieder. Wahrscheinlich, weil Sie der Einzige sind, den ich kenne, der keinen Kaffee trinkt. Warum eigentlich nicht?«

Margraf räusperte sich. Die kleine Küche seiner Eltern in St. Georg. Vaters Brüllerei. Die Angst in Mutters Augen. »*In meiner Familie herrschen Zucht und Ordnung.*« Das war Vaters Credo gewesen. Ein Despot, wie er im Buche gestanden hatte.

»Ist 'ne lange Geschichte«, sagte er. »Haben Sie mich bei Larsen angekündigt?«

Im Aschenbecher türmten sich die Zigarrenstummel. Ansonsten war der Schreibtisch aufgeräumt und sauber. Eine einzige Akte befand sich darauf. Ein paar Stifte steckten in einem chromfarbenen Becher. An den Wänden hingen Ölgemälde; Berge und Wälder waren darauf zu sehen. Wellmanns Art, gegen das Diktat des norddeutschen Flachlandes aufzubegehren.

»Sicher«, antwortete er mit kratziger Stimme und hustete. »Er wird drüben sein, in der Boxhalle die Jungs trainieren.«

Boxhalle. Was es nicht alles gab, hier in Draculas Festung. Hans Larsen hatte vor wenigen Tagen seine siebzehnjährige Tochter auf bestialische Art verloren. Jetzt stand er in einer Boxhalle und trainierte ein paar Jungs. Jeder bewohnte die Welt auf seine eigene Weise.

»Warum hat er sich nicht krankgemeldet?«, fragte Margraf. »Ich habe zwar keine Kinder, aber ich glaube, ich würde durchdrehen.«

Wellmann nickte. »Ginge mir genauso. Aber da tickt wohl jeder anders. Larsen ist ein guter Mann. Ich bin froh, dass ich ihn habe. Die Jungs respektieren ihn, das ist keine Selbstverständlichkeit hier auf der Insel.« Er legte seine Zigarre auf dem Rand des Aschenbechers ab, erhob sich und kam auf Margraf zu. »Die Tochter ist bei der Mutter aufgewachsen, hatte kaum Kontakt zu ihm. Keine Ahnung, ob das von ihm oder von ihr ausgegangen ist. Ich weiß nicht, ob er trauert oder ob ihm die ganze Sache egal ist. Er redet nicht darüber.« Er gab Margraf zum Abschied die Hand. »Vielleicht haben Sie ja mehr Glück.«

Margraf ging über den Hof, der von den Backsteingebäuden eingefasst wurde. Der Kies knirschte unter den Sohlen. Eine Deutschlandfahne hing schlapp von einem Mast herab. Wieder krächzte irgendwo ein Rabe, und noch immer gab sich das Tier nicht zu erkennen. Die Welt des Edgar Allan Poe in Reinkultur. Der perfekte Ort für einen Schwarz-Weiß-Schocker, dessen Handlung von einer Geschichte des amerikanischen Schriftstellers inspiriert wurde. Unerklärlich, was einen antrieb, freiwillig hier zu arbeiten. Die Stille, die zwischen den Mauern und dem Stacheldraht herrschte, war geradezu hörbar, und irgendwie hatte Margraf das Gefühl, die nahe Elbe riechen zu können, ihr modriges Brackwasser, diese Mischung aus Fisch und Fäulnis. Der Geruch rief in ihm eine innere Ruhe und Vertrautheit hervor, die vermutlich nur empfinden konnte, wer am Wasser groß geworden war.

So sehr er den Zigarettenqualm seines Vaters gehasst hatte, so sehr war Margraf ihm bis heute dankbar für die unzähligen Momente, die er mit ihm am Meer und an der Elbe verbracht hatte – bewaffnet mit Angelruten und getragen von Verbundenheit. Stunden, Tage, Wochenenden ohne Zwang. Die warme Nähe zum Vater, zum Vorbild, zum Mutmacher und Freund, der mit ihm durch dick und dünn gehen würde. Bis zu jenem Morgen in der Küche, als zwischen Vater und Mutter ein Wort das andere gab und schließlich Schläge fielen. Erst klatschte Vaters flache Hand in Mutters Gesicht, dann gegen den Hinterkopf des Sohns, der seiner Mutter zu Hilfe kommen wollte. Der gottverdammte Kaffee spritzte überallhin, nachdem Mutter bei einem hastigen Ausweichschritt – um dem nächsten Schlag zu entkommen – gegen den Küchentisch gestoßen war und so die Kanne darauf umgeworfen hatte. Der Kaffee war über die Tischplatte geflossen, über Stühle und über den Fußboden, dort entlang, wo Margraf mit nackten Füßen gestanden hatte.

Zucht und Ordnung. Der Alte hatte Mutter eine geschmiert, weil sie seine Taschentücher noch immer nicht gebügelt hatte. Eine schallende Ohrfeige für ein ungebügeltes Stück Stoff. In jenem Moment hatte der Kaffee seinen wohligen Duft in einen faulen Geruch eingetauscht.

Die Sporthalle der JVA lag am nordwestlichsten Ende des Areals. Riesige Kastanien säumten den Weg zum Eingang. Sie hatten längst ihr Blattwerk eingebüßt und wirkten nackt und verletzlich im kalten Wind, dem die Äste ausgesetzt waren.

Im Inneren des Gebäudes verwies ein Schild auf die Boxabteilung im ersten Stock. Als Margraf sich ihr näherte, hörte er Kommandos und dumpfe Schläge. Er betrat den Raum und sah sich um. Ein paar Gefängnisinsassen waren mit Krafttraining beschäftigt und drückten schwere Gewichte an Langhantelstangen. Andere droschen auf Boxsäcke und Punchingbälle ein, die mit Metallarmen an den Wänden montiert waren. Wieder andere wollten offenbar Rekorde im Seilspringen aufstellen. Schweiß hing in der Luft, die nackten Oberkörper glänzten. Der Einzige, der in der Halle sprach, war ein Mann von vielleicht vierzig Jahren. Er stand in der hinteren Ecke des Boxrings und redete auf zwei Männer ein, die gegeneinander kämpften. Ein Gong erklang, eine Runde war beendet. Margraf ging zu ihnen.

»Hans Larsen?«, fragte er.

Der Mann in der Ringecke sah herunter. »Der ist nicht mehr hier.«

Die Seilspringer hörten auf zu springen, und diejenigen, die gegen Boxsäcke und Punchingbälle schlugen, unterbrachen ihr Training. Von einer Sekunde zur anderen wurde es still in der Halle.

»Mein Name ist Margraf. Ich suche Hans Larsen. Wissen Sie, wo er ist?«

Zwei muskelbepackte Männer kamen mit ruhigem, lässigem Gang auf Margraf zu. Ohne ein Wort zu sagen, blieben sie vor ihm stehen und starrten ihn mit zusammengekniffenen Augen an. Sie verschränkten ihre Arme vor der Brust.

»Lasst gut sein«, rief der Mann den beiden zu, und sie zogen ab. »Kommen Sie rauf. Wir haben noch ein paar Runden vor uns.« Er streckte Margraf eine Hand entgegen und half ihm zu sich.

»Danke«, sagte Margraf.

»Borgstedt«, stellte sich der Mann vor. »Ich bin Hans' Kollege.«

Erneut erklang ein Gong. Die beiden Boxer kamen aus ihren Ecken und setzten ihren Kampf fort. Der eine trug eine rote, der andere eine blaue Hose.

»Wo ist deine verdammte Deckung, Mann?«, rief Borgstedt dem in der blauen Hose zu. »Micha, behalt deine Fäuste auf Kopfhöhe.«

Die Boxer tänzelten umeinander her. Es war faszinierend, wie geschmeidig sie ihre Beine bewegten, obwohl jeder von ihnen sicher mehr als neunzig Kilo wog. Sie tanzten geradezu. Blitzschnell schlug der Kerl in der roten Hose eine Gerade, die den Kopf seines Kontrahenten treffen sollte. Margraf hatte den Schlag gar nicht kommen sehen, so schnell war er ausgeführt worden. Der andere aber – der mit der blauen Hose, Micha offenbar – hatte auf den Trainer gehört und achtete auf seine Deckung. Mit einer seiner hoch erhobenen Fäuste wehrte er den Hieb ab, und auch die nächsten Schläge des Angreifers drangen nicht bis ins Ziel.

»Gut so«, sagte Borgstedt. »Und Ralf, nicht zu viel. Verausgab dich nicht zu früh. Teil dir deine Kräfte ein. Und raus aus der Ecke. Ja, sehr schön.« Er drehte sich zu Margraf. »Sie sind 'n Bulle, richtig?«

»Sieht man mir das an?«

Erneut griff Ralf seinen Gegner an, diesmal mit Schlägen in den Bauch- und Rippenbereich. Micha tat das Gleiche, die beiden verkeilten sich ineinander. Borgstedt griff ein, brachte sie auseinander und stellte sich zurück zu Margraf.

»Polizei riechen wir hier drei Meilen gegen den Wind. Was wollen Sie von Hans?«

Ralf war erneut zum Angriff übergegangen, eine gerade Rechte, die hatte gesessen. Micha taumelte nach hinten und ging zu Boden.

Wieder lief Borgstedt in die Ringmitte. Er beugte sich hinab. »Bist du okay?«

Micha nickte. Seine linke Augenbraue war aufgeplatzt, Blut trat aus der Wunde.

Borgstedt tupfte es mit einem Frottiertuch ab und richtete sich auf. »Okay, dann ist Schluss für heute«, sagte er. »Wir brechen ab. Ihr sollt trainieren und euch nicht gegenseitig umbringen.«

»Nein«, schrie Micha, der schon wieder auf seinen Beinen stand. »Wir machen weiter.«

»Ja, Mann«, sagte Ralf. »Lass uns weitermachen, Trainer.«

Einer der Seilspringer wischte sein Gesicht trocken, ging zu einem riesigen Kassettenrekorder, der auf einer Fensterbank stand, und drückte auf einen Knopf. AC/DC erklang: *Highway to hell.* »Na los, Trainer«, rief er zum Ring herüber. »Lass die beiden kämpfen. Wir haben 'ne Wette laufen. Die darfst du nicht einfach kaputtmachen, Mann.«

Alle Männer in der Halle hatten ihre Aktivitäten unterbrochen und schauten zu ihm.

»Morgen ist auch noch ein Tag«, rief Borgstedt in die Halle. »Ihr dürft noch eine halbe Stunde Krafttraining machen, dann ist Feierabend.«

»Das ist doch Scheiße«, brüllte Ralf, und ein allgemeines Murren ging durch den Raum. Er biss die Zähne zusammen. Die Muskeln an seinen Kieferknochen zuckten. Er warf Borgstedt einen strengen Blick zu, als er an ihm vorbeiging und aus dem Ring steigen wollte.

Borgstedt packte ihn an der Schulter und drehte ihn zu sich. »Nicht mit einer offenen Wunde. Das ist der Deal, und das weißt du.«

Ralf verzog das Gesicht, nickte aber und verließ den Ring.

»Spüren Sie das?«, fragte Borgstedt und zog Luft in die Nase. »Pures Testosteron.« Er grinste. »Die Jungs werden schnell übermütig. Dann ist Kontrolle gefragt. Kontrolle und Konsequenz. Hans und ich haben die Burschen ganz gut im Griff.«

Margraf sah sich um. Keiner der Männer wagte es mehr, Borgstedt zu widersprechen. Jeder war mit sich beschäftigt, drückte Gewichte, kontrollierte vor einem Wandspiegel den eigenen Bizepsumfang oder ermüdete seine Rückenmuskulatur mit Klimmzügen. Bis zu zwei Meter große Kerle, von denen jeder einzelne eine Schuld auf sich geladen hatte, die für eine Haftstrafe reichte. Es gehörte Mut dazu, sich mit ihnen in einer Boxhalle aufzuhalten. Larsen und Borgstedt genossen offenbar wirklich ihren Respekt.

»Sie wissen von Larsens Tochter?«, fragte Margraf.

Borgstedt nickte. »Macht ihn ziemlich fertig.« Er verließ den Ring, ging zu einer Holzbank am Rand und sortierte ein paar Kleidungsstücke in seiner Sporttasche.

Margraf folgte ihm und ließ sich auf der Bank nieder. Überall an den Wänden hingen Kinoplakate und Poster. Sein Blick fiel auf das Originalplakat von *Rocky II*: Sylvester Stallones kampfgeschundenes Gesicht prangte rechts im Vordergrund, links dahinter ein Foto vom Zweikampf mit Carl Weathers, der den Apollo Creed spielte. Daneben *The Godfather – Der Pate*: Marlon Brando als Don Corleone im Smoking, eine rote Rose im Knopfloch. Außerdem eine große Zahl von Postern, auf denen junge, gutaussehende Frauen mit nackten Brüsten, Hintern und lasziven Blicken abgebildet waren. Borgstedt hatte recht: Testosteron, so weit das Auge reichte.

Er musste mitbekommen haben, dass Margrafs Blick an den Frauenbildern hängen geblieben war. »Gucken Sie mal zur anderen Seite«, sagte er und streckte den Zeigefinger aus.

Margraf drehte sich. Auf der Wand waren überlebensgroß die gespreizten Beine einer Frau zu sehen, zwischen denen sich eine schwarze Tür befand. Die Beine der Frau, von der sonst nichts zu sehen war, steckten in halterlosen Strümpfen und ihre Füße in sehr roten Pumps mit sehr hohen Absätzen. Auf der schwarzen Tür standen zwei Wörter in geschwungener, ebenfalls roter Schrift: »*Zur Ritze.*« Das ganze Kunstwerk war dem Original auf dem Hamburger Kiez ziemlich gut nachempfunden.

Borgstedt verstaute eine leere Wasserflasche in seiner Tasche. »Haben ein paar der Jungs selbst gemacht. Ist gut geworden, nicht?« Er setzte sich neben Margraf. »Wenn Sie Hans suchen, probieren Sie es dort. Da ist er oft in letzter Zeit. Aber sagen Sie ihm nicht, dass Sie den Tipp von mir haben, okay?«

Zur Ritze. Hamburgs legendäre Kneipe auf der Reeperbahn. Bekannt für Exzesse und Straftaten aller Art. Dort vergnügten sich prominente Politiker neben bekannten Unterweltgrößen, Arme neben Reichen, Linke neben Rechten – alle vereint im Rausch der körperlichen Lust und des Alkohols. Nicht unbedingt der beste Ort für einen Diplom-Sozialarbeiter wie Larsen, der, wenn er denn tatsächlich in dieser Kneipe verkehrte, vermutlich nicht aus rein beruflichem Interesse dorthin ging.

»Trinkt er?«, fragte Margraf.

Borgstedt schüttelte den Kopf. »Nein, ich glaube nicht.«

»Was ist es dann?«

Borgstedt stand auf und schulterte seine Tasche. »Das weiß ich nicht, aber ich nehme an, es ist der Boxkeller unter der Kneipe.«

Auch Margraf erhob sich. Vom Boxkeller unter der *Ritze* hatte er schon gehört.

Borgstedt setzte sich ein Basecap auf den Kopf. »Ich habe Angst um ihn.« Er nickte, verabschiedete sich von Margraf mit einem »Ciao« und ging Richtung Ausgang.

»Was ist hier hinter der schwarzen Tür?«, rief Margraf ihm nach.

Borgstedt drehte sich um und lachte. »Na, was schon? Unser Putzraum natürlich. Eine Sauna haben sie uns ja nicht genehmigt, hier, auf unserer Insel der Glückseligkeit.«

5.

Keine Schmerzen

November 1981

Die *Ritze* war in den letzten Tagen für Hans Larsen zu einer Art amputiertem Bein geworden. Es gehörte nicht mehr zu ihm, und doch machte es sich unentwegt bemerkbar. Da war ein Kribbeln in einem unsichtbaren Oberschenkel, oder ein Schmerz stach in einem nicht vorhandenen Kniegelenk. Das Problem war: Es gab keine Möglichkeit der Linderung. Wie sollte Salbe an ein Knie gelangen, das es nicht gab?

Er stand gut zwanzig Meter von der *Ritze* entfernt. Die Tür war geöffnet – die Tür zum Paradies, so hieß es, inmitten zweier Frauenschenkel. Der Eingang wurde von zwei Gorillas mit Bomberjacken bewacht. Einen der beiden kannte er. Als Hans in den vergangenen Tagen hier gewesen war, hatte er Schicht gehabt: ein einfacher Kerl, dessen Eltern aus einem Dorf in Anatolien stammten. Das hatte er nachts bei einem letzten Bier erzählt. Er hieß Yussuf und hielt Hans für einen guten Menschen.

Yussuf lächelte, als Hans auf die Eingangstür zutrat, klatschte ihn zur Begrüßung ab und schob ihn durch die Kontrolle, vorbei an Touristen und herumalbernden Halbstarken.

Die Luft im Raum war eine Wand – eine Wand aus Feuchtigkeit und Wärme und Zigarettenrauch. Die Leute drängelten sich vor der Theke, einem kleinen Holztresen auf der rechten Seite. Eine Diskokugel benetzte alles und jeden mit Farbtupfern. Musik dröhnte, die Menschen kreischten und tanzten auf der Tanzfläche. Oder sie kreischten und tanzten am Tresen, wo sie ab und an innehielten, um Bier, Sekt oder Schnaps zu kippen.

Hans bestellte eine Cola mit Zitrone und trank das Glas in einem Zug leer. Schräg gegenüber auf einem Hocker an der Bar saß ein Mädchen, es war sicher nicht älter als Nina. Die gleichen langen Haare, das weiche Gesicht. Er drehte sich weg.

Nina als Baby. Sie liegt im Kinderwagen und schläft. Der kleine Kopf, die winzigen Ohren. Alles ist niedlich an ihr, so liebenswürdig. Sein Kind. Er hebt sie aus dem Wagen, nimmt sie auf den Arm. Aber sie schreit nur, schreit die ganze Zeit. Er will ihr nichts Böses; er ist doch ihr Vater. Er ist ihr Vater, verdammt noch mal. Aber sie soll endlich aufhören zu schreien. Das Schreien macht ihn wahnsinnig, es geht ihm bis ins Mark. Er will nicht, dass es ihm bis ins Mark geht, aber er kann das Gefühl nicht abschütteln. Er legt sie zurück. Nina lächelt ihm ins Gesicht, und er kommt sich dumm vor, dumm und verloren.

Er bestellte noch eine Cola.

In der *Ritze* hatte sich nicht viel verändert seit den Siebzigern. An den Seiten die kleinen Holznischen mit ihren Bänken und Stühlen, dazwischen im Raum vereinzelte Tischgruppen. An den Wänden hingen Bilder, auf denen Gäste zu sehen waren, größere und kleinere Berühmtheiten, oder Schiffsmotive und Werbeschilder aus Metall für Schnaps und Kaugummi. Und links, fast unscheinbar, befand sich die Tür, durch die man in den Keller gelangte.

Früher, zum Ende seines Sozialpädagogikstudiums, war er oft hergekommen, und noch heute übte die Kneipe auf ihn eine geradezu magische Anziehungskraft aus. Einige seiner Kommilitonen hatten den Absprung nicht geschafft. Tunten-Toni war so einer gewesen. Ein Halbitaliener mit schwarzem Haar und blauen Augen, der hier seine Homosexualität ausleben konnte, ohne gleich dafür in den Knast zu müssen. Oder Chinesen-Fritz, ursprünglich Jurastudent, später Drogenhändler und Zuhälter, der erst vor wenigen Monaten hier erschossen worden war, als er nichtsahnend auf einem Barhocker gesessen hatte. Ein raues Fleckchen Erde, ganz bestimmt, und doch mit Herz, irgendwie.

Hans hatte nie verstanden, worauf der Kult um diesen Schuppen gründete. Bei Licht betrachtet war die *Ritze* nichts weiter als eine Absteige, eine Zuflucht für Säufer, Drogenabhängige und andere Gescheiterte. Nichts war gemütlich hier drin, die dicke Luft nicht, das kalte Licht nicht und auch nicht die viel zu laute Musik. Dennoch platzte der Schuppen an allen sieben Tagen in der Woche aus den Nähten.

Um all den Kult war es Hans nie gegangen. Schon damals hatte er sich in erster Linie für den Keller interessiert, der sich unter der *Ritze* befand.

Er trank aus und schob sich durch die warme Menschenmenge zur hinteren Tür. Acht Stufen führten nach unten in den dreißig Quadratmeter großen Raum, der fast vollständig von einem Boxring ausgefüllt wurde. Rohrleitungen führten unter der Decke entlang, an zwei Stellen tropfte Wasser, Putz bröckelte von den Wänden.

Jonny Klein, der Inhaber, trainierte selbst, ein Schwarzer war sein Sparringspartner. Ein paar Männer standen an den Ringseiten, rauchten und sahen dem Kampf zu. Als die Tür hinter Hans knallend ins Schloss fiel, unterbrach Jonny den Kampf und drehte sich zu ihm um. Er nahm den Mundschutz heraus.

»Hans, mein Freund, komm zu uns. Bist du okay?«

Hans nickte. Er ging zur rechten Seite und setzte sich auf das rissige Ledersofa.

»Bringt dem Mann was zu trinken«, rief Jonny den Männern am Rand zu.

Einer von ihnen stand auf, mixte in einem großen Glas Cola und Rum und brachte es zu Hans rüber. Es war in zwei Zügen leer. Der Rum brannte im Hals und verteilte Wärme im Magen. Der Mann brachte ein zweites Glas, und Hans trank erneut.

Abermals überfielen ihn Gedanken an Nina, und die Vorstellungen verlangsamten ihre Abfolge, während Jonny und der Schwarze aufeinander eindroschen. Es schien, als liefen auch ihre Bewegungen in Zeitlupe ab, die Konturen der nackten Oberkörper verschwammen und lösten sich auf. Hans kniff die Augen zusammen, er wischte sich übers Gesicht. Dumpf hörte er die Faustschläge aus dem Ring, wenn sie auf Kopf, Brust oder Rippen trafen.

Nina in Celle am Straßenrand, die schulterlangen Haare nass und zerzaust vom Nieselregen und dem Wind. Sie hat Chorprobe gehabt. Es ist gegen halb acht und dunkel. Sie hat ihre Mutter telefonisch nicht erreicht.

Der Mann stand wieder vor ihm und hielt ihm ein drittes Glas Cola-Rum hin. Hans nahm es und trank.

Im Ring flogen die Fäuste, aber sie waren weit weg, sie waren nicht hier, nicht in diesem Raum. Sie schwebten zwischen Himmel und Erde.

Nina steht am Ortsausgang, ihr ist kalt. Sie hält ihren Daumen raus, immer wieder huschen Scheinwerfer an ihr vorbei. Bis sie hört, dass ein gerade an ihr vorbeigefahrenes Auto abrupt langsamer wird, und Bremslichter sieht, als sie sich zum Wagen umdreht.

Hans trank. Mehr tat er nicht. Er trank nur, keine besondere Aufgabe für einen Körper. Und dennoch war seine Atmung kurz und geräuschvoll, wenn er die Luft aus den Nasenlöchern stieß.

Nina läuft zum Wagen, dessen Beifahrertür bereits offen steht. Sie steckt ihren Kopf ins Innere. Ein Mann sitzt am Steuer, er lächelt freundlich und bittet sie, einzusteigen.

Hans leerte auch sein drittes Glas. Als er es auf dem Stuhl neben sich abstellen wollte, rutschte es ihm aus der Hand und zersprang auf dem Boden. Die Männer, die den Kampf beobachteten, blickten zu ihm. In dem Moment platzierte der Schwarze im Ring eine kräftige Rechte an Jonnys linker Schläfe. Jonny ging zu Boden und blieb auf dem Rücken liegen. Sein Gegner beugte sich über ihn, zwei Zuschauer sprangen in den Ring und sahen nach ihm. Einer sprach ihn an, tätschelte seine Wange. Jonny öffnete die Augen. Er richtete mit Hilfe der beiden Männer seinen Oberkörper auf.

»Wow«, sagte er. »Sauberes Ding.«

Der Schwarze griff ihm unter die Arme und stellte ihn auf die Beine. Jonny wankte, ging aber selbstständig in seine Ecke, ließ sich auf seinen Sitz fallen und trank einen Schluck Bier aus einer Flasche, die ein anderer ihm reichte.

»Du bist gut, du Fotze«, rief er dem Schwarzen zu.

Der zog seine Boxhandschuhe aus und trocknete sich mit einem Handtuch Gesicht und Nacken. »Du willst zu viel, Mann«, erwiderte er. »Immer nur Angriff, Angriff, keine Deckung. Du bist ein Idiot, Mann. Immer der gleiche Fehler.«

Jonny lachte und sah zu Hans. »Der Penner da drüben ...« – er zeigte auf den Schwarzen in der anderen Ecke –, »das ist Coleman. *Den* solltest du trainieren und nicht deine gottverdammten Knackis. Coleman wird's noch mal zu was bringen, ich schwör's dir. Der wird noch mal Weltmeister, obwohl er ein gottverdammter Nigger ist.«

»Hey, Mann«, sagte Coleman. »Du bist zwar ein verfickter weißer Schwanzlutscher, aber du hast verdammt recht mit dem, was du sagst.«

Beide stiegen aus dem Ring, ließen sich von den Männern am Rand mit frischem Bier versorgen und setzten sich zu Hans aufs Sofa. Er roch ihren Schweiß. Jonnys Unterlippe war aufgeplatzt, Blut trat aus der Wunde.

Nina setzt sich und schließt die Beifahrertür. Der Mann fährt die Landstraße entlang, er wirkt höflich, er ist geradezu liebenswürdig, wenn er mit ihr spricht. Nina hat keine Angst, obwohl sie versprochen hat, dass sie nicht mehr zu fremden Männern ins Auto steigt.

»Na, alter Freund«, sagte Jonny und legte eine Hand auf Hans' Oberschenkel. »Schön, dass du hier bist. Wenn du willst, dann mach 'ne Runde. Nur nicht mit mir.« Er hustete. »Ich bin alle. Der schwarze Priester hier ...« – er deutete erneut auf Coleman –, »der hat mich konfirmiert für heute.«

Coleman grinste. »Ich hab dich in deine weiße Pussy gefickt, Mann.«

Die beiden lachten, und sogar Hans war einen Moment lang zum Lachen zumute, aber es wollte nicht herauskommen, dieses Lachen.

Unvermittelt biegt der Mann von der Landstraße in den Waldweg ein. Nina ist noch immer nicht beunruhigt, denn der Weg ist eine Abkürzung nach Hambühren, jeder Einheimische kennt ihn. Doch dann stoppt der Mann den Wagen, mitten in der Dunkelheit.

Hans' Puls raste. Er musste hier raus, er bekam keine Luft. Er nahm Jonny die Bierpulle aus der Hand und trank. Jonny klopfte ihm auf die Schulter und zündete sich eine Zigarette an. Er hielt sie Hans hin. Hans zog daran – einmal, zweimal, tief in die Lungen.

Coleman begann, seine Tasche zu packen. Seine schwarze Haut glänzte, seine weißen Zähne leuchteten. Er hatte volle Lippen, sein Blick war klar.

Der Mann wirft sich vom Fahrersitz auf Nina und presst seine Lippen auf ihren Mund. Seine Zunge will sich zwischen ihre Lippen schieben, aber Nina dreht ihren Kopf weg. Sie schreit, sie will raus aus dem Wagen, aber sie kann nicht, der Kerl hält sie fest.

Hans packte Coleman am Arm. »Lass uns boxen«, sagte er. »Jetzt sofort.«

Coleman zögerte einen Augenblick, musterte Hans, überlegte irgendetwas, taxierte wohl ein Für und Wider, und nickte schließlich. »Dann ficke ich heute eben zwei weiße Pussys.«

Jonny zog an seiner Zigarette und führte die Hand wie zu einem militärischen Gruß an seine Stirn.

Coleman holte seine Boxhandschuhe aus der Tasche. Hans ergriff noch einmal seinen Arm und schüttelte den Kopf. »Nein«, sagte er. »Keine Handschuhe. Wir machen es wie echte Männer.«

Wieder zögerte Coleman einen Moment, steckte dann aber die Handschuhe in die Tasche zurück.

Jonny blies Rauch aus und starrte Hans an. »Alles, was du brauchst.«

Hans zog Schuhe, Socken, Cordhose, Pullover und T-Shirt aus und stieg in den Ring. Er begann zu tänzeln. Alkohol und Nikotin waren verschwunden. Er sah alles klar und deutlich vor sich, seine Knie waren fest, er spürte seine Muskeln in den Armen.

Nina kann sich losreißen. Sie öffnet die Beifahrertür und rennt davon. Aber der Mann sprintet hinterher, holt sie ein und schleudert sie zu Boden. Das Gras ist feucht und kalt.

Coleman. Der und Weltmeister – das wollte Hans doch mal sehen. Hans konnte einstecken, dafür war er bekannt. Coleman sollte ruhig auf ihn einprügeln. Das würde ihm nichts ausmachen.

Coleman hatte seine Boxstiefel ausgezogen und bis auf seine Shorts nichts weiter an.

Die Männer am Rand starrten rauf zum Ring.

Jonny rief ihnen zu: »Jetzt könnt ihr noch was lernen.« Er ging zum Gong und eröffnete die erste Runde.

Coleman kam auf Hans zu, tänzelte vor ihm, wechselte immer wieder die Seite. Plötzlich schlug er mit der Linken zu und erwischte Hans am Kinn. Hans' Deckung war nicht gut, seine Arme hingen zu weit unten. Aber er wollte keine Deckung. Er wollte die Schläge spüren, sie mussten ihn direkt und hart treffen.

Wieder platzierte Coleman eine Linke, diesmal über dem rechten Auge. Sofort schlug er ein zweites und gleich darauf ein drittes Mal zu, immer auf dieselbe Stelle. Blut lief Hans ins Auge, es rann ihm über die Wange und tropfte auf den Ringboden. Die getroffene Stelle brannte, die Stirn schmerzte, als würde die Haut reißen. Aber das war nicht schlimm. Hans gab sich dem Schmerz hin, er genoss ihn, er sog ihn in sich auf.

Nina hat noch nie mit einem Mann geschlafen. Jetzt dringt sein Glied in sie ein. Es fühlt sich an, als ob ihr Unterleib reißt. Der Mann auf ihr stöhnt, er grunzt. Er hält ihre Arme fest und presst sie auf den nassen Boden. Sie schreit, versucht immer wieder, sich von ihm zu befreien. Aber es geht nicht. Er ist zu schwer, und er hat Kraft. Er verpasst ihr einen Faustschlag ins Gesicht und stößt weiter in sie hinein, während sein Schweiß auf ihr Gesicht tropft.

Hans schnellte zur Seite, wich Colemans Rechter aus. Das war einer der Momente, auf die es im Ring ankam: Coleman hatte seine Deckung nach dem Angriff nicht rasch genug in Stellung gebracht, sofort stieß Hans in die Lücke. Er verpasste Coleman mit seiner Rechten einen Uppercut, einen Aufwärtshaken unters Kinn, sodass der Kopf seines Gegners schräg nach oben geschleudert wurde. Damit hatte Coleman nicht gerechnet, einen kurzen Moment stand er benommen da. Das nutzte Hans für einen Jab, der Coleman direkt auf der rechten Wange und seiner Nase traf. Sie begann zu bluten.

Blut auf beiden Seiten, Blut vor allem bei Hans. Er lebte noch, auch wenn er nichts mehr von sich selbst wahrnahm. Er sah sich nur noch über dem Ring schweben, hoch oben, dann sank er zu seinem Körper hinab, der unten im Ring kämpfte, floss in ihn hinein, stülpte ihn sich über.

Der Mann ist fertig. Er liegt neben Nina im Gras und keucht.

Er grinst, er wirkt fast glücklich. Sie zieht ihre weiße Latzhose wieder an und steht auf. Kann sie überhaupt auf ihren Beinen stehen? Sind die Knie nicht viel zu schwach? Sie wagt einen Schritt nach vorn, dann noch einen – bis sie geht, bis sie rennt. Der Mann springt auf und läuft hinter ihr her. Er hat ein Messer dabei. Die Klinge ist fünfundzwanzig Zentimeter lang. Er holt Nina ein. Die Klinge bohrt sich in ihren Rücken, Nina geht zu Boden.

Hans' Knöchel an den Händen waren aufgesprungen und brannten, seine Arme waren zentnerschwer. Coleman kam wieder auf ihn zu. Seine Linke landete in Hans' Rippen, die Rechte an seinem Kiefer. Um Hans herum verschwamm alles.

Der Mann stößt Nina das Messer in die Brust und schlitzt den linken Herzbeutel auf. Zwei weitere Stiche verletzen die linke Lunge, sieben die rechte Hüfte, drei die rechte Niere, zwei die Leber, und ein paar landen in Ninas Oberschenkeln. Zweiundzwanzig Mal dringt die Klinge in Nina ein. Zweiundzwanzig Mal.

Hans ließ die Arme hängen, Coleman sollte auf ihn eindreschen. Er sollte zuschlagen, wie er es noch nie in seinem Leben getan hatte. Und er tat es. Eine Linke, eine Rechte. Hans' Kopf wurde von einer Seite zur anderen geschleudert. Die Haut über seinen Wangenknochen platzte, Blut spritzte durch die Luft, dazu sein Schweiß, sein Speichel. Coleman sollte weitermachen, er durfte nicht aufhören. Hans lebte, er lebte noch. Er lebte, und Nina war tot. Zuletzt hatte der Täter ihr die Kehle durchtrennt, von einer Seite zur anderen, tief runter bis zur Halswirbelsäule.

Colemans rechte Faust kam abermals auf ihn zu. Der Schlag traf das linke Auge. Hans verlor das Gleichgewicht und fiel zu Boden. Aber der Kampf durfte nicht zu Ende sein. Coleman musste weiter auf ihn einschlagen – die ganze Nacht, den ganzen nächsten Tag, immer mehr und immer härter. Dann würde der Schmerz bleiben, den er herbeisehnte, den er brauchte, um mit seinem Körper wieder eins zu sein. Doch nichts passierte, es blieb still. Still und dunkel.

Bis er Stimmen vernahm, die auf ihn einsprachen. »Hey, bist du okay? Holt Wasser. Wir brauchen Wasser.«

Er lag am Boden, die Lippen und die rechte Schläfe aufgeplatzt; er war schweiß- und blutüberströmt. Seine Schläfen fühlten sich dick an, seine Wangen, die Stirn, die Nase – alles war geschwollen. Vorsichtig öffnete er die Augen. Die Farben und Formen, die vor ihm auftauchten, waren verschwommen, aber sie nahmen allmählich Konturen an. Er erkannte ein Gesicht, es war Jonnys. Und da war noch eines, das er nicht kannte.

»Margraf«, sagte der Mann mit dem fremden Gesicht. »Ich bin von der Kripo.«

Hans schloss die Augen. Die *Ritze* war sein amputiertes Bein. Es gehörte nicht mehr zu ihm, und doch existierte es. Hier, in diesem Ring, existierte es.

Nina ist da. Sie ist da und lächelt. Sie gibt ihm einen Kuss auf die Wange. Und er … er ist ein guter Vater. Er sorgt sich doch um seine Jungs im Knast. Er ist ein guter Vater, der auch für seine Tochter sorgt. Er nimmt sie in die Arme und küsst ihr Haar.

»Keine Schmerzen«, flüsterte er. »Keine Schmerzen.«

6.

Essen muss man, sonst stirbt man

November 2022

Kurz vor zehn. Etwas mehr als eine Stunde ist vergangen, und alles, was von März bislang gekommen ist, ist Schweigen. Das Feuer im Ofen ist runtergebrannt, die Luft in der verfallenen Gaststube ist muffig und warm. Trotzdem friert Anne. Sie hat Kopfschmerzen, die Augen tränen, und ständig muss sie niesen. Sie holt Taschentücher aus ihrem Rucksack und putzt sich die Nase.

Wenn die Sache schiefgeht, war's das mit Job und Karriere. Aber das war vorher klar, es nützt nichts, sich jetzt noch Gedanken darüber zu machen. Sie zieht das durch. Gesetz hin oder her. Nur sein Geständnis hilft, nur mit einem Geständnis kann er verurteilt werden.

Seine Furcht vor ihrer Dienstwaffe ist verflogen, er weiß, dass sie ihn nicht erschießt. Sie will etwas anderes von ihm als seinen Tod, das hat er inzwischen kapiert. Was für ein gottverdammtes Dreckschwein. Er sonnt sich in den Lücken des Gesetzes und verhöhnt sein Opfer immer wieder aufs Neue. Was hat Klaus Margraf, ihr Ausbilder, immer gesagt? Der Rechtsstaat ist die Geißel des Rechtsstaats. Ein Straftäter muss sich nicht an Recht und Gesetz halten, er ist den Behörden immer zwei Schritte voraus. Aber das wird Anne dem Kerl nicht durchgehen lassen. Sie will nicht seinen Tod, richtig. Aber es gibt jede Menge anderer Möglichkeiten, das widerliche Grinsen aus seinem Gesicht zu kriegen, diese Sicherheit, in der er sich wiegt. *Wart's ab, mein Freund, ich bin noch nicht fertig mit dir. Noch lange nicht.*

Sie gießt Tee aus der Thermoskanne in ihren Becher und trinkt. Lauwarmer Assam, gesüßt mit etwas Zucker. Für Kluntjes blieb heute früh, als sie alles vorbereitet und ihren Rucksack mit dem Nötigsten gepackt hat, keine Zeit. Der Assam schmeckt bitter, Anne hat ihn zu lange ziehen lassen. Das passiert ihr sonst nicht, da ist sie gewissenhaft. Ein Wunder, dass sie überhaupt noch schwarzen Tee trinkt. Im Nachhinein betrachtet hat ihr privates Elend mit Schwarztee angefangen. Wann immer es darum gegangen war, war Thomas aufs Höchste pingelig. Das fing schon bei der Tasse an. Es musste immer eine ganz bestimmte aus dem Service sein, das er von seiner Großmutter bekommen und in die Ehe eingebracht hatte. Trotz allem war es gut, dass sie diese scheiß Tasse auf den Boden geschmissen hat. Das verdammte Teil hatte vorher schon einen Sprung. Aber was soll's? Den hat Thomas ja auch. Nur erkennt man einen Sprung an Tassen schneller.

Sie kippt den Tee in einen Blumenkübel mit trockener Erde.

»Ich will eine rauchen«, sagt März.

Sie wirft ihm die Marlboro-Schachtel, die sie eigens für ihn mitgebracht hat, und ein Feuerzeug auf den Tisch. Marlboro ist seine Marke. Er zündet sich eine an. Die Innenseiten und die Nägel seiner Zeige- und Mittelfinger sind Ton in Ton mit dem Filter. Ansonsten hat er gepflegte Hände, nach zweiundsiebzig Jahren sehen sie nicht aus. Nur die Haut ist ein wenig faltig, und einige breitere Blutgefäße stechen hervor wie die Flüsse einer Landkarte. Man sieht diesen Händen nichts Böses an. Sie hätten auch Annes Großvater gehören können, Opa Willi, der früher oft ihr Gesicht gestreichelt oder auf dem Klavier dort vorn gespielt hat. März sitzt auf demselben Hocker, auf dem Großvater oft saß.

Sie legt ein Holzscheit nach, sofort lecken die Flammen empor. Durch einen winzigen Spalt in einer der Jalousien lugt sie nach draußen. Die Sonne hat sich durch die Wolken gekämpft. Heller Sonnenschein, mitten im November. Es könnte ein schöner Tag sein.

März wirft die Kippe zu Boden und tritt drauf. Seine Schuhe – cognacfarbenes Leder – sehen teuer aus. Klassische Budapester. Großvater hätte sie als piefig bezeichnet. Zu März passen sie, einem Spießbürger in Reinform. Cordhose, hellblaues Oberhemd mit einem grauen Pullunder darüber, Lodenmantel. Noch immer ist der Ansatz seines Mittelscheitels zu erkennen, auch wenn die Stirn inzwischen höher geworden ist. Er starrt Anne mit seinen Eisaugen an. Er soll sie nicht so anstarren.

Gleich verdunkeln sich seine Augen zu einem glühenden Rot. Dann reißt er sich von der Handschelle frei, springt auf mich zu und zerfetzt mit seinen Fangzähnen meinen Hals. Eine Wunde wie bei Nina Markowski, von Ohrläppchen zu Ohrläppchen.

»Ich habe Hunger«, sagt er.

Das rote Lämpchen am Diktiergerät vor ihm blinkt. Noch kein einziges brauchbares Wort hat er daraufgesprochen. Sie muss ihn dazu bringen, zu gestehen, sonst ist alles umsonst.

Wortlos nimmt sie aus ihrem Rucksack ein Glas Würstchen, schraubt den Deckel auf und stellt es vor ihm auf den Tresen. Dann holt sie einen Laib Brot hervor, schneidet eine Scheibe ab und reicht sie ihm auf einem Pappteller.

»Gibt's auch Ketchup?«, fragt er. Das Holz im Ofen knackt.

Anne nimmt eine Flasche mit Hela-Soße aus dem Wandschrank über dem Spülbecken und drückt sie ihm in die Hand.

»Danke.« Er fingert sich ein Würstchen aus dem Glas und beginnt zu essen. Dabei räuspert er sich immer wieder, kaut und schluckt.

»Essen muss man, sonst stirbt man«, sagt er mit vollem Mund.

Lieblos stopft er alles in sich hinein. Die Art, wie er isst, erinnert sie an Thomas, wenn er am Küchentisch saß. Das Abendessen, das Anne ihm auftischte, bestand zumeist aus Brot, Aufschnitt, Käse und einem gekochten Ei. Sie legte Wert darauf, dass alles schön angerichtet war – auf Tellern oder Holzbrettern – und nicht einfach mit den Plastikverpackungen auf der Tischplatte herumlag. Thomas schenkte dem keinerlei Beachtung. Er beugte den Oberkörper tief nach unten und schaufelte mit der rechten Hand alles in sich hinein, was sich ihm bot. Für gewöhnlich saß Anne ihm gegenüber und sah ihm zu. In unregelmäßigen Abständen spülte er mit einem Schluck Bier das Essen runter und musste dabei aufstoßen. Vermutlich hörte er sich selbst nicht rülpsen, und er konnte auch nicht sehen, wie er mit krummem Rücken dahockte und das Essen in sich hineinschlang. Anne wurde regelmäßig übel bei dem Anblick.

So wie jetzt bei März. Irgendwie sind alle Kerle gleich. Obwohl ... Nick ist anders. Er verhält sich kultivierter. Aber vielleicht ist das auch bei ihm nur Fassade. Wer weiß, wie er daheim am Tisch sitzt und isst, wenn ihm niemand zusieht.

Sie geht zu März und setzt sich auf den Barhocker neben ihm. Er schiebt ihr das Glas mit den Würstchen rüber. Sie nimmt eins heraus und beißt ab.

»Essen muss man, sonst stirbt man«, wiederholt sie seinen letzten Satz und schaltet das Diktiergerät aus. Das Blinken macht sie verrückt.

Als März fertig gegessen hat, richtet er seinen Oberkörper auf. Er starrt auf den Laptop und das Diktiergerät daneben. »Was soll das alles, Frau Paulsen? Sie wissen doch, dass das Unsinn ist, was Sie hier tun. Ich werde Ihnen nicht mehr sagen als das, was schon in den Akten steht.«

Sie nimmt das Würstchenglas vom Tresen, dreht den Deckel drauf und stellt es ins Regal. Das Brotmesser steckt sie in ihren Rucksack. »Wir beide wissen, was Sie getan haben. Seien

Sie endlich ein Mann, und stehen Sie dazu. Dann sind wir ganz schnell wieder hier raus.«

Er schüttelt den Kopf. »Sie verrennen sich. Schießen Sie mir ins Knie, meinetwegen. Prügeln Sie auf mich ein, oder machen Sie sonst was. Ist mir egal. Ich bin ein freier Mann, und daran kann keiner etwas ändern, auch Sie nicht. Sie sind doch die Polizistin von uns beiden. Dann müsste Ihnen eigentlich klar sein, wie bescheuert diese Aktion ist. Oder kennen Sie das Gesetz nicht? Entführung ist strafbar.«

Sie geht hinter den Tresen. Das Feuer ist schon wieder abgebrannt. Aber sie hat gestern Abend genug Holz hergebracht, es wird reichen.

Ja, sie kennt das Gesetz. Mit Sicherheit besser als er.

»Kann man wirklich damit leben?«, fragt sie. »Mit einer solchen Schuld? Wie schlafen Sie nachts? Das ist doch alles noch da, oder? Ninas Gesicht, das ganze Blut. Oder kriegen Sie einen hoch, wenn Sie daran denken?«

Er zündet sich eine neue Zigarette an. Auch Zigaretten sind genug da. Anne hat drei Schachteln gekauft.

»Ihr Eifer, Frau Kommissarin, ist wirklich beeindruckend. Aber sicher auch furchtbar anstrengend. Hab ich nicht recht? So viel vergeudete Zeit. Und jetzt auch noch eine Entführung. Sie wollen wissen, wie ich nachts schlafe? Ich schlafe sehr gut, auch wenn man in meinem Alter nicht mehr so viel Schlaf benötigt.«

Der Mann hat vierzig Jahre geschwiegen. Aber er war es, das steht fest. Er hat Nina Markowski vergewaltigt und getötet. Offensichtlich gehört er zu den Menschen, die ihr Gewissen einfach ausblenden können. Er geht mit seiner Schuld um wie mit seinem Lodenmantel: Wenn er ihm zu unbequem wird, hängt er ihn in den Schrank, schließt die Tür – und gut ist. Vergessen bis zur nächsten Saison. Und wenn er ihm dann auch nicht mehr gefällt, schafft er sich einen neuen an.

März grinst. Die goldene Panzerkette, die er um seinen Hals trägt, leuchtet, als könnte sie aus sich selbst heraus strahlen, aus eigener Kraft.

Überschätz dich bloß nicht, Drecksau!

Anne presst die Lippen fest zusammen. Wenn der Kerl nicht bald mit dem Grinsen aufhört, schießt sie ihm wirklich eine Kugel ins Knie.

Darin unterscheidet er sich von Thomas. Wenn ihr Mann die Kontrolle verliert, empfindet er anschließend Scham. Sie weiß das. Am nächsten Morgen, wenn der Nebel seines Alkoholrauschs verschwunden ist, weicht er Anne aus, das war schon immer so. Nach seinen letzten Prügeln war ihr linkes Jochbein angeschwollen und gerötet. Als er sie morgens am Küchentisch sitzen sah, mit einem Eisbeutel in der Hand, den sie sich ans Gesicht hielt, begann er zu weinen und versuchte, sich zu entschuldigen. Das käme März nicht in den Sinn. Wer Jahrzehnte mit einem Mord lebt, ist völlig abgestumpft, ist mit allen Wassern gewaschen.

Anne beugt sich über den Tresen etwas näher zu ihm. »Sie hat Sie einfach zurückgewiesen, obwohl Sie so ein toller Hecht waren. Das muss sich ziemlich beschissen angefühlt haben. Erst der große Held, der das junge Mädchen vor den bösen Jungs rettet, und kurz darauf – puff. Alles in Luft aufgelöst, und Sie sind mit einem Mal abgeschrieben. Da haben Sie ihr gezeigt, wer der Boss ist. Richtig?«

März zündet sich eine neue Zigarette an und bläst den Rauch zur Decke. »Sie vergeuden Ihre Zeit, Frau Polizistin.« Seine Zähne sind gelb wie seine Finger.

»Leider hat Nina sich damals für einen Jüngeren entschieden, für Jens Oberdiek. Tja, und Sie waren der Gekniffene. Mies, oder?«

Er führt die Zigarette an den Rand des Aschenbechers und

streift die Asche ab. Er grinst nicht mehr. Er starrt die Zigarette an.

»Ich muss pinkeln«, sagt er und zieht mit seinem Arm an der Handschelle.

Klar muss er irgendwann pinkeln. Aber dazu müsste sie mit ihm vors Haus. Oder soll sie ihn einfach hier im Gebäude pinkeln lassen? Vielleicht im Nebenraum. Oder im Keller. Die Pisse eines alten Mannes wird dieser Ruine wohl kaum etwas anhaben.

Sie kommt nicht an ihn heran. Aber mit ihren letzten Worten hat sie es immerhin geschafft, dass sein Grinsen verschwunden ist. Ihre Taktik ist gut, sie hat sich bei anderen Verbrechern bewährt. *Greif sein Ego an! Zeig ihm, was für ein Waschlappen er in Wirklichkeit ist. Das macht ihn wütend, und wer wütend ist, macht Fehler.*

Anne richtet sich auf und entsichert ihre Waffe. Sie geht um den Tresen herum und stellt sich mit vorgehaltener Pistole vor ihn. Als sie den Schlüssel in die Handschelle steckt, steigt ihr wieder der Geruch seines Rasierwassers in die Nase. Dieser süße Mist.

7.
Solo noi

August 1981

Vor dem Eiscafé *Venezia* hatten ein paar Jungs ihre Zündapps geparkt. Sie saßen lässig auf ihren Maschinen und ließen sich von den Mädchen bewundern, die bei ihnen standen. Einer von ihnen – er hatte blonde Locken, die ihm bis zu den Schultern hingen – sah zu Nina herüber und lächelte. Er trug Jeans und eine schwarze Lederjacke. Er sah gut aus und schien sich für keines der Mädchen in seiner Nähe zu interessieren. Nina lächelte zurück.

Volker nahm sie bei der Hand und steuerte auf den einzigen kleinen Tisch zu, der draußen noch frei war. In ihrer Nähe saßen ausschließlich ältere Frauen, die große Eisbecher vor sich hatten mit Sahne, Früchten und bunten Soßen, in denen sie mit langstieligen Löffeln herumstocherten.

Ein Kellner kam auf Volker zu und begrüßte ihn mit einer Umarmung. Nina gab er die Hand. »*Buongiorno.*«

»Hallo«, sagte sie. Ein »*Buongiorno*« ging ihr nicht über die Lippen.

Er lächelte und verschwand.

Die große Buche – der einzige Baum auf dem Lüneburger Marktplatz – warf Schatten auf Tische und Stühle. Augusthitze flirrte über dem Kopfsteinpflaster. Nina mochte die Wärme, sie erinnerte sie an Sommerurlaube in Italien; sie lagen lange zurück.

Kellner liefen geschäftig durch die Reihen, während Adriano Celentanos Stimme aus den Lautsprechern drang, die an der

Fachwerkfassade hingen. Ein Samstagnachmittag wie aus einem Reiseführer. Dennoch stimmte etwas nicht. Nina kam sich fremd vor, allein, auch wenn Volker bei ihr war. Das Gefühl in ihrem Bauch passte nicht zu Eis und Sonne, es passte nicht zu Ausgelassenheit und Lachen. Verliebtsein – das war ein schnell schlagendes Herz, ein Drang, zu tanzen und zu hüpfen. Es war die Sehnsucht, mit dem Mann, den man anhimmelte, allein zu sein, ihn zu streicheln und zu küssen. Aber da war nichts bei ihr. Da stolperte kein Herz über seinen eigenen Galopp, da war keine Empfindung, die über Freundschaft hinausging.

Volker war lieb zu ihr, das auf jeden Fall, und er hatte Manieren. Als er sie vorhin von der Schule abgeholt hatte und sie im Begriff gewesen war, in seinen Wagen zu steigen, hatte er ihr die Tür aufgehalten. Und während der Fahrt hatte er gefragt, ob ihr die Musik zu laut sei und ob er zu schnell fahre. So viel Aufmerksamkeit hatte Nina noch bei keinem Jungen erlebt. Es war Volker wichtig, dass sie sich wohlfühlte. Das war schön. Und es fühlte sich toll an, wenn da einer war, der aus eigenem Antrieb Rücksicht auf sie nahm. Dennoch fehlte etwas.

»Darf ich dich einladen?«, fragte er.

Wieder so etwas. Jeder ließ sich gern einladen, danach fragte man doch nicht. Und wenn, dann nur aus Höflichkeit, aus einem anerzogenen Antrieb heraus, sich zu benehmen. Es war wie am vergangenen Wochenende, als er sie in der Nacht nach Haus gebracht hatte. Vor der Eingangstür hatte Volker sie auf den Mund küssen wollen, doch sie hatte sich zur Seite gedreht, sodass sein Kuss auf ihrer Wange gelandet war. Danach hatte sie ihm in die Augen gesehen; er sollte ihr nicht böse sein. Er hatte nur gelächelt, ihr Gesicht gestreichelt und sich verabschiedet. Keine Spur von Aufdringlichkeit, wie Mama sie immer befürchtete. Ihm war von Nina eine Grenze gesetzt worden, und er hatte sich daran gehalten.

»Du bist so lieb zu mir«, sagte sie. »Danke.«

»Was möchtest du denn haben?« Er zündete sich eine Zigarette an.

Sein rechter Daumennagel war länger als alle anderen und schimmerte beige, aber Nina traute sich nicht, Volker zu fragen, warum er ihn nicht kürzte.

»Hier gibt es super Spaghetti-Becher.« Er aschte ab. »Oder bist du mutig?«

»Mutig? Wie meinst du das?«

Ninas Blick glitt wieder zu dem Jungen mit den blonden Locken. Er zog seine Lederjacke aus und hängte sie an den Lenker seiner Zündapp. Unter seinem weißen Polohemd zeichneten sich Muskeln ab, seine Arme waren braungebrannt. Er sah zu ihnen herüber. Nina spürte, dass ihre Wangen warm wurden.

»Ich bestelle mir einen Gin Tonic«, sagte Volker. »Möchtest du auch einen?«

Gin Tonic mitten am Tag. Und das in einer Eisdiele. Das war wirklich mutig. Und cool war es auch. Der Moment, mit Sonne und Schatten und Wärme, passte dazu.

Abermals schaute sie zu dem blonden Jungen. Er setzte eine Sonnenbrille auf und schob einen Kaugummi von einer Backenseite zur anderen.

»Hallo?« Volker lächelte. Kurz sah auch er zu dem Jungen, dann wieder zu ihr. »Möchtest du? Oder lieber etwas anderes. Wir können auch etwas anderes bestellen. Eis oder einen Cappuccino. Was magst du?«

»Was?«

»Gin Tonic. Möchtest du einen?«

»Ja«, antwortete sie. »Ich möchte einen. Mit viel Eis.«

Volker winkte den Kellner heran und bestellte. Adriano Celentano war vorüber, jetzt sang Umberto Tozzi sein berühmtes *Ti amo*.

Selbst im Schatten des Baumes war es heiß. Nina zog ein Taschentuch aus ihrer Hose und tupfte sich den Schweiß von der Stirn.

Volker drückte seine Zigarette im Aschenbecher aus und steckte sich eine neue an. Er drehte sich zur Seite und starrte zu der Gruppe mit den Mofas.

»Kennst du den?« Er nickte in Richtung des Jungen.

Nina schüttelte den Kopf. Sie kannte ihn nicht, aber er machte einen netten Eindruck.

Volker kniff die Augen zusammen. »Er sieht dich die ganze Zeit an.«

Der Kellner stellte die Gläser auf den Tisch. Ein paar ältere Frauen blickten mürrisch zu Nina herüber. Wahrscheinlich ahnten sie, was in den Gläsern war, und hießen es nicht gut.

»Weiß auch nicht«, sagte sie. »Hab ihn noch nie gesehen.«

Volker zog an seiner Zigarette. Falten bildeten sich auf seiner Stirn. Er drehte sich zu ihr und beugte seinen Oberkörper etwas vor, sodass er ihren Blick auf den Jungen versperrte. Mit einem Lächeln reichte er ihr eines der Gläser und stieß mit ihr an.

Wärme breitete sich in ihrem Magen aus. Nina trank einen zweiten Schluck. Die Mischungen, die Andrea machte, waren stärker, doch die hier schmeckte besser.

Volker lächelte weiter. »Ist gut, oder?«

»Ja«, sagte sie. »Nicht so streng.«

Er drückte die zweite Zigarette im Aschenbecher aus. »Die kennen mich hier. Ist meine Spezialmischung. Ein Viertel Gin, drei Viertel Tonic. Das haut nicht so rein, dann kann man mehr davon trinken.«

Eine Frau kam aus der Eisdiele und schritt geradewegs auf Volker zu. Ihr schwarzes Haar war auftoupiert. Sie trug kräftigen Lippenstift in leuchtendem Rot und war schlank wie Gina Lollobrigida.

»*Ciao, amico!*« Sie beugte sich zu Volker hinab, umarmte ihn beinahe leidenschaftlich und küsste ihn links und rechts auf die Wangen.

»*Ciao, Mariella*«, erwiderte er und erhob sich. »*Come stai?*«

Volker sprach tatsächlich Italienisch? Zumindest ein paar Worte. Er wirkte richtig weltmännisch, wie er jetzt vor dieser Mariella stand und zeigte, dass er ihre Muttersprache beherrschte. Er schien ein enger Freund der Frau oder auch ihrer Familie zu sein. Es war sicher ein schönes Gefühl, derart begrüßt zu werden, vertraut und dazugehörig, während die anderen Leute an ihren Tischen herübersahen und ihn für einen besonderen Gast hielten.

»*Va bene, va bene*«, antwortete Mariella. »Und deiner Mutter? Wie geht es ihr? Ich habe sie lange nicht gesehen? Geht es ihr gut?«

Volker zündete sich die dritte Zigarette an und blies den Rauch in die Luft. »Ach, ich weiß nicht. Sie sitzt nur noch vor der Glotze, geht nicht mehr raus. Guckt *Dalli Dalli* und so 'n Zeug. Du musst sie mal wieder einladen und ihr eine ordentliche Lambrusco-Kur verpassen.«

Beide lachten, bis Mariella sich zu Nina drehte und ihr die Hand gab. »Und wer bist du, schöne Signorina?«

Bevor sie antworten konnte, sagte Volker: »Das ist Nina, meine Freundin.«

Unvermittelt beugte er sich zu ihr und drückte ihr einen Kuss auf den Mund. Es ging so schnell, dass Nina sich nicht mehr wegdrehen konnte. Seine Lippen waren weich und warm, aber sein Atem roch nach Zigaretten.

»*Ciao, Bella*«, sagte die Frau zu Nina. »Nimm dich vor ihm in Acht. Er ist ein Schlitzohr.«

Wieder lachten beide, und wahrscheinlich hatte Mariella recht. Volker war Nina gegenüber zwar zurückhaltend. Doch spätestens sein Kuss hatte gezeigt, worauf er hinauswollte. Vielleicht hatte er doch schon oft Sex gehabt, auch wenn er mit Anfang dreißig noch immer bei seinen Eltern wohnte. Das hieß nichts. Wo ein Wille war, war auch ein Weg. Die Geschichten, die man sich über ihn erzählte – dass er noch nie eine richtige Freundin gehabt hätte und so –, stimmten sicher nicht.

Ein Ziehen machte sich zwischen ihren Beinen bemerkbar. Das erst Mal sollte etwas Besonderes sein, mit einem besonderen Mann. Der war Volker nicht. Oder doch?

»Ich pass schon auf mich auf«, sagte Nina und nippte an ihrem Glas. Die Eiswürfel klirrten.

Der Junge mit dem weißen Polohemd stieg auf sein Mofa, ließ es mit einem kräftigen Fußtritt an und schwang sich auf den Sitz. Er sah zu Nina herüber. Mit beiden Händen hielt er die Lenkergriffe und ließ das Mofa aufheulen. Er lächelte, hob seine rechte Hand ein wenig nach oben und deutete mit den Fingern einen Gruß an.

Die Geste fuhr Nina in den Magen. Was für ein frecher Kerl. Es war für jeden erkennbar, dass sie mit einem anderen hier war, und Volker hatte sie sogar auf den Mund geküsst. Trotzdem flirtete dieser Typ mit ihr. Oder war das gar kein Flirten? Zumindest fühlte es sich so an.

Er startete, rollte ein Stück an, war für eine Sekunde nur wenige Meter von Nina entfernt und fuhr davon. Seine langen blonden Locken wehten im Wind. Nina vernahm einen markanten Geruch – es war bestimmt sein Duft, eine Mischung aus Shampoo und herbem Parfüm.

»Die nächste Runde geht auf mich.« Mariella deutete auf die Gläser, gab Volker einen Kuss auf die Stirn und ging zurück ins Eiscafé.

Volker zuckte mit den Achseln, als er wieder Platz nahm. »Mariella. Man kann ihr nichts abschlagen.«

Nina traute sich nicht, zu widersprechen, auch wenn sie eine zweite Runde gern vermieden hätte. Sicher, die Mischung war nicht besonders stark, dennoch verspürte sie ein leichtes Schwindelgefühl. Der Alkohol machte sich bemerkbar.

Volker prostete ihr wieder zu und leerte sein Glas. Auch Nina trank, einen größeren Schluck diesmal, sodass nur noch Eiswürfel übrigblieben.

Der Kellner von vorhin brachte die zweite Runde. Eine der älteren Damen am Nachbartisch führte mit zittriger Hand eine Kaffeetasse zum Mund. Aus den Lautsprechern erklang noch immer italienische Musik. Nina trank.

Das Schwindelgefühl wurde stärker, vor ihrem inneren Auge tauchten in chaotischer Abfolge Erinnerungsbilder auf. Mutter, die über Ninas kurze Röcke schimpfte. Der Abend am Autoscooter, als Volker zu Hilfe gekommen war. Die Jungs in der Schule mit Pickeln im Gesicht. Spießige Lehrer, die nur nervten. Ein Vater, den sie nicht kannte. Volker, der die Chefin der Eisdiele zur Begrüßung umarmte. Und der blonde Junge mit dem Mofa. Nichts passte zum anderen, und doch gehörte alles zusammen. Manches davon war zum Lachen, anderes zum Weinen. Dazu die Wärme des Sommers, die krächzenden Stimmen der alten Frauen und der eisgekühlte Gin Tonic.

Volker lächelte. Sie beugte sich zu ihm und küsste ihn auf den Mund. Er legte seine Hand an ihren Nacken. Seine Zunge umspielte ihre. Er schmeckte nach Zigaretten. Sie küsste ihn weiter, und jetzt legte sie ihre Hand in seinen Nacken. Sein Haar war kurz, sein Nacken ausrasiert, ihre Finger glitten über weiche Stoppeln. Um sie herum roch es nach Zigaretten und Tabac Original. Das Wärmegefühl von vorhin, als der Junge ihr zugewinkt hatte, stellte sich nicht ein. Da war kein Kribbeln im Bauch.

Nina ließ von Volker ab. Sie lehnte sich zurück und fuhr sich sacht mit dem Handrücken über den Mund.

Es war nicht richtig, was sie getan hatte. Sie wollte jemanden küssen, ja. Aber sie wollte nicht Volker küssen ... Oder vielleicht wollte sie es doch? Sie griff zum Glas und nippte.

»Hey«, sagte Volker leise. »Du kannst ja richtig stürmisch sein.« Er streichelte ihre Wange. Seine Finger fühlten sich trocken an.

»Entschuldige«, sagte sie. »Ich wollte das nicht.«

»Kein Grund zur Entschuldigung. Ich mag es, wenn du dir nimmst, was du willst.«

Die alten Frauen am Nachbartisch rauchten. Ihre riesigen Eisbecher standen leer vor ihnen. Immer wieder sahen sie zu Nina herüber. Wenn sie bemerkten, dass Nina zurückblickte, drehten sie sich weg.

»Magst du italienische Musik?«, fragte Volker.

Texte und Melodien voller Gefühl, die Nina sofort an Ferien denken ließen, mit Sonnenschein und Meeresrauschen.

»Ja«, antwortete sie. »Sehr.«

»Und warum? Warum magst du sie?«

Ein warmer Windhauch ließ die Blätter in der Buche rascheln.

»Ich weiß nicht. Sie ist so ... sommerlich. So urlaubsmäßig.«

»Warst du mal in Italien?«

»Ja, mit meiner Mutter. Zweimal schon. Einmal in Rimini und das andere Mal in Bibione.«

»Bibione«, wiederholte er. »An der Adria. Da war ich auch schon mal. Ist wunderschön. Warm, tolle Strände. Möchtest du mal wieder hin?«

Er blies den Rauch hinauf zur Buche, Nina roch ihn trotzdem. Auch Zigarettenrauch gehörte zu Bibione, so wie Pizza und Lambrusco. Mama hatte damals mindestens so viel geraucht wie Volker. Erwachsene waren offenbar so. Rauchen gehörte zu ihrem Leben, und in der Freizeit oder im Urlaub griffen sie noch häufiger zur Zigarette als im Alltag. Es war der Inbegriff von Lebensgenuss, Freiheit und Selbstbewusstsein. Wer etwas auf sich hielt, rauchte. Vielleicht sollte sie es auch einmal probieren. Volker hätte sicher nichts dagegen. Die Schachtel Marlboro lag auf dem Tisch. Nur hatte der Gestank rein gar nichts mit Freiheit und Lebensgenuss zu tun. Und ein zu befürchtender Hustenanfall schon gar nicht.

Nina nahm ihr Glas in die Hand. »Klar. Spätestens, wenn ich mit dem Abi durch bin.« Sie trank. Die Eiswürfel klirrten wieder.

Volker lächelte und drückte die Zigarette aus. Er sah sie an. Seine Haut war leicht gerötet, die buschigen Koteletten glänzten, als wären sie feucht.

»Was ist?«, fragte sie.

»Warum fahren wir nicht gleich heute? Es sind doch noch Ferien, oder?«

Sie stellte das Glas zurück auf den Tisch. Die alten Damen vom Nachbartisch – wahrscheinlich sittenstrenge, klatschsüchtige Omas – starrten sie mit zusammengepressten Lippen an.

Er war verrückt. Hier und jetzt alles stehen und liegen lassen und nach Italien fahren. Was für eine Idee. Mama würde das niemals erlauben, so viel stand fest. Nina würde am Meer liegen, allein, also ohne Mama vor allem, nur mit einem Mann.

»Meinst du das ernst?«

»Ich meine immer alles ernst.« Volker steckte sich eine neue Zigarette an und hielt ihr die Schachtel entgegen. »Möchtest du?«

Ja, sie mochte. Sie wollte es, ob es stank oder nicht. Aber nicht hier. Nicht in der Öffentlichkeit. Nicht in Deutschland.

»Später vielleicht«, erwiderte sie. *In Italien* – das sagte sie aber nicht. Sie würde das mit dem Rauchen irgendwann probieren. Wahrscheinlich in Italien. Oder sonst wo. Und vielleicht mit ihm.

Er legte die Schachtel zurück auf den Tisch. »Ich könnte mir ein paar Tage freinehmen, und wir fahren mit meinem BMW. Sind gute tausend Kilometer. Zwölf, vielleicht dreizehn Stunden Fahrt, und wir sind da. Mitten in der Sonne. Was meinst du?«

Wenn sie das Andrea und Kathi erzählte, würden die sie endgültig für bescheuert erklären. Ein Trip nach Italien, allein mit Volker März. Aber mit ihrer negativen Einschätzung lagen sie falsch. Volker war kein schlechter Kerl. Und die Aussicht auf Meeresrauschen und Sonnenuntergänge am Strand ... Da hätten auch Ninas Freundinnen bestimmt nicht Nein gesagt. Nur – wie sollte sie das Mama beibringen, wenn der schon Ninas Röcke zu kurz waren?

Sie zuckte mit den Achseln. »Meine Mutter erlaubt das nie im Leben.«

»Fragen kostet nichts. Und du bist siebzehn, also fast volljährig. Da braucht keiner mehr darüber zu bestimmen, was gut oder schlecht für dich ist. Das kannst du ja wohl schon allein.«

Er hatte recht. In drei Monaten war sie volljährig. Mama sollte sich bloß nicht so anstellen, sie war als Teenager sicher auch nicht anders gewesen. Eltern legten bei so etwas immer zweierlei Maß an und vergaßen dabei, dass sie auch mal jung gewesen waren.

Mama hatte heute Spätschicht, sie kam erst um zehn Uhr abends nach Hause.

Nina nickte. »Fragen kostet nichts.«

Volker hob sein Glas und prostete ihr zu. »Soll ich dich nach Hause fahren?«

»Nein. Meine Mutter ist noch bei der Arbeit. Ich frage sie später.«

Volker riss die Augen auf, beugte den Oberkörper nach hinten und lachte.

»Was ist?«, fragte sie.

Er schüttelte den Kopf. »Ich werd irre. Das würdest du wirklich tun? Mit mir spontan nach Italien fahren?«

Aus den Boxen an der Hauswand kam jetzt *Solo noi* von Toto Cutugno. Die Wärme des Augustnachmittags hing über dem Marktplatz. Dennoch schmolz das Eis in den Gin-Tonic-Gläsern nur langsam.

In Bibione gab es eine Strandbar. Als kleines Mädchen hatte Nina mittags dort Spaghetti Carbonara bekommen. Sie liebte die cremige Sauce. Mutter hatte ihr beim Essen zugesehen und sich ab und an einen Eiswürfel in ihren Rosé getan.

»Ja«, antwortete Nina. »Das würde ich tun.«

Die alten Damen am Nachbartisch verließen ihre Plätze. Eine hagere, kleine Frau mit weißen Haaren und Gehstock nickte Nina im Vorübergehen zu und zeigte ein gezwungenes Lächeln.

Volker winkte dem Keller. Er bezahlte und stand auf. »Komm«, sagte er. »Ich habe eine Idee.«

Nina erhob sich. Ihre Knie waren weich. Das war sicher der Gin. Volker nahm sie bei der Hand.

»Was hast du vor?«, fragte sie.

»Meine Alten sind auch nicht zu Hause. Wenn du Lust hast, schauen wir uns ein paar meiner Urlaubsbilder aus Italien an. Ich mach uns einen Espresso oder was du willst.«

Zu ihm nach Hause. Mit ihm allein. Seine Eltern waren nicht da.

Sie war unschlüssig, ob sie es tatsächlich wagen sollte. Der Geruch von Tabac Original drang ihr in die Nase. Erwachsene Männer rochen so. Jedenfalls manche. Und so furchtbar war der Geruch wirklich nicht. Er war herb, nicht zu süß. Oder doch? Verdammt.

»Okay«, sagte sie.

Gemeinsam gingen sie über den Marktplatz zu der Seitenstraße, in der Volker seinen Wagen geparkt hatte.

Er hielt ihr wieder die Tür auf, als sie einstieg. Im Auto stand die Luft. Rasch kurbelte er die Scheibe an ihrer Seite herunter, bevor er die Beifahrertür schloss. Dann setzte er sich hinters Steuer, startete den Motor und drehte sich zu ihr. »Nina?«

»Ja?«

»Ich ...« Er holte Luft und nahm noch einmal ihre Hand. »Ich verliebe mich gerade in dich. Du bist das Schönste und Wunderbarste, was mir je passiert ist in meinem Leben.« Er beugte sich zu ihr und küsste sie.

Sie ließ ihre Lippen weich werden, schloss aber nicht die Lider. Volkers hellblaue Augen strahlten. Noch nie hatte ein Mann so etwas zu ihr gesagt. *Das Schönste und das Wunderbarste.* Es klang wirklich schön und wunderbar. Und warmherzig. Sollte sie ihm sagen, dass sie sich auch verliebte? Doch dazu fehlte etwas. Sie beugte sich sanft zurück. Vielleicht wusste sie auch nicht, wie es sich anfühlte, wenn man begann, sich zu verlieben. Vielleicht kam das auch bei ihr mit der Zeit, und sie war nur zu ungeduldig. Noch mal verdammt.

»Lass uns aufbrechen«, sagte sie leise und gab ihm noch einen Kuss auf die Wange.

Volker legte den ersten Gang ein und fuhr los. Irgendwann bog er Richtung Fleesund ab, wo er wohnte. Mit seinen Eltern in einer Dreizimmerwohnung.

Der warme Fahrtwind griff durch das offene Fenster in Ninas Haar und ließ es umherflattern. *Mit einem weißen BMW nach Bibione. Vielleicht morgen schon.*

Die Vorstellung war wirklich verlockend. Dennoch musste Nina immer wieder an den Jungen mit der Lederjacke und den blonden Haaren denken, die ihm bis zu den Schultern reichten.

Solo noi – nur wir ...

8.
Euphemismen

August 1981

Wie immer roch es im Klassenzimmer nach Bohnerwachs, nach den alten Holztischen mit ihren unzähligen Einkerbungen und nach dem Papier der Schulbücher, diesem trockenen, grobfaserigen Papier, in dem Bleistifte gewütet hatten oder Füller, deren Hinterlassenschaften häufig von Tintenkillern entfernt worden waren. Vielleicht hatten auch die vielen Ratzefummel, die hier täglich zum Einsatz kamen, ihren Anteil. Nina war sich nicht sicher. Zu lange schon war der Mief in der Schule immer der gleiche. Und ihn in seine tatsächlichen Einzelteile zu zerlegen – womöglich die Herrschaft eines einzelnen, besonderen Geruchs zu bestimmen – war ein Ding der Unmöglichkeit. Es roch in der Oberstufe, wie es schon in der Grundschule gerochen hatte. Höchste Zeit, dass dieser Geruch ein Ende fand, aber das war glücklicherweise in Sicht, bis zum Abi hatte Nina noch knapp zwei Jahre.

Andrea neben ihr hatte den linken Ellbogen auf den Tisch gestützt, und ihr Kinn ruhte in der Hand, während sie irgendwelche Kreise oder Kreuze auf das Karopapier kritzelte, das vor ihr lag. Nina nahm ebenfalls ihren Kuli zur Hand, ohne zu wissen, was sie damit anfangen sollte.

Frau Mürrmann, Mathematik- und Biolehrerin und Ninas Tutorin, teilte die neuen Stundenpläne aus. Überraschungen, auch bei den Lehrern für die einzelnen Fächer, gab es nicht. Das jetzt beginnende Schuljahr sollte so ablaufen, wie das vergangene geendet hatte. Die Lehrer nannten das »Verlässlichkeit durch Kontinuität« und schrieben diesem Modell ein Höchstmaß an pädagogischer Raffinesse zu, wie Nina als Klassensprecherin in der zurückliegenden Zeugniskonferenz hatte erfahren dürfen – oder besser gesagt: müssen. Allgemein wurde das Modell mit »VdK« abgekürzt, was natürlich Anlass zu Verballhornungen gab. Kathi, Andrea und Nina hatten – auch mit Blick auf Krause, ihren Englischlehrer, oder Fischer, der sie in Chemie unterrichtete – daraus den »Verein der Knallköppe« gemacht und mussten jedes Mal laut loslachen, wenn jemand die Abkürzung gebrauchte.

Verlässlichkeit durch Kontinuität also. Mit anderen Worten: bloß nichts ändern. Alles bleibt beim Alten. Wenn Lehrer etwas beherrschten, dann war es der Selbstbetrug. Modern klingende Wörter für alte Methoden – ein wunderbarer Euphemismus, mehr nicht.

Euphemismus – das war auch so ein Wort, das Lehrer gern benutzten. Allerdings musste Nina sich eingestehen, dass auch ihr es sehr oft in den Sinn kam, seitdem sie es zum ersten Mal im Deutschunterricht gehört hatte. Die Welt war prall gefüllt mit Euphemismen, und das Verrückte war – die meisten Menschen erkannten sie nicht oder machten sich keine Gedanken darüber. Sie gingen zum Beispiel nicht zur Toilette, sondern suchten das *stille Örtchen* auf. Und sie töteten auch kein krankes Tier, sondern ließen es *einschläfern*. Solche Leute starben nicht, sie *segneten das Zeitliche*. Und wenn sie krank waren, waren sie nicht wirklich krank, sie waren nur *nicht auf dem Posten*.

Mama gehörte auch zu den Leuten, die gerne Euphemismen benutzten, ohne dass es ihnen bewusst war. Sie trank kein Mineralwasser, sie trank *Gänsewein* und hatte daneben für alles Mögliche beschönigende oder verschleiernde Umschreibungen, mit denen sie ihren tristen Alltag aufzuhellen versuchte.

Und dann Volker ... Er rauchte keine Zigarette, er *schmökte* eine. Und sein BMW war kein Auto, sondern ein *Traum auf vier Rädern*.

Fast war es so weit gekommen, und sie beide wären mit diesem Traum auf vier Rädern nach Italien gefahren. Aber Mama hatte es strikt verboten. Und die Standpauke, die sie Nina gehalten hatte, war absehbar gewesen. Mit einem älteren Mann. Alleine nach Italien. Mit siebzehn.»Solange du deine Beine unter meinem Tisch ...« Und so weiter. Man kannte das. Die Verlässlichkeit der Kontinuität eben.

Der Abend nach der Eisdiele, als Nina Mama gefragt hatte, war schrecklich verlaufen. Stunden voller Geschrei und Tränen. Eine Nacht ohne Schlaf, dafür mit Bauchweh. Verständnislosigkeit in ihrer reinsten Form. Es war wirklich an der Zeit, dass Nina achtzehn wurde.

Volker war traurig gewesen, als sie ihn am Tag darauf über Mutters Verbot informierte. Er hatte bereits ein paar Sachen gepackt und auf ihren Anruf gewartet. Das Telefonat hatte über eine Stunde gedauert. Es war erst eine Woche her, aber es kam ihr wie eine Ewigkeit vor.

Und Volker ... Mochten Andrea und Kathi von ihm halten, was sie wollten. Er war ein guter Kerl. Sollten die zwei sich ruhig über Ninas Beziehung zu ihm amüsieren, es war ihr egal. Allerdings wusste sie bis heute nicht, wie sich Verliebtsein anfühlte. Sie hatte vielleicht eine Ahnung davon und jede Menge darüber in der *Bravo* gelesen. Wenn das allerdings stimmte, was dort alles stand, war sie weit davon entfernt, in Volker verliebt zu sein. Von einem »Verzehren nach dem anderen« war da die Rede. Von »erotischen Gedanken« und »prickelnder Lust«. Wenn Nina sich zwischen ihren Schenkeln streichelte, dachte sie tatsächlich an nackte Männer- und Frauenkörper, die sich überall mit den Händen und den Zungen berührten und die miteinander schliefen. Aber nie war ihr in den Sinn gekommen, dabei an Volker zu denken. Er war etwas anderes für sie. Er war kein Mann für ihre körperliche Begierde, mehr der starke Arm, der sie zärtlich umschlungen hielt. Er war die Brust, an die sie sich anschmiegen konnte. Wenn sexuelles Verlangen der Gradmesser für das Verliebtsein war, dann ließ die Liebe bei Nina auf sich warten.

»Ey.« Andrea buffte sie mit dem Ellenbogen in die Seite. »Was ist denn mit dir schon wieder los?«

»Hä? Was soll mit mir los sein?«

Andrea deutete mit dem Kinn auf das Blatt Papier, das vor Nina lag und auf dem sie herumgekritzelt hatte, ohne wirklich darauf zu achten. Die Konturen eines männlichen Torsos waren entstanden, gezeichnet und schattiert mit ihrem Kuli.

Sie musste lachen. Was das Unterbewusstsein nicht alles mit einem trieb.

Andrea lachte leise mit. »Du bist echt verrückt ... Und? Habt ihr jetzt?«

»Hör auf damit«, flüsterte Nina.

»Na los, sag schon. Ja oder nein? Wer solche Bilder malt, der hat schon mal. Richtig?«

Die Autofahrt zurück aus Lüneburg, nachdem sie in der Eisdiele gesessen hatten. Sommerwiesen waren vorübergezogen. Der Wind in Ninas Haar. Und irgendwann Volkers Hand auf ihrem Knie.

»Halt die Klappe«, zischte Nina und stieß Andrea mit der Schulter an.

»Alles in Ordnung bei euch beiden?«, fragte Frau Mürrmann, die vorn an der Tafel stand.

»Alles bestens«, antwortete Andrea.

»Dann kann mir eine von euch auch sicher meine Frage beantworten.«

Andrea sah Nina an.

»Entschuldigung«, sagte Nina. »Wie war die Frage noch mal?«

Die Mitschüler lachten. Ralf aus der ersten Reihe drehte sich zu ihr. »Frauen«, sagte er, und alle Jungs lachten noch lauter.

»Hey«, fuhr Frau Mürrmann ihn an. »Du bekommst auch noch deine Chance, dich zu blamieren, keine Sorge.«

Ralf drehte sich wieder nach vorn und legte die Hände auf den Tisch.

»Also, die Damen, wer von euch möchte?« Frau Mürrmann zeigte auf die Frage an der Tafel. *Man klassifiziert Lebewesen in Prokaryoten und Eukaryoten. Zu welcher Gruppe gehört der Mensch und warum?*

Verdammt. Nina hatte nicht aufgepasst, Frau Mürrmann hatte sie auf dem falschen Fuß erwischt.

»Ist doch klar«, sagte Andrea. »Da der Mensch aus Zellen mit einem Zellkern besteht, gehört er der Gruppe der Eukaryoten an.«

Frau Mürrmann zog die Augenbrauen hoch. »Sehr gut, Andrea. Das ist richtig.« Sie schlug ihr Notizbüchlein auf und machte sich einen Vermerk.

»Danke«, flüsterte Nina.

»Kein Ding.« Andrea sah weiter nach vorn.

Frau Mürrmann nahm ein Stück Kreide und zeichnete etwas an die Tafel.

Sie drehte sich um. »Und was ist das, Nina?«

Nina war sich nicht sicher, worauf die Mürrmann hinauswollte. »Ein Pilz?«, fragte sie.

Wieder lachte die Klasse.

»Ja«, sagte Frau Mürrmann. »Das ist ein Pilz. Aber was für eine Art Lebewesen ist er? Prokaryot oder Eukaryot?«

Andrea tippte zweimal mit ihrem Knie unter dem Tisch an Ninas Bein.

»Eukaryot«, sagte Nina. »Pilze haben auch Zellkerne.«

»Sehr richtig«, bestätigte Frau Mürrmann. »Dafür bekommt Andrea noch einen Pluspunkt.«

»Wieso Andrea?«, fragte Nina. »Ich hab's doch gesagt.«

Frau Mürrmann klappte ihr Notizbüchlein zu und legte es aufs Lehrerpult. »Wenn ihr so weitermacht, ihr zwei, dann bekommt ihr noch blaue Flecke an euren Beinen.« Sie setzte sich auf ihren Stuhl.

Die Frau sah wirklich alles. Nina war eigentlich gut in Bio. Aber ihr gingen tausend andere Sachen durch den Kopf. Volker, ihre nervige Mutter, der bevorstehende Auftritt mit dem Chor in Hamburg in zwei Wochen. Sie konnte sich auf nichts richtig konzentrieren.

Ein kurzes Klopfen, und die Tür öffnete sich. Rektor Weddig trat ins Klassenzimmer, gefolgt von ... Ja, gefolgt von wem eigentlich? Das ... Das durfte doch nicht wahr sein ... Nina ergriff unwillkürlich Andreas Oberschenkel.

»Guten Morgen, liebe 12a«, sagte Weddig. »Ich darf euch euren neuen Mitschüler vorstellen. Das ist Jens. Jens Oberdiek.

»Was ist denn mit dir?«, fragte Andrea leise. »Lass meinen Oberschenkel heile.«

Er war es tatsächlich. Die blonden Locken, die ihm bis zu den Schultern gingen. Dieses unverschämte schiefe Lächeln, das in seinem Gesicht mehr zur linken als zur rechten Seite verlief. Er hatte sogar die Lederjacke an, die er vor dem Eiscafé *Venezia* getragen hatte.

»Moin«, sagte er mit kräftiger Stimme in den Raum hinein und hob die Hand.

»Jens kommt aus Lüneburg zu uns«, sagte Weddig. »Seine Eltern sind aus beruflichen Gründen nach Hambühren gezogen. Habt ihr ein freies Plätzchen für ihn?«

»Klar«, rief Enno von hinten aus der Ecke.

»Prima«, sagte Weddig.

Frau Mürrmann begrüßte Jens mit einem Handschlag. »Ich habe eine bessere Idee«, sagte sie. »Andrea, du setzt dich bitte zu Enno nach hinten. Und Jens setzt sich neben Nina.« Sie deutete auf die beiden Mädchen.

Andrea stand auf, nahm ihre Tasche und beugte sich an Ninas Ohr. »Du Glückspilzin«, flüsterte sie, bevor sie nach hinten schlenderte.

Jens kam auf Nina zu und setzte sich neben sie. »Hi«, sagte er. »Das ist ja ein Zufall.«

Sie nickte. Ihr Mund war völlig trocken. Ihr Puls raste. Ihre Handflächen waren feucht. Sie dachte an die letzte Stunde Deutschunterricht vor den Ferien, an Friedrich Schiller. Ihm zufolge gab es keine Zufälle.

»Schön«, sagte Frau Mürrmann. »Dann machen wir weiter. Jens, dir gebe ich nach der Stunde einen kurzen Überblick, wo wir gerade sind. Einverstanden?«

»Alles klar«, antwortete er.

Nina wusste nicht, wo sie mit ihren Händen hinsollte, und ihre Bluse klebte am Rücken. Sie sah, dass Frau Mürrmann ihren Mund bewegte, aber sie hörte die Worte nicht. Sie nahm überhaupt gar keine Geräusche mehr wahr, bis auf das Säuseln ihrer Atmung. Die Bewegungen ihrer Mitschüler und auch ihre eigenen verlangsamten sich, alles schien in Zeitlupe abzulaufen.

Er saß tatsächlich hier – hier neben ihr. Er hieß Jens, Jens Oberdiek, und seine blonden Locken glänzten im Sonnenlicht, das durch die Fenster ins Klassenzimmer fiel. Sie roch das Leder seiner Jacke. Es war ein guter Geruch, ein männlicher, einer ohne Zigarettenqualm. Es war ein Geruch nach … Na, jedenfalls nicht nach Klassenzimmer, nicht nach Bohnerwachs und auch nicht nach billigem Papier.

Seine Hände waren gepflegt und an keiner Stelle gelb. Sie sah ihn von der Seite an, musterte sein Gesicht. Weiche Haut, glatt, braungebrannt. Er hatte volle Lippen. Seine braunen Augen funkelten. Er lächelte. Es war ein freies Lächeln, ein ganz und gar unbefangenes, und selbstbewusst war es auch. Bestimmt konnte er damit jeden und vor allem *jede* für sich gewinnen. Aber er saß nicht irgendwo. Er saß direkt neben Nina, saß da und lächelte in einem fort. Hier und jetzt. Es war kein Traum, dass er hier saß, es war die Wirklichkeit. Der reinste Hammer.

Andrea hat recht, Nina war eine Glückspilzin, eine von der Glücksgöttin geküsste Eukaryotin. Gab es davon überhaupt eine weibliche Form?

Jens Oberdiek. Mama würde ihn vermutlich einen Prachtkerl nennen – oder vielleicht auch einen feinen Kerl –, wenn sie ihn zu Gesicht bekäme. Aber natürlich würde sie wieder nicht wissen, ob das mit Blick auf diesen Jungen ein Euphemismus war, und es wäre auch völlig egal. Nina würde sich zu ihr hinbeugen, ihr einen Kuss auf die Wange geben und ihr leise ins Ohr flüstern: »Nein, ist es nicht.«

9.

Fichte hätt's auch getan

November 1981

Nun gut, Margraf hatte zugestimmt. Er hatte Larsens Bitte, ihn zum Leichenschmaus zu begleiten, nicht abschlagen können, zu verloren war er ihm auf dem Friedhof zwischen all den Familienmitgliedern vorgekommen. Zudem wirkte er nicht nur seelisch, sondern auch körperlich angeschlagen, was ihm missbilligende, gar argwöhnische Blicke eintrug. Der Boxkampf kürzlich in der *Ritze* hatte Spuren hinterlassen, noch immer war die Stirn geschwollen und über der rechten Augenbraue genäht. Dennoch: Nähe zu den Eltern eines Mordopfers war gut, Distanz allerdings besser. Es war freilich sinnlos, jetzt die Entscheidung zu bedauern, dafür war es zu spät.

Die Kneipe – gelegen am Hambührener Marktplatz – trug den unsinnigen Namen *Zum Schleusenwärter*. Unsinnig deshalb, weil sich Hambühren mitten im Landkreis Celle befand, umgeben von Feldern und Wiesen, so weit das Auge reichte. Und auch wenn sich im Norden der Gemeinde die Aller schlängelte, das einzige fließende Gewässer in der Nähe: Die nächste Schleuse, die diese Bezeichnung verdiente, war weit weg. In Lüneburg vielleicht, hundert Kilometer von hier entfernt.

Die Wirtin, eine zierliche Frau mit kurzen blonden Haaren, deren Lippenstift zu rot für ihre helle Haut war, erwartete am Eingang die Besuchergruppe. Sie umarmte Charlotte Markowski, küsste sie auf die Wange und führte sie durch die Kneipe. Die übrigen Trauergäste folgten. Margraf und Larsen gingen zuletzt hinein.

Die Gaststube, die etwa sechs mal sieben Meter groß war, stank nach kalter Asche, abgestandenem Bier und ranzigem Pommesfett. An den Wänden hingen zahlreiche Gemälde mit den immer gleichen Motiven: Gutshäuser im Nebel, Pferdekutschen und das tosende Meer. Die Kneipenfenster aus gelbem Rauchglas waren klein, in jedem stand eine Vase, in der Plastikblumen steckten.

Der Linoleumboden klebte und war alt und fleckig. Ein Ölofen bollerte in einer Ecke, und an der rechten Wandseite, vom Eingang aus gesehen, befand sich ein langer Holztresen. In den Regalen dahinter standen Gläser, Aschenbecher und Skatblätter, die auf ihren nächsten Einsatz warteten. Ganz oben im Regal lag ein langes Brett, auf dem »Lüttje Lage« stand. Es bot Platz für zehn kleine Biergläser und die dazugehörigen Schnapsstamperl. Das Schnapsglas kam mit seinem Schaft zwischen Ring- und kleinen Finger, während das Bierglas von Daumen und Zeigefinger gehalten wurde. Beim anschließenden Trinken kam es darauf an, den Schnaps langsam in das Bier laufen zu lassen, ohne etwas zu verschütten, und beides als Gemisch zu trinken. Wer kleckerte, verlor und zahlte die Runde. Ein Trinkspiel norddeutscher Art, das aus einer Gaststätte wie dieser nicht wegzudenken war.

Noch vor einer halben Stunde hatte Margraf unter der Traufe der Friedhofskapelle gestanden und im Nieselregen gefroren, der so fein gewesen war, dass er unter seine Lederjacke gekrochen war. Am Ende der Beisetzung hatte er seinen Block hervorgeholt und notiert: *14. November 1981, 14 Uhr, Beisetzung Nina Markowski. Riesige Menschentraube am offenen Grab. Zu viele Kinder und Jugendliche für eine Beerdigung, wahrscheinlich ihre Mitschüler.*

Er hatte Charlotte Markowski kurz beiseitegenommen, weg vom Tross der Leute, und ihr sein Beileid ausgesprochen. Sie war in Tränen aufgelöst gewesen, hatte den Kopf geschüttelt und immer wieder gefragt: »Sie finden den Kerl doch, oder? Sie finden ihn doch?« Margraf hatte nicht gewusst, was er antworten sollte, und genickt.

Hier in der ein paar Hundert Meter vom Friedhof entfernten Kneipe war das Grab weit weg. Die Mitschüler hatten sich leise verabschiedet, und die Erwachsenen, die mitgekommen waren, sehnten vermutlich heißen Kaffee herbei. Ein paar solcher Veranstaltungen hatte Margraf in seinem Leben mitgemacht, und sie waren immer gleich. Schweigen, Schnäuzen, Tränen, gerötete Gesichter. Über allem lag ein Mantel bedrückender Trauer. Jedenfalls zu Anfang. So wie jetzt.

Natürlich interessierte sich Margraf für die Leute, oft gaben kleine Gesten oder Äußerungen Aufschluss über Täter und Tat. Doch mehr noch hatte er vorhin gegenüber Larsen eine gewisse Pflicht empfunden. Margraf hatte ihn nicht allein lassen wollen. Ninas Mutter und die übrigen Angehörigen hatten Larsen geschnitten, selbst in der kleinen Trauerkapelle auf dem Friedhof, als wäre er ein Ausgestoßener. Er hatte Margraf leidgetan. Offenbar war ihm nie verziehen worden, dass er sich kurz nach Ninas Geburt von der Mutter getrennt hatte. Larsen war die Persona non grata in Charlotte Markowskis Familie, der böse Mann, der Frau und Kind im Stich gelassen hatte. Sogar am Grab seiner Tochter war Larsen geradezu wie ein Verräter behandelt worden. Er war unerwünscht gewesen – die grimmigen Blicke und die ihm zugewandten Schultern und Rücken der anderen hatten Bände gesprochen. Margraf kannte das, er kannte es, ungebeten zu sein. Als Bulle passierte ihm das andauernd. Er hatte eine gewisse Solidarität mit Larsen empfunden.

Aus einer Wurlitzer-Jukebox drang Heino mit *Hoch auf dem gelben Wagen*. Am runden Stammtisch gegenüber der Theke saßen drei Männer, die rauchten, Bier tranken und Skat spielten.

Einer von ihnen, ein schlanker Kerl mit glasigen Augen, reizte: »Achtzehn, zwanzig, zweiundzwanzig ...« Die anderen beiden gingen mit, bis der erste »Weg!« rief, was der zweite gleich darauf ebenfalls sagte.

Die Gastwirtin öffnete eine Schiebetür, hinter der sich ein größerer Raum befand. In dessen Mitte stand eine gedeckte Kaffeetafel. Die Tische waren in U-Form angeordnet. Die langen weißen Kerzen brannten bereits, und auf den Tellern lagen schwarze Papierservietten, die zu Dreiecken gefaltet waren.

Charlotte Markowski ging mit ihrem männlichen Begleiter, der sie bereits auf dem Friedhof gestützt hatte, zur Mitte der Stirnseite und setzte sich. Sie nickte Larsen zu. »Kannst dich hierhin setzen, mit zu uns.«

Larsen hob kurz die Hand, schüttelte den Kopf und ließ sich an einem der seitlich stehenden Tische nieder. Margraf nahm neben ihm Platz.

Der Raum füllte sich. Die Leute, die zuvor ihre Mäntel abgelegt und die nassen Schirme beiseitegestellt hatten, umarmten sich und unterhielten sich leise miteinander. Heino mit seinem *Gelben Wagen* war auch hier zu hören.

Teller mit Zucker- und Streuselkuchen standen auf den Tischen, an denen bald jeder Stuhl besetzt war. Kaffeekannen wanderten von Gast zu Gast. Irgendjemand schloss die Schiebetür, sodass die Musik und die Stimmen der Skatspieler aus der Gaststube kaum noch zu hören waren.

Jens Oberdiek war nirgends zu sehen. Offenbar war er von der Familie nicht eingeladen worden, der Trauerfeier seiner Freundin beizuwohnen. Als Margraf ihn vor ein paar Tagen vernommen hatte, war er noch immer starr vor Entsetzen und Fassungslosigkeit gewesen. Er habe sich in Nina verliebt, hatte er erzählt. Sie sei seine »Katze« gewesen, so habe er sie immer genannt.

Er war erst vor ein paar Monaten in Ninas Klasse gekommen, und warum auch immer hatte ihn die Lehrerin direkt neben Nina an den Tisch gesetzt. Sie hatten sich ineinander verliebt und sogar einen gemeinsamen Urlaub gebucht, Silvester und ein paar Tage danach an der Ostsee. Nach Ninas Tod war die einzige Sorge seines Vaters gewesen, ob das Hotelzimmer kostenfrei storniert werden konnte. »Das hat mich mein Alter echt gefragt«, hatte Jens tonlos gesagt. Er konnte es nicht erwarten, aus seinem Elternhaus auszuziehen. Seinem Vater, einem Arzt mit eigener Praxis, waren die Gefühle und Wünsche des eigenen Sohns vollkommen gleich. Der Junge musste funktionieren, musste gute Noten nach Hause bringen und Klavierunterricht nehmen, auch wenn er keinerlei Interesse am Musizieren hatte. Die Mutter hing an der Flasche und war jeden Tag blau. Nina war für Jens zu einer Zuflucht geworden, so hatte er es genannt. Während der gesamten Vernehmung hatte er geschluchzt und geweint.

Katharina Lange, Ninas beste Freundin, war hingegen zum Leichenschmaus mitgekommen und saß Margraf gegenüber. Mit geröteten Augen schaute sie sich im Saal um. Ihre schwarzen Haare waren noch immer nass vom Regen und klebten ihr strähnig im Gesicht, Kajal und Schminke waren verwischt. Katharina hatte Nina in der Tatnacht als Letzte gesehen. Nina hatte sich nach der Chorprobe von ihr verabschiedet und war zur Bushaltestelle gegangen. Katharina hatte nicht mehr mitbekommen, dass Nina den Bus verpasst und sich zum Trampen an die Straße gestellt hatte. Uwe, Katharinas Freund, hätte Nina heimfahren können. Genau das hatte Katharina sogar angeboten, was jedoch von Nina abgelehnt worden war – man solle sich ihretwegen keine Umstände machen. Daraufhin war Katharina nach Hause gegangen, sie wohnte nur ein paar Straßen entfernt in der Celler Innenstadt. »Ich hasse mich, weil ich nicht darauf bestanden habe«, hatte sie in der Vernehmung weinend gesagt und immer wieder den Kopf geschüttelt.

Über den Leuten im Saal hing ein Schleier aus Vorsicht und Zurückhaltung, während sie Kaffee tranken und Kuchen aßen. Sie unterhielten sich nur im Flüsterton, Lachen war verpönt. Sicher warteten die meisten auf den ersten Schnaps oder das erste Glas Bier, um das Korsett von Pietät und Anstand abzustreifen oder wenigstens ein Stück weit zu lockern.

Larsen beugte sich zu Margraf. »Sehen Sie mal vorsichtig nach links. Der Kerl neben meiner Ex, das ist Hartmut Markowski, ihr Bruder. Und die Dame daneben, die aussieht wie ein Tuschkasten, das ist seine Frau Irmgard. Sie wird von allen nur Püppchen genannt, bis heute. Kein Witz. Keine Ahnung, warum. Aber die beiden sind einer der Gründe, warum ich mit dieser Familie von Anfang an nicht warm geworden bin.«

Markowski trug eine dicke Hornbrille, seine Haut war rotbraun und faltig, die breite, knotige Nase schimmerte blau. Er biss in ein Stück Zuckerkuchen. Von ihm war Ninas Mutter gestützt worden, als sie vorhin in der ersten Reihe am Grab gestanden und geweint hatte. Und die Frau neben ihm war also Irmgard Markowski. Sie hatte am Grab einen großen Regenschirm über die beiden gehalten, mit einem knallbunten Blumenmuster – bei einer Beerdigung. Über Geschmack ließ sich nicht streiten. Über Pietät offenbar auch nicht. Die aufgedruckten Blumen hatten zum übrigen Aussehen der Frau gepasst: pinker Lippenstift, Rouge auf den Wangenknochen, rötlich gefärbtes, auftoupiertes Haar, und von allem zu viel. Mit ihren hohen Absätzen hatte sie Schwierigkeiten gehabt, nicht im Kies zu versinken.

Sie führte die Kaffeetasse zum Mund und spreizte dabei ihren kleinen Finger ab. Bei jedem Schluck, den sie trank, spitzte sie ihre dünnen Lippen. Irgendwie konnte sie einem leidtun. Ohne

Zweifel wäre sie gern eine Frau von Welt gewesen, eine Grande Dame. Stattdessen war sie gefangen in dörflicher Spießigkeit, die sie mit ihrem Gehabe offenkundig zu kaschieren versuchte.

»Die beiden scheinen tatsächlich etwas speziell zu sein«, sagte Margraf.

»Speziell ist gut«, sagte Larsen leise. »Widerlich sind sie, mehr nicht. Glauben, was Besseres zu sein, dabei sind sie blöd wie Bohnenkraut.«

Margraf unterdrückte ein Lachen. »Aber mal ehrlich ... Warum haben Sie sich damals von Charlotte getrennt? Darf ich das fragen? Doch nicht nur wegen dieser beiden Prachtexemplare da drüben.«

Eine zierliche Kellnerin, Zettel und Stift in der Hand, nahm Bestellungen auf. Die ersten Biere wurden geordert. Jetzt war es nur noch eine Frage der Zeit, bis die Zungen leichter wurden.

Larsen fuhr sich mit der Hand übers Kinn. »Es kam alles auf einmal«, sagte er. »Charlotte wollte, dass wir zusammenziehen, in eine Dreizimmerwohnung in so einem Genossenschaftsbunker. Jeden Sonntag gab's Mittagessen bei ihren Eltern, pünktlich um zwölf im Wohnzimmer mit selbstgehäkelten Kissenbezügen und Porzellanpuppen. Und dann war Charlotte plötzlich schwanger, und ich sollte sie heiraten. Ich hab Torschlusspanik gekriegt. Gott, ich war gerade mal zwanzig. Am Wochenende mit meinen Jungs an unseren Autos schrauben, zum Fußball oder zum Boxtraining gehen ... Das wäre alles dahin gewesen. Dann kam Nina zur Welt. Ein wunderschöner Moment. Aber alles drum herum war zu viel.«

Margraf nickte. Er hatte selbst einmal in einer Situation gesteckt, aus der er fluchtartig abgehauen war. Der Vater seiner ersten Freundin Anke, Inhaber einer Bäckerei mit drei Filialen, war eines Tages auf ihn zugekommen, hatte den Arm um seine Schultern gelegt und ihm anboten, bei ihm in die Lehre zu gehen. Sechzehn war Margraf da gewesen und hatte sich kurzzeitig schon für den Rest seines Lebens mit einem weißen Bäckerhütchen auf dem Kopf gesehen. Am darauffolgenden Tag hatte er sich von Anke getrennt.

»Ich weiß, was Sie meinen«, antwortete Margraf. »Ich hatte mal etwas Ähnliches, allerdings war ich da noch Teenager. Sie hieß Anke und hatte einen sehr – sagen wir mal – selbstbewussten Vater. Da muss man auf sich selber hören.«

Larsen lächelte. Er schenkte zwei Gläser mit Mineralwasser voll, das auf dem Tisch stand, und prostete Margraf zu. »Auf das Leben«, sagte er.

»Auf das Leben.« Margraf stieß mit Larsen an.

Bis jetzt hatte sich niemand im Saal erhoben, um ein paar Worte an die Trauergäste zu richten. Markowski war als Onkel der Verstorbenen ein Kandidat für eine solche Ansprache. Sicher hörte er sich selbst gern reden und genoss die Aufmerksamkeit der Zuhörer. Doch er machte keinerlei Anstalten, aufzustehen, und es sah auch nicht so aus, als hätte er vorbereitete Notizen für eine Rede bei sich.

Wäre die familiäre Situation eine andere gewesen, hätte Larsen – als Vater – sicherlich längst ein paar Worte gesprochen. Aber hier, inmitten dieser für ihn so fremden Menschen, fand er es wahrscheinlich besser, wenn er die Zeit einfach absaß.

»Ich möchte Ihnen nicht zu nahetreten«, sagte Margraf. »Aber ... sagen Sie nichts zu den Leuten? Ich meine, Sie sind der Vater, ob nun von der Mutter getrennt oder nicht.« Hoffentlich war er jetzt nicht zu weit gegangen. Er wollte Larsen keinesfalls belehren oder ihm Vorwürfe machen. Doch vermutlich waren auch viele andere Trauergäste der Ansicht, dass er etwas sagen sollte.

Larsens Blick wanderte über die Tische, während er mit zitternder Hand seine Kaffeetasse zum Mund führte. »Ich habe

Nina etwas versprochen«, sagte er. »Ich habe ihr versprochen, dass ich für sie da bin. Meine Briefe hat sie nicht gelesen – nur den letzten. Aber heute früh, allein in der Kapelle, da war ich mir sicher, dass sie mich hört. Ich habe ihr Lächeln gesehen und ihre Hand in meiner gespürt. Mag pathetisch klingen, aber ich glaube, wir waren uns in dem Moment so nah wie nie. Und ich habe ihr gesagt: ›Ich bin da für dich.‹ Und wissen Sie was?« Er drehte sich zu Margraf. »Sie hätte nicht gewollt, dass ich hier irgendetwas sage. Wenn Nina hier wäre, hier an unserem Tisch oder an dem da drüben, wenn sie mitbekäme, dass ich im Begriff bin, aufzustehen und zu einer Rede anzusetzen – glauben Sie mir, sie hätte sich unwohl gefühlt. Sie hätte Angst gehabt, dass ich es versaue oder dass ihr Onkel aufspringt und mir seinen Kaffee ins Gesicht kippt und Püppchen mir eine schmiert. Wenn ich Nina einen Gefallen tun will, dann halte ich meine Schnauze.«

Larsens Gesicht war kalkweiß geworden, wodurch die Narben auf seinen Wangen deutlicher hervortraten. Er hatte vermutlich recht mit dem, was er sagte. Ninas Familie hatte sich von ihm distanziert, er war ein Fremdkörper inmitten dieser Leute. Zwar hatte Charlotte Markowski ihm vorhin angeboten, sich neben sie zu setzen, aber diese Geste war wohl eher einem Pflichtgefühl entsprungen als einem echten Wunsch.

Margraf legte Larsen eine Hand auf die Schulter. »Alles gut.«

Die Wirtin brachte ein Tablett mit Bier und Schnäpsen. Auch Charlotte Markowski ließ sich ein kleines Glas mit Hochprozentigem reichen. Sie prostete stumm ihrem Bruder und seiner Frau zu. Alle drei kippten den Schnaps in einem Zug. Die meisten anderen Gäste tranken jetzt ebenfalls Bier oder Schnaps und rauchten.

»Komisch«, sagte Larsen und sah sich im Raum um.

»Was ist komisch«, fragte Margraf.

»Ich hätte schwören können, dass ich diesen Volker, also Volker März, vorhin auf dem Friedhof gesehen habe. Aber hier ist er nicht.«

»Wen meinen Sie?«, fragte Margraf.

»Volker März, dieser Typ aus Fleesund. Er war angeblich schwer verliebt in Nina. Hat mir Charlotte erzählt.«

Volker März. Katharina Lange hatte ihn erwähnt, aber eher beiläufig. Nina habe sich ein paarmal mit ihm getroffen, hatte Katharina gesagt, doch zwischen den beiden sei nichts gewesen.

Margraf holte seinen Block hervor und notierte sich den Namen. »Kennen Sie ihn näher?«

Larsen schüttelte den Kopf. »Ich weiß nur, dass er Klarinette spielt. Und schon über dreißig ist. Er hat Nina wohl mal zur Seite gestanden, als irgendein Typ beim Schützenfest zudringlich wurde. Aber sonst? Keine Ahnung. Fragen Sie am besten Charlotte. Die weiß wahrscheinlich mehr.«

Margraf steckte seinen Notizblock zurück in die Sakkotasche. Vielleicht war dieser Volker März die schräge Klarinette von vorhin gewesen. Das konnte ein Ansatz sein. Verschmähte Liebe wäre nicht das erste Mal das Motiv für einen Mord.

»Auf dem Friedhof ...«, sagte Margraf. »Haben Sie da auch gehört, dass eine Klarinette ständig falsch gespielt hat?«

Larsen schüttelte den Kopf. »Ich habe überhaupt keine Musik wahrgenommen. Aber kann gut sein, dass er das war. Schwarze Anzughose, grüner Lodenmantel und so richtig fette Koteletten.«

»Genau. Koteletten, Lodenmantel ... Und eine dünne Lederkrawatte trug er auch. Das passt.«

Die Wirtin betrat wieder den Saal. Diesmal trug sie das Lüttje-Lage-Brett mit gut gefüllten Gläsern herein und stellte es auf dem Tisch an der Stirnseite der Tafel ab.

Markowski und Püppchen griffen sogleich nach den Gläsern. Sie legten die Köpfe in den Nacken und kippten in einem Zug. Sie waren geübt darin, Bier und Schnaps in bewährter norddeutscher Manier zu vermischen, und verschütteten nicht einen Tropfen. Dann legten sie die Köpfe in den Nacken und kippten erneut alles in einem Zug. Auch Charlotte Markowski bediente sich, und auch bei ihr ging nichts daneben. Kaum war die erste Runde geschafft, kam die zweite, der umgehend die dritte folgte.

Allmählich lösten sich die Zungen, die Stimmen wurden lauter. Die Aschenbecher füllten sich, die Kellnerin stellte leere auf den Tisch und nahm die vollen mit.

»Nee, nee«, sagte Püppchen über ihren Hartmut hinweg. »Ich hab dir das immer gesagt.« Sie redete mit Charlotte Markowski, die sie aber nicht ansah, sondern ihren Blick im Raum umherwandern ließ. »Die ganze Schminke. Mit siebzehn. Und dann immer so kurze Röcke. Ich hab das kommen sehen. Aber auf mich hört ja keiner. Ich bin ja nur die blöde Tante.«

»Was hast du kommen sehen?« Charlotte Markowskis Stimme war fest.

»Und andauernd per Anhalter. Nachts. Nee, bei aller Liebe.«

Larsen richtete sich auf. Püppchen schüttelte mehrmals den Kopf und drückte energisch ihre Zigarette im Aschenbecher aus.

Margraf umfasste Larsens Unterarm. »Bleiben Sie ruhig. Die ist, wie sie ist. Wenn Sie wollen, gehen wir.«

Larsen holte Luft. »Schon in Ordnung.« Sein Kinn zitterte.

»Ich habe gearbeitet«, sagte Charlotte Markowski, die sich jetzt zu Püppchen umdrehte. Ihre Stimme war laut. »Ich war überhaupt nicht zu Hause, als sie angerufen hat. Willst du mir vorhalten, dass ich gearbeitet habe?«

»Und ihr Vater?«, entgegnete Püppchen. Jetzt sahen sich

auch andere Gäste zu ihr um. »Wo war der?« Sie blickte keinen Moment zu Larsen, während sie über ihn sprach.

Seine Kiefermuskeln zuckten. Der Unterarm, den Margraf noch immer festhielt, fühlte sich hart an.

»Herr Larsen«, sagte Margraf. »Sehen Sie mich an. Herr Larsen, bitte, Sie sollen mich ansehen.«

Larsen drehte sich zu ihm. Seine Augen waren gerötet.

»Für heute haben Sie Ihre Pflicht und Schuldigkeit als Vater getan. Wir gehen jetzt besser.«

»Ihr seid selbst schuld«, rief Püppchen. »Musste ja irgendwann so kommen, wenn eine mit siebzehn so rumläuft. Kein Wunder. Ich hab das immer gesagt.«

»Das nimmst du zurück.« Charlotte Markowski streckte ihrer Schwägerin den Zeigefinger entgegen.

Hartmut schlug mit der Faust auf den Tisch. »Jetzt hört aber mal auf«, sagte er. »Das könnt ihr wann anders abmachen.« Er trank einen Schluck von seinem Bier und zog an seiner Zigarette.

Charlotte Markowski begann zu weinen. Sie fuhr sich mit der Hand übers Gesicht, dabei fiel die Asche ihrer Zigarette ab. Die Asche brannte ein Loch in die weiße Tischdecke. »Ich habe gearbeitet«, wiederholte sie leise. »Ich habe gearbeitet.« Sie ließ die Kippe in den Ascher fallen und sah auf. Ihr Gesicht war grau. »Von irgendwas mussten wir ja leben, wenn der Vater kaum Unterhalt zahlt.«

Larsen sprang von seinem Stuhl auf. »Ich habe immer Unterhalt gezahlt. Red nicht so einen Schwachsinn.«

»Die paar Mark«, entgegnete sie. »Wenn du auch nur einen Funken Anstand gehabt hättest, dann hättest du freiwillig mehr gezahlt.«

»Charlotte, das ist unfair. Was redest du da? Ich habe immer gezahlt, was ich konnte. Und das war mehr, als ich musste.«

Auch Margraf stand auf. Wieder griff er nach Larsens Arm und hielt ihn fest. »Wir gehen jetzt. Kommen Sie.«

»Das ist unfair«, wiederholte Larsen. »Ich habe immer gezahlt. Sie darf so nicht reden.«

»Schule, Klamotten, Miete, Essen«, sagte Charlotte Markowski. »Wisst ihr, was das alles kostet? Wisst ihr, was es heißt, alleinerziehend zu sein mit einem Teenager, der Wünsche hat und Träume? Und man selber muss jede Mark dreimal umdrehen.«

»Aber 'n teuren Eichensarg – dafür war genug Geld da«, brummte Hartmut Markowski vor sich hin. »Fichte hätt's auch getan.«

Larsen riss sich aus Margrafs Griff los und ging mit schnellen, ausladenden Schritten auf Markowski zu. Der wollte aufstehen, doch Larsen verpasste ihm eine gerade Rechte direkt ins Gesicht. Das Bierglas flog durch die Luft, Markowski stürzte mit seinem Stuhl zu Boden.

»O Gott«, schrie Püppchen.

Ein paar der Gäste waren aufgestanden und schüttelten den Kopf. Die Kellnerin stand bewegungslos in der Tür.

Margraf lief auf Larsen zu, packte ihn und zog ihn zur Wand. Markowski hatte sich in eine sitzende Position gebracht; er blutete aus der Nase und wirkte benommen. Margraf beugte sich zu ihm und gab ihm eine Serviette, mit der Markowski die Nase betupfte.

»Sind Sie okay?«, fragte Margraf.

Markowski nickte.

Margraf trat zu Larsen, packte ihn erneut am Arm und schob ihn vor sich her in Richtung Ausgang.

»Dieser bescheuerte Penner«, rief Larsen in den Saal hinein.

»Ja«, sagte Margraf. »Und genau deshalb hauen wir jetzt ab.«

Die Skatspieler im vorderen Raum starrten die beiden Männer an. Die Wirtin schüttelte mit dem Kopf.

In der Ecke neben der Eingangstür saß an einem kleinen Tisch der Mann, der auf der Beerdigung durch sein Klarinettenspiel aufgefallen war. Er hatte dicke Koteletten, trug einen schwarzen Anzug und eine dünne Lederkrawatte. Seinen Lodenmantel hatte er sich über die Beine gelegt. Volker März. Margraf nickte ihm knapp zu, als er Larsen durch die Tür nach draußen beförderte.

10.

Kullerpfirsich

September 1981

»Er kommt nicht mehr.« Nina zupfte an ihrer Rüschenbluse und strich den Jeansminirock glatt. Sie hatte extra ihre hohen Stiefel aus weißem Kunstleder angezogen. Mit den Plateausohlen war sie sechs Zentimeter größer.

»Jetzt beruhige dich.« Kathi schenkte Nina von der Erdbeerbowle nach. »Es ist gerade mal halb zehn. Er wird schon noch auftauchen.« Sie nahm einen Pfirsich aus dem Korb, der neben der Stereoanlage stand, durchlöcherte ihn mit einer Gabel und legte ihn in ein Glas, das sie mit Sekt auffüllte. Es dauerte nicht lange, und der Pfirsich drehte sich in der Flüssigkeit.

Andrea stand hinter der kleinen Theke und legte eine neue Kassette in den Rekorder. Aus den Lautsprechern dröhnte Kim Wildes *Kids in America*. Man verstand sein eigenes Wort nicht. Im Nebenraum tanzten alle. Andrea hatte gut dreißig Leute zu ihrem achtzehnten Geburtstag eingeladen, und alle waren gekommen. Sogar ein paar Jungs, die jetzt beim Bund waren oder Zivi machten. Zu ihnen gehörte auch Frank Siebert. Seine Eltern waren Lehrer an einem Celler Gymnasium. Er selbst spielte ziemlich gut Handball und hatte wohl Werbeverträge mit Adidas, er trug ständig die neuesten und teuersten Turnschuhe mit den drei Streifen. Er hatte sich für vier Jahre bei der Bundeswehr verpflichtet und wollte Offizier werden.

Ein anderer war Oliver. Nina kannte seinen Nachnamen nicht, alle nannten ihn nur *Olli*. Kathie stand voll auf ihn, aber er schien sich mehr für Andrea zu interessieren. Er sah ständig zu ihr herüber und blinzelte mit den Augen. Ein großer Typ mit glatten langen Haaren, die er zum Zopf gebunden trug und die ihm fast bis zu den Hüften reichten. Er war alles andere als ein angehender Offizier und rauchte am liebsten Selbstgedrehte. Was er mit seiner Zukunft vorhatte, wusste kein Mensch, er selbst vermutlich am allerwenigsten.

Auf dem Sofa gegenüber knutschte Markus mit Sabine, und Stefan hielt Sandra im Arm. Sandra hatte sich ihre langen Fingernägel blaumetallic lackiert, das sah super aus. Nina traute sich eine solche Farbe nicht, Mama wäre ausgerastet. Schon die weißen Stiefel waren für sie eine Zumutung – vom Minirock ganz zu schweigen.

Nach Kim Wilde war Queen an der Reihe. *We will rock you.* Alle grölten mit. Nina war nicht zum Grölen zumute, zum Tanzen auch nicht. Sicher, Jens hatte »Vielleicht« gesagt. Aber in ihren Ohren hatte sich das – zusammen mit seinem Lächeln – wie ein »Ja« angehört.

Selbst wenn es bei Mama einen Partykeller gegeben hätte – so einen großen wie bei Andreas Eltern –, hätte sie nie und nimmer zugelassen, dass Nina zwei, drei Dutzend Leute einlud und mit ihnen feierte. Es wurde geraucht und getrunken. Allein das wäre für Mama unvorstellbar gewesen. Andreas Eltern waren da ganz anders, sie waren ihrer Tochter gegenüber sehr aufgeschlossen und hatten Spaß am Leben.

Nina setzte sich auf einen Barhocker, strich noch einmal den Rock glatt und lehnte sich an die getäfelte Holzwand. Sie nahm einen Schluck Bowle und fischte mit einem Löffel die kleinen Erdbeerwürfel heraus. Andrea hatte das Obst seit gestern in Wodka ziehen lassen, die Stückchen waren voll mit Alkohol. Wenn Jens nicht kam, würde Nina einfach feiern. Tanzen und feiern, die Lust dazu würde schon noch kommen.

Nur gut, dass Volker nicht wusste, wo sie steckte. Seine Einladung für heute Abend ins Kino war lieb gewesen, und Nina hatte ihn auch nicht enttäuschen wollen. Aber sie hätte Andrea unmöglich absagen können, schon gar nicht wegen Volker. Wenn sie ihn nur erwähnte, schüttelte Andrea über sie den Kopf. Kathi und Andrea konnten nach wie vor nicht verstehen, was Nina an Volker fand. Und um ehrlich zu sein, wusste sie es selbst nicht genau. Wenn sie Zeit mit ihm verbrachte, hatte sie das Gefühl, in einer anderen Welt zu leben. In dieser Welt existierten ihre beiden Freundinnen nicht und auch nicht die anderen Mitschüler. Mama war ebenfalls nicht da. Und es gab keine Pflichten, es gab nur Nina und ihn. Ein eigener kleiner Kosmos, dessen Reiz in seiner Abschottung bestand. Allerdings ließ genau diese Abschottung die gemeinsamen Stunden mit Volker unwirklich erscheinen. Das waren Momente, die nicht zu ihrem übrigen Leben gehörten, so ein ganz eigenes Ding. Und beides passte nicht zusammen. Wie zwei unterschiedliche Puzzles, deren einzelne Teile nicht ineinandergriffen. Sie mit Gewalt zu verbinden hätte ein Bild ergeben, das in sich unsinnig gewesen wäre.

»Komm schon«, rief Andrea gegen die Musik an und zog Nina mit sich in den Vorderraum, wo alle zu *Seven Tears* von Goombay Dance Band tanzten.

Rotes, grünes und gelbes Licht strahlte von der Decke. Andrea streckte die Hände in die Luft und klatschte im Takt. Ihr goldener Blouson glitzerte, der Saum ihrer Schlaghose schlackerte zu allen Seiten. Kathi kam dazu, sie hatte Olli im Schlepptau. Ihre langen Haare waren zu einem Dutt hochgesteckt, und sie hatte sich ein Stirnband um den Kopf gebunden. Sie grölte den Liedtext mit und tanzte derart ausgelassen, dass Nina einfach mitmachen musste. Ollis Augenaufschlag war verlangsamt, offenbar hatte er schon ordentlich getankt.

Die Luft war feucht und roch nach Parfüm und Zigaretten.

Die Leute tanzten dicht gedrängt, Nina spürte die Wärme der Körper. Sie schloss die Augen und legte den Kopf in den Nacken. Dann kam Jens eben nicht. Er verpasste eine coole Party.

Elton John sang *Don't go breaking my heart* und anschließend The Police *So lonely*, während Nina mit geschlossenen Augen weiter- und weitertanzte. Manchmal rempelten andere Leute sie an. Manche sangen mit, andere lachten oder stießen klirrend mit ihren Flaschen und Gläsern an. Sie musste auch noch etwas trinken, sie hatte Durst. Die Bowle war gut.

Irgendjemand tippte ihr auf die Schulter. Sie öffnete die Augen. Sofort hörte sie auf zu tanzen.

»Hi«, sagte Jens. Er hatte dieses schiefe Lächeln im Gesicht, das er scheinbar immer trug, wenn er sie ansah.

»Hi.« Nina wäre ihm fast um den Hals gefallen.

Er stand tatsächlich vor ihr. Sie glänzte vermutlich im ganzen Gesicht, und ihre Schminke war sicher verwischt. Aber das musste wohl so sein – Schicksal eben. Und nachdem er sie jetzt in diesem verschwitzten Zustand gesehen hatte, war es wenig sinnvoll, ins Badezimmer zu gehen und vor dem Spiegel Korrekturen vorzunehmen.

»Wo gibt's denn hier was zu trinken?«, fragte er.

Sie nahm seine Hand und zog ihn mit in den hinteren Raum an den Bartresen. Hier war es deutlich leiser, doch in Ninas Ohren dröhnte es noch immer.

Andrea hinter der Theke gab Jens ganz förmlich die Hand. Kathi verbeugte sich übertrieben. Die beiden hatten echt einen Knall. Nina schüttelte den Kopf.

»Du wurdest schon sehnsüchtig erwartet.« Andrea drückte ihm eine Bierflasche in die Hand.

Sie sollte bloß aufhören, Unsinn zu labern. Nina warf ihr einen strengen Blick zu. Andrea lachte nur und reichte ihr ein frisches Glas Bowle.

»Prost, die Damen.« Jens reckte sein Bier in die Luft. »Und danke für die Einladung. Echt cool hier.«

Mannomann, der Typ sah wirklich gut aus. Seine blonden Locken glänzten im gedämpften Licht. Seine Gesichtshaut war vollkommen glatt, kein einziger Pickel war darauf zu sehen. Dazu seine braunen Augen und dieses unverschämte Lächeln. Er konnte wahrscheinlich gar nicht anders gucken. Das war ihr schon vor drei Wochen aufgefallen, als er in der Klasse gestanden und Rektor Weddig ihn vorgestellt hatte.

»Tut mir übrigens leid, dass ich so spät komme«, sagte er. »Das Training hat länger gedauert. Unser neuer Coach ist etwas überambitioniert.«

»Schön, dass du es noch geschafft hast.« Andrea stieß ihr Glas gegen seine Bierflasche.

Ja, sehr schön sogar, dachte Nina. Jetzt ging die Party richtig los.

»Ich lasse euch mal kurz allein«, sagte Andrea und verschwand. Einen Augenblick später folgte Kathi ihr in den Vorderraum.

Das Sofa war frei, auch die Kuss-Paare tanzten.

»Wollen wir uns setzen?«, fragte er, trank seine Flasche aus und nahm ein neues Bier vom Tresen.

Nina nickte.

Früher hatte das graue Stoffsofa oben im Wohnzimmer gestanden; sogar Mama hatte schon darauf gesessen, als sie mal zum Kaffee bei Andreas Eltern eingeladen war. Eine Gegeneinladung hatte es nie gegeben. Mama war die kleine Mietwohnung peinlich.

Nina ließ sich auf dem Sofa nieder, Jens setzte sich neben sie. Er hatte offenbar frisch geduscht. Er roch nach Shampoo und Creme. Seine Fingernägel waren etwas zu lang, aber gepflegt. Die Innenseiten seiner Zeige- und Mittelfinger waren hell.

»Rauchst du?« Nina nippte an ihrem Glas.

»Nein. Du?«

Sie schüttelte den Kopf. »Hab mal probiert, schmeckt mir aber nicht.«

Er nickte. »Geht mir genauso.«

Sie musste irgendetwas sagen, etwas, mit dem ein bedeutungsvolleres Gespräch in Gang kam als diese Belanglosigkeiten, die sie austauschten. Sie konnte nicht die ganze Zeit hier sitzen und Bowle in sich hineinkippen, das würde nicht lange gutgehen bei dem ganzen Wodka. Doch es war gar nicht so einfach, eine halbwegs interessante Unterhaltung mit einem Jungen anzufangen. Was sollte sie ihm erzählen, ohne ihn zu langweilen? An den ersten zwei Schultagen hatte er neben ihr gesessen. Nur war ein Unterrichtsthema die denkbar schlechteste Voraussetzung, um sich näherzukommen. Ihre wenigen Gespräche, die sie geführt hatten, waren auf Schulkram beschränkt geblieben. *Wie ist der Lehrer X so? Und hattet ihr schon die Exponentialfunktion in Mathe?* Themen, die abgehakt worden waren. Auf einer Party hatten sie nichts zu suchen.

»Ist die Klasse hoch, in der du spielst?«, sagte sie plötzlich und bereute sogleich ihre Worte. *Nina, was für eine selten bescheuerte Frage. Noch geistreicher geht's nicht.*

»Regionalliga«, antwortete er. »Eine unter der zweiten Bundesliga.«

Wow, da kam Nina mit ihrem Chor nicht mit. Der trat höchstens bei Kirchenfesten oder im Altersheim auf.

»Verdient man da schon Geld mit Fußball?« *Zack, die nächste blöde Frage.* Wahrscheinlich dachte er, sie würde sich bereits danach erkundigen, ob er sie ernähren könnte, sollten sie übermorgen heiraten. Ihr Herz schlug schnell. Mit einem Mal war die Musik von nebenan weit weg, und auch die Stimmen, die mitsangen oder lachten, hörte Nina nur noch gedämpft.

Sie sah zu Boden. Jens trug halbhohe Cowboystiefel.

»Geld gibt es da schon, aber nicht viel.« Seine vollen Lippen glänzten. »Aber erzähl mal was von dir. Was machst du so?«

Eis essen – mit Omas am Nachbartisch. Bei Volker Videofilme gucken und beim ersten Rauchversuch einen Hustenanfall bekommen.

»Ich singe«, antwortete sie. »Im Chor. Drüben in Celle.« Hoffentlich erinnerte er sich nicht an Volker, mit dem sie im *Venezia* gesessen hatte.

»Cool. Meine Mutter war bis vor Kurzem auch in einem Chor. In welcher Stimme singst du? Nein, warte, sag es mir nicht. Ich tippe auf ...«

Gott sei Dank. Sie hatte ein Thema erwischt, bei dem er nicht gleich abwinkte.

»Auf Sopran«, fuhr er fort. »Deine Stimme ist etwas höher. Ja, Sopran. Das ist es. Hab ich recht?«

»Hundert Punkte«, sagte Nina. »Und deine Mutter?«

»Wie, meine Mutter?«

»Na, in welcher Stimme singt sie?«

»Ach so, ja, meine Mutter ... Alt.«

»Alt«, wiederholte Nina. Das passte ja wunderbar. »Bei uns im Chor können wir Verstärkung gebrauchen. Die Alt-Stimmen sind unterbesetzt. Vielleicht hat sie Lust, mal vorbeizukommen. Ist immer mittwochs, von halb sieben bis halb acht.«

Andrea steckte ihren Kopf in den Raum. Sie sah Nina an, lächelte und ging zurück auf die Tanzfläche. Sie sollte ruhig weitertanzen. Nina brauchte sie hier gerade nicht.

Jens schaute auf sein Bier.

»Alles okay?«, fragte sie.

Er drehte sich zu ihr und nickte. Noch immer glänzten seine Lippen. Und die Augen strahlten wieder. »Du siehst echt toll aus«, sagte er leise.

Seinem Blick auszuweichen wäre unhöflich gewesen, aber ihm standzuhalten war fast unmöglich.

»Danke.« Mehr brachte sie nicht hervor. Noch nie hatte sie ein Junge so angesehen, und abgesehen von Volker hatte ihr auch noch keiner gesagt, sie sei hübsch oder so etwas. Ein solches Kompliment, noch dazu von Jens, kam überraschend und erwischte sie kalt. So kalt, wie ihre Hände gerade waren.

Das Lachen und Singen im Raum nebenan ebbte ab. Nina erschrak, als Jens unvermittelt ihr Glas an sich nahm und zur Bar ging. Er kam mit einem vollen zurück und hatte sich selbst eine neue Bierflasche mitgebracht, mit der er ihr zuprostete, als er sich wieder zu ihr setzte.

Er begann, von sich und von Lüneburg zu erzählen, dass ihm der Umzug nach Hambühren nicht leichtgefallen war. Er erzählte vom Fußball, von Siegen und Niederlagen und von mancher Verletzung, die er davongetragen hatte. Er nahm Nina mit an den Rand der Stadt, wo sein Vater die Arztpraxis betrieb. Er ging nicht hinein mit ihr, sondern zeigte nur auf das dicke, weiße, fast villenartige Gebäude mit Säulen am Eingang und der Kiesauffahrt, spuckte einmal aus, griff sogleich nach Ninas Hand und rannte mit ihr durch den Park, dessen Blätterdach rot und gelb und orange leuchtete in der späten Septembersonne.

Dann kehrte er noch einmal nach Lüneburg zurück. Seine Großmutter hatte mit im Haus der Eltern gelebt, in einer Wohnung unterm Dach, wo auch sein Zimmer gewesen war. Er schwärmte von ihren Backkünsten, ließ ihren Mandelkuchen duften und das Pflaumenkompott, das sie oft zubereitete und an dem er sich regelmäßig den Magen verrenkte, weil er es immer warm und in viel zu großen Mengen aß.

Jens redete, und seine Worte flossen einfach aus ihm heraus. Hin und wieder kamen ein paar Leute in den Raum, um sich Getränke zu holen, und es erklang immer wieder neue Musik. Nina achtete nur auf ihn. Und wenn er nach ihrem Leben fragte, antwortete sie ihm ohne Befangenheit. Sie erzählte von der kleinen Wohnung, die sie sich mit ihrer Mutter teilte und die ihr plötzlich gar nicht mehr peinlich war. Oder von dem Vater, den sie kaum kannte und der ihr fehlte. Zwischendurch besorgte Jens frische Bowle und Bier.

Bis er irgendwann seine Flasche abstellte und ganz nah an Nina heranrückte. Sein Blick ließ nicht von ihr ab, sie wich ihm nicht aus. Bevor er ihre Hand greifen konnte, berührte sie seine.

Er küsste Nina. Seine Lippen waren ganz weich. Er streichelte ihre Wangen, fuhr sanft mit den Händen über ihre Schultern, ihren Rücken, ihren Bauch. Als er ihre Brüste umfasste, drückte sie seine Hand fester an sich und küsste ihn weiter.

So musste es sich anfühlen. So und nicht anders. Verliebtsein kannte keinen Zweifel, kannte keine Kompromisse. Es war bedingungslos. Es war Hingabe ohne Gedanken. Ohne Korrektur oder Schönrederei.

Schließlich stand Jens auf und zog Nina zu sich hoch. »Komm«, flüsterte er.

Hand in Hand gingen sie in den Vorderraum. Die Tanzfläche war ausgedünnt, viele waren schon gegangen.

Rod Steward sang *I'm sailing*. Jens umarme Nina und bewegte sich sacht im Takt. Sie umschlang seinen Hals, presste sich fest an seinen Oberkörper und ließ sich von ihm führen.

Verliebtsein war Verlangen, war ein Schweben ohne Raum. Wie ein Kullerpfirsich im Sekt. Es gab keine Fragen nach dem Morgen. Nur die Zuversicht darauf. Und die Freude.

Doch eines stand fest. Nina musste mit Volker reden. Je schneller, desto besser. Aber nicht jetzt.

Jetzt nicht.

Sie küsste Jens – wieder und wieder.

11.

Walter Röhrl

November 1981

Also schön, dann noch einmal von vorn: Heckklappe auf, Zündkerzen lösen, Kontakte mit der Druckluftpistole freiblasen, auch einen Stoß in den Zündzylinder geben – kann ja sein, dass irgendwo noch Staub- oder Schleifreste kleben –, dann die Zündkerzen wieder reindrehen.

Der Ur-Elfer von Porsche war eine Diva. Er besaß einen Zweiliter-Sechszylindermotor und hundertdreißig PS – für 1963er-Verhältnisse, als der Wagen erstmals vom Band gelaufen war, eine Sensation. Auch wenn die Karre nicht lief – Margraf war stolz auf sie.

Er zog die Kerzen mit der Zange fest. Als Nächstes musste er die Kunststoffklappe aufhebeln, den Luftfilter herausziehen, ihn auspusten und wieder einsetzen. Der Vergaser war erst kürzlich in der Fachwerkstatt generalüberholt worden. Selbst die Fachleute, ausgebildete Porschemechaniker, hatten vor einem Rätsel gestanden und Margraf nicht erklären können, warum der Motor immer wieder den Dienst versagte. Zwar war der Wagen schon achtzehn Jahre alt, aber egal, wo man hinhörte: Diese Autos fuhren einfach. Sie fuhren wie der Teufel und standen nicht wochen- oder monatelang in einer Werkstatt herum wie störrische Esel.

Margraf hatte den Wagen vor ein paar Jahren aus der Asservatenkammer der Staatsanwaltschaft Lüneburg im Rahmen einer öffentlichen Versteigerung erworben. Von Anfang an hatte er kein Glück damit gehabt. Dieser Elfer und er – sie wollten nicht recht zueinanderfinden. Das Auto war seitdem nicht viel mehr als die Strecke von der öffentlichen Garage bis in Margrafs Werkstatt gefahren. Schon am nächsten Morgen war der Motor nicht angesprungen. Im Grunde war Margraf, von sehr wenigen Ausnahmen abgesehen, seither mit dem Wagen nicht unterwegs gewesen. Er hatte Stunden und Tage hier in der eigens dafür angemieteten Schrauberhalle am nördlichen Stadtrand Lüneburgs verbracht, hatte sich den Kopf zerbrochen, Technikbücher gelesen, alles Mögliche ausprobiert, gemacht, getan ... Sogar übernachtet hatte er hier, auf dem Klappsofa an der Hallenseite, das er sich extra angeschafft hatte. Kollegen nannten seine Hingabe Obsession, aber das war natürlich Quatsch. Was ihn antrieb, war Leidenschaft, kein unkontrollierbarer Zwang.

Er drehte den Heizradiator auf der Gasflasche kleiner. Es war zu warm im Raum, obwohl draußen Schneeregen vom Himmel fiel und der kalte Wind unter dem Spalt des Metalltors in die Halle hineinblies. Es roch nach Benzin und Motoröl, eine Mischung mit Abhängigkeitspotential.

Walter Röhrl lachte vom Poster an der Wand. Er stand lässig im Vordergrund, die Arme vor der Brust verschränkt, und hinter ihm ein Ausschnitt der Zielgeraden aus dem Motodrom am Hockenheimring. Darunter stand: »Ein Auto ist erst dann schnell genug, wenn du davorstehst und Angst hast, es aufzuschließen.« Einer seiner markigen Sprüche. Zum Glück sah er nicht, was Margraf hier gerade mit einem Elfer anstellte.

Es konnte am Benzin-Luft-Gemisch liegen. Das hatten auch die Jungs in der Fachwerkstatt vermutet. Das Problem war, dass man dazu in das Innerste des Motors vordringen und ihn bis auf die letzte Schraube zerlegen musste. Abgesehen von der ganzen Arbeit, die eine solche Herz-OP mit sich brachte, reichten Margrafs Hobbykenntnisse für einen derartigen Eingriff nicht aus. Früher wäre das kein Hindernis gewesen – in seiner Jugend hatte er unzählige Motorräder auseinandergenommen und wieder zusammengebaut und später, als junger Erwachsener, das Gleiche mit seinen Autos getan. Doch seither war die Technik weit vorangeschritten. Keine Ahnung, ob er einer solchen Herausforderung noch gewachsen war.

Margraf wischte sich die Hände mit einem Tuch sauber, goss sich Tee aus der Thermoskanne in seinen Becher und setzte sich auf das Sofa. Der rote Elfer konnte einem leidtun. So, wie er da stand – klein, unschuldig und mit offener Heckklappe –, hatte es den Anschein, als bettele er um Hilfe, als wolle er gar nicht störrisch sein und viel lieber durch enge Kurven und auf langgestreckten Straßen fahren.

Margraf nippte am Tee. Ein weicher Darjeeling mit etwas Rum und Honig.

Damals, 1962, war kein Wochenende vergangen, an dem er nicht mit seinen Kumpels geschraubt, Bier getrunken und auf dem Hof vor dem Mehrfamilienhaus, in dem seine Eltern noch heute wohnten, die Beatles gehört hatte. Der Sommer war heiß und trocken gewesen, Margraf war gerade zwanzig geworden. Die Welt hatte aus Autos, Musik und Mädchen bestanden, und zwar genau in dieser Reihenfolge. Er rauchte damals noch. Mit sechzehn hatte er damit angefangen, zu Beginn der Polizeischule. Reval ohne Filter. Er und seine Jungs lachten über alle, die Zigaretten mit Filter rauchten. Es war eine verrückte Zeit gewesen, mit Tagen, die unendlich zu sein schienen und an denen alles friedlicher zugegangen war als heute. Doch dieser Eindruck mochte täuschen, vielleicht war er nur dem voranschreitenden Lebensalter geschuldet. Je weiter die eigene Uhr tickte, desto unbegreiflicher wurden manche Entwicklungen, die das Leben nahm. Bei einer Schlägerei etwa, da wusste damals jeder, dass Schluss war, wenn der andere am Boden lag. Heute gab es diese Grenze nicht mehr. Ging einer auf die Bretter, musste er damit rechnen, dass man ihm mit Tritten und Schlägen den Rest gab. Gewalt hatte eine neue Dimension erreicht, es fehlten die roten Linien. Margrafs Akten waren voll davon.

All diese Ausuferungen menschlichen Tuns waren allerdings nichts gegen das, was Nina Markowski widerfahren war. Ein Schnitt durch die Kehle. Derart tief, dass nur die Knochen der Halswirbelsäule ein Abtrennen des Kopfes vom Rumpf verhindert hatten. Allein die Kraft, die es dazu brauchte, musste erst einmal aufgebracht werden. Der Täter war ihr körperlich ohne Zweifel haushoch überlegen gewesen. Oder wahnsinnig. Oder beides.

Das Rauschen der Straße, die vor der Halle entlangführte, drang herein. Hupen waren zu hören, quietschende Reifen.

Ninas Tod – eine Beziehungstat? Von der Straten hatte die Frage nicht beantworten können. Gut möglich, dass sich Opfer und Täter nahegestanden hatten. Liebe und Hass lagen dicht beieinander. Doch ebenso war es denkbar, dass die Vergewaltigung und die panische Angst vor den möglichen Konsequenzen den Täter veranlasst hatten, das Mädchen umzubringen. Extremer Adrenalinausstoß hätte zu ungezügelter Muskelkontraktion und Wahnvorstellungen geführt, die Realität hätte sich ins Reich der Angst verschoben, der Angst, aufzufliegen, entdeckt zu werden. Psychologisch war das hinlänglich bekannt. Exzesshandlungen gab es seit jeher.

Allerdings waren Margraf keine Fälle bekannt, in denen Exzesse im Zusammenhang mit Vergewaltigungen begangen worden waren. Die meisten Vergewaltiger handelten in der Überzeugung, überhaupt keine Straftat zu begehen, wegen der sie zur Rechenschaft gezogen werden konnten. Außerdem durften sie darauf vertrauen, dass die von ihnen missbrauchte Frau zumeist nicht zur Polizei oder gar an die Öffentlichkeit ging, wie die einschlägigen Statistiken belegten. Vergewaltigungsopfer hielten sich oftmals selbst für schuldig, sie fühlten sich selbst dafür verantwortlich, dass eine solche Tat geschehen war. Das war das Ergebnis jahrhundertealter Vorurteile über das Wesen des weiblichen Geschlechts und dessen Rolle, wenn es zu sexuellen Handlungen kam. Solche Überzeugungen zogen sich durch alle Gesellschaftsschichten, und auch viele Frauen saßen diesem Bockmist auf. Das hatte Larsens Ex-Schwägerin – diese Irmgard Markowski, die alle nur Püppchen nannten – anschaulich gezeigt, als sie beim Beerdigungskaffee über Nina hergezogen war. Solche Frauen taten so, als wenn Männer ein Recht darauf hätten, ihrem Trieb freien Lauf zu lassen, nur weil eine Frau mehr Bein als üblich zeigte. Selbst schuld. Wer sich so anzog, musste damit rechnen, vergewaltigt zu werden. Wie sehr Margraf diese Vorstellungen hasste.

Überhaupt »Püppchen« ... Welche erwachsene Frau, die auch nur ein Quäntchen Selbstachtung in sich trug, ließ sich einen solchen Kosenamen geben? Der konnte nur von einem Ehemann kommen, der ebenfalls nicht alle Tassen im Schrank hatte. Dieser Hartmut Markowski mit seiner schlichten Struktur passte zu ihr, passte zu einer Frau, die er wie eine Puppe behandeln konnte, die er in der Ecke liegen lassen konnte, wenn er keine Lust mehr hatte, mit ihr zu spielen. Larsen hatte schon recht: ein wirklich unangenehmer Typ. Es war nur konsequent gewesen, dass er ihm beim Beerdigungskaffee eine geballert hatte. Margraf hätte in einer solchen Situation vermutlich auch die Fassung verloren, wenn es ihn persönlich betroffen hätte.

Dennoch schien Larsen den Tod seiner Tochter vergleichsweise gut zu verarbeiten. Oft fielen Eltern, die ihr Kind durch eine Straftat verloren hatten, in eine tiefe Depression oder waren nur noch auf Rache aus. Larsen war da anders, obwohl auch er sichtlich trauerte und litt. Vielleicht lag es daran, dass er nie eine engere Bindung zu seiner Tochter aufgebaut und sich vor langer Zeit von der Mutter getrennt hatte. Leicht war ihm das vermutlich nicht gefallen. Beim Leichenschmaus vor ein paar Tagen hatte er seine Entscheidung als Torschlusspanik bezeichnet. Vielleicht bereute er seinen Schritt von damals. Vielleicht auch nicht. Doch irgendetwas trieb ihn an, genau erfahren zu wollen, was mit seiner Tochter geschehen war.

Charlotte Markowski schien dagegen wie gelähmt. Als Margraf sie kürzlich aufgesucht hatte, war ihr Hausarzt bei ihr gewesen. Sie hatte in ihrem Wohnzimmer auf dem Sofa gelegen, eine Manschette um ihren Oberarm, mit der der Arzt ihren Blutdruck gemessen hatte. Seitdem sie vom gewaltsamen Tod ihrer Tochter erfahren hatte, war sie krankgeschrieben. Sie aß kaum etwas, trank zu wenig und sah aschgrau im Gesicht aus. »Sie werden den Kerl doch finden, oder?«, hatte sie abermals gefragt, woraufhin Margraf vorsichtig genickt hatte. Seine Frage, ob sie an den Gerichtsverhandlungen teilnehmen werde, hatte sie verneint. Das könne sie nicht, hatte sie tonlos gesagt, nicht mit all der Öffentlichkeit. Margraf hatte ihr versichert, sie müsse nicht persönlich im Gerichtssaal erscheinen, wenn sie nicht wolle, niemand könne sie dazu zwingen. Da hatte sie ein wenig gelächelt.

Margraf sah zur Uhr, kurz vor eins. Der Termin mit Volker März war um drei. Seitdem Larsen bei der Beerdigung den Namen dieses Mannes erwähnt hatte, ging er Margraf nicht mehr aus dem Kopf. Was für eine Beziehung hatte dieser Klarinettenspieler zu dem Mädchen gehabt? Immerhin war er rund vierzehn Jahre älter als Nina. Aber was besagte das schon? Es gab unzählige Frauen, die sich auf eine gewisse Nähe zu älteren Männern einließen, auf der Suche nach einem Vaterersatz, nach Geborgenheit oder Zuneigung. Die Gründe waren so vielfältig wie die Menschen selbst.

Vorgestern hatte Margraf ihn zu Hause überraschen wollen, ihn bei dem unangekündigten Besuch jedoch nicht angetroffen.

Er sei beruflich unterwegs, hatte seine Mutter gesagt. Margraf war nichts anderes übriggeblieben, als telefonisch ein Treffen auf dem Revier zu vereinbaren.

Er trank den letzten Schluck Tee aus seinem Becher, stellte ihn beiseite und stand auf. Es klopfte am Tor.

»Hallo? Herr Margraf?«

Er ging nach vorn, löste die Arretierung und schob das Tor hoch. Sofort pfiff eisiger Wind in die Halle.

Vor ihm stand Hans Larsen, eine Sporttasche in der Hand. Er war in Jogginghose und Turnschuhe gekleidet, trug eine lange Daunenjacke darüber und eine Mütze auf dem Kopf.

»Ihre Kollegen auf der Wache haben Sie verpfiffen«, sagte er und gab Margraf die Hand. »Sie haben mir verraten, wo ich Sie finde, wenn Sie nicht zu Hause sind.«

»Und wenn Sie jetzt ein Mörder wären? Dann hätte ich in diesem Moment wahrscheinlich schon eine Kugel im Kopf.« Margraf lachte.

»Komme ich ungelegen?«, fragte Larsen.

Margraf sah auf den Elfer. Er kam einfach nicht weiter bei ihm. »Etwas Abwechslung kann nicht schaden.«

»Schön.« Larsen ging zur Bank und stellte seine Sporttasche ab. »Ich hab Ihnen was mitgebracht.« Er öffnete den Reißverschluss der Tasche und holte eine Flasche hervor. »Ich weiß nicht ... Ich weiß nicht, ob es unpassend ist. Aber ich dachte mir, ich versuch's einfach mal. Sie können mich jederzeit rausschmeißen. Haben Sie Gläser?«

Was hatte Larsen vor? Für gewöhnlich trank Margraf nicht mit Angehörigen eines Opfers. Es war zwar nicht verkehrt, eine engere Beziehung zu ihnen aufzubauen. Auf diese Weise gelangte man an Informationen, die einem sonst vorenthalten blieben. Dennoch war die Grenze zwischen persönlichem Kontakt und Verbrüderung oft dünn, und wenn sie sich auflöste, war es um die sachliche Distanz geschehen. Doch bei einem wie Larsen? Da konnte Margraf es vielleicht drauf ankommen lassen.

Margraf nahm zwei Wassergläser aus dem Regal. »Was ist das?«

Larsen drehte den Schraubverschluss auf und goss ein. »Probieren Sie.«

Margraf nippte an der klaren Flüssigkeit. Eine süße Bitternote entfaltete sich auf seiner Zunge, eine leichte Säure ebenfalls. Und die Schärfe des Alkohols. Da war eine Frucht im Spiel, doch Margraf wusste nicht, welche.

»Der ist gut.«

Larsen goss nach. »Sanddorn. Ich brenne ihn selbst. Aber niemandem verraten.«

Das Brennen von Schnaps war natürlich verboten, schon der Besitz einer Destille konnte zu einem Bußgeld führen. Allerdings hatte Margraf schon oft mit dem Gedanken gespielt, es selbst einmal auszuprobieren.

»Wirklich gut«, sagte er und kippte den Rest in einem Zug. »Wo haben Sie das gelernt?«

»Mein Alter hat früher alles zu Schnaps gemacht, was er in die Hände bekam. Birnen, Mirabellen, Kirschen. Vor dem war nichts sicher. Wir hatten eine große Obstbaumplantage hinterm Haus. Für uns Kinder war das ein einziger Abenteuerspielplatz. Und für meinen Alten auch.« Larsen verschloss die Flasche und drückte sie Margraf in die Hand. »Die ist für Sie.«

»Vielen Dank.« Margraf stellte die Flasche auf dem Regal ab. »Und? Was führt Sie zu mir?«

Larsen schaute auf den Wagen. Mit der flachen Hand fuhr er über den Kotflügel. »Ein Urmodell«, sagte er. »Von so etwas habe ich immer geträumt.«

»Ts«, machte Margraf. »Wenn er denn fahren würde. So ist er eher ein Albtraum.«

»Warum? Was hat er?«

»Das weiß kein Mensch. Er will nicht. Springt nicht an. Ich hab alles probiert.« Margraf schlug die Motorklappe zu. Etwas zu fest vielleicht, aber das musste der Blechkasten aushalten.

»Haben Sie mal die Einspritzanlage überprüfen lassen?«, fragte Larsen.

Er kannte sich offenbar aus. Für einen Sozialarbeiter war das zumindest ungewöhnlich.

»Sie haben Ahnung von Motoren?«, fragte Margraf.

»Leidlich«, sagte Larsen. »Mein Vater wollte, dass ich was Anständiges lerne, bevor ich zur Uni gehe. Also bin ich Kfz-Mechaniker geworden. Hab sogar zwei Jahre als Geselle in einer Autowerkstatt gearbeitet.« Er öffnete die Motorklappe wieder.

»Die bei Porsche meinten, irgendwas mit dem Benzin-Luft-Gemisch stimmt wahrscheinlich nicht«, sagte Margraf.

Larsen nickte. »Um das rauszukriegen, muss jede Schraube zweimal rumgedreht werden. Und das Teil hat viele Schrauben, glauben Sie mir.«

Margraf nahm die Flasche vom Regal. Ja, vielleicht war es falsch, mit dem nahen Verwandten eines Mordopfers zu trinken. Doch bei Larsen war ihm danach. Der Mann tat ihm nicht nur leid, da war mehr. Sie waren vermutlich ungefähr gleich alt, und schon bei der Beerdigung war er ihm sympathisch gewesen.

Margraf goss vom Sanddorn nach. Sie stießen an und tranken. »Sie könnten mir helfen?«

Larsen sah die Flüssigkeit im Glas an, dann Margraf. »Ja, das könnte ich vielleicht. Aber das wird dauern. Und ob wir den Fehler finden, weiß ich nicht.«

»Warten Sie mal.« Margraf setzte sich ans Steuer und drehte den Zündschlüssel.

Der Motor leierte und stotterte. Es klang, als sei er gewillt, anzuspringen, würde es aber nicht aus eigener Kraft schaffen.

»Lassen Sie's gut sein«, rief Larsen und verschloss die Klappe. Er kam um das Auto herum, öffnete die Beifahrertür und setzte sich neben Margraf in den Wagen.

»Ich habe das früher gern gemacht – an Autos rumschrauben«, sagte er. »Wir waren so eine kleine Gang von vier, manchmal fünf Leuten. Der eine fuhr einen Käfer, der andere einen DAF und mein damaliger Kumpel Kalle einen nagelneuen Ford mit so einer hellgrünen Lackierung. Das Teil war für uns alle ein Heiligtum.«

Verrückt, wie sich manche Biografien glichen. Und ob nun Ford oder Porsche, der Lebensinhalt war gleich.

»Ich hab schon als kleines Kind nur mit Autos gespielt«, sagte Margraf. »Meine Oma hatte mir irgendwann eine von diesen runden *Ariel*-Trommeln gegeben, um darin meine kleinen Schätze aufzubewahren. Das Teil war schon bald voll mit Matchboxautos.«

»Die *Ariel*-Trommel. So 'n Ding hatte ich auch. Und die Autos rochen immer ganz sauber nach Waschpulver.«

Margraf musste lachen.

»Ist 'n Weilchen her.« Er sah den rot-blauen Wohnzimmerteppich mit den Linien und Quadraten vor sich, die ihm als Straßen und Parkplätze gedient hatten.

»Was für ein Jahrgang sind Sie?«

»Zweiundvierzig«, antwortete Margraf.

»Oh, dann sind Sie ja sogar zwei Jahre älter als ich.«

»Warum ›oh‹?«

Larsen räusperte sich. »Na ja, weil Sie jünger aussehen. Jedenfalls jünger als ich.«

Wieder musste Margraf lachen. »Das kommt vom Sanddorn.«

Larsen stimmte in das Lachen ein.

»Und jetzt?«, fragte Margraf. »Was machen wir jetzt?«

»Einen Plan«, sagte Larsen. »Einen Plan, wie wir das Baby hier wieder zum Laufen kriegen. Aber erst, wenn ich mich bei Ihnen entschuldigt habe.«

»Entschuldigt? Wofür?«

Larsen sah auf seine Hände. »Für mein Verhalten bei der Beerdigung. Deshalb bin ich vor allem hergekommen. Ich verliere normalerweise nicht so schnell die Kontrolle. Tut mir leid. Sie sollen nicht denken, ich wäre so ein Haudrauf oder so was.«

Margraf schüttelte den Kopf. »Keine Sorge. Bei mir müssen Sie sich bestimmt nicht entschuldigen. Ich hätte wahrscheinlich genauso reagiert. Diese beiden, Püppchen und ihr Hartmut ... die sind schon sehr besonders.«

»Der Typ ist ein selten blödes Arschloch«, sagte Larsen vor sich hin.

»Ja«, stimmte Margraf ihm zu. »Das glaube ich Ihnen gern. Aber noch mal was anderes. Sie haben diesen Volker März erwähnt. Haben Sie gesehen, dass er in der Kneipe gesessen hat, als wir beide rausgegangen sind? Direkt vorn an der Tür.«

»Ich war froh, dass ich aus dem Laden raus war. Ich hab überhaupt niemanden gesehen.«

»Können Sie mir Näheres über ihn erzählen?«

Larsen zuckte mit den Achseln. »Nicht mehr, als ich Ihnen schon gesagt habe. Ich kenne ihn eigentlich gar nicht, hab ihn nur ein paarmal in Hambühren gesehen. Nina ist wohl mal kurz mit ihm zusammen gewesen. Charlotte hat so was angedeutet. Aber Genaueres weiß ich nicht.«

Margraf nickte. »Er ist in zwei Stunden auf dem Revier. Ich werd ihm mal ein bisschen auf den Zahn fühlen. Vielleicht kommen wir weiter.«

»Das ist gut«, sagte Larsen. »Auf jeden Fall soll er etwas kauzig sein. Er wohnt noch bei seinen Eltern in Fleesund. Sie teilen sich angeblich eine Dreizimmerwohnung. Das hat mir Charlotte auch erzählt. Ich bin da gestern mal vorbeigefahren, hab aber niemanden gesehen.«

»Vorbeigefahren? Warum?«

»Keine Ahnung. War so 'n Gefühl. Ich wollte mal gucken. Sehen, wo er so lebt.«

»Okay.« Margraf zog den Zündschlüssel ab und stieg aus. »Kommen Sie, lassen Sie uns was essen gehen. Da können wir weiterreden. Ich sterbe vor Hunger.«

Larsen stieg ebenfalls aus dem Wagen. »So, wie ich aussehe?« Er zeigte an seinem Trainingsanzug herunter.

»Ach was, ganz egal«, sagte Margraf. »Muss ja kein Fünfsternelokal sein. Wir finden schon was.« Er zog sich seinen Mantel über, verriegelte den Elfer, knipste das Licht aus und ging zum Tor.

Larsen schulterte seine Sporttasche und kam hinter ihm her.

»Ihren Walter Röhrl da an der Wand ...«, sagte er. »Den hab ich übrigens mal persönlich kennengelernt.«

»Ihr Ernst?«, fragte Margraf. Larsen steckte voller Überraschungen.

»Auf dem Nürburgring. Mein Vater war irgendwie an besondere Karten gekommen. Wir durften bis nach vorn in die Boxengasse. Und da hat Röhrl mir die Hand geschüttelt. Mir. Ich war höchstens elf oder zwölf. Gott, war ich aufgeregt. Ich hab sogar noch sein Autogramm von damals.«

Margraf nickte. Einmal dem berühmten Werksfahrer von Porsche die Hand schütteln. Vielleicht ein paar Sätze mit ihm wechseln. Benzingespräche. Und dann zuhören, wie er seine markigen Sprüche raushaut. Das wäre schon was gewesen.

»Der Mann ist eine lebende Legende«, sagte er.

»Das stimmt. Und mit seinem Spruch da drüben an der

Wand ...« – Larsen deutete hinter sich zum Plakat – »Damit hat er verdammt recht.«

Bevor Margraf das Tor öffnete, drehten sich die beiden noch einmal um und betrachteten den Wagen.

»Und was ist, wenn ich die Kiste einfach verkaufe?«, fragte Margraf. Seine Worte waren ernst gemeint, aber er musste dabei unentwegt auf den Wagen starren. Trotz des dämmrigen Lichts, das durch die Fenster über dem Tor ins Innere drang, leuchtete der rote Lack.

»Sie sind wohl verrückt geworden. So was verkauft man nicht. Das darf man nicht mal denken. Wissen Sie nicht, was Walter Röhrl auch noch gesagt hat?«

»Nein. Was?«

»Eine Garage ohne Elfer ist ein ödes, leeres Loch. Das hat er gesagt. Also halten Sie sich daran.«

Margraf lachte. Sein unerwarteter Besucher hatte einen Humor, der zu seinem passte.

Einen Moment lang sah Larsen ihm in die Augen, er lächelte, schwieg aber. Und Margraf erwiderte den Blick.

Schließlich räusperte sich Larsen. »Vielleicht ist das jetzt ... Wie soll ich sagen? Vielleicht ist das jetzt zu direkt oder unpassend, aber ... Wollen wir uns nicht duzen? Sie sind zwar der Ältere, aber ... ich würde mich freuen. Sie können natürlich ablehnen. Duzen ist aus Ihrer Sicht wahrscheinlich zu unprofessionell oder so was, aber ...«

Wer Schnaps miteinander trank und einen Elfer zusammen reparieren wollte, der konnte, nein, der musste sich duzen. Ermittlungsverfahren hin oder her.

»Klaus.« Margraf streckte Larsen die Hand entgegen. »Freut mich.«

Larsen schlug ein. »Ja, mich auch. Danke. Ich bin Hans.«

Er legte Margraf eine Hand auf die Schulter und blickte zum

Porsche. »Und den kriegen wir schon noch zum Laufen. So wie alles andere auch.« Seine Stimme war leiser geworden.

»Ja«, bekräftigte Margraf. »Wie alles andere auch.«

12.

Das Bad in Drachenblut

Oktober 1981

Nina zog sich ihren Bademantel über. Der Spiegel war beschlagen vom Duschen. Sie wischte ihn mit dem Handtuch trocken und band es sich dann um die nassen Haare.

Ihr Blick glitt zum alten Wecker auf dem Fensterbrett. Das Schulfest begann um zwanzig Uhr, sie hatte noch anderthalb Stunden. Volker war bestimmt pünktlich. Er war immer pünktlich. Verspätungen empfand er als unhöflich, und im Grunde hatte er damit recht, auch wenn sie selbst ständig die Zeit aus den Augen verlor.

Von der Fensterbank aus, auf einem Foto neben der Uhr, schaute ihr Vater sie an. Mama hatte das Bild nie fortgeräumt oder entsorgt – warum auch immer –, obwohl sie nie von ihm sprach und sonst auch nichts aufbewahrt hatte, was an ihn erinnerte. Die Aufnahme war verblasst und orangestichig. Vater war auf der Fotografie vielleicht Anfang zwanzig. Er stand allein in der Ecke eines Boxrings, hatte die Unterarme auf die Seile gelegt und lächelte freundlich in die Kamera.

Nina griff nach der Körperlotion, öffnete den Deckel und roch daran. Ein süßer, mandelartiger Duft. Volker hatte ihr die Lotion geschenkt. Sie stellte sie zurück ins Regal.

Sie würde es ihm sagen ... nachher. Kurz und schmerzlos. Es half nichts, um den heißen Brei herumzureden. Er hatte ein Recht darauf, die Wahrheit zu erfahren. Er musste es verstehen. Und wenn nicht, wäre es auch egal.

Im Flur klingelte das Telefon. Sie riss die Tür auf, lief hinüber und nahm hastig den Hörer ab. Mama stand in der Küche und schüttelte den Kopf.

»Hallo?«

»Hi, du ...«, sagte Jens. »Ich wollte dir nur sagen, dass ich es nicht mehr abwarten kann, dich zu sehen. Ich freue mich wahnsinnig auf dich.«

Mama, die in der Küche Roger Whittaker hörte, trat in den Flur. »Willst du noch was essen, bevor du gehst? Ich habe Kartoffelsalat gemacht. Und Würstchen. Willst du was?«

»Warte mal kurz«, sagte Nina in den Hörer und drehte sich zu Mama um. »Ich hab keinen Hunger.«

Mama rollte mit den Augen und verschwand wieder in der Küche.

»Ich freue mich auch.« Nina umklammerte den Hörer mit beiden Händen. Jens rief sie an, einfach so. Er war fantastisch.

»Wann bist du da?«, fragte er.

Schminken, anziehen, mit Volker reden, rüber zur Sporthalle gehen ...

»Pünktlich. Ich will doch nicht die Eröffnungsrede von der Mürrmann verpassen.« Sie lachte.

»Und ich will dich küssen«, sagte Jens.

Nina hielt den Hörer kurz an ihre Brust. »Gleich«, flüsterte sie.

Zurück im Bad breitete sie die neuen Schminksachen auf der Spiegelablage aus. Kajal, Wimperntusche, Lippenstift, Make-up, Rouge. Dazu das teure Haarspray und auch den neuen Nagellack in Blaumetallic. Kathi würde Augen machen.

Nina betrachtete sich im Spiegel. Ihre Haut war blass, und die Brauen mussten gezupft werden.

Sie nahm das Make-up, trug es breitflächig im Gesicht auf und verteilte es, so gut es ging, gleichmäßig mit einem kleinen Schwamm. Sie benutzte zum ersten Mal Make-up. Es fühlte sich an wie eine Creme, nur mit dem Unterschied, dass Unebenheiten ausgeglichen wurden und die Haut weich und glatt aussah. Ein bisschen wie eine Maske, hinter der man sich verstecken konnte. Oder wie bei diesem Siegfried in der Nibelungensage, die sie gerade in Deutsch besprachen. Er nahm ein Bad in Drachenblut und wurde dadurch unverletzlich. Nina musste lachen. Sie verglich Make-up mit Drachenblut – was für ein Quatsch. Und doch war etwas dran.

Mit dem Kajalstift zog sie einen breiten Strich unter jedes Auge. Danach kürzte sie mit einer Fingernagelschere ihre Brauen und schminkte die Augenlider hellblau.

Sie trat einen Schritt zurück und betrachtete das Ergebnis. Sie sah aus wie eine erwachsene Frau. Richtig hübsch. Aber es konnte noch mehr sein, sie trug von allem nach. Kathi und Andrea waren auch immer stark geschminkt. Es war Nina egal, was Mama davon hielt. Wichtig war, dass es sich für sie gut anfühlte.

Danach band sie das Handtuch ab und föhnte die Haare. Mit Mamas Frisierstab machte sie sich Locken in die blonde Mähne. Sie fixierte alles mit Haarspray und trug den roten Lippenstift auf.

Der Spiegel zeigte eine Fremde. Wahnsinn, was ein bisschen Farbe bewirken konnte. Nina sah aus wie Kim Wilde.

Zuletzt lackierte sie sich die Nägel, die sie in den vergangenen Wochen extra lang hatte wachsen lassen.

Mama klopfte und öffnete die Badezimmertür. »Wie siehst du denn aus?«

So war sie. Warum konnte sie nicht ein einziges Mal ein Lob aussprechen? Wenigstens ein nettes Wort. Nina fühlte sich gut, sie sah toll aus. Ein freundliches Wort von Mama wäre einfach schön gewesen.

»Schmink dich doch auch mal. Dann würdest du dich vielleicht besser fühlen.« Es war klar, dass sie Mama damit traf. Aber das sollte es auch. Ihre Mutter musste endlich einmal spüren, dass sie Nina ein ums andere Mal verletzte mit ihrer miesepetrigen Art. So furchtbar war das Leben nicht, auch wenn man vom Vater des eigenen Kindes verlassen worden war. Die Welt war bunt und fröhlich und zum Tanzen gemacht. Es war anstrengend, dass Mama ständig Trübsal blies. Es nervte.

Mama sah zu Boden. Mit ihren Hausschuhen schob sie ein Staubknäuel zur Seite. Sie wollte schon wieder gehen, als Nina die Tür ganz öffnete und sie in den Arm nahm. Mama drückte sie einen Moment lang fest an sich, trat dann ins Bad und setzte sich auf den Wannenrand.

»Entschuldige«, sagte sie leise und starrte erneut auf den Boden.

Nina setzte sich neben sie und legte ihr eine Hand auf den Oberschenkel. »Lach doch mal wieder. Lachen tut so gut.«

Sie hob den Blick und sah Nina aus geröteten Augen an. »Ist manchmal nicht so einfach. Aber du siehst toll aus, meine Große. Wirklich. Ich bin so stolz auf dich.«

Ein Schauer überkam Nina. Sie konnte sich nicht erinnern, wann Mama zuletzt etwas so Schönes zu ihr gesagt hatte. Sie küsste ihre Wange.

Es gab zu wenige solcher Momente, Momente der Nähe.

Die Uhr auf der Fensterbank tickte, daneben stand Vaters Bild. Bestimmt sah er heute ganz anders aus, Nina hatte ihn nie richtig kennengelernt. Es war ein blödes Gefühl, einen Vater zu haben und doch keinen zu haben.

Sie nickte in Richtung Foto. »Denkst du oft an ihn?«

Mama rührte sich nicht.

Der Sekundenzeiger auf der Uhr lief weiter.

»Wir hatten eine schöne Zeit damals«, antwortete Mama schließlich und griff nach Ninas Hand. »Jedenfalls empfand ich es so. Aber er … Er brauchte seine Freiheit. Die große Welt. Was weiß ich. Ja, ich denke oft an ihn. Immer noch. Aber das macht's nicht besser.« Sie stand auf. »Du musst dich anziehen. Willst doch nicht zu spät kommen.«

Nina umarmte sie noch einmal, bevor sie beide das Bad verließen.

Es war sicher nicht leicht, von seinem Lebenspartner verlassen zu werden. Nina hatte das zwar noch nicht selbst erlebt, aber sie stellte es sich wie bei Timmy vor. Die Tierärztin hatte ihn vor zwei Jahren einschläfern müssen, nachdem er bei einem Beißkampf mit einem anderen Terrier so schwer verletzt worden war, dass keine Hoffnung mehr bestand. Nina hatte nächtelang wach gelegen und geweint. Bei jedem Blick auf Timmys Körbchen hatte sie ein Ziehen im Magen gespürt und schluchzen müssen.

Nina zog sich ihre weiße Jeans und die blaue Bluse an, dazu die neuen hellen Pumps, mit denen sie ein paar Zentimeter größer war. Die Absätze klackerten auf den Fliesen im Wohnungsflur.

Vorn an der Garderobe schnappte sie sich ihren Mantel und die Handtasche, gab Mama in der Küche noch einen Kuss und ging hinunter. Auf der Treppe blickte sie noch einmal auf ihre Armbanduhr. Andrea musste jeden Augenblick hier sein. So hatte Nina es mit ihr verabredet.

Der weiße BMW stand direkt neben der Hofeinfahrt, die Beifahrertür war bereits geöffnet. Als Nina einstieg, wollte Volker den Motor starten, doch sie hielt ihn davon ab.

»Volker ...« Ihr Herz raste. Es war furchtbar stickig im Auto. »Ich ... Ich werde heute nicht mit dir ins Kino gehen.« Sie verschränkte die Arme vor der Brust.

»Was? Warum nicht? Was ist los?«

Sie schluckte, der Hals war trocken und kratzte. Sie musste das jetzt durchziehen, es musste sein. Sie würde ihm wehtun, wie ihr Vater damals Mama wehgetan hatte. Aber es führte kein Weg daran vorbei. Nina musste ihm reinen Wein einschenken und ihm klarmachen, dass sie nicht so für ihn empfand wie er für sie.

»Es ist aus, Volker. Ich ... Ich kann nicht mit dir zusammen sein. Bitte versteh das. Und bitte sei mir nicht böse.«

Volker lächelte und schüttelte den Kopf. »Ich bin dir nicht böse, Nina. Das kann ich gar nicht. Du bist doch mein kleiner Fratz. Aber du irrst dich. Du bist wahrscheinlich nur durcheinander. Das ist nicht schlimm. Es ist nicht aus zwischen uns, es hat gerade erst begonnen. Wir lieben uns. Wir lieben uns sogar sehr, und das weißt du.«

Sie sah wieder zur Uhr, zehn nach sieben. Wo blieb Andrea?

Die Straßenlampe neben dem Auto flackerte. Die Lichtimpulse waren wie ein unkontrolliertes Muskelzucken. Nina kurbelte das Fenster einen Spalt herunter.

»Nein.« Sie legte die Hände in den Schoß, sie waren eiskalt. »Ich liebe dich nicht, Volker. Ich mag dich, ja. Aber als Freund, nicht mehr. Das reicht nicht für Liebe.«

Er schüttelte abermals den Kopf und ergriff ihre linke Hand. »Du bist noch sehr jung. Du weißt noch nichts von der Liebe.«

Ach, so war das also. Sie hatte keine Ahnung von der Liebe, aber er ... Ausgerechnet er, der vermutlich noch nie eine Freundin gehabt hatte.

Mit Appellen an seine Einsicht kam sie jedenfalls nicht weiter. Sie musste ihm alles erzählen, auch wenn ihn das noch mehr traf.

»Ich ... Ich habe jemanden kennengelernt. Jens. Er ist vor ein paar Wochen in meine Klasse gekommen. Volker ...« Sie entzog ihm ihre Hand. »Ich habe mich in ihn verliebt und er sich in mich.«

Volker atmete tief ein und wieder aus. »Jens«, sagte er. »Ja, ja. Der Lockenkopf aus dem Eiskaffee, richtig?«

Woher wusste er ...?

»Wirklich ein hübscher Kerl. Aber er ist zu jung für dich. Er kann dir niemals geben, was ich dir gebe. Und weißt du noch – das Schützenfest? Die kleinen Jungs haben sich nicht unter Kontrolle. Aber ich ... Ich weiß, was ich will. Vor mir brauchst du keine Angst zu haben. Ich würde nichts tun, was du nicht auch möchtest. Niemals.«

Woher wusste er von Jens? Das war unmöglich. Nina hatte immer darauf geachtet, dass er nicht zugegen war, wenn sie sich mit Jens getroffen hatte.

»Hast du mir hinterherspioniert?«

Er beugte seinen Oberkörper etwas zu ihr. Seine hellblauen Augen waren freundlich wie immer, selbst im kalten Licht der flackernden Straßenlaterne wirkten sie sanft und liebevoll.

»Ich bin immer bei dir. Das habe ich dir doch versprochen. Ich beschütze dich.«

Sie brauchte seinen Schutz nicht. Nicht mehr. Es war gut gewesen, dass er eingegriffen hatte, als Tim verrückt gespielt hatte, und sie war ihm sehr dankbar dafür. Aber Dank allein war kein Fundament für eine Beziehung. Man verzehrte sich nicht nach einem Menschen, nur weil man in seiner Schuld stand.

»Volker, bitte. Es tut mir wirklich leid, aber du musst das akzeptieren.«

Das Lächeln wich aus seinem Blick. Er kniff die Augen zusammen. »Du willst es einfach nicht verstehen.«

»Was ... verstehen?«

»Uns. Du siehst nicht, was wir haben.«

»Volker, es gibt kein Uns. Nicht mehr. Ich meine es ernst.«

»Warum verschließt du dich? Warum hast du Angst, es zuzulassen? Wir sind füreinander bestimmt, du und ich. Und ich weiß, dass du es auch spürst. Ich fühle es.«

Er steigerte sich in Fantasien hinein, die rein gar nichts mit der Realität zu tun hatten. Er war wie verblendet. Ein bisschen wie ein Wahnsinniger.

Er stieg aus, ging ums Auto und lehnte sich an die Motorhaube.

Auch Nina stieg aus. Sie stellte sich vor ihn. Der Abend war herbstlich kühl, sie fror trotz ihres Mantels.

»Bitte, Volker. Wenn du mich wirklich magst, dann akzeptier meine Entscheidung. Und lass uns Freunde bleiben. Einverstanden?«

Er zündete sich eine Zigarette an und starrte zu Boden. »Warum hast du dich so chic gemacht, wenn du nicht mit mir ins Kino willst?«

»Ich gehe auf eine Party.«

»Und da kann ich nicht mit?«

»Volker, bitte. Mach's nicht so schwer.«

»Schwer? Ich?« Er warf die angerauchte Zigarette zu Boden. »Nina, du weißt nicht, was du tust. Du läufst mit geschlossenen Augen ins Unglück.«

Andrea kam die Straße herauf. Gott sei Dank.

Nina verschloss die Knopfleiste ihres Mantels. Volker tat ihr leid, aber sie musste hier weg. Sie hatte alles gesagt, was es zu sagen gab.

»Hi.« Andrea umarmte Nina. Volker nickte sie zu.

Er stellte sich aufrecht vor Nina und schüttelte den Kopf. »Du weißt nicht, was du tust«, wiederholte er und gab ihr einen Kuss auf die Wange. Dann stieg er in seinen Wagen. Die Reifen quietschten, als er wegfuhr.

Nina blickte ihm nach. Am Ende der Straße bog er nach links, die Rücklichter verschwanden.

»Puh«, sagte Andrea. »Das wäre geschafft, was?«

Nina antwortete ihr mit einem leichten Kopfnicken und atmete durch. Gleich würde sie Jens sehen. Er würde sie in seine

Arme schließen. Er würde sie küssen, und sie würde sich fest an ihn pressen und ihn nicht mehr loslassen.

Eigentlich hätte sie vor Freude schreien sollen. Aber sie hatte einen Kloß im Hals, der ihr die Kehle zuschnürte.

13.

Die Traumfrau

November 1981

An seinem Schreibtisch schlug Margraf die Akte auf. Er besah sich noch einmal die Bilder, betrachtete die aufgeschnittene Kehle, die Stichwunden, das verkrustete Blut, die gefundenen zwei Groschen, die Fundstelle im Wald, obwohl er sich alles schon so viele Male angeschaut hatte.

Auf der ersten Seite war die Tatzeit notiert: 4. November 1981, zwischen 19:00 und 22:00 Uhr.

Rund drei Wochen waren bisher vergangen, und noch immer hatte er keine heiße Spur. Der Täter hatte gewütet wie auf einer Schlachtbank. Margraf hatte manche Leiche gesehen in seinem Leben, doch keine war so zugerichtet gewesen wie die von Nina Markowski. Trotz seiner vielen Berufsjahre war es immer wieder erstaunlich, wozu Menschen imstande waren und dass man den meisten die inneren Abgründe nicht ansah. Es kam nicht selten vor, dass der Mörder der nette Mann von nebenan war, immer freundlich und gut gekleidet. Er stieg morgens in seinen Golf, fuhr zur Arbeit, und abends, wenn er zurückkam, gab er Frau und Kindern zur Begrüßung einen Kuss. Zwischendurch hatte er eine junge Frau missbraucht, hatte ihr anschließend ein Messer in den Hals gestoßen, sie ausbluten lassen und wie Abfall im Gebüsch entsorgt. Zuvor war er noch imstande gewesen, die dunkle Seite seiner Seele vor anderen zu verbergen und in Schach zu halten. Aber dann hatte diese Seite eines Tages ganz von ihm Besitz ergriffen und war so dominant geworden, dass er sie nicht mehr zu kontrollieren vermochte. Wie ein wildes

Tier brach sie dann aus. Der innere Trieb verlangte nach äußerer Entfaltung, verlangte nach der realen Welt, und es kam zum Exzess.

Manche verzweifelten im Anschluss daran. Sie realisierten, was sie angerichtet hatten, und konnten mit der Schuld nicht leben. Sie waren leichte Beute für Margraf, bis zu ihrem Geständnis war es meist nur eine Frage der Zeit.

Andere konntes es gar nicht erwarten, ihre Tat zu offenbaren. Überzeugungstäter zählten dazu, jene, die aus einem Zwang heraus handelten und sich dabei im Recht glaubten. Religiöse Fanatiker und politische Extremisten gehörten in diese Kategorie, aber auch die selbsternannten Sittenwächter, die Prostituierte ermordeten, weil die einem verwerflichen Metier nachgingen, oder junge Frauen umbrachten, nur weil sie sich zu freizügig gekleidet hatten.

Wieder andere vergewaltigten ihre Opfer und brachten sie um, weil ein gestörter Geschlechtstrieb sie steuerte. Sie wussten von der Strafbarkeit ihres Tuns, gingen das Risiko jedoch ein, um ihre fehlgesteuerte Lust zu befriedigen. Mitleid mit den Opfern kannten die wenigsten, und lag eine derartig massive Gewalteinwirkung wie bei Nina Markowski vor, kamen eigentlich nur zwei Tätertypen in Frage. Da waren zum einen diejenigen, die sich noch am Tatort festnehmen ließen, weil sie unfähig zur Flucht waren, oder die sich nach ein paar Stunden, Tagen oder Wochen selbst stellten, weil der Druck ihres Gewissens zu stark geworden war. Zum anderen gab es die Hartgesottenen, die scheinbar ohne Moral durchs Leben gingen. Sie wuschen sich das Blut von den Händen, verbrannten die Kleidung, die sie zur Tatzeit getragen hatten, verwischten alle Spuren, so gut sie es vermochten, und nahmen am nächsten Morgen ihr Alltagsleben wieder auf, so als ob nichts gewesen wäre.

In Nina Markowskis Fall hatte Margraf keine Anhaltspunkte,

die einen plausiblen Schluss auf den einen oder anderen Typus zuließen. Denkbar war die Spontantat eines Fremden ebenso wie das geplante Vorgehen eines Mannes aus Ninas Umfeld. Die KTU hatte Reifenspuren am Tatort festgestellt, das Profil von Winterreifen mit einer Breite von hundertfünfundsiebzig Millimetern – üblich für einen durchschnittlichen Mittelklassewagen. Somit ergab sich auch daraus kein Hinweis auf konkrete Verdächtige. Allerdings hatte von der Straten Fasern an Ninas Pullover, an ihrer Hose und der Unterwäsche gefunden. Sie stammten von einem grauen Kunstfell, vielleicht von einem Sitzbezug. Und so etwas hatten nicht so sehr viele Menschen in ihren Autos.

Es war gleich halb vier nachmittags, draußen wurde es bereits dunkel. Margraf hatte Volker März für drei Uhr einbestellt. Sich bei einem solchen Termin zu verspäten konnte darauf hinweisen, dass der Betreffende ein ausgeprägtes Selbstbewusstsein besaß. Wer selbstbewusst war, glaubte womöglich, er könne sich selbst bei einem wichtigen Termin erlauben, unpünktlich zu sein.

Aber März würde sicherlich nicht so dumm sein, dass er einen Kriminalbeamten ewig warten ließ.

Margraf klappte die Akte zu, stand auf und ging in das ehemalige Kopierzimmer. Gut, dass er sich damals bei seinem Dienststellenleiter durchgesetzt und das Zimmer nach den Vorschlägen einer Kriminalpsychologin zu einem Vernehmungsraum umgestaltet hatte. Kein Tageslicht, dunkelgraues Linoleum auf dem Boden, dunkelgraue Wände ohne Bilder. Keine Pflanzen, kein Schrank oder Regal – einfach nichts, was einen Beschuldigten oder Zeugen beim Verhör ablenken konnte. Nur helles Neonlicht, das von der Decke herabstrahlte, und zwei Holzstühle, die sich im Abstand von etwa drei Metern gegenüberstanden. Nicht einmal einen Tisch gab es.

In diesem neun Quadratmeter großen Zimmer hatte Margraf schon zahlreiche Vernehmungen durchgeführt. Die längste hatte vierzehn Stunden gedauert.

Es war wichtig, dass die Stühle keine Armlehnen hatten. Das brachte die Leute dazu, etwas mit den Händen machen zu müssen. Die meisten waren es nicht gewohnt, frei in einem Raum zu sitzen und keine Möglichkeit zu haben, sich mit den Händen irgendwo festzuhalten oder die Unterarme abzustützen. Und die Hände waren ein hervorragender Seismograph für Nervosität. Der Sitzplatz für den zu Verhörenden war außerdem ein Drehstuhl. Sobald jemand anfing, sich darauf hin- und herzudrehen oder gar hektisch damit zu wackeln, konnte Margraf recht gut erkennen, wie sehr sein Gegenüber in Unruhe oder Erregung versetzt worden war.

Die Tür öffnete sich.

»Herr März ist da«, sagte Christa Hagedorn, seine Sekretärin, und trat zur Seite.

Im nächsten Moment stand Volker März im Raum. Groß, ernster Blick. Seine Koteletten, dick und buschig, wirkten wie angeklebt.

Margraf gab ihm zur Begrüßung die Hand. März' Handfläche war ein wenig feucht und kalt.

»Schön, dass Sie Zeit für ein Gespräch gefunden haben. Bitte, nehmen Sie Platz.« Er wies auf den Drehstuhl. März setzte sich, dabei behielt er seinen Lodenmantel an. Margraf ließ sich ihm gegenüber nieder.

Christa Hagedorn schloss die Tür.

März zog eine Zigarettenschachtel aus der Hosentasche, kaum dass er Platz genommen hatte.

»Verzeihung«, sagte Margraf. »Hier ist Rauchen verboten.«
»Verboten?«
»Tut mir leid.«

März steckte die Schachtel zurück und räusperte sich.

»Herr März, wie ich Ihnen schon am Telefon gesagt habe, bin ich als Kriminalhauptkommissar und Leiter der hiesigen Mordkommission für die Aufklärung des Mordfalls Nina Markowski zuständig. Haben Sie vorab dazu irgendwelche Fragen?«

»Nein.«

»Gut. Bevor wir einsteigen, muss ich Sie belehren. Sie sind als Zeuge hier, weil wir uns von Ihnen sachdienliche Hinweise im Zusammenhang mit der Tötung erhoffen. Wenn Sie mit Nina Markowski verwandt oder verschwägert sind, haben Sie ein Zeugnisverweigerungsrecht. Zudem dürfen Sie die Antwort auf solche Fragen verweigern, deren Beantwortung Sie selbst oder einen nahen Angehörigen in die Gefahr bringen könnte, wegen einer Straftat oder einer Ordnungswidrigkeit verfolgt zu werden. Wenn Sie aber zur Sache aussagen, muss Ihre Aussage der Wahrheit entsprechen. Anderenfalls können Sie sich strafbar machen. Haben Sie das verstanden?«

»Ja.«

»Verwandt oder verschwägert?

»Nein.«

»Und, wollen Sie Angaben zur Sache machen?«

»Ja.«

März atmete normal, die Stirn war frei von Schweiß, von Nervosität keine Spur. Seine Hände lagen reglos in seinem Schoß. Er ging offenkundig nicht davon aus, er könnte sich mit seiner Aussage selbst belasten. Oder er gab genau das vor, um nicht gleich zu Beginn verdächtig zu wirken. Margraf kannte beides, bei Zeugen ebenso wie bei Beschuldigten. Nirgends wurde so viel gelogen wie bei der Kommunikation mit Behörden – und am meisten gegenüber der Polizei.

»Sehr schön«, sagte Margraf und holte seinen Notizblock hervor. »Haben Sie gut zu uns gefunden?«

»Ja.«

»Sind Sie mit dem Auto gekommen?«

»Ja.«

»Und, war viel Verkehr?«

»Es ging.«

Smalltalk zum Warmwerden, das gehörte dazu. Den Weg ebnen, Vertrauen schaffen. März saß starr auf seinem Stuhl, die Hände weiterhin in seinem Schoß gefaltet. Gesichtsfarbe: normal. Seine dicke Goldkette, die er um seinen Hals trug, und das Kettchen an seinem Handgelenk glänzten, ebenso die beiden Ringe an den Fingern seiner linken Hand. Er hatte die Koteletten in Form gebracht, die Kanten waren gradlinig rasiert und endeten akkurat am Kieferknochen. März achtete darauf, wie er aussah. Ein gepflegtes Äußeres vermochte Abgründe im Inneren zu verschleiern. Einem Mann mit weißem Hemdkragen traute man keinen Mord zu. Lediglich sein rechter Daumennagel passte nicht ins Bild. Im Gegensatz zu den anderen Fingernägeln war er ungewöhnlich lang.

»Kann ich einen Kaffee haben?« März streckte seinen Rücken durch.

»Nein, tut mir leid. Sie können Wasser haben. Schauen Sie mal, neben Ihrem Stuhl steht eine Flasche.«

März warf einen flüchtigen Blick zu Boden, richtete seinen Oberkörper aber gleich wieder auf.

»Wie geht es Ihnen gerade, Herr März?«

»Geht so. Ich hätte gern Kaffee. Und eine Zigarette.«

»Verstehe. Wie viel rauchen Sie am Tag?«

»Ist das wichtig?«

»Nein, natürlich nicht. Nur interessehalber.«

Erneut räusperte sich März. »Zwei bis drei Schachteln. Kommt drauf an.«

»Worauf?«

»Wie der Tag ist. Was ich mache und so. Am Wochenende sind es meistens drei.«

»Pro Tag?«, hakte Margraf nach.

März nickte.

»Das ist ziemlich ungesund.«

»Kann sein«, sagte März. »Hab ich mir noch keine Gedanken drüber gemacht.«

»Verstehe. Das kenne ich von meinem Vater. Er ist mit Anfang fünfzig gestorben. Lungenkrebs. Nach der Diagnose hat es nur noch ein paar Wochen gedauert, bis er unter der Erde lag.«

März zog die Stirn kraus. »Das tut mir leid. Anfang fünfzig ist zu jung.«

Margraf nickte. »Sie sind einunddreißig, richtig?«

»Gerade geworden.«

»Ach ja, am vierzehnten Oktober. Glückwunsch nachträglich.« Margraf hatte das Geburtsdatum in der Akte gelesen.

»Danke.« März lächelte schwach.

»Ich habe auch im Oktober Geburtstag«, sagte Margraf. »Nur, dass ich acht Jahre älter bin.«

»An welchem Tag haben Sie?«

Das war ein Ansatz. Das Eis taute. Langsam nur, aber es taute.

»Am achtundzwanzigsten«, antwortete Margraf.

»Und, haben Sie gefeiert?«

»Nicht so richtig. Nur ein Abendessen mit ein paar Freunden. Älterwerden ist kein wirklicher Grund für eine Party.«

»Stimmt. Wenn man älter wird, wird alles schwieriger.«

Es war nicht klar, worauf er mit seiner Antwort hinauswollte, ob er überhaupt auf irgendetwas hinauswollte. Entweder war er voll von Gedanken und Empfindungen, die ihm das Älterwerden tatsächlich schwermachten, oder er wiederholte bloß Worthülsen, die für ihn keinen besonderen Sinn ergaben. Bis jetzt jedenfalls erwies er sich als harte Nuss.

»Wie wahr«, sagte Margraf. »Allein eine Frau zu finden – das wird nicht leichter, wenn man ein bestimmtes Alter überschritten hat.«

März blinzelte ein paarmal, Kopf und Körper blieben regungslos. »Die richtige Frau zu finden ist nie leicht. Ein Leben lang nicht.«

»Ja«, sagte Margraf. »So ist es wohl. Mir ist jedenfalls meine Traumfrau noch nicht über den Weg gelaufen. Ihnen?«

März' Blinzeln hörte auf. Dafür kamen seine Hände in Bewegung. Er fuhr sich mit dem rechten Zeigefinger über die Knöchel der linken Hand. Er strich über den Handrücken, die Haut schob sich faltig hoch. Er suchte mit seinem Blick einen Halt im Raum, einen Ankerpunkt, aber da war nichts. Nichts, außer den dunklen Wänden, dem dunklen Boden und Margraf, der jetzt den Blick auffing, während März' Lider sogleich wieder zu flackern begannen, wie eine defekte Glühbirne.

»Wollen Sie nicht mal langsam auf den Punkt kommen?«, fragte er. »Was wollen Sie von mir?«

Margraf stand auf und trat auf sein Gegenüber zu. Auch März wollte aufstehen, aber Margraf drückte seine Schulter vorsichtig nach unten. März blieb auf seinem Stuhl sitzen. Margraf lehnte sich seitlich von ihm an die Wand und verschränkte die Arme vor der Brust. »Seit wann kannten Sie Nina?«

März wischte sich mit der Hand übers Kinn. Die Muskeln seiner Kieferknochen spannten sich an. »Wir haben uns vor etwas mehr als drei Monaten kennengelernt. Anfang August, beim Schützenfest in Hambühren.«

»Bei einem Schützenfest?«

»Ich hatte einen Auftritt mit der Kapelle. Wir haben abends Musik gemacht im Zelt. Nina war auch da. Ein paar Halbstarke am Autoscooter haben sie irgendwann, da war es schon später, belästigt. Ich bin dazwischen, hab sie da rausgeholt.«

»Und dann?« Margraf lehnte weiter an der Wand. Im Raum war es vollkommen still, nur das grelle Deckenlicht schien leise zu flirren.

»Wir haben auf einer Bank gesessen. Nina war ziemlich fertig. Ich hab sie getröstet.«

»Getröstet? Wie sah das denn aus, Ihr Trösten?«

»Wie soll das ausgesehen haben?« März rieb sich mit den flachen Händen über seine Oberschenkel. »Hab sie in den Arm genommen. Hab ihr gut zugeredet. So was.«

»Verstehe. Und Nina? Was hat sie gemacht?«

»Hä?«

»Na ja, wie hat sie reagiert? Hat sie Ihre Umarmung erwidert? Hat sie Ihre Hand gehalten oder sich an Sie geschmiegt? Wie hat sie sich gefühlt?«

»Sie ist ruhiger geworden, hat mit dem Heulen aufgehört. Und ... und ich weiß auch nicht, aber da war gleich so eine Vertrautheit zwischen uns. Ich kann das nicht genauer beschreiben. Das war ... innig. Hat sich gut angefühlt. Für Nina auch. Glaube ich jedenfalls.«

Margraf stieß sich von der Wand ab, rückte seinen Stuhl näher an März heran und setzte sich. Es war kaum noch ein Meter Abstand zwischen ihnen. Der Schein der Neonleuchte fiel auf März herab. Seine Gesichtshaut schimmerte weiß.

Margraf beugte sich zu ihm vor. »Wissen Sie, was?

»Nein. Was denn?«

»Ich könnte jetzt auch einen Kaffee vertragen.«

März sah ihn ohne Regung an.

Margraf stand auf und klopfte an die Tür. Die Tür öffnete sich, er bestellte, wie zuvor mit Christa Hagedorn verabredet, zwei Kaffee bei ihr und bat auch um einen Aschenbecher. Sie reichte ihm alles herein. Er gab März einen Kaffeebecher und stellte den Ascher zwischen ihnen auf dem Fußboden ab. Sie tranken.

Margraf lehnte sich im Stuhl zurück. Er holte die Schachtel Zigaretten, die er heute Mittag am Kiosk gekauft hatte, aus seiner Hosentasche und öffnete sie. Die aufgeklappte Schachtel hielt er März entgegen.

»Ich denke, hier ist Rauchen verboten.«

»Wird mich nicht gleich meinen Job kosten«, erwiderte Margraf.

März nahm eine Zigarette heraus, Margraf gab ihm Feuer. März legte kurz den Kopf in den Nacken, als er mit geschlossenen Augen den Rauch in seine Lungen zog.

»Und wie ist es dann mit Ihnen und Nina weitergegangen? Mögen Sie mir mehr erzählen?« Margraf legte die Schachtel neben den Aschenbecher.

»Da gibt's eigentlich nicht mehr zu erzählen. Wir haben uns ein paarmal getroffen – waren Eis essen, haben Musik bei mir zu Hause gehört, so was in der Art.« Sein Blick suchte wieder Halt, fand ihn aber nicht. Sein Kopf und seine Augen drehten sich in alle Richtungen. Er rauchte hastig dabei, zog schnell am Filter und räusperte sich. Seine Finger waren gelb.

»Waren Sie ein Paar?«

»Hm«, machte März. »Weiß nicht. Sie war immer sehr fröhlich, offen für alles. Sie mochte meine Musik. Als sie bei mir zu Hause war, da habe ich für sie Klarinette gespielt, und sie hat versucht, dazu zu singen. Das war schön. Und wie gesagt ... innig irgendwie.«

Margraf stellte den Kaffeebecher auf den Boden und rückte ein weiteres Stück an März heran. »Haben Sie sie geliebt?«

März drückte die Kippe im Aschenbecher aus und stieß den letzten Rauch in die Luft. »Sie war mein kleiner Fratz. Sie war ... ein Traum. Mein Traum.«

»Also kein Paar.«

März schüttelte den Kopf. »Das wurde nichts.«

»Wurde nichts? Warum nicht?«

»Keine Ahnung. Einer liebt immer mehr.«

»Haben Sie sich denn noch regelmäßig mit ihr getroffen? Ich meine, nach den ersten paar Malen?«

Wieder schüttelte März den Kopf.

»Aber geliebt haben Sie sie, oder?«

»Ja, schon.«

»Wussten Sie denn, dass sie sich in einen anderen verliebt hatte?«

März drehte sich mit der Sitzfläche seines Stuhls etwas nach links, dann nach rechts. »Nee.«

»Wirklich nicht? Ich meine, Sie haben das Mädchen geliebt, sie war Ihre Traumfrau. Und da haben Sie sich einfach so geschlagen gegeben? Wie ist es denn überhaupt zu Ende gegangen?«

»Nina wollte nicht mehr. Wir haben darüber geredet, und dann war Schluss.«

»Und das haben Sie einfach geschluckt? Sie haben sie nicht mehr besucht, sind ihr nicht vielleicht mal heimlich hinterhergefahren, um sie zu beobachten?«

»Nein.«

»Nein? Das müssen Sie mir erklären.«

»Da gibt's nichts zu erklären. Es ist nicht meine Art, an Sachen zu kleben.«

»Sachen? Nina war doch keine Sache?«

»Nein, natürlich nicht. Ich meine die Beziehung zu ihr. Ich bettele nicht. Wenn Schluss ist, ist Schluss. So ist das Leben. Warum soll ich's komplizierter machen. Hätt nur wehgetan.«

Margraf schob sich sacht ein Stück zurück und legte die Hände in den Schoß. Jedes Wort konnte ebenso wahr wie gelogen sein. Der Kerl war schwer zu knacken. »Ich glaube, ich weiß, was Sie meinen«, sagte er.

März' Augenlider blieben ruhig, sein Blick ruhte auf seinen Händen, die er flach auf seine Oberschenkel gelegt hatte.

»Katja ...«, sagte Margraf unvermittelt. »Meine letzte große Liebe hieß Katja. Ist ungefähr drei Jahre her. Wir haben die Sommerferien oben in Travemünde verbracht, in einer winzigen Pension. War wunderschön. Bis wir wieder zu Hause waren.«

»Kriege ich noch eine?« März zeigte zur Zigarettenschachtel auf dem Boden.

Margraf schob sie mit dem Fuß zu ihm.

März bückte sich, nahm eine Zigarette heraus und zündete sie an. »Was ist passiert?«

Die Strafprozessordnung verbot, dass Margraf log. Aber nicht in jeder Hinsicht. Er durfte in einer Vernehmung nur keine erfundenen Behauptungen aufstellen, mit denen er Aussagen anderer Zeugen zum unmittelbaren Tatgeschehen erfand und sie den Einlassungen des Vernommenen entgegenstellte. Erfundene Geschichten einer angeblichen Liebe fielen nicht darunter und waren durchaus ein probates Mittel, um die Sympathie des anderen zu gewinnen.

»Sie hat sich aus heiterem Himmel in einen anderen verliebt, genau wie Ihre Nina. Er war jünger als ich, so alt wie Katja selbst. Und ich war abgeschrieben. Von heute auf morgen.«

März nickte. »Und wie haben Sie reagiert?«

Margraf musste improvisieren. Er dachte an seine gescheiterte Ehe mit Cornelia, die Scheidung lag erst zwei Jahre zurück. »Ähnlich wie Sie«, antwortete er. »Ich hab's zwar noch ein paarmal versucht, half aber nichts. Dann hab ich's aufgegeben. Allerdings ...«

»Allerdings?«

»Ich war schon wütend, ziemlich sogar. In den ersten Tagen nach der Trennung hätte sie nicht vor mir stehen dürfen.«

März beugte sich nach unten und drückte die halb aufgerauchte Zigarette in den Aschenbecher. Er rieb sich die Augen. Das Neonlicht tat seine Wirkung.

Margraf nippte an seinem Kaffee. *Komm schon, März, erzähl mir mehr! Du willst es doch loswerden, das merk ich doch. Trau dich. Lass es laufen. Was genau ist zwischen dir und Nina passiert?*

»Dann wären Sie jetzt wahrscheinlich kein Polizist mehr«, sagte März.

»Ja. Da haben Sie wohl recht. Und wie war's bei Ihnen? Waren Sie nicht auch wütend auf Nina? Gekränkt?«

März strich sich mit den Händen über die Koteletten. »Ich werde nie wütend. Da können Sie alle fragen, die mich kennen. Ich werde schon mal lauter, das ja. Aber ich raste nicht aus. Hab ich noch nie gemacht. Ist nicht meine Art.«

Nicht seine Art also. Wenn Margraf bei allem, was März bisher von sich gegeben hatte, unschlüssig war, ob es stimmte – hier war er sich sicher, dass März log. Allerdings – und auch das gehörte zur Vollständigkeit des Gesamtbildes – war der Kerl strafrechtlich bislang nicht in Erscheinung getreten.

»Wer macht so etwas?«, fragte März leise, als ob er mit sich selbst sprach. »Wer tut so etwas bloß?«

Schauspiel und Verzweiflung lagen dicht beieinander. Das hatte Margraf mit den Jahren gelernt. Die Grenzen waren fließend, es kam auf den Darsteller an. Entweder war März geübt, oder er litt tatsächlich.

»Das will ich herausfinden, Herr März, und genau dazu brauche ich Ihre Hilfe.« Margraf löste seinen Krawattenknoten und öffnete den ersten Hemdknopf.

»Darf ich den ablegen?«, fragte März und deutete auf seinen grünen Lodenmantel.

»Natürlich«, antwortete Margraf.

März stand auf, zog seinen Mantel aus und hängte ihn hinter

sich über die Stuhllehne. Dann setzte er sich wieder, holte ein Stofftaschentuch hervor und wischte sich damit über die Wangen, als ob er Tränen trocknen müsste.

»Was wollen Sie noch wissen?«

»Lassen Sie uns über den Abend des vierten November sprechen.«

»Okay.«

»Wo waren Sie in der Zeit zwischen neunzehn und zweiundzwanzig Uhr?«

»Zu Hause.«

»Kann das jemand bestätigen?«

»Meine Mutter. Wir haben zusammen in die Glotze geguckt. Ich wohne mit meinen Eltern zusammen.«

»Und wo war Ihr Vater?«

»Montage. Der ist in der Woche nie da. Nur am Wochenende.«

»Verstehe. Was gab es denn im Fernsehen?«

»Hm. Moment. Das war ein Mittwoch ... ja, Mittwochabend. Erst kam die Tagesschau und danach ein Western mit John Wayne, meine ich. Aber den Filmtitel weiß ich nicht mehr. Ich bin irgendwann eingeschlafen.«

»*Meinen* Sie, dass er kam? Oder kam er tatsächlich?«

»Warten Sie mal ... Mittwoch ... Ja, John Wayne. Die kommen immer mittwochs. Um Viertel nach acht, aufm Ersten.«

Margraf notierte. Die Angaben waren leicht zu überprüfen, das wusste März natürlich. Er hatte sich auf die Vernehmung vorbereitet, daran bestand kein Zweifel. Doch er war offiziell als Zeuge hier, nicht als Beschuldigter, und Zeugen bereiteten sich in der Regel nicht auf ihre Vernehmung vor. Sie hatten nichts zu verbergen, also mussten sie nicht im Vorhinein angestrengt darüber nachdenken, was sie zur möglichen Tatzeit alles getan haben könnten, und brauchten sich nichts zurechtzulegen.

Sie gingen zumeist unbefangen in die Befragung. Sie brauchten kein vorgefertigtes Gerüst, an dem sie sich von Strebe zu Strebe schwangen. Wer ohne Schuld war – und ohne die Not, etwas zu seinem Vorteil zu drehen oder zu modellieren –, der erzählte aufgeschlossen, manchmal fast euphorisch, denn er leistete womöglich einen wichtigen Beitrag zur Aufklärung eines Verbrechens. Ein argloser Zeuge saß mit übereinandergeschlagenen Beinen hier, lächelnd und geduldig. Ganz anders als einer, der jeden Moment damit rechnen musste, als Täter entdeckt zu werden, der Angst hatte vor dem Strafrichter und damit Angst vor Margraf, der – nicht zu Unrecht – als verlängerter Arm des Richters galt.

März hatte seine Beine nicht übereinandergeschlagen, er lächelte auch nicht. Mal saß er starr da, mal bewegte er kurz die Beine oder Hände, mal blickte er durch den Raum, und bei alledem blieb er höflich. Natürlich genoss er die Situation nicht, in der er sich gerade befand. Niemand tat das. Doch seiner Körperhaltung und seinem Gesichtsausdruck war nicht zu entlocken, ob der sterile, kahle Raum, das grelle Licht oder Margraf selbst ihm Unbehagen bereiteten. Bislang prallten die Fragen und alles Drumherum an ihm ab wie Wassertropfen an einem Lotusblatt.

»Wann haben Sie Nina zuletzt gesehen?«

März hob die Schultern. »Ist 'ne Weile her. Irgendwann Anfang Oktober, glaube ich.«

»Glauben Sie es? Oder wissen Sie es?«

»Also ... Wir waren im *Venezia*, dem Eiscafé hier in Lüneburg. Da sind wir im August auch schon einmal gewesen. So 'n kleiner Laden direkt am Marktplatz. Das war ein Samstag, ja genau. Jetzt fällt's mir wieder ein. Der dritte Oktober war das. Ich war abends zur Sportschau wieder zurück. Da hat Hamburg zu Hause gegen Karlsruhe unentschieden gespielt, drei zu drei. Aber egal, noch sind die Hamburger Tabellenführer.«

»Stimmt«, sagte Margraf, obwohl er keine Ahnung von Fußball hatte. »Wenn die so weiterspielen, werden sie diese Saison vielleicht sogar noch Meister.«

»Wird man sehen, ob's dafür reicht.« März zündete sich eine neue Zigarette an.

»Worüber haben Sie mit Nina an dem Tag gesprochen? Wissen Sie das noch?«

»O ja, und ob ich das noch weiß.« März sah zu Boden und zog die Stirn in Falten.

»Was war es?«

»Ich war ihr zu alt. Das hat sie mir einfach so gesagt. Und dass ich gar nicht ihr Typ wäre und so 'n Zeug. Bumm! Das hat gesessen.«

»Kann ich mir vorstellen. Und dann sind Sie gegangen?«

März aschte ab. »Das musste ich mir nicht länger antun.«

Margraf stand auf, lehnte sich wieder seitlich von März an die Wand und nippte an seinem Kaffee. »Das glaube ich. Plötzlich soll man zum alten Eisen gehören.«

März nickte.

»Wie ein Fußballer«, fuhr Margraf fort. »Eben spielst du noch erste Liga, und im nächsten Moment sagt dir einer, deine Zeit ist um.«

»Ts«, machte März. »Das ist auch so 'ne Scheiße. Da muss ich nur an Seeler denken. Erst Vizeweltmeister, und dann biste Werbefuzzi für Rasierwasser. Zum Kotzen ist das.«

Uwe Seeler – der war sogar Margraf ein Begriff. »Der HSV hat ihm viel zu verdanken.«

»Logisch«, sagte März. »Nur in ihren erlauchten Vorstand, da lassen sie ihn nicht rein. Wirklich zum Kotzen. Aber was soll's? Sind eben Hamburger. Alles Pfeffersäcke. Schweben auf 'ner ganz hohen Wolke.«

Margraf nickte, obwohl er nicht den blassesten Schimmer

von den Interna des HSV hatte. »Wie haben eigentlich die anderen Nordclubs an dem Tag gespielt?«, fragte er.

März richtete seinen Oberkörper auf. »Braunschweig hat zwei zu vier in Frankfurt verloren, und Bremen hat's andersrum gemacht, vier zu zwei gewonnen, und zwar in Stuttgart. Die Fischköppe spielen ganz oben mit. Und das als Zweitligaaufsteiger.«

»Stimmt«, sagte Margraf. »Das ist wirklich beachtlich.«

März hatte an jenem Samstag von der Frau seiner Träume einen Korb bekommen, sie hatte ihn in den Wind geschossen. Das musste an ihm genagt haben. Niemand steckte das so einfach weg. Doch er wollte nach Hause gefahren sein, um in aller Ruhe die Sportschau zu gucken, und sich bis heute – weit mehr als einen Monat später – die Ergebnisse dreier Spiele so gut gemerkt haben, dass er sie wie aus der Pistole geschossen präsentieren konnte. Es gab solche Menschen – Menschen mit einem Gedächtnis für Zahlen. Sie speicherten Spielerergebnisse in ihrem Gehirn ab wie andere das kleine Einmaleins. Aber ob ausgerechnet Volker März zu ihnen gehörte – eine einfache Natur mit Hauptschulabschluss? Naheliegender war, dass er sich in den letzten Tagen sehr genaue Gedanken über den Ablauf der heutigen Vernehmung gemacht hatte.

»Erzählen Sie mir etwas über Ihren Beruf. Sie sind Außendienstmitarbeiter für ein Tabakunternehmen, richtig?«

»Ja, stimmt. Ich fülle im Walsroder Dreieck die Zigarettenautomaten auf, die in den Kneipen und auch die freistehenden.«

»Walsroder Dreieck? Das ist doch ein Autobahnkreuz?«

»Das sage ich immer so. Ist mein Revier. So 'n Dreieck zwischen Nienburg, Rotenburg und Celle. Walsrode liegt ungefähr in der Mitte.«

»Ah, verstehe. Und da sind Sie dann mit einem Lieferwagen voller Zigaretten unterwegs.«

»Genau. Is 'n guter Job. Mach ich gern.«

»Kann ich mir vorstellen. Darf ich fragen, was man da so verdient?«

»Klar. Zweieinhalb im Monat, netto. Ist nicht die Welt, aber mir reicht's. Ich komm da gut mit rum.«

Kein Wunder, wenn man noch bei den Eltern lebte, die einen durchfütterten. Vermutlich musste er nicht mal Miete zahlen.

»Und fahren Sie privat auch noch ein Auto?«

März' Zigarette fiel zu Boden. Er hob sie hastig auf und begann, auf seinem Stuhl zu wippen. »Klar.«

»Und, was fahren Sie?«

»BMW.«

»BMW? Gute Marke. Was für einen?«

»Sechzehnhunderter.« März beugte sich hinab, drückte die Zigarette im Ascher aus und zündete sich sofort eine neue an.

Sollte er nur rauchen. Rauchen machte ihn locker.

»Schönes Auto«, sagte Margraf. »Welches Baujahr?«

»Dreiundsiebzig.«

»Die Vierzylinder-Maschine mit fünfundachtzig PS?«

»Sie haben Ahnung von Autos?«

Autos brachten Männer immer zusammen. Bingo. »Ich habe einen kleinen, störrischen Esel zu Hause in der Garage. Einen Elfer. Das Urmodell.«

März zog die Augenbrauen hoch. »Ich hätte Polizist werden sollen.«

Margraf lachte. »Täuschen Sie sich nicht. Ich habe ihn aus der Asservatenkammer bei einer Versteigerung für kleines Geld erworben. Er hat einem Kerl auf St. Pauli gehört. Aber ich kriege ihn einfach nicht zum Laufen.«

»Porsches sind Divas.«

»Wem sagen Sie das. Aber egal. Irgendwann kommt sein Tag, das spüre ich.«

März griff nach seinem Becher, den er auf dem Boden abgestellt hatte, und trank seinen Kaffee aus, der inzwischen sicher kalt war.

Margraf notierte: »Info an KTU – Abgleich Reifenspuren mit März' BMW.«

»Schön«, sagte er. »Ich denke, dann sind wir erst mal so weit durch. Ich werde jetzt anhand meiner Aufzeichnungen und Erinnerungen das Protokoll anfertigen, und Sie müssen in den nächsten Tagen noch einmal reinkommen, um es zu unterschreiben. Einverstanden?«

»Einverstanden.« März erhob sich von seinem Stuhl und zog seinen Lodenmantel an. Der Mantel passte irgendwie nicht zu ihm, er sah darin aus wie ein Jäger.

»Vielleicht doch noch eine Frage«, sagte Margraf.

März schaute ihn an.

»Haben Sie irgendeine Idee, wer es gewesen sein könnte? Ich meine, Sie kannten Nina, besser als die meisten. Haben Sie irgendeinen Verdacht? Jemand aus dem Chor vielleicht, von einem Sportverein oder ihrer Schule?«

März zuckte mit den Achseln.

Margrafs Blick glitt unwillkürlich über die buschigen Koteletten. Ein antiquierter Typ von Anfang dreißig. Enttäuscht von Nina, von ihrer unbeschwerten Jugendlichkeit. Seine Koteletten zwischen Ninas Schenkeln. Margraf sah Schweiß auf März' Stirn, die an Ninas nacktem Unterleib rieb. Er sah März' Zunge. Und er sah die zerschnittene Kehle, aus der das Blut quoll.

»Wenn ich es wüsste, Herr Margraf, ich würde es Ihnen sagen. Was da passiert ist, das darf nicht ungestraft bleiben.«

Wie recht er hatte. Margraf gab ihm die Hand. Sie war noch immer feucht und kalt.

März ging zur Tür, drehte sich aber noch einmal um. »Darf ich Ihnen auch eine Frage stellen, Herr Margraf?«

»Na klar. Schießen Sie los.«

»Katja«, sagte er.

»Ja, was ist mit ihr?«

»War sie Ihre Traumfrau?«

Die Frage packte Margraf wie eine riesige Hand im Nacken und schüttelte ihn durch. Er sah Cornelias Haar, lang, blond, sah ihre blauen Augen, die weichen Lippen. Sie küssten lange schon einen anderen.

»Ja, vielleicht. Könnte sein. Warum? Warum fragen Sie mich das?«

März öffnete die Tür, sah aber weiter Margraf ins Gesicht. »Sie haben mich als Zeuge geladen, doch in Wirklichkeit glauben Sie, dass ich es war, der Nina ermordet hat. Ist doch so, oder? Aber überlegen Sie mal, ob Sie Ihre Katja umgebracht hätten, nur weil sie Sie verlassen hat. Hätten Sie ihr die Kehle durchgeschnitten und wie ein Wahnsinniger auf sie eingestochen? Auf Ihre Traumfrau? Nein, das hätten Sie nicht.« Er drehte sich um und verließ den Raum.

Die Tür fiel mit einem Knall ins Schloss. Margraf fuhr zusammen. Seine Traumfrau. Kein Haar hätte er Cornelia krümmen können, egal, wie schäbig sie sich bei der Scheidung verhalten hatte.

Er hatte keine Ahnung von Fußball, und er konnte sich keine Ergebnisse merken. Aber ein Ergebnis würde hängen bleiben. Das von heute.

Es stand eins zu null für März.

14.
Teeservice mit Goldrand

November 2022

Viertel nach zehn. März bleibt hartnäckig. Anne öffnet die linke Handschelle und zeigt ihm mit der Pistole, wohin er sich bewegen soll. Er steht vom Barhocker auf und geht voraus in Richtung Kühlraum. Pinkeln kann er hinterm Haus, in den zwei Minuten wird schon keiner kommen.

Im Kühlraum leuchtet sie mit der Taschenlampe die Treppe hinunter in den Keller. Die dicke Stahltür zur Gaststube hinter ihr steht einen Spalt breit offen. »Nun mach schon«, befiehlt sie ihm und will ihm gerade einen kleinen Stups geben, als ein Klopfen und die Stimme eines Mannes von draußen zu hören sind.

Anne schiebt März an die Wand und drückt den Pistolenlauf gegen seine Wange. »Halt bloß die Fresse«, sagt sie leise.

März stöhnt. Er greift ungelenk nach ihrer Waffe. Anne lässt die Taschenlampe fallen, die sie in der anderen Hand gehalten hat, und dreht ihm den Arm auf den Rücken. Er wehrt sich nicht mehr. Die Lampe ist die Kellertreppe runtergefallen. Sie leuchtet zwar noch, aber hier oben ist es jetzt duster. Anne packt die Handschelle, die an seinem rechten Arm herabbaumelt, zieht sie zusammen mit der Kette hinter die nächste Baustütze und presst den stählernen Ring um sein linkes Gelenk. März ist – mit Händen und Armen auf dem Rücken – ans Metallrohr gefesselt.

»Hil...«, beginnt er zu rufen, doch sie drückt ihm mit der freien Hand den Mund zu, während sie die Dienstwaffe wieder unter ihre Jacke steckt.

»Hallo?«, hört sie jemanden rufen und vernimmt ein Klappern. Der Mann draußen scheint gegen eine der heruntergelassenen Holzjalousien zu schlagen. Offenbar hat er nicht die Absicht, einfach zu verschwinden.

»Moment«, ruft Anne.

Sie lässt März los, obgleich er sofort um Hilfe zu schreien beginnt, und läuft in die Gaststube. Aus ihrem Rucksack holt sie das Panzerband, reißt einen Streifen ab, rennt zurück und klebt ihn März auf den Mund. Sie verlässt den Raum, drückt die Metalltür zu und eilt zu einem der Fenster in der Gaststube.

Jetzt nur nicht nervös werden.

Sie öffnet das Fenster und zieht die Jalousie nach oben. »Moment«, sagt sie noch einmal.

Draußen auf dem mit Kies ausgelegten Hof steht ein Mann, er hält einen Dackel an der Leine.

»Anne?«, fragt er. »Das glaube ich ja nicht. Bist du es wirklich? Was machst du denn hier?«

Wer zum Teufel ist der Kerl? Klein, Haarkranz, dicke Daunenjacke.

»Entschuldigung. Kennen wir uns?«

»Aber ja«, antwortet er. »Erkennst du mich nicht? Na, ist ja auch ein Weilchen her. Ich bin es, Jobst. Jobst Benrath. Das ist ja was.«

Jobst Benrath. Du großer Gott. Der hat ihr gerade noch gefehlt. Und da soll noch mal einer sagen, es gäbe keine Zufälle. Sie hat ihn seit ungefähr einem Jahrhundert nicht mehr gesehen.

»Herr Benrath«, sagt sie. »Das ist ja nicht zu fassen. Ich habe Sie wirklich nicht erkannt. Entschuldigen Sie bitte.«

Jobst Benrath hat Mutter oft besucht, selbst dann noch, als sie schon längst in Bensersiel wohnten. Er kam manchmal an den Wochenenden und brachte Kuchen oder Wein mit. Mutter hat immer abgestritten, dass sie was mit ihm hatte.

»Ich habe Rauch im Schornstein gesehen. Da dachte ich, ich schaue mal nach. Darf ich reinkommen?«

Von hinten kommen Geräusche. März versucht offensichtlich, sich bemerkbar zu machen. Es klingt, als reibe er unentwegt mit der Metallkette der Handschellen an der Baustütze. Die Geräusche sind relativ leise, Benrath kann sie draußen wahrscheinlich nicht hören. Nur wenn er hereinkommt ...

»Ich muss gleich zum Dienst«, sagt sie. »Sie bleiben besser draußen. Ich habe Sorge, dass Sie sich hier drinnen verletzen. Wollte nur was nachschauen.«

Es hat zu schneien begonnen, der Hof sieht wie gepudert aus. Auf der Straße rauscht ein Auto vorbei. Der Dackel zieht an der Leine und bellt.

»Anton, ruhig«, herrscht Benrath ihn an. Das Tier verstummt. Er dreht sich wieder Anne zu. »Was machst du denn da drin?«

Auf Smalltalk ist sie nicht eingestellt. Auf eine solche Frage schon gar nicht. Sie muss wieder niesen. Zweimal, dreimal. Das wird hoffentlich keine Erkältung, die kann sie jetzt am allerwenigsten gebrauchen.

»Mutter vermisst ein Teeservice mit Goldrand. Sie hatte die verrückte Idee, es könnte hier noch irgendwo sein.«

Nach vierzig Jahren. Ein Teeservice. Hier in dieser Ruine. Was für ein bescheuerter Einfall. Anne ist wegen Thomas darauf gekommen, weil er immer so ein Geschiss um diese albernen Tassen macht, die er von seiner Großmutter geerbt hat. Gott sei Dank hat sich Anne von ihm getrennt.

Wie dem auch sei ... diesen Benrath muss sie loswerden. Aber wenn sie unhöflich oder zu kurz angebunden ist, wird er erst recht Verdacht schöpfen.

»Nach vierzig Jahren?«, sagt er und lacht. »Das passt zu deiner Mutter. Wie geht's ihr denn? Hört sie immer noch so gerne Schubert?«

Bis heute ist Mutters Schrank voll von CDs damit. Wenn sie eine Liebe hat, dann ist es diese.

»O ja«, sagt Anne. »Das wird sie wohl bis an ihr Lebensende tun. Und Sie? Was machen Sie so? Vielleicht besuchen Sie sie ja mal wieder in Bensersiel.«

Das Kratzen an der Baustütze hat aufgehört.

»Ja, das ist eine gute Idee«, sagt Benrath und zieht an der Leine, obwohl der Dackel ruhig neben ihm sitzt.

Ein dumpfer Schlag ist von hinten zu hören. März hat offenbar einen Gegenstand zu fassen bekommen, mit dem er gegen die dicke Stahltür hämmert. Aber wie schafft er das, mit den Händen auf dem Rücken? Anne dreht sich um.

»Ist wirklich alles in Ordnung?«, fragt Benrath.

Das Hämmern wird lauter.

»Ja«, sagt Anne bewusst leiser als zuvor. »Alles in Ordnung.«

Benrath runzelt die Stirn. »Was hast du gesagt?«

Okay, das Hämmern hört er nicht. Er ist ein alter Mann. Seine Ohren sind nicht mehr die besten.

»Alles in Ordnung«, wiederholt sie laut. »Ich muss dann jetzt mal weitermachen.« Sie richtet ihren Oberkörper auf.

»Ja, ja«, sagt er.

In diesem Moment zerbersten hinten im Haus Flaschen oder irgendwelches Glas, und dann ist ein heftiges Krachen zu hören.

»Was war das?«, fragt er.

März wird an die aufgestapelten Kisten mit den leeren Weinflaschen gekommen sein – wie auch immer er das geschafft hat –, vermutlich mit dem Fuß. Ein wackeliger Turm, bei dem ein kräftiger Tritt genügt hat, um ihn einstürzen zu lassen. Der Kerl weiß sich zu helfen. Trotz seiner zweiundsiebzig Jahre weiß er sich verdammt noch mal zu helfen.

»Waschbären«, antwortet sie hastig. »Das Haus ist ein Paradies für die Viecher.«

Benrath sieht zu seinem Dackel hinab, der noch immer still neben ihm sitzt. »Oh, Waschbären«, sagt er und schaut wieder zu Anne. »Bei denen musst du vorsichtig sein. Mich hat mal einer gebissen, auf dem Dachboden. Die sind unberechenbar.«

Ein paar Windböen streichen durch die blattlosen Pappeln, die an der Straße stehen.

»Alles klar«, sagt sie. »Ich pass schon auf. Dann machen Sie's mal gut.«

»So ist das alles, ja, ja.« Er hebt die Hand zum Gruß, setzt sich in Bewegung, dreht sich aber sogleich noch einmal um. »Ist das Klavier noch da?«

Sie blickt zur Ecke. Das Klavier steht noch immer da wie vor vierzig Jahren. Eine dicke Staubschicht hat sich auf das Holz gelegt. Die Klappe über der Tastatur ist geschlossen, milchige Biergläser stehen darauf. Ein Steinway. Großvater hat manchmal daran gesessen, mit Anne auf seinem Schoß. Dass er Schubert gespielt hat, hat sie erst Jahre später von Mutter erfahren.

»Ja«, antwortet sie. »Aber ich weiß nicht, ob es noch funktioniert.«

»Das ist von uns allen gewesen«, sagt Benrath. »Das haben wir ihr geschenkt. Als sie die Kneipe aufgemacht hat. Ja. Das war 19... Ja, 1975 war das. Genau. An ihrem dreißigsten Geburtstag war das. Wir haben alle zusammengeschmissen ... Sie wollte so gern ein Klavier haben in ihrer Gaststätte. Wie in einem Western-Saloon, hat sie gesagt. Ist ein gutes Klavier.« Er starrt Anne an.

März hat auch mal daran gesessen. Damals. Sie hat das Bild noch vor Augen. Er tat so, als könne er spielen. Aber es kam nur Schrott raus.

»Wenn Sie wollen, können Sie es haben. Mutter braucht es sicher nicht mehr.«

Benrath winkt ab. »Nee, nee, das lass man. Gichtfinger und Klaviere passen nicht zusammen. Grüß Edith von mir. Und sei vorsichtig in dieser Bruchbude. Wird morgen abgerissen. Morgen fangen die an, ja. Verrückte Welt.«

»Ich pass schon auf mich auf«, sagt Anne.

Benrath nickt und geht, Sein Rücken ist ganz krumm. Der Dackel hat es eilig und zieht sein Herrchen an der Leine mit sich.

Anne schließt das Fenster, lässt die Jalousie herab und muss wieder niesen. Die Nase ist dicht, hinter den Augen sticht ein Schmerz. Aus ihrem Rucksack holt sie Nasenspray und ein Tütchen Aspiringranulat. Sie hat an alles gedacht, nur nicht an den Rauch, an den gottverdammten Rauch, der natürlich aus dem Schornstein steigt. Woraus sollte er auch sonst steigen? Sie hat einfach Feuer gemacht. Wegen der Kälte. Das hätte in die Hose gehen können. Kann es noch immer. Einer weiß jetzt, dass sie hier ist. Jobst Benrath. Die Zeit wird knapp.

Sie sprüht sich Nasenspray in die Nase und schluckt das Aspirin.

Das Feuer im Ofen glimmt nur noch. Ihr ist heiß und kalt zugleich. An ihren Schläfen pulsieren die Adern, der Hals kratzt.

Jobst Benrath. Er dürfte in Mutters Alter sein. Einmal war er oben in der Wohnung über der Kneipe. Er saß mit ihr in der guten Stube, während der Fernseher lief. Er war ein netter Kerl. Mutter hat nie schlecht von ihm gesprochen.

Auf dem Tresen brennen die drei Petroleumleuchten. Die Dochte sind kürzer geworden. Anne dreht einen nach dem anderen höher, im Raum wird es heller. Eine Lampe nimmt sie mit und geht nach hinten.

März liegt im Kühlraum am Boden, bedeckt mit Bauschutt und grünen Glasscherben. Die Baustütze liegt neben ihm. Ein Teil der Decke hat sich gelöst und ist auf ihn niedergestürzt.

»Hey, sind Sie okay?« Sie beugt sich zu ihm hinab. Er liegt auf dem Bauch, Hinterkopf und Rücken sind voller Sand und Staub.

Sie schließt die Handschellen auf, packt ihn an den Schultern und dreht ihn um. Er ist bewusstlos.

Verdammt, er hat richtig was abbekommen. Anne, du hast sie doch nicht mehr alle.

Das Gesicht ist blutüberströmt, an der Stirn klafft eine Platzwunde.

Behutsam zieht Anne das Panzerband von seinem Mund.

Sie rüttelt vorsichtig an seinem Oberkörper. »Herr März, hören Sie mich? Hey, kommen Sie zu sich.«

Er regt sich nicht, aber er atmet. Immerhin. Sacht betupft sie mit einem Taschentuch seine Stirn. Das muss desinfiziert, vielleicht sogar genäht werden. Verdammt, worauf hat sie sich hier bloß eingelassen? So bescheuert kann man doch überhaupt nicht sein. Sie entführt einen zweiundsiebzigjährigen Greis, um ihm ein Geständnis abzupressen. Und als ob das nicht schon dämlich genug wäre, liegt der Kerl jetzt auch noch verletzt auf dem Boden, gibt keinen Ton von sich und blutet vor sich hin.

Reiß dich zusammen, Anne Paulsen! Und denk nach! Die Grenzen sind sowieso längst überschritten, es gibt kein Zurück mehr. Also was jetzt?

Sie steht auf, läuft die Kellertreppe hinunter und hebt die Taschenlampe auf. Das Frontglas ist gebrochen, aber sie funktioniert noch. Anne stößt die Bodenluke auf, geht zu ihrem Wagen und öffnet den Kofferraum. Der Verbandskasten liegt neben dem Reserverad. Sie nimmt ihn an sich und rennt zurück.

März ist zu sich gekommen. Er stöhnt und bewegt schwach den Kopf. Sie sieht zum Loch in der Decke über ihm. Der Boden des Badezimmers aus dem ersten Stock ist herabgestürzt. Als Kind hat sie jeden Samstag in der Badewanne gesessen, deren Längsseite sie jetzt von unten sehen kann. Die hellblauen Kacheln. Einige von ihnen haben sich gelöst und sind mit in die Tiefe gestürzt. Scherben davon liegen um März herum verteilt.

»Können Sie aufstehen?«, fragt sie.

»Ich versuch's«, krächzt er, greift nach ihren Armen und kommt mit Annes Hilfe langsam hoch.

Er steht, aber er ist wackelig auf den Beinen. Sie legt seinen linken Arm über ihre Schultern und bringt ihn rüber in die Gaststube. Blut tropft von seiner Stirn auf den Boden. Sie setzt ihn auf einen der Barhocker, holt den Verbandskasten aus dem Kühlraum und nimmt ein Tuch heraus, mit dem sie noch einmal seine Stirn betupft. Sie gibt Desinfektionsspray auf die Wunde und wischt, so gut es geht, das Blut von seiner Haut.

»Drücken Sie da drauf«, sagt sie, greift nach seinem linken Zeigefinger und legt ihn sacht auf die Stelle, an der das Blut aus der Stirn tritt.

»Reife Leistung«, sagt er mit schwacher Stimme. »Ganz reife Leistung, Frau Kommissarin.«

»Ich habe nicht an der scheiß Baustütze rumgerissen. Sie mussten ja unbedingt den Terminator spielen.«

Sie legt ihm eine Kompresse auf die Stirn und wickelt eine Mullbinde um seinen Kopf. Blut und Staub kleben in seinen buschigen Koteletten.

Er verzieht das Gesicht, als sie die Mullbinde mit einem Pflaster fixiert.

»Geben Sie's zu«, sagt er mit einem schwachen Grinsen und halb geschlossenen Augen. »Das gehört alles zu ihrem Plan.«

»Idiot.« Sie reibt sich mit dem Desinfektionsmittel und einem Tuch das Blut von den Händen. »Und, müssen Sie immer noch pinkeln?«

Er greift nach der Marlboro-Schachtel, die neben ihm auf der Theke liegt, und zündet sich eine Zigarette an.

»Ich musste überhaupt nicht«, erwidert er und pustet Anne den Rauch ins Gesicht.

15.

Wir geben Ihrer Zukunft ein Zuhause

Januar 1982

10:36 Uhr.

Margraf drückte auf den Klingelknopf. Im Innern des Hauses erklang ein Läuten, sonst war nichts zu hören. In der Siedlung war es neblig und düster, auch wenn aus vielen Fenstern – wahrscheinlich Küchenfenstern – Licht nach draußen fiel.

Ein Haus glich dem anderen. Graue Bauklötze mit Satteldach und Garagenhof. Eine Genossenschaft hatte sie in den Fünfzigerjahren errichtet. Jedes Gebäude hatte sechs Wohnungen, verteilt auf drei Etagen. Dahinter eine Rasenfläche mit Wäschespinne und davor auf fein säuberlich abgemessenen Einstellplätzen VW-Käfer und Ford Escorts. Alles in allem quadratisch, praktisch, gut. Arbeiterfamilienglück.

Auf dem Waschbeton vor dem Eingang lag frischer Schnee, Wind wirbelte ihn auf. Die beiden Kollegen, die Margraf mitgenommen hatte, verschlossen ihre Sicherheitswesten. In der kalten Morgenluft sah man ihren Atem.

Links war ein Klacken zu hören. Ein Fenster öffnete sich, Inge März steckte ihren Kopf heraus.

»Ja?«, fragte sie.

»Guten Morgen, Frau März. Erinnern Sie sich an mich? Hauptkommissar Margraf. Ich hätte noch ein paar Fragen. Darf ich reinkommen?«

Die Sonderkommission *Gold* hatte Volker März in den vergangenen Tagen rund um die Uhr observiert. Heute hatte er Urlaub. Ein guter Zeitpunkt.

»Was wollen Sie denn noch?«

»Das sollten wir vielleicht nicht auf offener Straße besprechen«, sagte Margraf. »Es ist wichtig.«

»Moment.« Sie verschwand.

Das Türschloss surrte. Margraf und die beiden Kollegen traten in den Hausflur.

Sieben Stufen, erste Tür links. März wohnte mit seinen Eltern im Hochparterre. Drei Zimmer, Küche, Bad, Nordbalkon und ein Verschlag im Keller. Stand inzwischen alles in der Akte. Siebenundsechzig Quadratmeter für drei Erwachsene – alles andere als großzügig. Der Vater arbeitete für ein Fertighausunternehmen auf Montage und war selten da. Inge März verdiente mit Putzjobs etwas dazu.

Acht Wochen hatte die KTU gebraucht. Acht ganze Wochen, um ein paar banale Reifenspuren am Tatort auszuwerten. Mitte November hatte Margraf die Sache runter ins Labor gegeben, und heute fehlte nicht mehr viel, und der Januar war rum. Doch das Ergebnis hatte sich gelohnt. Das Achsmaß, das die Techniker festgestellt hatten, passte exakt zum Fahrzeugtyp, den auch Volker März fuhr: einem sechzehnhunderter BMW.

Inzwischen war die Mordsache Nina Markowski aus der Tagesberichterstattung verschwunden. März schien keinen Verdacht zu schöpfen, dass schon seit einiger Zeit gegen ihn ermittelt wurde. Er war in den letzten Wochen wie gewohnt seiner Arbeit nachgegangen, hatte sein übliches Feierabendbier in seiner Stammkneipe am Markt hier in Fleesund getrunken, hatte auch einen Auftritt mit seiner Kapelle anlässlich des sechzigsten Geburtstags des Bürgermeisters Schlawatzky wahrgenommen und war ansonsten unauffällig geblieben. Er fühlte sich offenbar sicher. Ninas Tod verblasste mit jedem Tag ein wenig mehr für ihn.

Aus der Innentasche seines Mantels holte Margraf den Beschluss des Amtsgerichts. Die beiden Kollegen öffneten die Schnallen ihrer Holster und entsicherten die Waffen.

Die Wohnungstür öffnete sich. Inge März trug einen Hausanzug aus rotem Nickistoff.

»Danke, Frau März. Danke, dass Sie uns noch einmal empfangen.« Er gab ihr die Hand. Freundlichkeit war wichtig, auch Menschen gegenüber, um die man im Privatleben eher einen Bogen gemacht hätte.

»Wenn ich helfen kann«, sagte sie. Ihr dauergewelltes Haar hing strohig bis zu den Schultern herab. Sie war einen Kopf kleiner als Margraf. Ihre Füße steckten in grauen Filzlatschen.

»Darf ich reinkommen?« Margraf deutete mit der Hand in den Wohnungsflur.

Inge März trat einen Schritt zur Seite. »Und wer sind die?« Sie zeigte auf die beiden Beamten.

»Das sind meine Kollegen. Sie sind …«

Die Tür der gegenüberliegenden Wohnung öffnete sich. Ein Mann mit dicklichem Gesicht streckte seinen Kopf heraus und starrte Margraf an.

»Moin, Inge. Gibt's Probleme?«

»Moin, Herbert. Nee, nee, lass man.«

Er musterte Margraf und die beiden Kollegen. »Na ja, weißt ja, wo ich bin«, sagte er.

Margraf beugte sich zu Inge März hinab. »Glauben Sie mir, es ist wirklich besser, wenn wir reingehen.«

Sie nickte und ging voraus. Margraf und die beiden Kollegen folgten ihr.

Gleich rechts stand die Tür zu einem Gäste-WC offen. In einem kleinen Waschbecken lagen tote Forellen, es roch unangenehm nach Fisch, ein wenig moderig.

In der Küche überlagerten Zigarettenqualm, Bratfett und menschliche Ausdünstungen den Fischgeruch. Und Kaffeeduft.

Die braun-bläuliche Suppe – sie roch säuerlich und bitter, fast ein wenig beißend – befand sich in einer Glaskanne, die auf der Warmhalteplatte einer Kaffeemaschine stand.

Ein Wellensittich sprang in seinem Bauer von Stange zu Stange. In der Spüle standen ein paar leere Teller, auf denen Speisereste klebten. Ansonsten war die Küche aufgeräumt. Über der Spüle hingen Schränke aus den Fünfzigerjahren, das Holz beige lackiert und in der Mitte mit Glasscheiben versehen, die mit kleinen Stoffgardinen verhangen waren. Der Raum war so winzig, dass die vier Personen stehend kaum Platz darin fanden.

Inge März setzte sich auf die Eckbank unterm Fenster und zündete sich eine Zigarette an. »Wollen Sie 'nen Kaffee?«

»Nein, danke. Ich trinke keinen Kaffee.« Margraf lehnte sich an die Spüle, während die beiden Kollegen in den Wohnungsflur zurücktraten.

»Ist Ihr Sohn zu Hause?«

Sie starrte auf die Tischplatte. »Hinterm Haus, aufm Wäscheplatz. Macht die Aale.«

»Aale?«, fragte Margraf.

Der Wellensittich hatte sein Hüpfen eingestellt. Er saß still auf einer der Holzstangen und sah Inge März an, die ihm den Rauch ihrer Zigarette entgegenblies. Dem Vogel schien der Qualm nichts auszumachen, er hatte sich offenbar mit der Rolle des passiven Kettenrauchers abgefunden.

»Er war heute Nacht los. Haben wohl gut gebissen. Er ist erst seit 'ner Stunde zu Hause.«

»Ihr Sohn angelt?«

Sie nickte.

»Daher die Forellen vorn im Bad«, sagte Margraf.

»Die hat er heute in der Früh auch noch rausgeholt. Und immer diese widerlichen Aale. Wie Schlangen sind die. Furchtbar. Aber schmecken tun se, die Biester.«

Angler brauchten Messer. Scharfe Messer. Aber wohl eher keine mit einer fünfundzwanzig Zentimeter langen Klinge.

Margraf trat einen Schritt vor. Er beugte sich über den Küchentisch, öffnete das Fenster einen Spalt und setzte sich neben Inge März auf einen Stuhl. Er stützte sich mit den Ellbogen auf der Tischplatte ab. »Frau März«, sagte er leise. »Ich glaube, Sie haben mir beim letzten Mal nicht die Wahrheit gesagt. Kann das sein?«

Sie schüttelte den Kopf, wobei das Schütteln mehr einem Zittern glich, und sah dabei auf ihre Finger und die Zigarette, die sie hielt. »Ich hab Ihnen alles gesagt, was ich weiß. Mein Sohn war an dem Abend die ganze Zeit hier. Wir haben zusammen inne Glotze geguckt.« Sie drückte hastig die Kippe im Ascher vor sich aus, griff mit beiden Händen zum Kaffeebecher und führte ihn zum Mund. Der Vogel starrte sie noch immer regungslos an, gerade so, als würde er auf die nächste Qualmwolke warten.

Für viele Menschen galt, dass ihnen eine Lüge körperliche und geistige Höchstleistungen abverlangte. Wurde ein solcher Lügner von einem Kriminalbeamten intensiv befragt, um nicht zu sagen »in die Mangel genommen«, befand er sich in einer Zwangslage. Vor seinem geistigen Auge sah er eine Situation, die er um jeden Preis vor seinem Gegenüber verbergen musste, um sich selbst oder einen anderen zu schützen. Das Abweichen des inneren Bildes von der verbalisierten Darstellung der Sachlage brachte die kognitive Steuerung gehörig durcheinander. Um dieses Chaos zwischen Unwahrheit und Wirklichkeit zu ordnen, um es zu steuern, reagierte der Körper mit Stress. Unkontrollierte Bewegungen waren die Folge, fliehende Blicke oder ein rasender Puls.

Inge März log, anders waren die Schweißperlen auf ihrer Stirn und ihre fahrigen Handbewegungen nicht zu erklären. Sie fühlte sich unwohl. Margraf brauchte einen Hebel, mit dem er dieses Unwohlsein nutzen konnte, um ihr Lügengebäude zum Einsturz zu bringen. Nichts bot sich in einer solchen Situation besser an, als die befragte Person reden zu lassen, sie wiederholt zu ein und denselben Sachverhalten aussagen zu lassen. Wer viel sprach, wer immer und immer wieder dieselbe Situation schildern sollte, der musste sich jede Menge merken, um sich nicht in Widersprüche zu verstricken. Das brauchte ein hohes Maß an intellektuellen Fähigkeiten und Schauspieltalent. Inge März machte nicht den Eindruck, als verfügte sie auch nur über eines dieser Attribute.

»Schildern Sie bitte den Ablauf des besagten Abends noch einmal ganz von vorn und in aller Ruhe. Denken Sie genau nach, und versuchen Sie, sich an jedes Detail zu erinnern. Niemand möchte Ihnen etwas Böses, Frau März, ich als Allerletzter. Aber wenn herauskommen sollte, dass Sie uns in einem Mordfall die Unwahrheit gesagt haben, dann kommen Sie in Teufels Küche. Dafür können Sie sogar ins Gefängnis gehen.«

Inge März kaute an ihren Fingernägeln. Der Wellensittich saß wie sediert auf seiner Stange. Unvermittelt holte sie aus und schlug mit der flachen Hand auf den Käfig. Das Tier flatterte wie wild mit den Flügeln und schimpfte und sprang umher. Bis es sich auf den Boden des Käfigs hockte und Körnchen aus einem Napf fraß.

»Ich sag nichts mehr. Ihr dreht einem ja doch das Wort im Mund um. Volker ist hier gewesen. Punkt. Er ist von der Arbeit gekommen, hat geduscht, und dann haben wir inner Stube gesessen. So war's. So und nicht anders. Ende der Durchsage. Hab ich Ihnen alles schon erzählt.« Sie zündete sich eine neue Zigarette an und wischte sich mit dem Ärmel ihres Nickioberteils über die Stirn.

Eine Mutter, die für ihren Sohn alles tat, selbst wenn sie sich dadurch strafbar machte. Im Grunde war ihr das nicht übelzunehmen. Jeder, der eine Mutter wie sie hatte, konnte froh und dankbar dafür sein.

»Stimmt«, sagte Margraf. »Das haben Sie mir alles schon erzählt. Ihr Sohn ist nach Hause gekommen, hat geduscht, und dann haben Sie zusammen diesen Western geguckt. *Weites Land* mit Gregory Peck.«

»Richtig«, bekräftigte sie und nickte heftig. »So war's.«

Volker März hatte im letzten November ausgesagt, er habe sich mit seiner Mutter einen Western mit John Wayne angesehen, und Inge März hatte dies in ihrer eigenen Zeugenvernehmung tags darauf bestätigt.

»War es vielleicht ein anderer Film oder eine andere Sendung?«, fragte Margraf.

»Nein«, erwiderte sie mit fester Stimme. »Das war der. Der mit dem Peck.«

»Verstehe. Mögen Sie Gregory Peck?«

»Na klar. Was denken Sie denn? Den mag doch jeder. Das is' n Guter.«

Sie hatte recht, Peck war ohne Zweifel ein Guter – aber nicht der, an den sie sich beim letzten Mal erinnert hatte.

Margraf lehnte sich zurück und legte die Hände in den Schoß. »Na gut. Dann lassen Sie uns noch mal über das Auto Ihres Sohnes sprechen. Sie haben beim letzten Mal gesagt, der Wagen sei ihm heilig. Wir waren dann da nicht weiter eingestiegen. Wie meinten Sie das – heilig?«

»Wie soll ich das gemeint haben? Das Auto darf außer ihm keiner anfassen. Jeden Samstag steht er auf dem Hof und poliert es wie ein Verrückter. Dann muss es ausgesaugt werden, die Fenster müssen geputzt werden. Alles mit meinen guten Geschirrhandtüchern. Furchtbar.«

»Furchtbar? Warum?«

»Na, hören Sie mal. Das ist doch nicht normal. Der soll sich lieber mal 'ne Freundin suchen.«

»Lässt er Sie denn mal damit fahren? Zum Einkaufen oder so?«

Sie hustete. »Wo denken Sie hin? Nee, nee. Da lässt er keinen ran. Nicht mal seinen Vater. Niemanden.«

»Auch keine Freunde oder Kollegen oder Leute aus der Kapelle?«

»Freunde? Was für Freunde? Nein, keinen. Das gottverdammte Ding hat er sich vom Mund abgespart. Und Miete für die Garage zahlt er auch noch.« Sie schüttelte den Kopf, drehte sich um und schloss das Fenster. »Ich heize nicht für draußen.«

»Oh, Entschuldigung«, sagte Margraf. »Daran habe ich nicht gedacht.« Er hob kurz die Hand, nahm sie aber gleich darauf wieder herunter. »Lassen Sie uns noch mal auf Freundinnen zurückkommen. Sie haben mir beim letzten Mal gesagt, Nina Markowski sei nie hier in der Wohnung gewesen. Ist das richtig?«

»Ja, stimmt.«

»Kann sie vielleicht hier gewesen sein, als Sie nicht zu Hause waren?«

»Ich – nicht zu Hause? Wo soll ich denn gewesen sein? Mal im Ort vielleicht, beim Schlachter oder beim Friseur. Aber das war's auch schon. Nee, die war hier nicht.«

Margraf zog seinen Block aus der Jackentasche und machte sich Notizen. Auch diese Aussage passte nicht zu der ihres Sohnes. Volker März hatte mehr als einmal betont, Nina sei bei ihm gewesen, hier in dieser Wohnung. Die Mutter spielte seine Beziehung zu Nina herunter. Wo keine Beziehung, da keine Nähe, und wo keine Nähe, da kein Hass.

Margraf steckte den Notizblock wieder ein und stand auf. »Gut. Dann würde ich jetzt gern mit Ihrem Sohn sprechen. Hinterm Haus, sagen Sie?«

Sie nickte. »Aufm Wäscheplatz.«

Er verließ die Küche. Links, am Ende des Flurs, befand sich eine weitere Tür. »Ist das dort das Zimmer Ihres Sohnes?«

»Ja«, antwortete sie.

Margraf öffnete die Tür. Im Zimmer roch es nach Tabac Original. Poster von James Last und Bonnie Tyler hingen an den Wänden. Alles war ordentlich, das Bett frisch aufgeschlagen, der Schreibtisch aufgeräumt, darauf befanden sich nur ein Stiftehalter, ein Locher und ein kleiner Stapel Papiere. Ein Fernseher mit Zimmerantenne stand auf einem Regal darüber, daneben hing eine Pinnwand mit zahlreichen Bildern.

März hatte sein Auto und das Innere einer Garage – offenbar die von ihm gemietete – von allen Seiten und aus den unterschiedlichsten Perspektiven fotografiert. So aufgeräumt wie das Zimmer war auch die Garage auf den Aufnahmen. Teppichstreifen an den Seitenwänden, um die Autotüren beim Aussteigen nicht zu beschädigen. Ein Fußboden, von dem man offenbar essen konnte. Regale an der Stirnseite, auf denen fein säuberlich nebeneinander unzählige Kisten und Schachteln lagen. Rechts daneben Angelruten, die mit Klemmhalterungen senkrecht an der Wand befestigt waren, und an der gegenüberliegenden Seite ein Magnetstreifen mit Messern in verschiedenen Größen.

Margraf trat näher an das Bild heran. Die glänzenden Klingen mit Holzgriffen waren deutlich zu sehen. Sieben Messer, nach ihrer Länge geordnet. Das größte, ganz rechts, besaß eine feststehende, sicher mehr als fünfundzwanzig Zentimeter lange Klinge. Er nahm das Foto an sich, steckte es in seine Jackentasche und verließ den Raum.

11:04 Uhr.

Es hatte wieder zu schneien begonnen. Dicke Flocken rieselten lautlos aus einem grauen Himmel zu Boden.

»Bleibt ihr vorn am Bulli«, wies Margraf die Kollegen an. »Ich red erst mal allein mit ihm.«

Von den fünf Garagen, die stirnseitig zum Hof standen, stand das Tor der mittleren zur Hälfte offen. Ein weißer sechzehnhunderter BMW stand darin, das Heck war blitzblank. Fleesund lag zwölf Kilometer nordöstlich von Hambühren und ebenso weit von Celle in nordwestliche Richtung entfernt, sodass die drei Orte eine Art Dreieck auf der Landkarte bildeten. Die Einheimischen nutzten einen Schleichweg zwischen Celle und Hambühren, der durch ein kleines Waldstück führte. Wegen der Bauern mit ihren Treckern war der Weg stets vom Matsch der Felder verdreckt. Der Täter hatte am Tatort gedreht und war zurück auf die Bundesstraße gefahren. Dort hatten sich die Spuren verloren.

Margraf ging ums Haus. Die Wäschespinne inmitten der Rasenfläche war eingeklappt. Ein hölzerner Jägerzaun trennte das Grundstück von den Nachbarn. An der Grenze stand ein Gartenhäuschen, neben dem ein Baum mit kahlen Ästen fror.

März trug Grünzeug und eine Mütze. Er schlug einen Nagel in den Baumstamm, an dem ein Aal von vielleicht vierzig Zentimetern Länge baumelte. Inge März hatte recht: Irgendwie sahen Aale wie Schlangen aus.

»Moin, Herr März.« Margraf stellte sich neben ihn.

»Moin.« März drehte sich um, fuhr aber sogleich mit seiner Arbeit fort. Er fasste den Schwanz des Tieres und schlitzte mit einem Messer den Körper von der Afteröffnung beginnend bis zum Kopf auf. Anschließend kratzte er mit seinem rechten Daumennagel von oben nach unten die Eingeweide heraus und ließ sie in einen Plastikeimer darunter klatschen.

»Wenn die Viecher nicht so lecker wären«, sagte Margraf.

März löste den Nagel aus dem Baum und schmiss den ausgenommenen Aal in einen weiteren Eimer, in dem bereits ein paar andere Fische lagen. »Was gibt's denn noch?«, fragte er.

Aus einem Setzkescher, der wie eine kleine Reuse aussah, nahm er einen neuen Aal und fixierte auch ihn mit einem Nagel am Baum. Der Körper wand sich, die Schwanzspitze bog sich weit nach oben.

»Der lebt ja noch«, sagte Margraf.

März schüttelte den Kopf. »Sind nur die Nerven, die zucken. Hört gleich auf.«

Mit der linken Hand packte er wieder den Schwanz, schnitt mit der Klinge den Bauch auf, schabte mit dem Daumennagel die Eingeweide heraus und warf den Fisch zu den anderen.

Das Messer war eine Art Tranchiermesser. Die Klinge – höchstens zwölf Zentimeter lang – musste unzählige Male geschliffen worden sein. Sie verjüngte sich nach vorn und war fast spitz wie eine Nadel. Der schwarze Holzgriff war ausgeblichen. Kein Messer, das als Mordwaffe infrage kam, und wenn doch, dann hätte der Täter es wohl kaum behalten, um damit vor Margrafs Augen Fische auszunehmen.

»Wir müssen noch mal reden, Herr März.«

»Warum? Ich hab alles gesagt.«

»Wir haben Reifenspuren am Tatort gefunden. Sie passen vermutlich zu Ihrem BMW.«

März wischte die Klinge mit einem Tuch ab. Es war voller Blutflecken. »Vermutlich also«, sagte er. »Was heißt denn ›vermutlich‹? Glauben Sie jetzt, dass ich da gewesen bin?«

Margraf holte die Papiere aus seiner Jackentasche. »Um das zu klären, muss ich Ihren Wagen mitnehmen. Ich habe hier einen Durchsuchungsbeschluss des Amtsgerichts Celle.« Er hielt März den Beschluss entgegen.

»Ts«, machte er, drehte sich zur Seite und nahm den Eimer mit den Aalen in die Hand. »Ich habe nichts getan. Deshalb bleibt mein Auto da, wo es ist.« Er brachte den Eimer in das Gartenhäuschen und kam mit einer Zigarette im Mund zurück.

»Wenn Sie mir das Auto nicht freiwillig herausgeben, muss ich es beschlagnahmen. Ich werde es auf jeden Fall mitnehmen, ob Sie damit einverstanden sind oder nicht. Wie wollen wir es machen? Hart oder zart? Liegt bei Ihnen.«

Nachdem klar gewesen war, dass das Achsmaß des Fahrzeugs am Tatort mit dem eines sechzehnhunderter BMWs übereinstimmte, hatte Margraf keine Schwierigkeiten gehabt, über die Staatsanwaltschaft einen Durchsuchungsbeschluss beim Amtsgericht zu erwirken. Der Ermittlungsrichter, Manfred Maiwald, hatte einen hinreichenden Tatverdacht bejaht und ein Beschlagnahmerecht an März' Wagen ausdrücklich in den Beschluss mitaufgenommen.

März schmiss die Zigarette weg. »Was soll der Quatsch?«, sagte er, und seine Stimme wurde lauter. »Ich habe mit der ganzen Sache nichts zu tun, und jetzt soll ich meinen Wagen hergeben, damit Ihre Leute ihn auseinanderpflücken können? Ich glaube wohl, es hackt.«

Margraf steckte die Papiere zurück in die Tasche. »Niemand will Ihr Auto zerpflücken, Herr März. Es geht um das Reifenprofil. Sie werden den Wagen unbeschadet zurückbekommen. Das verspreche ich Ihnen.«

»Unbeschadet. Dass ich nicht lache.«

März zündete sich eine neue Zigarette an. Seine Hände waren ruhig. Er sah Margraf aus zusammengekniffenen Augen an. Dann setzte er sich in Bewegung, ging zur Garage und schob das halboffene Tor ganz nach oben. Er nahm einen Sitzüberzug wie in einer Autowerkstatt von einem Wandhaken, öffnete die Fahrertür und streifte den Bezug über den Sitz. Er stieg ein, startete den Motor und fuhr den Wagen langsam auf den Hof. Mit einem Ruck kam der BMW zum Stehen. März stellte den Motor ab, stieg aus und drückte Margraf, der ihm gefolgt war, den Zündschlüssel in die Hand. Am Schlüssel baumelte ein Fuchsschwanz.

»Danke, Herr März. In ein paar Tagen haben Sie ihn zurück. Wahrscheinlich schon übermorgen.« Margraf stieß mit Daumen und Zeigefinger im Mund einen Pfiff aus. Seine zwei Kollegen kamen über den Hof direkt auf ihn zu. »Wolfgang, du fährst das Auto in die KTU«, wies er einen der beiden an. »Aber sei vorsichtig damit.«

Der Angesprochene, Wolfgang Winkelmann, nickte lächelnd. »Klar«, antwortete er und nahm den Schlüssel an sich.

Margraf drehte sich zu März, der wieder zur Garage gegangen war und die Hand zum Tor streckte, um es zu schließen.

»Moment«, rief Margraf, ging auf März zu und betrat die Garage.

»Was denn jetzt noch?«, fragte März.

Es war ein Bauchgefühl, dem Margraf folgte. Wie so oft. Eine intuitive Eingebung, ohne die Ermittlungen nicht auskamen.

Nicht ein einziges Messer hing an dem Magnetstreifen. Margraf drehte sich zu den beiden Kollegen um, die draußen vor der Garage neben März getreten waren. Er zog das Foto aus März' Zimmer hervor und verglich den Magnetstreifen an der Wand mit dem auf dem Bild. Es war zweifellos derselbe.

»Wo sind die Messer?«, fragte er.

März kam in die Garage. Die beiden Kollegen blieben dicht hinter ihm.

»Geklaut«, sagte er.

»Geklaut?«

»Meine Mutter hat das Tor letztes Wochenende nicht zugeschlossen. Sonntagfrüh stand's offen, und die Messer waren weg.«

»Ihre Mutter?«, fragte Margraf. »Was wollte Ihre Mutter denn in Ihrer Garage?«

März zuckte mit den Schultern. »Weiß ich doch nicht. Müssen Sie sie fragen.«

Margraf schob das Foto in seine Jackentasche. »Sie warten hier«, sagte er.

Die Haustür war nicht verriegelt, am Boden steckte ein Gummikeil unter dem Türblatt. Margraf nahm die sieben Stufen und klingelte. Inge März öffnete schneller als erwartet.

»Was wollten Sie am letzten Wochenende in der Garage Ihres Sohnes?«

Sie kräuselte die Stirn. »Was?«

»Sie haben das Tor nicht verriegelt, als Sie am Samstag die Garage verlassen haben.«

Sie blickte Margraf verwirrt an. »Ich? In der Garage? Das glauben Sie doch wohl selbst nicht. Ich hab ja nicht mal 'nen Schlüssel.«

Margraf notierte sich ihre Angaben und ging zurück.

Er stellte sich so dicht vor März, dass er dessen Raucheratem riechen konnte. Leise fielen Schneeflocken vom Himmel, März' Gesicht war inzwischen ganz nass.

»Wo sind die Messer?«, fragte Margraf noch einmal.

März kaute auf der Unterlippe. »Hab ich doch schon gesagt. Geklaut.«

»Ihre Mutter hat keinen Schlüssel zur Garage.«

»Meine Mutter hat 'ne Macke. Mehr nicht.«

Margraf holte das Foto hervor und hielt es März entgegen. »Sieben Messer«, sagte er. »Wo sind die?« Er nickte Winkelmann zu, der direkt hinter März stand.

»Ich sag kein Wort mehr.« März verschränkte die Arme vor der Brust.

Margraf trat einen Schritt zurück. Schwer zu sagen, ob die Umstände für einen Haftbefehl genügten. Aber egal.

11:52 Uhr.

»Herr März, ich nehme Sie vorläufig fest.« Margraf nickte den beiden Kollegen zu. Sofort packten sie März an den Armen.

»Das dürfen Sie nicht«, sagte er. »Dazu haben Sie kein Recht.«

»Ab in den Wagen mit ihm.« Margraf nickte nach vorn zur Straße.

Die beiden Kollegen drehten sich mit März um und gingen über den Hof Richtung Bulli.

Der Kerl mit dem dicklichen Gesicht, Herbert, stand vor der Haustür.

»Was soll denn das werden?«, rief er.

Margraf ging auf ihn zu und hielt ihm seinen Dienstausweis unter die Nase. »Ganz ruhig«, sagte er. »Gehen Sie zurück ins Haus.«

Der Kerl spurte und verschwand.

Winkelmann stieg hinters Lenkrad, der andere Kollege nahm auf dem Beifahrersitz Platz. Margraf setzte sich neben März auf die Rückbank.

Der Wagen fuhr ab. Niemand sprach ein Wort. März hielt den Kopf gesenkt und atmete röchelnd. Am Ende der Straße errichteten Bauarbeiter einen Neubau, ein kleines Einfamilienhaus entstand. Auf einem Schild im Vorgarten warb eine Bausparkasse für ihre Dienste: *Wir geben Ihrer Zukunft ein Zuhause.*

Margraf blieben für einen Haftbefehl vierundzwanzig Stunden. Länger durfte er eine Person ohne richterliche Anordnung nicht festhalten.

Im Wagen wurde es warm. Die Luft begann nach Fäkalien zu riechen. Erst nur ein wenig, doch der Gestank wurden schnell intensiver.

Der Kollege auf dem Beifahrersitz drehte sich nach hinten. »Was stinkt denn hier so bestialisch?«

März' Kinn zitterte. Er starrte aus dem Fenster. An seinem Hosenbein hatte sich ein dunkler Fleck gebildet.

12:03 Uhr.
Volker März hatte sich eingekotet.

16.

Aprilwetter

Juli 1982

Der 1. Juli 1982 zeichnete sich vor allem durch eines aus: Aprilwetter.

Heute früh waren Hans, als er gegen acht Uhr einen Kaffee auf der Terrasse getrunken hatte, Schweißperlen auf die Stirn getreten, so sonnig und schwül war es gewesen. Doch schon kurze Zeit später war dem Himmel das heitere Gesicht abhandengekommen und durch eine graue Trauermiene ersetzt worden. Hans hatte sich ein frisches Hemd angezogen, eine helle Leinenhose dazu und seine Turnschuhe, hatte ein Glas kaltes Wasser getrunken, den Stapel Briefe in seine Aktentasche gesteckt und war losgefahren.

Als er jetzt, um kurz vor zehn, den Schwurgerichtssaal des Landgerichts Lüneburg betrat, war die Luft zum Schneiden dick. Von draußen prasselte der Regen an die großen Fensterscheiben. Die Zuschauerreihen waren bis auf den letzten Platz gefüllt. Hinten in der Ecke saß Klaus und zwirbelte die linke Spitze seines Schnurrbarts. Er grüßte Hans mit einem Nicken und lächelte.

Die Leute auf den Stühlen wischten sich mit Tüchern oder den bloßen Händen über ihre geröteten Gesichter. Volker März hatte bereits seinen Platz eingenommen. Seinen Schmuck hatte er offenbar abgeben müssen, oder er hatte ihn in seiner Zelle zurückgelassen. Jedenfalls trug er weder seine goldene Panzerkette noch seine Armbanduhr, und auch die beiden Ringe fehlten an seiner linken Hand. Hans sah dennoch alles an ihm funkeln.

Zur Begrüßung gab Hans seiner Anwältin, Franziska Berger, und Staatsanwalt Erwin Kohlstedt die Hand. Die drei nahmen ihre Plätze ein. Der Staatsanwalt rechts neben Hans, die Anwältin zu seiner Linken.

Er öffnete seine Aktentasche. Trotz der Hitze waren seine Finger hart, er bekam die Verschlussschnallen kaum auf. Die Briefe waren unversehrt, alle noch zugeklebt, mit Ausnahme des letzten, den er geschrieben hatte. Siebzehn Stück insgesamt. Zu jedem Geburtstag einen.

Berger knöpfte ihre Robe über ihrem schwarzen Kostüm zu und beugte sich zu ihm. »Heute wird's ernst«, sagte sie leise. »Sind Sie okay?«

Hans nickte. Mit dem Hemdsärmel wischte er sich über die rechte Schläfe. Sein Hals kratzte, die feuchte Wärme im Raum roch nach altem Holz, nach Bohnerwachs und vor allem nach den Ausdünstungen der Menschen.

März' Verteidiger Brinkmann am Tisch gegenüber war ein schlanker Kerl mit grau meliertem Haar und bissigem Gesichtsausdruck. Wahrscheinlich mussten Strafverteidiger so sein wie er, niemandes Freund. Der lautstark vorgebrachte Zweifel als Instrument zur Stimmungsmache. Kein Sachverständiger, der mit seinen Feststellungen nicht in die Mangel genommen wurde. Kein Zeuge, bei dem nicht versucht wurde, die Glaubwürdigkeit zu erschüttern. Für Leute wie Brinkmann schien es keine Gewissheiten zu geben, die Welt bewegte sich allein im Vagen. Alles war fraglich, oder – um es juristisch zu sagen, wie es Franziska Berger zuletzt ausgedrückt hatte – alles bestand aus Indizien. Die Relativität bestimmte jedes Beweismittel. Schon der vergangene Termin war davon geprägt gewesen. Die Tatsachenfeststellungen des Kfz-Sachverständigen Matusche waren als bloße Mutmaßungen umgedeutet worden. Matusche hatte das Reifenprofil an März' BMW mit den Spuren am Tatort verglichen und war zu einer Übereinstimmung gekommen – mit einer neunzigprozentigen Wahrscheinlichkeit. Brinkmann hatte so lange die sachlichen Ausführungen infrage gestellt und auf den restlichen zehn Prozent herumgehackt, bis der Sachverständige schließlich eingeräumt hatte, der Wahrscheinlichkeitsgrad könne auch geringer sein. Brinkmann hatte gebohrt, bis Matusche gesagt hatte, das Verhältnis könne auch nur bei achtzig zu zwanzig liegen, darunter aber eher nicht. »Achtzig zu zwanzig«, hatte Brinkmann wiederholt, mit dem Kopf geschüttelt und seine Vernehmung mit den Worten geschlossen: »Für eine Verurteilung wegen Mordes ist das wohl kaum eine ausreichende Grundlage.«

Jetzt saß er da, der Herr Anwalt, saß da und prüfte mit der linken Hand den Sitz seines Krawattenknotens. Es scherte ihn einen Dreck, dass Nina brutal ermordet worden war, dass sie benutzt und von Stichwunden übersät im feuchten Gras am Wegesrand gelegen hatte, fast vier Tage lang – geschlachtet wie Vieh.

Ein Schwindel überkam Hans. Sein Oberkörper zitterte, der Magen verkrampfte sich. Brinkmann würde im Anschluss an die heutige Verhandlung nach Hause fahren, zu Frau und Kind. Und Hans? Wohin würde er fahren? Zu einem Grab mit weißen Kieselsteinen, auf denen ein paar Blumen vor sich hin welkten.

»Geht es Ihnen wirklich gut?« Berger legte eine Hand auf seinen Unterarm. Ihre Finger waren ganz warm, die Nägel gepflegt und rot.

Nina hatte zuletzt auch Nagellack getragen, allerdings blaumetallic. Und unter ihren Fingernägeln waren Hautpartikel und Erde gewesen.

Er griff nach dem Stapel Briefe, legte ihn sich in den Schoß und hielt ihn mit beiden Händen fest. Er nickte seiner Anwältin zu.

Die fünf Richter ließen auf sich warten. Das war schon an den beiden vorhergehenden Verhandlungstagen so gewesen. Die Verspätungen hatten gut zehn Minuten gedauert. Schwer zu sagen, ob Richter einen Zweck damit verfolgten oder ob das Ganze auf einer gewissen Nachlässigkeit beruhte oder Ausdruck ihrer Amtsmüdigkeit war, die ihnen im Allgemeinen gern nachgesagt wurde. Sicher wussten sie nicht, was sie jemandem wie Hans damit antaten, oder wenn doch, dann war es ihnen offenkundig egal. Das Warten im Gerichtssaal führte dazu, dass sich die Uhrzeiger quälend langsam drehten und ein eigenartiges Flirren in der Luft entstand, das weder zu hören noch zu sehen war, das aber dennoch existierte. Ein Flirren, das sogar die Kraft besaß, der Luft allen Sauerstoff zu nehmen. Wie eine unsichtbare Schlinge legte es sich um den Hals und machte das Atmen schwer.

Hans fasste sich an den Hals. An den letzten zwei Verhandlungstagen war Nina noch einmal gestorben. Der Gutachter aus der Rechtsmedizin, ein Professor von der Straten, hatte jedes Detail der Tötung genau beschrieben. Er hatte das Messer mit der feststehenden, fünfundzwanzig Zentimeter langen Klinge erneut zweiundzwanzig Mal in Ninas Körper hineinstechen lassen, er hatte die Verletzungen der inneren Organe bis ins Kleinste geschildert und auch das Ausbluten ihres sterbenden Körpers ausführlich beschrieben. Er hatte Nina noch einmal vergewaltigen und sie unter quälenden Schmerzen entjungfern lassen. Er hatte sie sich anziehen und losgehen lassen, zurück auf den Weg nach Hause – bis der Täter erneut über sie herfiel, sie zu Boden stieß und ihr die Kehle durchtrennte. Ein Schnitt, so tief, dass er die Halswirbelsäule fast durchtrennt hatte.

Charlotte, die trotz ihrer anfänglichen Vorbehalte gekommen war, hatte dem nicht standgehalten. Sie war unter den Schilderungen zusammengebrochen und mit einem Notarztwagen ins Krankenhaus gefahren worden. Hans selbst hatte Schwindelattacken und Gleichgewichtsstörungen erlitten, dass er fast von seinem Stuhl gekippt war. März ihm gegenüber hatte die Tischplatte vor sich angestarrt und immer wieder den Kopf geschüttelt. Einmal hatte der Mistkerl zu ihm herübergesehen, ein schneller, ängstlicher Blick, ein Blick wie ein Flehen. *Ich war es nicht*, hatte dieser Blick wohl sagen wollen. *Ich war es nicht, das müssen Sie mir glauben.* März' Kinn hatte dabei gezittert. Doch vielleicht war dieser Blick nur Teil eines perfekt inszenierten Schauspiels gewesen. Wer wusste das schon?

Durchaus möglich, dass März über Fähigkeiten verfügte, die sein niedriger Bildungsstand und sein soziales Umfeld nicht vermuten ließen. Er hatte – was bereits Gegenstand der richterlichen Feststellungen gewesen war – mit Ach und Krach die Hauptschule bestanden und wohnte immer noch bei seinen Eltern in Fleesund, zwölf Kilometer von Hambühren entfernt. Er verbrachte den Großteil seiner Freizeit in Kneipen, die im Umfeld lagen. Ein Typ wie er, der es nie geschafft hatte, sich vom Rockzipfel der Mutter zu lösen, war eigentlich nicht geschmiedet für die Herausforderungen, die eine Mordanklage mit sich brachte. Wenn Hans da an seine Burschen im Knast dachte ... Unter ihnen waren – trotz ihrer jungen Jahre – ganz andere Kaliber. Harte Kerle, die keiner Messerstecherei aus dem Weg gingen. Gerissene Jungs, die gelernt hatten, was sie sagen und insbesondere was nicht sagen sollten, wenn sie von der Polizei aufgegabelt und verhört wurden.

Ein solcher Typ war März nicht. Dafür schien er zu weich und zu einfältig.

Direkt am Eingang des Saals, auf dem ersten Platz der hintersten Stuhlreihe, saß wieder die Reporterin Sabine Friedrichs, die in den vergangenen Tagen ab und an zu Hans herübergelächelt hatte. Eine angenehme Person, vielleicht Anfang bis

Mitte vierzig. Ihre Berichte in der Tageszeitung waren sachlich und kamen ohne die befürchteten reißerischen Ausschweifungen aus. Für sie war, wie sie in ihrem letzten Artikel geschrieben hatte, der Ausgang des Verfahrens völlig offen. Sie hatte betont, der Bundesgerichtshof verlange für einen Beweis einen Grad an Gewissheit, der »Zweifeln Schweigen gebietet, ohne sie völlig auszuschließen«. Exakt so hatte sie es formuliert, und ob diese Hürde im vorliegenden Prozess genommen werde, sei fraglich. Auch über Hans hatte sie einiges geschrieben. Er suche Gerechtigkeit und sei kein Mensch, der von Hass getrieben werde oder nach Vergeltung trachte. Ihm komme es auf Gewissheit und eine gerechte Bestrafung des wahren Täters an.

Woher sie diese Erkenntnisse genommen hatte, war ihm schleierhaft. Sie lag zwar richtig mit ihrer Einschätzung, aber sie hatte bisher kein einziges Wort mit ihm gesprochen. Vielleicht sah man es ihm an, dass er im Grunde seines Herzens gutmütig war, und seinen Frieden haben wollte.

Schier Unmenschliches – so hatte sie geschrieben – habe er, der Vater des Opfers, durchmachen müssen, als vom Rechtsmediziner jedes grauenhafte Detail des Tathergangs geschildert worden sei. Dennoch habe er keine äußerlichen Anzeichen von Wut oder Feindseligkeit gezeigt, sondern seine Tränen still zu Boden fallen lassen. Und wörtlich: »Was geht in einem Menschen vor, dem solches Leid, eine solche Qual widerfährt? Kann er jemals sein altes Leben weiterleben?«

Nein, hatte Hans der Frau in Gedanken geantwortet. Es gab kein altes Leben mehr, und ein neues gab es auch nicht. Er schwebte in einem Vakuum, er führte ein Dasein ohne Raum und Zeit, ohne Licht und Schatten. Ohne Gestern und Morgen. Das Einzige, was ihn über Wasser hielt, war der Boxring, waren die gegnerischen Schläge, die ihn hart und unerbittlich am Kopf, in die Rippen und den Magen treffen sollten. Durch sie spürte er, dass er noch da war. Durch sie spürte er, dass er noch lebte.

Die Tür hinter der Richterbank öffnete sich. Der Vorsitzende, Dr. Gerd Zeisig, seine zwei Beisitzer sowie die beiden Schöffen traten ein. Drei Männer, zwei Frauen, gekleidet in schwarze Roben mit Samtrevers. Alle im Saal erhoben sich.

Der Name irritierte. Mit »Zeisig« verband man gemeinhin einen kleinen, verletzlichen Vogel. Doch das passte nicht zu dem Mann, der dort vorn stand. Er war groß und breit und besaß die Statur eines Schwergewichtlers. Sein Alter war schwer einzuschätzen, vielleicht Mitte fünfzig. Sein volles schwarzes Haar hing ihm in die Stirn, und er trug einen dichten Vollbart.

»Guten Morgen«, grüßte er alle im Saal, als er sich auf seinem Stuhl niederließ. »Bitte nehmen Sie Platz.«

Die Uhr an der Wand über ihm zeigte Viertel nach zehn – die bislang längste Wartezeit, die sich das Gericht gegönnt hatte.

»Wir kommen heute zum Schluss der Beweisaufnahme. Dazu werden wir noch einen Sachverständigen anhören und einen letzten Zeugen vernehmen. Ich denke, wir sollten mit dem Sachverständigen beginnen. Einwände?« Er sah zum Staatsanwalt und zu den Anwälten. Alle schüttelten den Kopf.

»Fein.« Er drückte auf den Knopf der Sprechanlage und rief den Sachverständigen Professor Wirtz in den Sitzungssaal.

»Herr Wirtz«, sagte Zeisig. »Guten Morgen. Bitte nehmen sie hier in der Mitte Platz.«

Wirtz erwiderte die Begrüßung und setzte sich.

Sabine Friedrichs machte Notizen. Volker März' Blick klebte auf der Tischplatte. Brinkmann neben ihm kniff die Augen zusammen und musterte Wirtz von der Seite. Ein Räuspern kam aus den Zuschauerreihen. Das war Klaus gewesen. Er hatte sich zurückgelehnt und seine Arme vor der Brust verschränkt. Es war vor allem sein Verdienst, dass März der Prozess gemacht wurde.

»Sie sind wie alt?«, fragte Zeisig.
»Sechsundfünfzig.«
»Mit den Parteien nicht verwandt oder verschwägert?«
»Weder noch.«
»Von Beruf?«
»Chemiker.«

Zeisig notierte die Angaben auf einem Zettel. »Sie haben im Rahmen der kriminaltechnischen Untersuchungen ein Gutachten angefertigt. Darin haben Sie sich mit der Kleidung des Opfers auseinandergesetzt. Bitte erläutern Sie uns Ihre Ergebnisse.«

Brinkmann, der kurz in seiner Akte geblättert hatte, meldete sich zu Wort. »Verzeihen Sie, Herr Vorsitzender, meinen Sie das Ausgangsgutachten oder die Ergänzung?«

»Das Ausgangsgutachten«, antwortete Zeisig. »Zu den Ergänzungen kommen wir noch.«

Brinkmann nickte.

Hans hielt die Briefe noch immer fest in seinen Händen. Einen einzigen davon hatte Nina gelesen – den letzten, den zu ihrem siebzehnten Geburtstag. Kurz darauf hatte sie Hans angerufen und geweint am Telefon. Sie hatten sich zu einem Treffen verabredet.

»Bitte, Herr Wirtz«, sagte Zeisig. »Sie haben das Wort.«

Wirtz lockerte seinen Krawattenknoten und öffnete den obersten Hemdknopf, auch ihm setzte die Schwüle im Saal sichtlich zu. »Wir haben sämtliche Stofffasern an der Kleidung des Opfers mikroskopisch untersucht und sie mit Fasern eines Kunstfells verglichen, das sich auf den Vordersitzen im Fahrzeug des Angeklagten befunden hat. Dabei konnten wir eine einhundertprozentige Übereinstimmung feststellen.«

»Einhundertprozentige Übereinstimmung«, wiederholte Zeisig. »Zu welcher Schlussfolgerung sind Sie dabei gekommen?«

Wirtz räusperte sich. »Nun, wir gehen gesichert davon aus, dass das Opfer Kontakt mit wenigstens einem dieser Felle hatte. Die Getötete hat mit der Kleidung, die sie in der Tatnacht trug, zweifelsfrei im Fahrzeug des Angeklagten gesessen.«

Ein Raunen ging durch die Zuschauerreihen. Klaus zwirbelte an seinem Bart.

Wirtz nahm ein Stofftaschentuch aus seiner Hosentasche und tupfte damit ein paar Schweißperlen von seiner Stirn.

»Können die Fellfasern an der Kleidung der Toten theoretisch auch von woanders herstammen?«, fragte Zeisig.

»Sicher«, sagte Wirtz. »Theoretisch ist das natürlich denkbar. Nur wüsste ich nicht, woher sie sonst stammen sollten. Wir haben Proben einer Vielzahl von Autofellen aus den Baumärkten und Autohäusern hier in der Region genommen und sie ebenfalls untersucht. Es befand sich keine einzige darunter, die dieselben Stoffcharakteristika der Fasern an der Kleidung des Opfers beziehungsweise der Felle im Fahrzeug des Angeklagten aufwies.«

Zeisig notierte etwas, zog ein Tonbandgerät zu sich heran und sprach leise ins Mikrofon. Dann wandte er sich an seine Beisitzer. »Fragen an den Sachverständigen?«

Allgemeines Kopfschütteln.

Er sah zum Staatsanwalt, dann zu Hans' Anwältin. Beide winkten ebenfalls ab.

»Dann sind Sie an der Reihe, Herr Verteidiger.« Zeisig steckte das Mikrofon seines Bandrekorders zurück in die Halterung.

»Danke.« Brinkmann kniff sein rechtes Auge zu, hielt es einen Moment geschlossen und öffnete es wieder einen Spalt, bevor er sich an Wirtz wandte. »Sie haben ausgeführt, die Fasern an der Kleidung des Opfers seien identisch mit denen der Sitzfelle im Fahrzeug meines Mandanten. Ist das richtig.«

»Ja, das ist richtig.«

Brinkmann stand auf und ging vor dem Richtertisch langsam auf und ab. Sein rechtes Auge schien ein Eigenleben zu führen. Ein ums andere Mal verschloss es sich und öffnete sich wieder. Es passte nicht zur übrigen Mimik, die offensichtlich Konzentration und Selbstbewusstsein ausdrücken sollte. Unvermittelt sah er dem Sachverständigen direkt ins Gesicht. »Haben Sie auch die Gegenprobe gemacht?«

Da war es wieder – das Vage. Der Verteidiger in seinem Element. Fakten waren für ihn dehnbar wie die Gummibänder am Boxring.

Hans hatte erneut Mühe, in der schwülen Luft zu atmen. Faserspuren hin oder her. Nina war tot. Einen einzigen Brief hatte sie von ihm gelesen. In siebzehn Jahren. Einen einzigen Brief. Alle anderen hatte ihre Mutter klammheimlich aus dem Briefkasten gefischt und ihr vorenthalten.

»Jetzt sind Sie ja doch schon beim Ergänzungsgutachten«, sagte Zeisig.

Brinkmann zuckte mit den Achseln.

»Na schön«, sagte Zeisig. »Bitte, Herr Wirtz.«

»Ja«, antwortete der. »Wir haben auch eine Gegenprobe gemacht.«

»Wie sah die aus?«, fragte Brinkmann.

Sabine Friedrichs notierte. Klaus hatte seine Ellbogen auf seine Knie gestützt, das Kinn ruhte auf seinen gefalteten Händen. Sein Blick war unverwandt auf März gerichtet.

Nina am Telefon. Nach so vielen Jahren. Hans hatte ihre Stimme nicht sofort erkannt. »Papa?«, hatte sie gefragt, und er hatte kein Wort herausgebracht. Er umschloss die Briefe noch fester mit seinen Händen.

»Wir haben die Felle im Fahrzeug auf mögliche Faserspuren der Kleidung des Opfers untersucht«, erklärte Wirtz.

»Wie war das Ergebnis«, fragte Brinkmann, dessen Stimme

lauter wurde, während er noch immer zwischen dem Sachverständigen und dem Richtertisch umherging.

»Wir konnten auf den Fellen keine Fasern der Kleidung der Toten feststellen.«

Wieder ein Raunen aus den Zuschauerreihen.

»Ruhe, bitte!«, mahnte Zeisig, und die Geräusche ebbten ab.

»Lassen Sie mich das wiederholen«, sagte Brinkmann und wandte sich dem Richtertisch zu. Sein rechtes Auge öffnete und schloss sich zuckend, als bekäme es kleine Stromstöße. »Es konnten keine Fasern der Kleidung des Opfers auf den Sitzfellen im Wagen meines Mandanten festgestellt werden.« Er drehte sich zu Wirtz. »Kann bei einem solchen Ergebnis Ihre These, das Opfer habe definitiv im Wagen des Angeklagten gesessen, überhaupt noch aufrechterhalten werden?«

»Das ist eine Frage der rechtlichen Würdigung«, fuhr Zeisig dazwischen. »Herr Wirtz, Sie müssen darauf nicht antworten.«

Brinkmann hielt einen Moment inne, schaute aus dem Fenster, bevor er sich wieder zur Richterbank drehte. »Na schön. Dann habe ich keine weiteren Fragen. Vielen Dank.« Er ging zurück an seinen Platz und beklopfte mit der Hand März' Unterarm. Das rechte Auge war geschlossen.

Staatsanwalt Kohlstedt erhob sich. »Sagen Sie, Herr Wirtz, welche weitergehenden Feststellungen haben Sie an den Fellen getroffen?«

Wirtz runzelte die Stirn. »Wie meinen Sie das?

»Waren die Felle möglicherweise gereinigt worden? In Ihrem schriftlichen Ergänzungsgutachten haben Sie dazu Ausführungen gemacht.«

»Ja, durchaus«, sagte Wirtz. »Die Felle waren gereinigt, als wir sie untersucht haben. Es fanden sich deutliche Lösungsmittelreste.«

»Und das bedeutet was?«, fragte Kohlstedt.

»Nun, der geringe Zersetzungsgrad der Lösungsmittel lässt darauf schließen, dass die Reinigung nicht lange zurückgelegen hat. Das Fahrzeug insgesamt war sehr sauber und gepflegt. Es dürfte regelmäßig gereinigt worden sein.«

Sabine Friedrichs hatte aufgehört zu schreiben und sah Hans an. Etwas Fragendes, vielleicht etwas Mitleidiges lag in ihrem Blick.

»Regelmäßig gereinigt«, wiederholte Kohlstedt. »Ist es möglich, Herr Wirtz, dass bei einer regelmäßigen, bei einer gründlichen Reinigung sämtliche Fremdfasern vernichtet oder entfernt werden?«

Wirtz zögerte einen Moment. Dann nickte er. »Selbstverständlich. Das ist möglich.«

»Vielen Dank.« Kohlstedt setzte sich.

Zeisig diktierte seine Mitschriften wieder auf das Band. Anschließend wandte er sich an alle Beteiligten. »Ich schlage vor, wir machen eine zehnminütige Pause, dann können wir versuchen, hier etwas frische Luft reinzubekommen. Es ist jetzt zwanzig nach elf, wir sehen uns um halb zwölf wieder.« Alle im Saal erhoben sich. Die Richter verschwanden durch die Tür hinter ihnen.

»Mögen Sie?« Franziska Berger hielt Hans eine Coladose hin.

»Gern.« Er legte die Briefe auf den Tisch und trank die Dose in zwei Zügen leer.

Gemeinsam mit seiner Anwältin stellte er sich an eines der großen Fenster, die irgendjemand geöffnet hatte. Ein schwacher Wind ging. Es hatte zu regnen aufgehört, die Wolkendecke riss allmählich auf, die Sonne lugte bereits hervor.

»Ich ...«, sagte Hans. »Ich möchte nicht unhöflich sein. Aber Sie haben noch kein einziges Wort gesagt in der Verhandlung. Müssen Sie nicht auch etwas sagen? Ich meine, Sie sind doch auch Anwältin. Meine Anwältin.«

Berger lachte. »Sie haben recht. Sieht vermutlich komisch aus, wenn eine Anwältin im Gerichtssaal sitzt und keinen Ton von sich gibt. Aber glauben Sie mir, das ist bei einer Nebenklagevertretung ganz normal. Ich greife ein, wenn was schiefläuft, da können Sie sich drauf verlassen.«

Die Regeln eines Gerichtsprozesses blieben undurchsichtig, sie waren wie eine Gleichung mit zahllosen Unbekannten. Es gab zu viele Beteiligte, die alle vorgegebene Rollen einnahmen. Im Boxring war das anders. Da galt Mann gegen Mann, und wenn einer zu tief schlug, griff der Schiedsrichter ein. Es gab keine Sachverhaltsfeststellungen und keine rechtlichen Würdigungen. Es gab allein aufs Maul, und so einfach das war, so ehrlich war es. Ein Prozess bei Gericht war anfällig für Lügen.

»Guten Tag, Herr Larsen«, hörte er plötzlich jemanden hinter sich sagen und drehte sich um.

Sabine Friedrichs streckte ihm eine Hand entgegen. »Mein Name ist ...«

»Ich weiß, wer Sie sind, Frau Friedrichs.« Er schüttelte ihre Hand. »Sie sind die Redakteurin vom *Lüneburger Anzeiger*.«

Sie zog die Augenbrauen empor. »Oh, eilt mir mein Ruf voraus?« Sie gab auch Franziska Berger die Hand. »Angenehm.«

»Ich habe Ihre Artikel gelesen«, sagte Hans. »Danke für Ihre Besonnenheit.«

»Gern geschehen«, antwortete sie.

Hans sah flüchtig zu den hinteren Stuhlreihen. Klaus, mit dem er sich noch gern unterhalten hätte, war verschwunden.

»Ich hoffe, es ist nicht zu indiskret ...«, fuhr sie fort. »Aber wären Sie zu einem Interview bereit? Also ... ich meine ... nicht hier und jetzt. Aber irgendwann. Grundsätzlich.«

Während sie sprach, kam Klaus zusammen mit Staatsanwalt Kohlstedt in den Saal zurück. Die beiden unterhielten sich. Hans wusste nicht genau, warum, aber es tat gut zu wissen, dass

Klaus nicht gegangen war, ohne ein Wort mit ihm gewechselt zu haben.

»Ich weiß nicht, ob ich für ein Interview tauge«, sagte Hans. »Was wollen Sie denn wissen?«

Die Tür hinter dem Richtertisch öffnete sich, die fünf Richter kehrten in den Saal zurück.

»Später«, flüsterte Sabine Friedrichs und eilte zu ihrem Platz.

Klaus hielt Hans einen ausgestreckten Daumen entgegen und setzte sich ebenfalls.

Nach und nach füllte sich der Raum. Die Fenster wurden geschlossen. Die stickige, warme Luft war sofort wieder da.

Zeisig rief den Zeugen Martin Ebert auf, nahm dessen Personalien zu Protokoll, belehrte ihn über die Wahrheitspflicht und begann mit der Vernehmung.

Ebert, Anfang sechzig, war Inhaber einer Kneipe mit angeschlossener Pension, deren Räumlichkeiten sich im ersten Stock seines Hauses befanden. Die Gaststätte befand sich direkt am Marktplatz in Fleesund und trug den Namen *Endstation*. Hans war ein paarmal daran vorbeigefahren, hineingegangen war er nie.

»Lassen Sie uns über den vierten November vergangenen Jahres sprechen«, sagte Zeisig.

Ebert nickte.

»Der Polizei gegenüber haben Sie ausgesagt, der Angeklagte habe an jenem Nachmittag recht viel Zeit bei Ihnen in der Gaststätte verbracht. Bitte schildern Sie uns, was an jenem Tag passiert ist, als Herr März bei Ihnen war – um wie viel Uhr er die Gaststätte betreten hat, wann er gegangen ist und so weiter.«

Ebert nickte noch einmal. »Der Volker kommt oft, meistens so gegen zwei, halb drei, wegen dem Zigarettenautomaten. Den befüllt er immer, und dann bleibt er manchmal hängen. Ja, dann raucht er ein paar Zigaretten, trinkt was.«

Sabine Friedrichs hörte der Aussage zu, ohne etwas aufzuschreiben.

Klaus zwirbelte wieder an seiner linken Schnurrbartspitze.

»War das am vierten November auch so?«, fragte Zeisig.

Klaus schob seinen Oberkörper nach vorn. Sabine Friedrichs begann wieder zu schreiben. Einige Leute wischten sich den Schweiß von der Stirn. Holzstühle knarrten.

»Das weiß ich doch heute nicht mehr«, sagte Ebert.

Die Zuschauer lachten vorsichtig.

»Verstehe«, sagte Zeisig. »Aber Sie können uns doch sicher sagen, was der vierte November für ein Wochentag war.«

Ebert blickte mit zusammengekniffenen Lippen nach unten und durchsuchte offenbar seine Erinnerungen.

Der vierte November war ein Mittwoch gewesen. Nina hatte Chorprobe gehabt. Ihre letzte. Die Ermittler hatten später zwanzig Pfennig neben ihrer Leiche gefunden, Münzen für die Telefonzelle. Nina hatte Charlotte angerufen, aber die war nicht drangegangen.

Hans nahm die Briefe vom Tisch, legte sie sich wieder in den Schoß und hielt sie fest in seinen Händen.

Ebert sah zu März. »Volker, du hattest damals doch frei, oder?«

Volker März bewegte die Lippen, aber es war nicht auszumachen, ob er etwas sagte.

»Nee, nee, nee«, rief Berger neben Hans mit einer festen Stimme, die er ihr nicht zugetraut hatte. »Sie beantworten nur die Fragen des Vorsitzenden, sonst nichts.«

»Danke, Frau Rechtsanwältin«, sagte Zeisig. »Sie haben vollkommen recht.« Er wandte sich Ebert zu. »Sie beantworten bitte nur meine Fragen. Also, was war der vierte November für ein Wochentag?«

Ebert kaute auf seiner Unterlippe und fummelte an seinen

Fingernägeln. Er blickte kurz zu Kohlstedt, dann zum Richtertisch und abermals zu März. »Na ja«, sagte er. »Der Volker ist reingekommen und ist dann 'ne ganze Weile geblieben ... bestimmt so bis sieben. Ich meine, er hat gesagt, er hätte den anderen Tag frei. Dann war es ein Freitag. Oder ein Samstag.«

»Freitag oder Samstag?«, hakte Zeisig nach.

Ebert wischte sich mit der flachen Hand über den Mund. »Ja«, sagte er.

Zeisig notierte wieder. »Fragen an den Zeugen bis hierhin, Herr Staatsanwalt?«

Kohlstedt schüttelte den Kopf.

»Herr Verteidiger?«, fragte Zeisig.

»Durchaus«, sagte Brinkmann. »Herr Ebert, ich will Ihr Gedächtnis ein wenig auffrischen.«

»Nein«, unterbrach ihn Zeisig, »das wollen Sie nicht. Sie stellen dem Zeugen Fragen. Nicht mehr und nicht weniger.«

Brinkmann starrte Zeisig an. Er ließ seinen Stift auf die Akte vor sich fallen. »Selbstverständlich«, sagte er. »Also, Herr Ebert, können Sie uns dann sagen, ob Herr März ein Instrument spielt?«

»Was soll das denn jetzt?«, rief Berger. »Es ist wohl kaum von Relevanz, ob der Angeklagte ein Instrument spielt.«

»Oh, ich denke schon, dass es von Relevanz ist«, entgegnete Brinkmann. »Vielleicht können Sie ein wenig großzügig sein, Herr Vorsitzender.«

»Ein ganz klein wenig«, sagte Zeisig. »Aber es wäre gut, wenn das schnell zu etwas führt.«

Berger schüttelte den Kopf.

»Natürlich«, sagte Brinkmann. Und an Ebert gewandt: »Spielt Herr März ein Instrument?«

»Ja, na klar«, antwortete Ebert. »Klarinette. Volker spielt Klarinette. Und an dem Abend wollte er eigentlich noch zur Probe seiner Kapelle ... Ach herrje, das hatte ich ja ganz vergessen. Die haben immer mittwochs Probe, im Schützenheim am Sportplatz. Genau. Der Volker wollte, wie gesagt, eigentlich noch zur Probe. Aber der war irgendwann so fertig, dass er nur noch nach Hause wollte.«

Noch immer ließ Klaus seinen Blick nicht von März ab. Klaus saß da, den Kopf auf seine Hände gestützt, und beobachtete den Angeklagten wie ein Greifvogel, der seine Beute ins Visier genommen hatte.

Sabine Friedrichs strich sich eine Haarsträhne aus dem Gesicht, während sie sich weiterhin Notizen machte.

»Wann ist er denn an dem Mittwoch bei Ihnen reingekommen?«, fragte Zeisig.

»Das muss so, wie gesagt, gegen zwei, halb drei gewesen sein, das war immer so seine Zeit. Dann hat er sich erst um den Automaten gekümmert und dann Fako bestellt.«

»Fako?«, fragte Zeisig.

»Jo, Fanta-Korn«, sagte Ebert. »Das trinken die Jungs immer am Stammtisch. Und an dem Tag – das war ja das Problem, das weiß ich jetzt wieder –, da ist der Volker ziemlich lange geblieben. Der hatte die ersten paar Spiele verloren, das weiß ich noch genau, und das konnte er natürlich nicht auf sich sitzen lassen. Dann haben die weitergemacht. Ein paar Stunden ging das. Und immer schön hoch die Tassen.«

Ninas Chorprobe war um halb acht zu Ende gewesen. Um zwanzig vor acht hatte sie sich von ihrer Freundin Katharina Lange verabschiedet und war in eine Telefonzelle am Marktplatz gegangen. Das hatte Katharina ausgesagt. Zwanzig vor acht ... Hans hatte zu Hause auf dem Sofa gesessen, in alten Zeitungen geblättert und auf die Tagesschau gewartet.

»Und wie lange ging dieses ›Hoch die Tassen‹?«, fragte Zeisig.

Ebert rieb mit den Händen über seine Oberschenkel. »Weiß

nicht. Aber nicht so lange. Die Jungs hatten einen ganz schönen Zuch drauf an dem Tach. Der Volker war ziemlich blau. Der hat die Tagesschau bestimmt nicht mehr erlebt. Ist dann ins Auto, und dann war er weg.«

Zeisig lehnte sich auf seine Unterarme und beugte sich vor. »Herr März war stark alkoholisiert, und Sie haben ihn mit dem Auto wegfahren lassen?«

Ebert begann, an seinem Daumennagel zu kauen. »Na ja, mit seinem Auto, da darf man dem Volker nicht kommen. Da ist er eigen.«

Sabine Friedrichs starrte auf Eberts Rücken und schüttelte den Kopf. Klaus saß still auf seinem Platz, während ein paar Leute miteinander tuschelten.

»Nun gut«, sagte Zeisig. »Dann habe ich erst einmal keine weiteren Fragen. Können wir die Vernehmung schließen?«

Zustimmendes Nicken auf allen Seiten.

Zeisig sprach seine Notizen, die er sich während der Vernehmung gemacht hatte, auf Band. Dann wandte er sich wieder dem Kneipenwirt zu. »Herr Ebert, Sie haben gehört, was ich diktiert habe. War das alles richtig so, oder soll ich es Ihnen noch einmal vorspielen?«

Ebert schüttelte den Kopf. »War alles richtig.«

»Gut«, sagte Zeisig. »Dann schließe ich die Beweisaufnahme.«

Ebert stand auf und verließ den Saal.

»Wie sieht's aus, meine Herren?«, fragte Zeisig und sah erst Brinkmann und dann Kohlstedt an.

»Meinetwegen können wir«, antwortete Kohlstedt, und Brinkmann nickte.

»Also dann«, sagte Zeisig. »Bitte, Herr Staatsanwalt.«

Kohlstedt erhob sich und begann sein Plädoyer. Er fasste zusammen, was Sachverständige und Zeugen in den letzten Tagen von sich gegeben hatten, und zog den Schluss, dass alles für die Schuld des Angeklagten sprach. Die Stofffasern bewiesen, dass Nina im Fahrzeug des Angeklagten gesessen hatte. Die Reifenspuren des Wagens stimmten mit denen am Tatort überein. Und das, was der Zeuge Ebert über die Dauer des Aufenthalts von März in der Gaststätte ausgesagt hatte, schloss in keiner Weise eine Tatbegehung aus.

»Wo der Angeklagte tatsächlich zum fraglichen Zeitpunkt war, ist somit keineswegs gewiss«, sagte Kohlstedt. »Denn auch die diesbezüglichen Aussagen seiner Mutter sind nicht glaubhaft. Bei ihrer ersten Vernehmung bestätigte sie seine Behauptung, sie beide hätten an jenem Abend einen Western mit John Wayne gesehen. Tatsächlich wurde damals nach der Tagesschau aber ein Western mit Gregory Peck ausgestrahlt, und erst bei einer späteren Aussage behauptete die Mutter, sie habe sich mit ihrem Sohn genau diesen angeschaut. Das, meine Damen und Herren, ist aus Sicht der Staatsanwaltschaft alles andere als glaubhaft. Ein Alibi hat der Angeklagte für die Tatzeit nicht. Und die Fahrzeugspuren und die Stofffasern beweisen klar, dass er Nina Markowski nicht nur in seinem Wagen bei sich hatte, sondern auch, dass er mit ihr zum fraglichen Zeitpunkt am Tatort war.«

Die Wörter und Sätze, die aus Kohlstedts Mund kamen, verschwammen in Hans' Ohren. Die schwüle Hitze drückte gegen die Schläfen und lastete auf den Augenlidern. Sollte der Prozess tatsächlich zu einem Ende kommen? Nur drei Tage hatte er gedauert, ungewöhnlich schnell, wie Berger betont hatte. Und doch war Hans die bisherige Zeit im Gerichtssaal wie eine Ewigkeit vorgekommen.

Kohlstedt sprach die Schlussworte seines Plädoyers und beantragte eine lebenslange Freiheitsstrafe. Mit einem ernsten Nicken setzte er sich zurück auf seinen Stuhl.

Daraufhin erhob sich Brinkmann. Es war zu erwarten gewesen, dass er auf alle »Ungereimtheiten der Beweisführung« – wie er es nannte – hinwies und schließlich nach dem Grundsatz *In dubio pro reo* für seinen Mandanten einen Freispruch forderte. Der ganze Prozess sei eine einzige Aneinanderreihung von Indizien gewesen. Das könne und dürfe in einem Rechtsstaat niemals für eine Verurteilung genügen, schon gar nicht für eine lebenslange Freiheitsstrafe.

März hatte als Angeklagter das letzte Wort. Auch er stand auf. »Ich möchte nur sagen, dass es mir unendlich leidtut, was Nina geschehen ist. Sie alle wissen, dass wir uns gemocht haben. Ich hätte ihr nie etwas so Schreckliches antun können. Und deshalb müssen Sie mir glauben: Ich habe mit der ganzen Sache nicht das Geringste zu tun. Bitte glauben Sie mir das. Bitte.« Er setzte sich wieder und begann zu weinen.

Im Saal war es still, während der Vorsitzende lange irgendetwas auf seine Zettel schrieb. Nur hier und da war ein Rascheln zu hören, wenn einer der Zuschauer ein neues Taschentuch hervorzog, um sich das Gesicht zu betupfen.

Schließlich erhob sich Zeisig und sagte, die Kammer ziehe sich zur Beratung zurück. Die Richter erhoben sich und verließen den Saal.

Franziska Berger wollte etwas zu Hans sagen, und auch Sabine Friedrichs kam noch einmal auf ihn zu. Doch er konnte jetzt nicht reden, er hatte einfach nicht mehr die Kraft für Gespräche, für Höflichkeiten. Er musste raus, er brauchte Sauerstoff. »Jetzt nicht«, sagte er, nahm seine Briefe und ging.

Draußen setzte er sich auf die Stufen des Gerichtsgebäudes, die im Schatten lagen und die der Wind bereits getrocknet hatte. Auf dem Marktplatz vor ihm vertrödelten die Menschen ihre Zeit an Kaffeetischen unter Bäumen, tranken Saftschorlen oder Bier. Hans betrachtete die Briefe in seiner Hand. Er wusste nichts von seiner Tochter, er kannte sie nicht. Doch er hörte ihre Stimme, ihre Stimme am Telefon. »*Hallo, Papa.*« Sie hatte »Papa« gesagt. Er hatte sich mit ihr verabredet, sie wollten zusammen eine Pizza essen.

Er hatte sich nie um sie gekümmert, siebzehn Jahre lang nicht, und sie hatte »Papa« zu ihm gesagt und dabei geweint.

Hans legte den Stapel Briefe neben sich auf die Stufe und zündete sich eine Zigarette an. Als er sie aufgeraucht hatte, nahm er eine neue aus der Schachtel.

Die Sonne kroch hinter einer Wolke hervor, der Himmel war jetzt blau. Man sah ihre Bewegung nicht, und doch schob sie sich Schritt für Schritt vorwärts. Bis sie hinter der Kirchturmspitze verschwunden war und Schatten über den Marktplatz fiel.

»Na«, sagte Klaus, der sich irgendwann neben Hans setzte und ihm einen Arm auf die Schultern legte.

Die Leute verließen das Gerichtsgebäude und strömten links und rechts die große Steintreppe hinab. Manche lächelten Hans zu, andere nahmen keine Notiz von ihm.

»Es ist vorbei«, sagte Klaus. »Du hast es geschafft.«

Hans sah ihm in die Augen.

»Lebenslänglich«, sagte Klaus.

Hans nickte und schaute wieder auf den Marktplatz. Ein kleines Mädchen saß auf dem Schoß eines Mannes, sie spielten »Hoppe, hoppe, Reiter«. Das Mädchen schloss immer wieder die Augen und lachte, wenn es seinen Oberkörper vom Schoß des Mannes fallen ließ.

»Lebenslänglich«, wiederholte Hans, und er dachte erneut an die Briefe, die Nina nie gelesen hatte. »Irgendwas stimmt nicht.«

»Wie meinst du das?«, fragte Klaus.

Hans wusste es selbst nicht. Es war ein Gefühl, ein unbestimmter Gedanke, eine Ahnung vielleicht. Irgendetwas, das seinen Zweifeln gerade nicht Schweigen gebot. Volker März war aller Wahrscheinlichkeit nach Ninas Mörder. Die Indizien sprachen gegen ihn, sie waren geradezu erdrückend. Und doch fehlte etwas, ein letztes Glied in der Beweiskette, es fehlte die letzte Gewissheit. Ein Boxer, der eingesteckt hatte und soeben zu Boden gegangen war, genau das war Volker März. Doch der Ringrichter zählte noch, er war noch nicht bei zehn angelangt.

Hans wischte sich den Schweiß von der Stirn, ihm war heiß und kalt zugleich.

»Komm«, sagte er und stand auf. »Lass uns was trinken gehen.« Er ergriff Klaus' Hand und zog ihn hoch.

War der Himmel eben noch blau gewesen, zog er sich jetzt schon wieder zu.

Der 1. Juli 1982 zeichnete sich vor allem durch eines aus: Aprilwetter.

17.

Zaungäste

Februar 1983

Es schneite leicht, eine dünne Schneeschicht bedeckte das Grab. Immer wieder ließ der Wind die Flocken tanzen. Sie stoben auf wie ein Schwarm Vögel und fielen zurück auf den Boden, als zöge ein Magnet an ihnen. Hans setzte sich auf die Bank neben dem Grab. Er sah den Flocken zu, wie sie auf und ab an Ninas Namen vorbeizogen und an dem Trauerspruch, den Charlotte für sie ausgesucht hatte.

Der Tod ist nicht das Ende,
er ist nicht die Vergänglichkeit.
Der Tod ist nur die Wende
und der Beginn der Ewigkeit.

Hans konnte damit nicht viel anfangen. Trost ging anders. Nina war fort, von ihrem Mörder aus dem Leben gerissen. Das hatte nichts mit Wende zu tun. Wer an so was glaubte, machte sich was vor. Die Ewigkeit gab es nicht, und falls doch, half der Gedanke daran auch nicht über den Verlust hinweg. Jedenfalls ihm nicht.

Charlotte. Er hatte sie neulich besucht. Sie arbeitete wieder als Schuhverkäuferin und führte inzwischen ein halbwegs normales Alltagsleben. Er hatte mit ihr in der Küche gesessen und sich mit ihr unterhalten. Sie hatte sogar einen Kuchen gebacken, einen Nusskuchen, der, den er schon damals gern gemocht hatte. Irgendwann war sie auf Nina zu sprechen gekommen. Sie hatte gesagt, sie habe Ninas Zimmer nach dem Unglück – sie hatte den Mord tatsächlich als Unglück bezeichnet – nur ein paarmal betreten. Anfangs habe alles noch nach ihr gerochen, aber der Geruch sei mit der Zeit verflogen. »Das ist ganz gut, weißt du«, hatte sie gesagt und ergänzt: »Auch wenn es furchtbar ist.« Aus einem Reflex heraus hatte Hans ihre Hand genommen und fest in seiner gehalten. Die Tränen waren ihr still die Wangen hinabgelaufen, bis er sich mit einer Umarmung von ihr verabschiedet hatte. Mit einer Umarmung – der ersten nach fast zwanzig Jahren.

Es hörte auf zu schneien, doch der Himmel blieb grau. Wenn es heute noch regnete, würde der Boden gefrieren und sich auf Straßen und Wegen Glatteis bilden. Hans fror auf der Friedhofsbank. Aber er konnte nicht gehen, er konnte Nina nicht allein lassen. Er hatte sie ihr ganzes Leben allein gelassen. Jetzt lag sie in einem zwei Meter tiefen Erdloch. Ohne Licht. Und ohne das ganze Leben, das noch vor ihr gelegen hatte.

Der herabgefallene Schnee passte zum weißen Kies, den die Friedhofsgärtner auf die Grabstelle gebracht hatten. Irgendjemand hatte eine Christrose in einem kleinen Topf vor den Grabstein gestellt, daneben lachte Nina aus einem messingfarbenen Bilderrahmen.

Siebzehn Briefe hatte Hans ihr geschrieben, jedes Jahr einen. Eine Antwort hatte er nie bekommen, nicht einmal ein Foto oder eine Urlaubskarte. Aus Sicht seiner Tochter hatte er nicht existiert. Er nahm ihr das nicht übel. Er war abgehauen damals, er hatte Frau und Kind allein gelassen.

Hans, du verdammter Feigling.

Wer weiß, vielleicht hätte es mit Charlotte ja doch funktioniert, auch mit einer gemeinsamen Dreizimmerwohnung in einem Genossenschaftsbunker und trotz der Häkelkissen im Wohnzimmer ihrer Eltern. Wenn Hans ehrlich war, dann war es um all das überhaupt nicht gegangen. Das Einzige, was ihn damals angetrieben hatte, war sein Egoismus gewesen – die pure Liebe zu sich selbst, der Wunsch, ein ungebundener, freier Mann zu sein. Eine Flucht vor der Verantwortung war es gewesen, als er Charlotte mit seiner Entscheidung konfrontiert und mit ihr Schluss gemacht hatte. Und eines wusste er noch heute: Ein schlechtes Gewissen hatte ihn dabei nicht geplagt.

Es war am Badesee gewesen, der etwas außerhalb von Hambühren lag. Charlotte hatte auf einer kleinen Bank gesessen und die erst wenige Tage alte Nina im Kinderwagen geschlafen. Es war ein heißer Sommertag gewesen. Hans und sie hatten sich für den Nachmittag verabredet, und Charlotte hatte zwei Stück Nusskuchen für sie beide mitgebracht. Hans hatte seins nicht angerührt und nicht viel Worte verloren. Zum Abschied hatte er Charlotte kurz umarmt, auch noch einen Blick in den Kinderwagen geworfen – unfähig, das kleine Bündel Mensch zu berühren. Später dann war er mit ein paar Freunden im *Schleusenwärter* versackt.

Ihm wurde kälter auf der Friedhofsbank. Er zog den Reißverschluss seiner Jacke bis unters Kinn und rieb mit den Händen über seine Oberschenkel.

Wenn es die Möglichkeit gäbe, die Geschehnisse in der Vergangenheit zu ändern und durch die Zeit zu reisen, dann wäre Hans zu jenem Tag im Sommer 1964 zurückgekehrt. Er würde noch einmal auf die Bank zugehen, auf der Charlotte bereits wartete. Er würde sie zur Begrüßung küssen und ihren Kuchen loben. Und irgendwann würde er im warmen Gras liegen, den Kopf auf ihren Beinen, und würde Nina streicheln, die auf seinem Bauch vor sich hin döste, manchmal vielleicht ein bisschen zuckte oder leise Seufzer von sich gab, die aber ansonsten ganz still dalag, ganz nah bei ihrem Vater.

Auf dem Foto am Grabstein war Nina fast schon eine erwachsene Frau. Hans wusste nicht einmal, wie sie als kleines Kind ausgesehen hatte. Kurz nach ihrer Geburt war er nach Lüneburg gezogen, gute hundert Kilometer von Hambühren entfernt. Weit genug, hatte er gedacht, um die Vergangenheit abzustreifen, um sie auszuziehen wie einen alten Mantel, der entsorgt werden musste. Doch insgeheim hatte er schon damals gewusst, dass das Unsinn war. So einfach ließen sich die menschliche Natur und der eigene Charakter nicht umgehen. Er hatte es zwar geschafft, über einen langen Zeitraum hinweg nicht mehr an Charlotte und Nina zu denken. Aber irgendwann holte die Vergangenheit jeden ein. Das war ein ungeschriebenes Gesetz, das wahrscheinlich eine größere Gültigkeit besaß als manches geschriebene. Und dann bekam man an einem nebligen Novembertag die Nachricht, dass die Tochter, die man nie gehabt hatte, ermordet worden war. Sie war tot und dadurch mit einem Mal so lebendig wie nie zuvor.

Windböen zogen durch den Hagebuttenstrauch, der seitlich vom Grabstein stand. Die Zweige mit den roten Früchten daran zitterten, als erschreckten sie sich.

Eine Amsel flog über den Strauch, bestimmt hatte sie es auf die Hagebutten abgesehen. Sie setzte sich auf den niedrigen Holzzaun, der den Friedhofsweg säumte, und schien Hans zu beobachten. Er bewegte sich nicht, und auch der Vogel hockte ganz regungslos auf seinem Platz.

»Na, kleiner Freund«, flüsterte Hans. »Schön, dass du vorbeigekommen bist. Darf ich vorstellen? Das ist Nina, meine Tochter. Ist sie nicht ein tolles Mädchen? Schau dir mal ihr Bild an. Wunderschön, findest du nicht? Ach so, du kennst sie ja gar nicht. Na ja, da sind wir schon zwei. Zwei, die nicht dazugehören. Wir sind Zaungäste, weißt du? Zuschauer aus sicherer Distanz sind wir.«

Die Amsel hüpfte auf einen Zweig, der schräg vor ihr hing, schnappte sich, mit etwas Gezeter und Gezerre, eine Hagebutte und flog davon. Hans sah ihr nach.

»Jetzt redest du schon mit Vögeln«, sagte er zu sich selbst und schüttelte den Kopf.

Vorn am Eingang quietschte die Metalltür und fiel mit einem Klacken ins Schloss zurück.

Ein Mann kam über den Schotter auf Hans zu. War das ...? Tatsächlich, er war es. Hans stand auf. »Das gibt's ja nicht. Was machst du denn hier? Ich denke, du bist in Lüneburg.«

Klaus hatte einen kleinen Blumenstrauß in der Hand. »Es gab genau drei Möglichkeiten.« Er legte den Strauß auf Ninas Grab. »Entweder bist du in der Turnhalle auf Lühesand, im Keller der *Ritze* oder eben hier.«

»Verrückter Kerl.« Hans umarmte ihn.

»Grüß dich«, sagte Klaus. »Von deinem Boss weiß ich, dass du Urlaub hast, und die *Ritze* ist zu dieser Tageszeit noch dicht. Da habe ich mich ins Auto gesetzt und – Volltreffer.«

Beide ließen sich auf der Bank nieder.

»Schön, dass du da bist, Klaus. Ich freue mich.«

Klaus klopfte ihm auf den Oberschenkel, sah einen Moment zum Grab und drehte sich zu Hans. »Wie geht es dir?«

Hm, wie sollte es ihm gehen? Schlaflose Nächte, manchmal Tränen und seit der Todesnachricht fast zehn Kilo abgenommen.

»Ich unterhalte mich mit Amseln.« Er lächelte.

»Du tust was?«, fragte Klaus.

»Ich rede mit Vögeln. Gerade eben erst, kurz bevor du gekommen bist. Da habe ich eine Amsel begrüßt und ihr von meiner Tochter erzählt.«

Seine Kollegen in der Vollzugsanstalt ging das alles nichts an. Er sprach nicht mit ihnen über Nina und das, was passiert war. Vielleicht hatten sie etwas aus der Presse erfahren, aber sie hielten ihm gegenüber die Klappe. Keine förmlichen Beileidsbekundungen, keine neugierigen Fragen. Und für wirkliche Anteilnahme fehlte ihnen die Empathie. Der Einzige, dem Hans sich anvertraut hatte, war Jonny gewesen. Hans hatte ihn an Heiligabend in der *Ritze* besucht, fest entschlossen, sich mit ihm zu betrinken. Jonny war mit ihm runter in den Boxkeller gegangen und hatte ihm zugehört. Sie hatten Cola getrunken, ohne Rum. Das Vorhaben, sich zu besaufen, war rasch vergessen gewesen. Bei schummrigem Licht hatten sie zu zweit auf dem alten Ledersofa gesessen, während Hans erzählt hatte. Von Charlotte und ihrer Schwangerschaft. Von der siebzehnjährigen Nina, von der er nicht einmal Kinderfotos besaß. Jonny hatte zugehört, die ganze Nacht, und sich irgendwann in die Küche gestellt, um Spiegeleier für sie beide zu braten.

Klaus stand auf, nahm Ninas Bild vom Kies und setzte sich wieder. »Sie war bestimmt ein tolles Mädchen. Sei stolz auf sie.«

Hans betrachtete Nina aus der Nähe. Sie hatte braune Augen, so wie er. »Klaus ... ich kann damit nicht umgehen. Ich weiß nicht, was los ist. Sie war mir nie egal, die ganzen siebzehn Jahre nicht. Und irgendwie war sie es mir doch. Ich hab mich einen Scheiß um sie gekümmert. Nur jetzt ... jetzt kann ich nichts mehr machen. Das ist wie so ein gottverdammter Vorsatz, den man immer vor sich herschiebt. Ruf sie an, fahr zu ihr. Unternimm was mit ihr. Vielleicht habt ihr noch 'ne Chance. Aber dann passt es dir am nächsten Wochenende nicht und an dem darauffolgenden auch nicht. Und jetzt sitze ich auf einem Friedhof und gucke auf ihr Grab. Es ist zum Kotzen.«

Es begann wieder zu schneien, für Regen war es wohl doch zu kalt. Die Flocken rieselten stumm zu Boden, sie blieben auf dem Grabstein liegen.

»O Mann, das glaube ich dir. Aber ... Ich hab was für dich. Geht nicht anders. Je früher du es erfährst, desto besser.« Klaus legte das Bild neben sich auf die Bank. Er griff in seinen Mantel und gab Hans ein paar zusammengefaltete Papiere.

Hans sah ihn an. »Was ist das?«

»Ist heute Morgen per Fax gekommen. Aus Karlsruhe.«

Hans faltete die Seiten auseinander. Ein Urteil des Bundesgerichtshofs mit gestrigem Datum.

1. Auf die Revision des Angeklagten wird das Urteil des Landgerichts Lüneburg vom 1. Juli 1982 aufgehoben.
2. Die Sache wird zur erneuten Verhandlung und Beweisaufnahme an das Landgericht Stade zurückverwiesen.

März im Gerichtssaal. Alle Beweise sprachen gegen ihn. Die Luft im Saal war heiß und trocken gewesen. Hans hatte es nicht mehr ausgehalten und war rausgegangen, hatte auf den Treppen des Gerichts auf die Entscheidung gewartet. Das Mädchen auf dem Schoß des Vaters unter den Bäumen. Sie hatten »Hoppe, hoppe, Reiter« gespielt.

Hans gab Klaus die Blätter zurück.

»Die haben irgendeinen formalen Fehler im Urteil des Landgerichts gefunden.« Klaus hielt die Seiten in die Luft. »Deshalb haben sie es aufgehoben. Aber das heißt noch nichts. Nur, dass sie die Sache noch mal verhandeln müssen.«

Noch mal verhandeln. Noch mal Volker März hören, wie er alles abstreitet. Noch mal den Gerichtsmediziner, der Nina zerstückelt.

Er musste aufstehen, musste sich bewegen. Seine Finger fühlten sich wie erfroren an, seine Wangen glühten.

Noch mal verhandeln. Er hatte es schon nach dem Urteil gewusst, irgendwie hatte er es gespürt. Da war etwas nicht stimmig gewesen. Er hatte nicht sagen können, was es gewesen war – das konnte er bis heute nicht –, aber es hatte sich nicht vollkommen angefühlt. Sosehr er sich gewünscht hatte, März sei es gewesen, sosehr er es herbeigesehnt hatte, dass es für den Mord an seiner

Tochter einen Schuldigen gab, so sehr waren auch Zweifel an der Schuld des Angeklagten in ihm aufgekommen, die bis heute hielten. Volker März hatte Nina offenbar geliebt, er hatte seine Unschuld beteuert. Sicher, das tat wahrscheinlich jeder, der wegen Mordes angeklagt war. Aber bei ihm ... Bei ihm hatte es tatsächlich überzeugend geklungen.

Hans drehte sich zu Klaus. »Das heißt, der ganze Mist wird ein zweites Mal aufgerollt?«

Klaus erhob sich. »Das heißt, dass wir jetzt einen langen Atem haben müssen.«

Hans sah zum Grabstein. Die Amsel war zurück. Vielleicht aber war es auch eine andere, mit ihrem schwarzen Gefieder und dem orangefarbenen Schnabel sahen alle gleich aus. Sie hatte einen Freund mitgebracht. Zu zweit saßen sie auf dem Zaun unter dem Hagebuttenstrauch und starrten Hans an. Er beugte sich hinab, nahm einen Kiesel und warf ihn in ihre Richtung. Wie vorhin die Schneeflocken stoben die Vögel auf, nur dass sie dabei laut schimpften.

18.
Ein riesiger Haufen Scheiße an einem Wegesrand

Mai 1983

Von außen glich das Gebäude, in dem das Landgericht Stade untergebracht war, einem kleinen Schloss oder einer herrschaftlichen Villa aus dem siebzehnten Jahrhundert. Überall waren Erker und Türmchen angebracht, und die Sprossenfenster, die sich spärlich über die Fassade verteilten, hatten Hans, als er heute früh auf die Eingangspforte zugegangen war, eher an Rapunzels Gefängnisturm als an ein Gerichtsgebäude denken lassen.

Der Schwurgerichtssaal allerdings, in dem er bereits seit mehr als drei Stunden saß, war modern eingerichtet. Neue Tische und Stühle in hellem Holz, die Richterbank in schlichtem, funktionalem Design, die Oberfläche grau lackiert. An der Wand hinter Jens-Ole Volkerts, dem Vorsitzenden, prangte das Niedersachsenwappen, das springende weiße Pferd auf rotem Grund.

Volkerts wandte sich wieder an den Kfz-Sachverständigen Müller. »Wenn ich Sie also richtig verstehe, dann halten Sie die Feststellungen im Gutachten, das im vorangegangenen Strafverfahren in Lüneburg erstellt worden ist, für unzutreffend. Ist das richtig?«

»Ja, das ist richtig.« Müller nickte.

»Aber der Sachverständige ...«, begann Berger, die jedoch sofort unterbrochen wurde.

»Sie sind noch nicht dran, Frau Rechtsanwältin.« Volkerts' Stimme wurde lauter. Er wandte sich wieder Müller zu. »Erläutern Sie uns das bitte noch einmal.«

»Natürlich.« Müller streckte seinen Rücken durch.

Der Mann war sicher über zwei Meter groß und wog mehr als hundertfünfzig Kilo. Seine Hände, fleischige Pranken, ruhten auf dem Tisch vor ihm. Er mochte an die sechzig Jahre alt sein und sprach mit whiskeyrauer Stimme. Seine graue Lockenmähne, die ihm bis zu den Schultern reichte, glänzte im Sonnenlicht, das durch die Fensterscheiben in den Raum fiel.

»Zunächst einmal muss ich vorwegschicken, dass der Tatort einen sehr sandigen Boden aufweist.« Er räusperte sich. »Es ist ein typischer Heideboden. Der ist anders als etwa ein Lehmboden, der fest und weniger anfällig für Witterungseinflüsse ist. Der hohe Sandanteil bewirkt, dass beispielsweise Regen schneller zu Veränderungen führt, als es bei einer festeren, lehmigen Struktur der Fall ist. Vereinfacht ausgedrückt verschwämmt die obere Bodenschicht schneller bei Niederschlag, sie zerfließt. Wir haben daher die Situation vor Ort nachgestellt, das heißt, wir sind den Tatort mit dem BMW abgefahren und haben die Fahrspuren vier Tage lang – das ist der Zeitraum, der zwischen der Tatzeit und dem Fund der Leiche liegt – anhand der Daten des Deutschen Wetterdienstes benässt. Anschließend haben wir Proben genommen und diese mit dem Reifenprofil verglichen.«

»Zu welchem Ergebnis sind Sie gekommen?«, fragte Volkerts.

»Einen sicheren Rückschluss, dass die Abdrücke dieser Reifen tatsächlich mit den Spuren am Tatort übereinstimmen, konnten wir nicht ziehen.«

»Aber das sind doch Laborvoraussetzungen«, warf Franziska Berger ein, die mit dem Kugelschreiber in ihrer Hand spielte.

»Frau Rechtsanwältin«, sagte Volkerts. »Noch ein einziges Mal, und ich entziehe Ihnen das Wort. Sie kennen die Regeln. Halten Sie sich daran.«

Berger warf den Kugelschreiber auf ihre Akte und verschränkte die Arme vor der Brust.

Volkerts wandte sich wieder an Müller. »Der Sache nach gebe ich Frau Berger recht. Sie sagten, Sie hätten die Situation am Tatabend nachgestellt. Kann denn eine solche Simulation überhaupt hinreichend realistisch sein? Ich meine, vier Tage künstlich beregnen lassen, dazu Wind und womöglich Frost.«

»Frost gab es keinen und auffällige Winde auch nicht.« Müller nickte, als wollte er sich von der Richtigkeit seiner Angaben selbst überzeugen. »Und die Beregnung ...« Er hielt einen Moment lang inne, zuckte mit den Achseln und sah kurz auf seine Papiere vor sich. »Das ist ein ganz übliches Vorgehen, Niederschlag zu simulieren, auch über einen längeren Zeitraum.«

Wie bei der ersten Gerichtsverhandlung saß Hans dem Angeklagten gegenüber, dessen Unterarme auf der Tischkante lagen. März schaute auf seine Finger, an denen er herumspielte. Offenbar wollte er Dreck unter dem langen Nagel seines rechten Daumens entfernen.

Die Zuschauerreihen waren leer. Nur Sabine Friedrichs und Klaus saßen da und starrten auf Müllers Rücken.

»Die Methode, die wir gewählt haben, hat sich über Jahrzehnte bewährt«, fuhr Müller fort. Er sprach ruhig, seine rauchige Stimme fand einen Widerhall an den Wänden. »Es handelt sich dabei keineswegs um eine Versuchsanordnung wie in einem Labor. Die Realitätsnähe und damit die Aussagekraft der Versuchsanordnung liegen nach meiner sachverständigen Überzeugung bei weit mehr als neunzig Prozent. Die Einzelheiten können Sie meinem schriftlichen Gutachten entnehmen. Oder soll ich das noch einmal näher erläutern?«

»Das ist doch Unsinn.« Berger schüttelte den Kopf.

Es erschien unklug, den Vorsitzenden zu verärgern. Zudem waren die Ausführungen des Sachverständigen nachvollziehbar. Hans wollte sie auch nicht wahrhaben, aber sie klangen plausibel.

»Frau Berger, es reicht«, sagte Volkerts. Und wieder an Müller gewandt: »Ihr Ergebnis war welches?«

Klaus blickte zum Fenster hinaus und zwirbelte seinen Bart. Die Sonne am wolkenlosen Himmel zog Zentimeter um Zentimeter weiter. Lichteinfall und Schattenwurf schoben sich über Tische, Köpfe, Akten, sie änderten ihre Ausrichtung. Was eben noch dunkel war, wurde auf einmal hell. Die Zeit troff wie Harz vom Baum. Die Zeiger der Wanduhr schienen festzukleben.

»Nach meiner Auffassung können die Reifenspuren am Tatort durchaus vom Fahrzeug des Angeklagten stammen. Aber ...«

»Aber?« Brinkmann neben März beugte sich nach vorn.

»Es besteht keine hinreichende Sicherheit dafür.«

»Das glaube ich einfach nicht«, sagte Berger vor sich hin.

Sabine Friedrichs notierte. Klaus zwirbelte weiter.

Hans schaute dem Schattenkegel auf dem Tisch vor sich zu, wie er sich erst das rote Buch mit den Gesetzen nahm, das Berger mitgebracht hatte, dann ihren Kugelschreiber und gleich darauf das Wasserglas, dessen Lichtbrechung – eben noch ein winziger Regenbogen hinter dem Glas auf dem Tisch – wie ein Ölfilm in einer Pfütze verschwamm.

Die Wanduhr dagegen schien stehen geblieben zu sein. Es war eben schon drei Minuten nach elf gewesen, und jetzt war es immer noch drei Minuten nach elf.

März hob den Kopf. Einen Moment lang blickte er Hans an. März lächelte nicht, er sah Hans nur in die Augen, bis er sich wieder seinem Daumennagel widmete.

März hatte Nina nicht getötet. Wenn einer in einer solchen Situation so ruhig war, so gefasst, dann konnte er unmöglich einen Mord begangen haben, schon gar nicht einen Mord wie diesen. Aber Nina hatte in seinem Wagen gesessen. Die Fasern seiner Sitzfelle waren auf ihrer Kleidung festgestellt worden. Oder waren die jetzt auch nicht mehr da? Waren die jetzt mit einem Mal auch vage geworden, vergänglich wie ein Regenbogen?

Vier Minuten nach elf. Der Schatten kroch an Hans' Arm heran.

Hans hatte kürzlich einen Artikel über die Relativität gelesen. Nicht über die Theorie Einsteins, sondern über einen philosophischen Ansatz. Wenn er den Text richtig verstanden hatte, handelte es sich dabei um eine Denkrichtung, nach der die Wahrheit von Aussagen, Forderungen und Prinzipien stets von etwas anderem bedingt war. Absolute Wahrheiten gab es demzufolge nicht. Jede Aussage baute auf Bedingungen auf, deren Wahrheit wiederum auf anderen Bedingungen fußte und so weiter. Für Anhänger einer solchen Sichtweise war es jederzeit möglich, den Geltungsanspruch einer ursprünglich wahren Aussage zu relativieren und eine Tatsachenbehauptung zu verändern. Sie wurde beliebig.

Genau das war der Grund, weshalb Hans hier saß, im Schwurgerichtssaal des Landgerichts Stade: Beliebigkeit.

Draußen sangen die Vögel wie immer in den Bäumen, und wie immer hupten Autos auf ihrem Weg durch die engen Straßen der Stadt. Vorn im Raum saßen erhöht wie immer in einem Mordprozess fünf Richter, und wie immer waren März, Brinkmann und – auf der gegenüberliegenden Seite – Kohlstedt und die Berger da. Richter, Staatsanwalt und Anwälte trugen schwarze Roben, die Protokollführerin notierte, was Volkerts ihr auftrug. Die Luft war wie immer zu warm und zu stickig, und ebenfalls wie immer ging es zwischen den Beteiligten hoch her. Ein Verhandlungstag wie die vorangegangenen in Lüneburg, konnte man meinen. Und doch war etwas anders. Hans fehlte es an Zuversicht. Es fehlte ihm an Hoffnung. Aber auch sie, die Hoffnung, war vermutlich nicht echt, war niemals für immer wahr, sondern konnte sich wie ein Stück Zucker im Kaffee auflösen.

In Lüneburg hatte er über Stunden und Tage das Geschehen verfolgt. Er hatte Sachverständige gehört, Zeugen und die Juristen mit ihren unterschiedlichen Bewertungen der Beweisergebnisse. Damit hatte er sich ein eigenes Bild verschaffen können, war zu einer eigenen Bewertung und letztlich zu einem Ergebnis gekommen, das ihm plausibel erschienen war. März war Ninas Mörder. Die Reifenspuren seines Wagens, die Fellfasern an ihrer Kleidung, sein fehlendes oder jedenfalls nicht glaubhaftes Alibi. All das hatte nicht nur ihm genügt für die Überzeugung, dass März schuldig war.

Doch dann war der Bundesgerichtshof gekommen und hatte alle Erkenntnisse und Überzeugungen über Bord geworfen. Tatsachenbehauptungen waren dehnbar. Tatsachen waren relativ. Und die Wahrheit? Sie war nichts weiter als ein riesiger Haufen Scheiße an einem Wegesrand. Sie war zwei Groschen im Gras.

»Fragen an den Sachverständigen?« Volkerts sah Kohlstedt an.

»O ja.« Kohlstedt erhob sich und schritt am Richtertisch entlang. »Herr Müller, Sie kennen Ihren Kollegen, Dr. Matusche?«

»Ja, durchaus.«

»Und, schätzen Sie seine Expertise?«

»Das tue ich.«

»So.« Kohlstedt blieb vor Müller stehen. »Wie kommt es dann, dass er nach Ihrer Auffassung mit seinen Ergebnissen völlig falschgelegen hat?«

»Ich habe nicht gesagt, dass er mit seinen Ergebnissen völlig falschgelegen hat.«

»Hm«, machte Kohlstedt. »Dann habe ich wohl etwas nicht richtig verstanden. Sie haben doch gesagt, aus Ihrer Sicht sei nicht mit Sicherheit festzustellen, dass das Fahrzeug des Angeklagten die Reifenspuren am Tatort verursacht habe. Ihr Kollege war sich bei seinen Feststellungen aber durchaus sicher. Aus meiner Sicht sind die Ausführungen in seinem Gutachten nachvollziehbar und überzeugend.«

Müller räusperte sich wieder. Im Sitzen war er fast so groß wie Kohlstedt, der immer noch vor ihm stand. »Nachvollziehbar sind sie, da gebe ich Ihnen recht. Aber sie reichen nach meiner Auffassung nicht aus, um zu einer Eindeutigkeit zu kommen. Die Ergebnisse sind zu unbestimmt. Ich kann nach allem, was wir festgestellt haben, keine hinreichende Sicherheit feststellen.«

»Dann sind also die Tatsachen, die Ihr Kollege ermittelt hat, falsch.«

»Nein, nicht falsch. Sie sind nur nicht eindeutig.«

Da war er, der Haufen Scheiße. Die Relativität der Wahrheit. Zwei Groschen im Gras, die vielleicht doch nicht im Gras lagen. Das Vage, das auch Brinkmann schon im ersten Prozess in Lüneburg hatte hochleben lassen. Ermittlungen, Aussagen, Feststellungen: All das war nichts wert. Nichts war verlässlich. Müller, Matusche, Brinkmann, Volkerts. Sie alle hätten mal in den Boxring kommen sollen. Da gab es nur eine Wahrheit, und die steckte in den Fäusten. Dieses ganze Gequatsche über Reifenspuren und Stofffasern, über sandigen Boden und Laborbedingungen. Das nervte nur noch und brachte Wut hervor. Sollten doch alle ein Paar Boxhandschuhe anziehen und drauflosschlagen. Das hätte allen gutgetan. Im Ring gab es keine Feinwaage.

Die grellen Sonnenstrahlen stachen weiter durch die Fensterscheiben. In der Luft tanzten Staubpartikel. Der Schattenwurf hatte sich Hans' Arm geschnappt.

Hans berührte Bergers Schulter mit den Fingern. »Ich muss hier raus.«

Sie legte eine Hand auf seine. »Halten Sie durch. Wir haben es gleich geschafft.«

Wir. Als wäre sie betroffen. Das konnte sie Hans nicht verkaufen. Sie machte ihren Job. Sie machte ihn gut. Aber sie sollte nicht so tun, als säßen sie beide im selben Boot. Sie hatte keine Tochter verloren. Sie wachte nachts nicht mit den Bildern auf, die ihn quälten. Ninas Lachen, die zwanzig Pfennig im Gras, das ganze Blut, das aus dem Hals sprudelte.

Er musste hier raus. Aber er durfte es nicht. Er wollte weg, aber das wäre Flucht gewesen. Verrat. Verrat an Nina. Er konnte sie jetzt nicht allein lassen. Nicht noch einmal. Nicht mehr. Nie mehr.

Kohlstedt setzte sich zurück auf seinen Platz.

»Fragen an den Sachverständigen?« Volkerts sah Berger an.

Hans beugte sich dicht zu ihr. »Nein. Keine Fragen mehr«, flüsterte er ihr zu.

Sie kniff die Augen zusammen, legte den Kopf schräg. »Herr Larsen ...«

»Nein, hab ich gesagt. Die Dinge sind, wie sie sind. Ich bitte Sie. Ich will, dass es vorbei ist. Keine Fragen mehr.«

Berger atmete durch. Sie nickte. »Keine Fragen, Herr Vorsitzender.«

Abermals legte Hans seine Hand an ihre Schulter, fester diesmal. Keine Ahnung, ob sie ihn verstand. Aber das war gleichgültig.

Nina als kleines Mädchen. Er kannte ihr Aussehen nur von Fotos. Nina als fast erwachsene Frau. Die zerschnittene Kehle. Das Grab. Die fehlende Zeit mit ihr. Nichts würde sie zurückbringen. Eine Verurteilung nicht, ein Freispruch nicht. Der Gerichtsprozess als Farce, als notwendiges und gleichsam überflüssiges Räderwerk.

Die Richter steckten ihre Köpfe zusammen. Sie flüsterten. Irgendwann nickten sie und standen auf. Alle im Saal erhoben sich.

»Im Namen des Volkes ergeht folgendes Urteil«, sagte Volkerts.

Hans stand im Schattenwurf. Er wusste, was kam.

Ein riesiger Haufen Scheiße an einem Wegesrand. Die meisten von ihnen stanken nicht. Einige schon.

19.

Die Entschädigung

Juli 1983

Stade. *Kehrtwende im Fall der getöteten Nina M.*
Die meisten Prozessbeobachter hatten wohl nicht damit gerechnet, jetzt ist es Gewissheit: Volker M., der mutmaßliche Mörder der siebzehnjährigen Schülerin aus Hambühren, ist wieder auf freiem Fuß. Das Landgericht Stade hat ihn mit Urteil vom 13. Mai 1983 freigesprochen (Az. 10 Ks 9 Js 3228/83).
Zum Hintergrund: Nina M. war am Abend des 4. November 1981 nach einer Chorprobe per Anhalter von Celle in Richtung Hambühren, ihrem Heimatort, gefahren. Vier Tage später wurde ihre grauenvoll zugerichtete Leiche in einem Waldstück gefunden. Messerstiche am ganzen Körper, die Kehle durchgeschnitten. Außerdem war sie vergewaltigt worden, bevor der Mörder zugestochen hatte. Der Verdacht war auf Volker M. aus dem benachbarten Fleesund gefallen, einen Außendienstmitarbeiter für einen Tabakkonzern. Reifenspuren, die auf einen BMW 1602 hindeuteten, brachten die Polizei auf seine Spur – er fuhr denselben Typ. Zudem fanden sich Faserspuren an der Kleidung des Opfers, die mit hoher Wahrscheinlichkeit aus dem Wagen des Verdächtigen stammten. Das Landgericht Lüneburg verurteilte ihn daraufhin im Juli 1982 zu lebenslanger Haft. Dagegen legte er Revision beim Bundesgerichtshof (BGH) ein. Der hob das Urteil wegen Verfahrensmängeln auf und verwies die Sache

zur erneuten Verhandlung an das Landgericht Stade, das den Angeklagten nun freisprach.

Zur Begründung hat das Gericht im Wesentlichen ausgeführt, die Einlassung des Angeklagten, er habe die ihm zur Last gelegten Taten nicht begangen, sei nicht zu widerlegen gewesen. Die Beweisaufnahme habe keine gesicherten Hinweise dafür ergeben, dass sich M. am Tatort befunden habe. Zum einen hätten die am Tatort sichergestellten Reifenspuren nicht mit hinreichender Sicherheit dem damaligen Fahrzeug des Angeklagten zugeordnet werden können. Zum anderen seien die an der Bekleidung des Opfers sichergestellten Faserspuren nicht ausreichend gewesen, um aus ihnen einen verlässlichen Schluss auf einen Kontakt mit Textilien im Pkw des Angeklagten ziehen zu können. Weitere Anhaltspunkte für eine Täterschaft des Angeklagten habe die Hauptverhandlung nicht erbracht.

Gegen die Entscheidung hatten sowohl die Staatsanwaltschaft als auch der als Nebenkläger aufgetretene Vater des Opfers Revision eingelegt, die der BGH jedoch mit Beschluss vom gestrigen Tag verwarf.

Der Freispruch ist rechtskräftig. Der ursprünglich verurteilte Volker M. wurde unverzüglich aus der Haft entlassen. Für seine Zeit im Gefängnis bekommt er eine Entschädigung. Zur Höhe ist nichts bekannt.

Sabine Friedrichs (SF), Lüneburger Anzeiger

ZWEITER TEIL
RECHT

20.

Rosen für den Kommissar

August 2007

Die Girlanden und Luftballons, die die Kollegen aufgehängt hatten, baumelten träge in Margrafs Büro. Nick schnippte gegen einen der Ballons, ein dumpfes Ploppen zog durch den Raum. Er griff nach der Sektflasche und schenkte allen nach. Ella, der Aktenführerin, Michael, Dennis, Paul und Cenk aus dem Ermittlungsteam, Anne, die im letzten Jahr die Polizeihochschule mit Auszeichnung verlassen hatte, Robert und Eddi aus der KTU und natürlich Egon Potowski, der – wie es sich für einen Kriminaloberrat und Behördenleiter gehörte – als Einziger in Uniform gekommen war. Seine goldenen Sterne auf den Schultern glänzten im Licht der Mittagssonne, die durch die Fenster fiel.

Potowski, zehn Jahre jünger als Margraf, konnte seine Nervosität, für die er bekannt war und für die er von manchen heimlich belächelt wurde, nicht verbergen. Er trat unentwegt von einem Bein auf das andere, nickte und lächelte übertrieben, wenn er angesprochen wurde, und sah sich fortlaufend im Zimmer um. Er war gemeinhin das, was die erfahrenen Kollegen – Margraf eingeschlossen – einen Karrieristen und Schreibtischtäter nannten: ehrgeizig, leidlich eloquent und eher mit den für Erfolgsmenschen nötigen Ellenbogen ausgestattet als mit Sachverstand. Er kannte die richtigen Leute an den richtigen Stellen, aß mit ihnen zu Abend oder spielte mit ihnen Golf. Im Grunde war er nichts anderes als ein Klischeeerfüller, einer, der sich stets mit akkuratem Krawattenknoten und aufgeräumtem Schreibtisch präsentierte, einer, der die Arbeit auf der Straße nicht kannte, nicht ihre Gewalt und nicht die zerstückelten Leichen, mit denen Margraf und die anderen in seinem Team täglich zu tun hatten. Potowski speiste sein Wissen aus den Akten, analysierte, theoretisierte vor allem und gab den Praktikern Anweisungen. Vielleicht hätte Margraf damals auf das Angebot eingehen sollen, sich auf den Posten des Dienststellenleiters zu bewerben. Vermutlich hätte es der Behörde gutgetan. Doch dann wäre die Mordkommission auf der Strecke geblieben. Einen wie Nick hatten sie damals noch nicht.

Potowski tippte mit einem Kuli gegen sein Glas. »Liebe Kolleginnen, liebe Kollegen. Lieber Klaus Margraf.«

Die Gespräche ebbten ab. Alle sahen zum Redner, bis auf Nick und Anne, die Margraf vom Eingang aus anlächelten.

Nick war gut, er war aus dem gleichen Holz geschnitzt wie Margraf. Ihm waren Krawattenknoten und aufgeräumte Schreibtische auch einerlei. Und Anne passte zu ihm, sie hatte Biss. Die Abteilung kam in gute Hände.

»Nun ist es so weit«, sagte Potowski. »Der letzte Tag.«

Ein Raunen ging durch die Reihen.

»Mit neunzehn Jahren nach dem Abitur in den Polizeidienst eingetreten. 1961 war das, in Göttingen. Ich habe ein Foto davon, schauen Sie mal.« Er stellte sein Glas ab, griff in seine Uniformjacke und hielt ein Bild in die Luft.

Alle lachten.

»Die volle Mähne auf dem Kopf war damals Standardausrüstung.« Potowski lachte auch, allerdings lauter als alle anderen. »Ja. So war das wohl. Aber das hat Sie nicht davon abgehalten, der Polizei die nächsten sechsundvierzig Jahre die Treue zu halten, und nicht nur das. Nach kürzeren Stationen in Oldenburg, Stade und Cuxhaven wurden Sie sesshaft. Nämlich hier, bei uns in Lüneburg.«

Er sagte tatsächlich »uns«, also so, als sei er selbst in Lüneburg aufgewachsen, als sei er ein Kind der Stadt und schon immer Leiter der Polizeidirektion. Dabei war er einst aus Hannover hergekommen oder hatte sich auf eigenen Wunsch hierher versetzen lassen. Je mehr einer Solidarität heraufbeschwor, desto weniger nahm man sie ihm ab. Vielleicht war das bei ihm das entscheidende Problem, weshalb er von vielen nicht ernst genommen und auch nicht gemocht wurde. Geborene Autorität, selbstverständlicher Respekt – so etwas ging anders.

Anne rollte mit den Augen, Nick neben ihr räusperte sich. Er räusperte sich vielleicht etwas zu laut, weshalb auch andere zur Seite sahen oder an ihrem Glas nippten. Und weshalb vor allem Potowski selbst wieder von einem Bein aufs andere wechselte.

Aus den Ballons schien die Luft zu weichen, sie wurden – auch wenn es kaum erkennbar war – allmählich kleiner, und einige von ihnen waren bereits zu Boden gesunken. Ein einzelner Ballon aber, ein transparenter mit Konfettifüllung, blieb prall und hing selbstbewusst an seinem Band, mit dem er an einer Stuhllehne befestigt war.

»Unser Klaus Margraf fühlte sich bei den Drogen nicht heimisch, und auch das Wirtschaftsdezernat war nur eine Übergangslösung. Da fügte es sich, dass unsere AlWi im Oktober 1980 einen neuen Leiter suchte. Also bewarb er sich, setzte sich gegen zwei Mitbewerber durch und ... voilà, er hatte seine Berufung gefunden.« Potowski nahm sein Glas wieder zur Hand und streckte es in die Luft. »Lieber Klaus Margraf, Sie haben die Welt in den letzten knapp siebenundzwanzig Jahren besser gemacht. Ihnen ist es zu verdanken, dass eine Vielzahl von Mördern, Kinderschändern, Vergewaltigern aus dem Verkehr gezogen wurden. Darauf stoßen wir an. Eine große Leistung, und ich sage im Namen der ganzen Mannschaft: Danke.« Er trank.

»Klasse«, sagte einer.

»Auf dich, Klaus«, rief ein anderer.

Margraf konnte die Stimmen nicht zuordnen, ein Summen, ein Druck hatte sich auf sein Gehör gelegt. Er sah durch die Reihen. Die Gesichter verschwammen, das Sonnenlicht von draußen goss einen gelben Schleier über sie. Er sah zeitverzögertes Anstoßen, sah Kohlensäureperlen in den Sektgläsern aufsteigen. Er sah seinen Schreibtisch, leer, ohne eine einzige Akte, betrachtete auch den schwarzen Bildschirm seines Computers, den Hörer seines Telefons und den chromfarbenen Tacker dahinter. Das Licht fiel kantig, fiel portioniert auf seinen Stuhl, teilte ihn in schwarze und weiße Dreiecke. Er sah das Waldstück, sah die Leiche, in Szene gesetzt von den Leuchten der Techniker, grelle Strahlen auf blasser, von Blut überströmter Haut. Und er sah die zwei Groschen, die daneben im Gras lagen, unberührt, wartend.

Potowski stellte sein Glas beiseite und ließ sich von Anne einen Blumenstrauß reichen. »Lieber Klaus, wir werden Sie vermissen.« Er übergab Margraf die Blumen, einen großen Strauß aus bunten Rosen und Tulpen.

Applaus schwappte auf. Margraf gab Potowski, der übermäßig grinste und nickte, die Hand.

Der Schleier war verflogen, die Gesichter waren wieder klar. Anne sah ihn an, Nick auch, während die anderen tuschelten und an ihren Gläsern nippten.

Er musste etwas sagen. Er hatte sich eine Reihe von Sätzen zurechtgelegt. Ein Dankeschön an alle, insbesondere für die großartige Zusammenarbeit. Die Behauptung, dass sie alle ihm fehlen würden. Ein Hinweis darauf, dass er endlich Zeit hätte für Hobbys und dergleichen. Aber da war nur noch Leere in seinen Gedanken. Nichts, was passend gewesen wäre. Er konnte nicht sagen, dass er hier noch nicht wegwollte. Er konnte nicht offenbaren, dass er noch nicht fertig war. Die jungen Kollegen – nein, alle Kollegen – hätten ihn ausgelacht, nicht laut, nicht direkt, aber im Stillen, im Geheimen hätten sie gelacht.

Ein bescheuerter Gedanke kam ihm in den Sinn. Er dachte an einen Künstler, an einen Maler, der sein Bild noch nicht fertiggestellt hatte, der von seiner Leinwand weggerissen worden war, nur weil er irgendein beschissenes Alter erreicht hatte. Was hätte dieser Maler wohl gesagt, was hätte er getan? Bestimmt nicht mit dem Kopf genickt und den Blumenstrauß in eine Vase gestellt. Die Arbeit hier war noch nicht zu Ende, Margraf war noch nicht so weit, sich endgültig zu verabschieden. Es fehlte der Kopf im Porträt des Gemäldes oder eine Hand oder eine Halskette. Da war mehr als nur eine Dienstvorschrift, mehr als ein Berg von Akten. Da war ein Leben, das Leben eines siebzehnjährigen Mädchens. Und da war ein Mörder, der immer noch frei herumlief. Das alles war nicht einfach beendet, nur weil ein Gesetz für Beamte bestimmte, dass Schluss war.

Margraf legte den Strauß auf seinen Schreibtisch. »Ich ... Ich danke Ihnen, Herr Potowski. Und ... Nun ja ... Ich ... Ich hatte mir ein paar Worte überlegt. Allerdings ...« Ihm war nicht nach Reden zumute. Da war sein Schreibtisch, sein Computer, die SoKo *Gold*. Da waren die Kollegen, Anne und Nick vor allem. Da war das Büro, in dem er gefühlt hundert Jahre gesessen hatte, in dem er Gespräche mit Kollegen geführt hatte, in dem er analysiert, abgewogen, verworfen, neu gedacht hatte. Und jetzt war da der Cut. Natürlich wie der Tod. Und doch überraschend.

»Ich bin nicht für große Ansprachen gemacht. Ich möchte nur eins sagen. Ich habe meinen Job sehr gemocht.«

Die Leute lachten.

»Und ich hoffe, ich habe das meiste richtig gemacht.«

Die Leiche im nassen Gras. *Eine verdammte Vergeudung*, hatte von der Straten damals gesagt. Und in der Rechtsmedizin hatte es so fürchterlich gestunken, erst nach Desinfektion, dann nach Verwesung.

»Aber irgendwann ist Schluss. Da muss man aufhören. Und

das ist offenbar heute.« Margraf nahm sein Glas und hob es in die Luft. »Ich danke euch allen. Es war eine gute Zeit. Macht weiter so. Und dass mir keine Klagen kommen.«

Alle ließen die Gläser klingen und tranken.

»Auf dich, Klaus«, sagte Cenk aus der Ecke. »Alles Gute.«

Nick und Anne hatten nicht mitgetrunken. Sie sprachen – die Köpfe eng beisammen – miteinander, ohne dass Margraf ihre Worte verstand.

Potowski deutete zur Tür. Ella nickte, verschwand und kam mit einem weiteren Blumenstrauß ins Büro, den sie ihrem Chef in die Hand drückte.

Er ging wieder in die Mitte des Raums. »So, meine Lieben. Jedem Ende wohnt auch der Zauber eines Anfangs inne, oder wie heißt das?« Er lachte als Einziger. »Lieber Nick Wallat, dann sind Sie jetzt dran.«

Nick stellte sein Glas ab und drehte sich Potowski zu.

Robert und Cenk klatschten, obwohl es in diesem Moment nicht wirklich etwas zu klatschen gab.

»Sie treten ein schweres Erbe an«, fuhr Potowski fort. »Die Fußstapfen, die Kollege Margraf hinterlässt, sind groß.«

Wieder ein Raunen der Kollegen, und natürlich nickten alle.

»Aber Sie haben es nicht anders gewollt.« Potowski drückte Nick den Strauß in die Hand.

Alle klatschten.

»Danke schön«, sagte Nick und schüttelte Potowski die Hand.

Nick legte den Strauß neben den von Margraf auf den Schreibtisch.

»Danke, ihr Lieben«, sagte Nick. »Das ist wirklich eine große Ehre. Klaus, du kannst dich auf mich verlassen. Ich mach das hier. Versprochen. Wir machen das.«

Abermals brandete Klatschen auf.

»Fein.« Potowski zog seinen Krawattenknoten nach. »Dann

werde ich Sie jetzt allein lassen. Sie kommen ja sicherlich ohne mich zurecht. Alles Gute, Herr Margraf.« Er schüttelte Margraf noch einmal die Hand, stellte sein halbvolles Glas beiseite, klopfte auch noch auf Nicks Schulter und verschwand.

Wahrscheinlich musste er an seinen überdimensionierten Schreibtisch gehen, um überdimensionierte Akten zu verwalten, deren Inhalt er nicht durchdrang, deren Inhalt echt war, nicht nur Papier.

Margraf stieß mit Ella an, dann mit Robert, Cenk und Michael. Er stieß mit allen an und schenkte sich nach. Sein Schreibtisch war leer, der Monitor schwarz, das Telefon still. Die Girlanden baumelten an ihren Schnüren, die Ballons auch und das Büro – sein Büro – würde bald einen anderen Geruch haben. Das war der Lauf der Zeit, so sagte man wohl.

Der transparente Ballon mit dem Konfetti hing noch immer wie ein trotziger Geist in der Luft. Die blaue Schnur hielt ihn fest, er bewegte sich sacht und kaum sichtbar von einer Seite zur anderen. Er sah aus wie ein Clownsgesicht, das über allem schwebte und grinste.

Nick kam und reckte sein Glas hoch. »Auf dich.«

Sein Nachfolger. Ende dreißig. Ungefähr so alt wie einst Margraf, als er zum Leiter der AlWi ernannt worden war. Und auch sonst ähnelte er ihm von damals. Der durchgestreckte Rücken, das selbstbewusste Lächeln. Lederjacke und eine gesunde Aversion gegen Krawattenknoten.

Anne kam. Margraf stieß mit beiden an. »Ihr zwei werdet das Kind schon schaukeln. Macht sie fertig.«

Anne leerte ihr Glas und stellte es zur Seite. »Klaus, ich will nicht, dass du abhaust.« Sie lächelte Nick an. »Ich weiß, dass Nick jetzt mein Boss ist, und das ist auch okay. Aber ...«

»Sag's ruhig«, sagte Nick.

Anne holte Luft. »Klaus, Nick und ich brauchen dich noch.

Wir brauchen dich noch in der März-Sache. Du bist doch jetzt nicht wirklich Rentner, oder?«

Volker März. Schön, dass Potowski ihn nicht erwähnt hatte, dass er den einzigen ungeklärten Fall in seiner tollen Ansprache nicht zum Besten gegeben hatte. Der einzige Fall. Der einzige beschissene Fall, den Margraf in all den Jahren nicht aufgeklärt hatte. Eine Quote von neunundneunzig Prozent. Da sollte man meinen, stolz auf sich sein zu können. Neunundneunzig Prozent. Eine gute Quote, eine sensationelle sogar. Eine Quote, bei der man eigentlich mit größter Zufriedenheit auf das eigene Berufsleben zurückblicken konnte. Doch anstatt eine Neunundneunzig zu sehen, leuchtete da eine Eins auf. Dieser kleine Rest, dieses Stückchen Furunkel schmerzte wie ein eitriger Ausschlag im Mundwinkel.

Auf dem Schreibtisch lagen die beiden Blumensträuße nebeneinander, sie waren völlig identisch. Potowski, der Schreibtischtäter. Er hatte sich nicht einmal die Mühe gemacht, zwei unterschiedliche Sträuße zu besorgen.

Margraf schenkte Anne, Nick und sich selbst nach. Sie stießen noch einmal miteinander an.

»Ich mag keine Rosen«, sagte er.

Nick trat einen Schritt zur Seite und schnippte gegen den letzten noch übriggebliebenen Luftballon. Das Band hatte sich gelöst. Der Ballon stieg in die Luft, wanderte erst an die Wand, stieg dann auf bis zur Decke, torkelte weiter in Richtung Fenster und kam im Sonnenlicht davor zum Stehen. Er harrte aus, der tapfere Clown, schien geradezu nach draußen auf den Innenhof und auf das Basketballfeld zu gucken, um sich dann zu verabschieden mit nach und nach entweichender Luft.

»Ich mag auch keine Rosen«, sagte Nick.

21.

Waterloo

November 2012

Ziemlich genau einunddreißig Jahre lag Margrafs letzter Besuch jetzt zurück. Im November 1981, an einem trüben, kalten Nachmittag, war er hier gewesen, in der Justizvollzugsanstalt auf Hahnöfersand. Wie jetzt hatte er vor dem Eingangstor warten müssen, bevor er in den mit Kies belegten Innenhof gegangen war und auf die ursprünglich roten, damals jedoch grauschwarzen Backsteingebäude geschaut hatte. Dann war von irgendwo ein Rabe zu hören gewesen, und Margraf hatte an Edgar Allan Poe gedacht und später an Graf Dracula.

Von alledem war heute nichts mehr vorhanden. Der Himmel war blau und klar und wurde nur von ein paar weißen, freundlichen Kumuluswolken betupft. Eine Amsel meckerte auf einem Ast, als müsste sie einer anderen – vermutlich einem Männchen – gehörig die Meinung geigen. Und der Kiesboden war durch einen sandsteinfarbenen Plattenbelag ersetzt worden.

Nicht einmal auf die Backsteingebäude war Verlass. Ihr graues Witterungskleid hatte man ihnen genommen und dadurch ihr ursprüngliches Ziegelrot zum Vorschein gebracht. Wenn die Sonne dagegenschien, strahlten die Backsteine fast ein wenig Wärme ab.

»Was hast du?« Sabine schob ihre Sonnenbrille ins Haar. »Suchst du was?«

Margraf blickte in die kahlen Kronen der Pappeln. Da war ein Rascheln zu hören, ein Wispern der Äste, die der schwache Wind aneinanderrieb.

»Merkwürdig«, sagte er. »Ich hab das alles ganz anders in Erinnerung. Gruseliger irgendwie. Abstoßender.«

Sabine lachte. »Du und gruselig? Das wäre mir neu.«

»Ich mein's ernst. Beim letzten Mal war ich froh, so schnell wie möglich wieder weg zu sein. Aber heute ... Es wirkt fast einladend.«

Auch Sabine schaute in die Bäume hinauf. »Ist gut für die Häftlinge. In einer farbenfrohen und freundlichen Umgebung resozialisiert es sich besser.«

Sie sah Margraf an. Ihr Humor, den sie immer wieder durchblitzen ließ, war wunderbar. Sie war geistreich, und die letzten drei Wochen, die er mit ihr zusammengearbeitet hatte, waren von höflichem Respekt, von einem verlässlichen und warmherzigen Hand-in-Hand geprägt gewesen. Ein gutes Miteinander und eine Vertrautheit, die mit jedem Tag gewachsen war.

»Was ist?«, fragte sie.

Hans ahnte nichts von seinem Glück. Aber war es überhaupt Glück für ihn, was sie im Gepäck hatten? Sabine und Margraf hatten alles noch einmal aufgearbeitet. Sie waren die unzähligen Protokolle durchgegangen, Gutachten, Zeugenaussagen, Zeitungsartikel. Sie hatten gelesen, bewertet, als zutreffend bestimmt, gestrichen. Und dann war Margraf aufgebrochen, war nach Hannover gefahren, zum Landeskriminalamt Niedersachsen, Waterlooplatz Nummer 11, und er hatte sich gefragt, warum ausgerechnet *Waterloo*.

»Danke«, sagte er. »Danke, dass du mir geholfen hast.«

Der Fall März, die SoKo *Gold* – alles lag Jahrzehnte zurück, alles war archiviert, aufgelöst, abgehakt. Als Margraf seinen ehemaligen Kollegen auf der Dienststelle damit gekommen war, die Sache noch einmal ganz von vorn anzufassen, hatten sie nur mit den Köpfen geschüttelt und vermutlich gedacht, der Alte hat 'nen Knall.

»Schön, dass du mich angerufen hast, Klaus.«

Es war richtig gewesen, sich bei Sabine zu melden. Er hätte unmöglich Hans informieren können, nicht im vergangenen August, als Margrafs Ansinnen mehr eine spinnerte Idee gewesen war als ein ausgereifter Plan. Hans wäre ihm an die Gurgel gesprungen und hätte versucht, ihn von seinem Vorhaben abzubringen. Sabine dagegen war gleich infiziert gewesen mit dem Virus der neuen Erkenntnisse. Schon am anderen Tag hatten sie sich getroffen und sich aus dem Archiv der Dienststelle die sieben Ordner, den gesamten Ermittlungsstand, heraussuchen lassen.

Sabine ging weiter Richtung Turnhalle. Margraf legte eine Hand auf ihre Schulter, beide blieben stehen.

»Was ist, wenn er nicht mitzieht?«, fragte Margraf.

Sabine nahm ihre Sonnenbrille vom Kopf, hielt sie einen Momente lang mit beiden Händen, drehte sie, inspizierte wohl auch, ob die Bügelscharniere fest genug verschraubt waren, und steckte sie schließlich zusammengeklappt in ihre Handtasche. »Dann haben wir es wenigstens versucht, Klaus. Bis zum Letzten. Komm.« Sie hakte sich bei ihm ein und zog ihn mit sich.

Die Luft in der Boxhalle war stickig und verbraucht. An den Fenstern, die zur Elbe ausgerichtet waren, klebte vollflächig schwarze Folie, sodass die Sonne ausgesperrt blieb. Das war schon damals so gewesen, und Margraf hatte sich bereits bei seinem ersten Besuch nach dem Sinn gefragt. Vielleicht hing es mit dem Wunsch nach Abgeschiedenheit zusammen, nach einem Ausschluss äußerer Einflüsse, um sich ganz und gar dem Kampf oder dem Training hinzugeben. Oder es war Abschottung vor der Freiheit, die mit dem Elbstrom friedlich vorbeifloss, zum Greifen nah und doch weit weg.

Margraf erkannte Hans schon vom Eingang aus. Er stand in einer der Ringecken, eine gestrickte dunkelblaue Seemannsmütze auf dem Kopf, und hatte einen roten Trainingsanzug an, über dessen Ärmel und Hosenbeine seitlich jeweils drei weiße Streifen verliefen.

Zwei Boxer kämpften gegeneinander. Einer von ihnen, der kleinere, trug um seinen Kopf einen Schlagschutz, der wie ein zu klein geratener Autoreifen aussah. Der andere tänzelte leichtfüßig hin und her und schlug in loser Folge auf den Autoreifen ein.

»Ja, gut so«, rief Hans dem größeren zu. »Und raus aus der Ecke. Achte auf deine Beine. Und die Arme hoch. Ja, prima.«

Seine Stimme klang rau, sein Gesicht war faltig geworden und die Kinnpartie kantig, kantig wie die eines hölzernen Nussknackers; der Vergleich passte tatsächlich.

Wann hatten sie sich zuletzt gesehen? Das war bestimmt sechs, sieben Jahre her. Ein paarmal hatten sie telefoniert, hatten Mails ausgetauscht oder Postkarten geschickt, von Usedom oder der Insel Mainau im Bodensee. Was Margraf an sich selbst festgestellt zu haben glaubte, das galt wohl auch für Hans: Sie mochten einander, schätzten sich und teilten die gleiche Vorliebe für Oldtimer und Single Malt. Doch wenn Margraf ehrlich war, dann hatte sich das Band zwischen ihnen gelockert. Mehr noch: Es war im Prinzip gelöst worden mit dem Ende des Strafverfahrens im Mai 1983. Mit einem Mal war das gemeinsame Ziel verschwunden gewesen, aufgesogen vom Formalitätenstrudel der Justiz, verschluckt vom gesetzlich definierten Ende der Erkenntnissuche. Von einem auf den anderen Moment war eine Leere entstanden, ein Vakuum, das einer Freundschaft die Luft zum Atmen nahm und den Raum für Entfaltung. Da hatten weder Wunsch noch Wille den Taktstock geführt, sondern – wie man so schön sagte – die äußeren Umstände. Umso mehr war es völlig gleichgültig, ob die Luft hier in der Boxhalle stickig war oder verbraucht, und es kam auch nicht darauf an, dass draußen am Eingang kein Rabe laut gekrächzt hatte und die graue Trübnis fehlte, die der November für gewöhnlich mit sich brachte. Das Einzige, was zählte, war das Wiedersehen Aug' in Aug'. Selbst, wenn der Anlass dazu geeignet war, die Begegnung kritisch werden zu lassen.

Nur der Ring war beleuchtet, war in Szene gesetzt wie eine überlebensgroße Statue auf einem Podest inmitten der ansonsten scharf abfallenden Dunkelheit, die einen kantigen Rahmen bildete.

Margraf und Sabine standen noch immer am Eingang, waren abgeschirmt im Schatten geblieben. Sabine wollte nach vorn gehen, doch Margraf hielt sie zurück. »Warte einen Moment«, flüsterte er ihr zu.

Hans hatte sie noch nicht bemerkt, hatte offenbar das Quietschen und Klacken der Tür nicht gehört.

Auch die Boxhalle war renoviert worden. Keine Spur mehr von den knarzenden Holzdielen, den rauen Kalkwänden und offen liegenden Heizungsrohren. Der Fußboden war mit weißen Fliesen ausgelegt, die Wände waren glatt verputzt und in einem hellen Beige gestrichen. Edelstahlscheinwerfer hingen an der Decke und tauchten den Boxring in ein gleißendes Licht, in dem sich die beiden Männer einander näherten, voneinander wegsprangen, kurz darauf wieder aufeinander einschlugen, um dann die Distanz zum anderen zu suchen. Hans gab Befehle, lobte, kritisierte, ging dazwischen.

Bei allem Neuen in dieser Halle waren die Poster an den Wänden geblieben, vergilbter jetzt, sicher, aber noch immer da: Rocky, wie er auf Apollo Creed eindrosch, Marlon Brando als Don Corleone und die unzähligen Frauen mit nackten, viel zu großen Brüsten.

Und auch die Tür war noch da, inmitten der gespreizten Frauenschenkel. Hans, vielleicht sein damaliger Kollege Borgstedt und ganz sicher die vielen schweren Jungs, die über die

Jahre hier eingesessen und trainiert hatten, die notgedrungen zur Verbüßung einer Strafe hier eine Zwischenstation eingelegt hatten, waren wohl für ihren Verbleib verantwortlich. Ein Hinüberretten alter Bindungen, ein Anker für Verlässlichkeit in immer undurchsichtigeren Zeiten. Margraf hörte geradezu die Proteste der Boxer, die gegen modernitätsfanatische Erneuerer aufbegehrten und lautstark gegen das Entfernen alter Vorbilder oder der unzeitgemäß dargestellten Beine einer Frau das Wort führten. Wenn etwas verlässlich war, dann war es die Konserve, war es das Beibehalten des Bestehenden, eingeschlagen in Geschenkpapier der Erinnerungen, sicher verwahrt, unumstößlich.

Nur – was tat Margraf dann hier? Was wollte er hier mit dem, was er bei sich hatte?

»Okay«, sagte Hans vorn im Ring zu den beiden Boxern. »Macht 'ne Pause. Zehn Minuten, dann geht's weiter.«

Sabine sah Margraf an. *Warum stehen wir hier noch*, bedeutete dieser Blick. Margraf wusste es selbst nicht. Vielleicht wollte er das Bild, das er von diesem Ort in sich trug, nicht kaputtmachen, die Erinnerungen nicht in Frage stellen. Doch das war Unfug. Das hätte er sich früher überlegen müssen, vor drei oder vier Wochen, als aus einer spinnerten Idee allmählich ein Plan geworden war.

»Na los.« Er deutete mit der Hand voraus.

Hans stieg aus dem Ring und setzte sich auf eine Holzbank. Er trank aus einer Wasserflasche. Margraf und Sabine traten ins Licht. Hans nahm die Flasche vom Mund und schien für einen Moment zu überlegen, zu sortieren, wer da gerade auf ihn zukam. Er stellte die Flasche beiseite und stand auf. »Das glaube ich ja nicht. Was macht ihr denn hier?«

Die beiden Boxer hockten auf dem Ringboden und starrten Margraf an.

»Moin, Hans.« Margraf gab ihm die Hand.

»Hi, du«, sagte Sabine und umarmte Hans.

»Wie geht's dir?« Margraf umfasste seinen Oberarm und drückte zu. Der Arm war weich und knöchern zugleich. Und dünn war er, dünn wie der Arm eines Kindes. Hans war schmal geworden.

Das Licht der Deckenstrahler, noch immer scharf und kantig, warf Furchen in sein Gesicht. Es ließ die Haut matt silbern schimmern und weiße, etwas ins Rötliche changierende Bartstoppeln zum Vorschein kommen.

»Jetzt bin ich baff. Wie habt ihr mich denn hier aufgetrieben?«

Sabine lachte. »Ein Anruf. Mehr brauchten wir nicht. Der Gefängnisdirektor ist echt nett am Telefon.«

»Bekommst nicht genug von der Arbeit mit den Jungs hier, was?« Margraf lachte kurz und setzte sich auf die Bank.

»Paar Minuten noch«, rief Hans den Boxern im Ring zu. Einer von ihnen, der kleinere mit dem Kopfschutz, streckte einen Daumen in die Luft.

Hans hielt sich an Margrafs Schulter fest, als er sich auf die Bank niederließ. Seine Bewegungen waren langsamer geworden. Er nahm die Mütze ab, kratzte sich den kurzgeschorenen Kopf und schien etwas zu überlegen, vielleicht dachte er an eine Art Anmoderation oder eine Erklärung dafür, warum er als Pensionär mit achtundsechzig Jahren noch immer hier war und Häftlinge trainierte. Doch nichts dergleichen brachte er hervor, er sagte überhaupt nichts zu Margrafs Bemerkung und setzte schließlich seine Seemannsmütze wieder auf.

Er betrachtete seine knochigen, von Sehnen und Adern durchzogenen Hände. Er massierte sie, drehte sie hin und her, bevor er sie gefaltet in den Schoß legte. Sicher hatte er eine Ahnung davon, dass Margraf und Sabine ihn nicht nur aufgrund ihrer freundschaftlichen Verbundenheit aufgesucht hatten, und um sich auf ein Bier zu verabreden, hätte ein Telefonat genügt. Der Umstand, dass sie persönlich hier saßen, hier an seiner ehemaligen Arbeitsstätte, verlieh dem Treffen etwas Förmliches, eine offizielle Note. Es ergab eigentlich keinen Sinn, nicht augenblicklich danach zu fragen, weshalb die beiden plötzlich hier aufgetaucht waren.

Die beiden Männer im Ring starrten noch immer Margraf an, als erwarteten sie etwas von ihm, eine Anweisung oder eine Geste, die ihnen signalisierte, dass sie sich keine Sorgen um ihren Trainer machen mussten. Etwas Prüfendes lag in ihren Blicken, eine achtsame Skepsis; womöglich glaubten sie, Margraf könnte eine Bedrohung für Hans darstellen.

Sabine nickte Margraf kaum erkennbar zu. *Jetzt mach schon*, hieß das. *Fang endlich an.*

»Du, Hans ...«

Hans schnitt ihm das Wort ab. »Schön, dass ihr da seid. Ich wollte mich längst bei euch gemeldet haben. Aber als Rentner hat man ja nie Zeit.« Er lächelte. »Ich freue mich wirklich, euch zu sehen. Aber ...« Er räusperte sich. »Wenn der Grund eures Besuchs irgendetwas mit Nina zu tun hat, dann bitte ich euch – geht wieder.« Er stand auf, stellte sich an den Ring, klatschte in die Hände und sagte zu den beiden Boxern: »So, Pause beendet. Weiter geht's. Daniel, jetzt du. Und Torben, denk dran, was ich dir gesagt habe. Dein Gegner hat nicht nur einen Kopf, er hat auch Rippen.«

Der größere der beiden, Daniel, ließ sich von Torben den Kopfschutz geben. Sie setzten ihren Mundschutz ein und begannen zu tänzeln, beobachtend, abwartend – bis Torben die ersten Schläge landete.

Margraf stellte sich neben Hans. »Willst du es dir nicht mal anhören, was wir haben? Er war es, Hans, und ... wir können es jetzt beweisen. Definitiv.«

Hans runzelte die Stirn, kniff die Augen zusammen, drehte sich zu ihm um. Wie die beiden Boxer im Ring taxierte auch er sein Gegenüber, das sah man. Er wog ab, prüfte Margrafs Worte auf Substanz, auf den Grad ihrer Überzeugung, ihrer Verlässlichkeit vielleicht oder ihres Nutzens.

»Du bekommst auch nicht genug, was? Musst deinen einzigen ungeklärten Fall lösen. Ich verstehe das, Klaus. Aber ich kann dir nicht helfen. Für mich ist die Sache abgeschlossen.« Er schaute in den Ring. »Daniel, raus aus der Ecke.«

Hans' Kinn, das hölzerne Nussknackerkinn, zitterte. Der ganze Körper schien unter Spannung zu stehen, gestützt auf dünne Beine, auf nicht verlässliche Kniegelenke. In Hans arbeitete es, das konnte er nicht verbergen. Millionen von Gedanken wurden in Millionen von Sekunden gedacht und wieder gestrichen, wurden für gut befunden, für richtig, um gleich darauf entsorgt zu werden. Das Räderwerk in seinem Kopf lief schnell und nahm die Gesichtsmuskeln und die Muskeln in den Beinen zu Hilfe.

Eine kräftige Rechte traf Daniel in die Rippen. Er schrie auf, ging zu Boden, kroch ein paar Zentimeter, krümmte sich mit schmerzverzerrtem Gesicht. Doch schon gleich darauf stand er wieder.

»Ja«, rief Hans. »Das tut weh. Hab ich doch gesagt – die kurze Rippe. Aber das war gut, Torben. Macht weiter so. Und Daniel, nicht nur Kopfdeckung. Denk an die Flanken.«

Die Männer machten weiter. Ihre Schritte waren jetzt langsamer, ein wenig behäbiger als eben noch. Es war kein vor Kraft strotzender Tanz mehr, eher ein rhythmisches Bewegen zu einer imaginären Musik.

»Wenn du nicht willst, lassen wir es.« Sabine legte Hans eine Hand auf die Schulter. »Aber Klaus hat recht. März war es. Und wir können es beweisen.«

Hans sah abwechselnd Sabine und Margraf an. »Und wie? Wie könnt ihr das beweisen? Mit Zauberei? Mit dem Kaninchen aus dem Hut?«

Margraf knöpfte seinen Mantel auf, zog das Gutachten aus der Innentasche und drückte es Hans in die Hand.

»Was ist das?« Hans blätterte die Seiten auf.

»Klaus war beim LKA«, sagte Sabine. »Sie haben ein DNA-Gutachten erstellt.«

Er blätterte weiter, las. Er las und schüttelte kaum sichtbar den Kopf dabei. Bis er sich auf die Bank setzte.

Margraf setzte sich daneben. »Weißt du noch, was du damals in deiner Küche zu mir und Sabine gesagt hast, am Abend nach der Urteilsverkündung in Stade?«

Hans schüttelte den Kopf. »Wir hatten zu viel Wein getrunken.«

Sabine lachte. »O ja, das hatten wir.« Sie setzte sich auf die andere Seite neben Hans. »Ich weiß es noch. Du hast gesagt, es müsste einen Fingerabdruck geben, der keinen Finger braucht.«

Hans starrte zu Boden. Wieder schien das Räderwerk in seinem Kopf zu laufen, langsamer erst, die Zahnräder behutsam ineinandergreifend, dann schneller und immer schneller, bis das Getriebe einen Gedanken hervorbrachte, der seine Lippen erreichte und ihn lächeln ließ. »Ja, besoffen wird man zum Visionär.«

Margraf nahm ihm die Papiere aus der Hand und hielt sie in die Luft. »Und genau das haben wir jetzt, mein Lieber. Einen Fingerabdruck ohne Finger.«

Hans sah ihn an.

»Heutzutage macht man so etwas mit einer DNA-Analyse«, sagte Margraf. »Die Techniker im Labor haben die DNA der Spermaspuren in Ninas Unterwäsche mit der einer Haarprobe von März abgeglichen. Das Ergebnis ist eindeutig. Es gibt eine

98,6-prozentige Übereinstimmung. Ich habe gestern mit einem Freund darüber gesprochen, er ist Strafrichter in Hamburg. Er hat gesagt, das reicht locker für einen Tatnachweis. Das ist wie hundert Prozent, meinte er.«

Hans massierte seine Nasenwurzel. Er schlug die Augen dabei zu, krümmte seinen Rücken und stützte sich mit den Ellbogen auf seinen Oberschenkeln ab. Er fuhr sich mit der Hand über seinen Nacken, massierte auch dort, kniff fast in die Haut, zog daran. Eine Weile saß er so da, gebeugt, klein.

Margraf sah Sabine an. Sie zuckte mit den Achseln. Auch sie traute sich offenbar nicht, Hans zu berühren. Nähe und Distanz flossen ineinander, mäanderten in eine fast greifbare Hilflosigkeit. Der Wunsch, Hans über den Rücken zu streicheln, ihm Mut und ein Ich-bin-für-dich-da aufzuklopfen, es in ihn hineinzuklopfen, war so präsent, dass Margraf der Arm schmerzte, als er ihn zurückhielt.

Die Männer im Ring schlugen noch immer aufeinander ein, sie tänzelten noch immer umeinander her, blieben manchmal einen Moment lang stehen, sortierten sich gedanklich vielleicht, maßen eine Strategien aus, um dann einen neuen Angriff zu wagen. Dennoch sah man ihren Bewegungen eine gewisse Mutlosigkeit an. Oder fehlende Kraft.

Hans richtete seinen Oberkörper auf. »Jungs«, rief er ihnen zu. »Schluss für heute. Geht duschen. Gleich ist Abendbrot.«

Die zwei schienen erleichtert zu sein. Sie umarmten sich, klopften einander auf den Rücken und gingen gemeinsam in eine Ecke.

»Sabine hat recht«, sagte Margraf. »Wenn du nicht willst, lassen wir es. Aber wir hatten noch nie bessere Karten als jetzt.«

Hans stand auf. »Karten ... Als wäre es ein Spiel. Wer das bessere Blatt hat und die richtige Taktik beherrscht, gewinnt. Nein, Klaus. Das ist gut gemeint, aber ... Ich will nicht mehr.« Er ging zu seiner Tasche, stellte sie auf die Bank und packte seine Wasserflasche ein.

»Hör mir einen Moment zu.« Margraf erhob sich und griff nach Hans' Arm.

»Nein, Klaus, ich hör dir nicht zu. Die Sache ist vorbei. Ein für alle Mal. Meine Tochter ist tot. Irgendein Mistschwein hat sie umgebracht. Aber Volker März war es nicht. Und wer es sonst war, das weiß nur der Täter, ansonsten keiner. Dreißig Jahre, Klaus. Dreißig Jahre lebe ich jetzt mit dem Wissen, dass ich es nicht weiß. Ich hab mich damit abgefunden. Und ich bin ganz gut darin geworden, dieses Nichtwissen hinzunehmen und mein Leben dennoch weiterzuführen, glaub mir. Und jetzt kommt ihr hierher und wollt die ganze Scheiße von vorn aufrollen. Wozu? Wozu um alles in der Welt? Nina macht nichts wieder lebendig. Wem soll das was nützen? Mir nicht. Also hört auf. Hört einfach auf damit. Lasst mich in Ruhe.«

»Das glaube ich dir nicht.« Margraf setzte sich wieder auf die Bank. »Das nehme ich dir nicht ab. Dreißig Jahre sind eine lange Zeit, keine Frage. Aber du kannst mir nicht erzählen, dass es auch nur einen einzigen Tag gibt, an dem du nicht an die Sache denkst.«

»Glaub, was du willst. Aber wenn du mir einen Gefallen tun möchtest, dann vergiss es. Vergiss die ganze Geschichte. Ich weiß, dass es der einzige Fall ist, den du nie aufgeklärt hast. Aber dafür kann ich nichts. Ich kann das nicht ändern.«

»Darum geht es nicht.«

»Ach, darum geht es nicht? Worum dann? Um das große Ganze vielleicht? Um Gerechtigkeit? Hör doch auf.«

»Klaus hat recht«, warf Sabine ein. »Es ist eine Chance. Wir können das Schwein drankriegen.«

»Drankriegen«, wiederholte Hans. »Und dann? Was ist dann? Dann sitzt er ein paar Jahre ab – und gut ist. Nee, nicht mit mir.

Nicht noch mal alles von vorn.« Er zog, nein, er riss den Reißverschluss seiner Tasche zu. »Mach einen Artikel daraus«, sagte er zu Sabine. »Ist mir egal. Schreib eine Reportage über die ganze Nummer. Aber lasst mich da raus.«

Sabine setzte sich neben Hans' Tasche. Sie betastete den Stoff, als wolle sie seine Zusammensetzung prüfen, die Qualität der Fasern oder ihren Schutz vor äußeren Einflüssen. »Du selber hast gesagt, du kämpfst bis zum Letzten.«

Hans atmete schnell, seine Nasenflügel weiteten sich und zogen sich zusammen. Er sah Sabine an. »Aber ich weiß, wann Schluss ist.« Er nahm seine Tasche, stellte sie auf den Boden und setzte sich neben Sabine. »Da.« Er zeigte zum Boxring, dessen heller Mattenboden unter dem Deckenlicht strahlte. »Da weiß ich immer, wann Schluss ist. Und wann es sich nicht lohnt, überhaupt anzutreten.« Er drehte sich zu Margraf. »Was ihr da vorhabt, ist vergebene Liebesmüh. Das wird ein K. o. in der ersten Runde. Meinetwegen in der zweiten.« Er wischte sich mit der Hand über seinen Stoppelbart. »Natürlich denke ich jeden Tag dran, jeden beschissenen, einzelnen Tag. Gehe alles noch mal durch, kriege die Bilder nicht aus dem Kopf. Deshalb habe ich mich all die Jahre auf dem Laufenden gehalten, was neue Ermittlungsmethoden anbelangt. Als ich das erste Mal davon gehört habe, dass ein Vergewaltiger nach Jahren durch neue DNA-Untersuchungen überführt wurde ... Glaubt ihr nicht, da hat es bei mir nicht klick gemacht? Zig Artikel habe ich darüber gelesen. Hab Berichte über Prozesse studiert. Und dann bin zu einem Anwalt, einem Strafverteidiger. Tausend Euro hat er mir abgenommen, für nicht einmal zwei Stunden. Und wisst ihr, was er gesagt hat? Wenn einer einmal rechtskräftig freigesprochen wurde, dann ist das in Stein gemeißelt. Dann kommt man da nicht mehr ran. Er hat mir sogar die Vorschrift genannt. Die hab ich mir gemerkt. Paragraph 362 der Strafprozessordnung.

Da steht das alles drin. Und deshalb ist es scheißegal, ob dieses Gutachten eine ›wie viel auch immer prozentige‹ Wahrscheinlichkeit festgestellt hat.« Er lehnte sich mit dem Rücken an die Wand. »Die Sache ist vorbei. Vielleicht könnte ich dem Arschloch eine Kugel in den Kopf schießen. Aber dafür bin ich zu alt. Den Mumm habe ich nicht mehr.«

Die beiden Boxer stiegen aus dem Ring und kamen auf Hans zu. Sie schienen wie ausgewechselt. Eben noch Gegner, lachten sie jetzt miteinander, und auch die Erschöpfung, die sie noch vor ein paar Minuten bei ihren Schlägen ausgestrahlt hatten, war verflogen. Sie lachten, standen mit durchgestrecktem Rücken da und strotzten vor Kraft.

»Morgen früh um neun?« fragte Torben.

Hans nickte. Sie drehten sich um und verschwanden, ein jeder den Arm auf des anderen Schulter.

Hans hatte recht. Strafrechtlich war nichts mehr zu machen. Dennoch gab es eine Chance.

»Du könntest eine Zivilklage erheben«, sagte Margraf.

Hans starrte ihn an, er musterte ihn, und wieder war da dieses wortlose Abtasten, dieses Auf-Kante-Ziehen.

Ja, Nina war der einzige Fall, den Margraf nicht aufgeklärt hatte. Das war eine beschissene Tatsache. Doch so wenig wie es Sabine um eine bahnbrechende Reportage für ihr Wochenmagazin ging, bei dem sie seit ein paar Jahren arbeitete, so wenig kam es Margraf auf das fehlende letzte Prozent seiner Aufklärungsquote an. Als Sabine und er im August miteinander telefoniert und die Möglichkeiten erkannt hatten, die eine DNA-Analyse bot, war ein Schalter umgelegt worden. Es war eine Art Befreiungsschlag gewesen, losgelöst von eigenen Ambitionen. Es war ein Aufatmen gewesen, ein Durchbruch, um endlich eine abschließende Antwort auf eine immerwährende Frage zu bekommen. Das letzte, versteckte Puzzleteil war endlich zum

Vorschein gekommen. Es musste nur noch ins Bild eingefügt werden.

Hans rieb sich die Augen. Er drehte seinen Kopf zu beiden Seiten und massierte wieder seinen Nacken. »Zivilklage«, sagte er zur Decke hin, und die Haut in seinem Gesicht schimmerte jetzt nicht mehr matt silbern, sie war gerötet. »Davon hat der Tausend-Euro-Anwalt auch gesprochen.«

»Und was hast du ihm geantwortet?«, fragte Sabine.

»Ich müsste einen psychischen Schaden nachweisen, hat er gesagt. Dann würde ich zwei-, fünf-, vielleicht zehntausend Euro bekommen. Von März höchstpersönlich. Zehntausend Euro. Von jemandem, der vermutlich nicht gerade mit Reichtümern gesegnet ist.«

Geld für ein Leben. Eine finanzielle Abfindung für eine ermordete Tochter. Mit Genugtuung hatte das nicht viel zu tun, selbst wenn es Hunderttausend gewesen wären.

Wahrscheinlich hatte Hans recht. Es war Unsinn, weiterzumachen. Womöglich hatten Margraf und auch Sabine sich verrannt, hatten geglaubt, die Welt verbessern zu können mit einem eindeutigen Beweis. Aber so einfach war es nicht. Recht und Gerechtigkeit lagen zuweilen weit auseinander. Das eine das Ideal, das andere die Realität. Und damit zwei vollkommen unterschiedliche Dinge. Sich damit abfinden zu müssen – ein beschissenes Los.

»Einen psychischen Schaden«, wiederholte Hans und strich sich dabei erneut über seine Bartstoppeln, sodass das Kratzen in der rauen Handfläche zu hören war. »Wie soll das einer nachweisen?«, fragte er und blickte zu Boden. »Mit schlaflosen Nächten? Mit Essstörungen und Albträumen? Oder mit Vorwürfen an sich selbst vielleicht?« Hans biss sich auf die Lippen. Er richtete sich wieder auf.

»Keine Ahnung«, sagte Sabine. »Es geht nicht um das scheiß

Geld. Es geht nicht um Klaus, es geht nicht um mich. Es kommt allein darauf an, was du willst, Hans. Es könnte vielleicht eine kleine Genugtuung sein, wenn es schon die große mit einem Strafprozess nicht gibt. Wenn es meine Tochter wäre, dann würde ich diesen letzten Strohhalm in die Hand nehmen. Du hast mal gesagt: ›Wer kämpft, kann verlieren. Aber wer nicht kämpft, der hat schon verloren.‹«

Vorn an der Eingangstür erschien ein Mann in Uniform. »Würde jetzt abschließen«, rief er durch die Halle.

»Wir kommen«, antwortete Hans und erhob sich.

Er sah Margraf an. »Das würde alles noch mal hochspülen. Die ganze Scheiße.«

Margraf griff Hans an den Oberarm. Diesmal fühlte er keine weiche Haut und keinen harten Knochen darunter. Diesmal fühlte er angespannte Muskeln. »Aber wir sind bei dir, Hans. Du musst das nicht allein durchstehen.«

Hans sah zur Decke, dann zu Margraf und schließlich zu Sabine. »Vielleicht besuche ich diesen Tausend-Euro-Anwalt noch mal. Behrends heißt er, sitzt in Hamburg.«

»Ich fahr dich hin, wenn du willst.« Margraf legte seinen Arm auf Hans' Schultern.

Hans nickte.

Margraf nahm das Gutachten von der Bank. Bevor er es in seinem Mantel verstaute, fiel ihm noch einmal der Briefkopf des LKA ins Auge.

Waterlooplatz.

Was für eine beschissene Adresse.

22.

Erst das Gesetz, dann das Gewissen

September 2013

BEHRENDS
Rechtsanwälte · Fachanwälte · Notare

An das
Landgericht Lüneburg
– Zivilkammer –
Am Ochsenmarkt 3
21335 Lüneburg

Klage

In dem Rechtsstreit

des Herrn Hans Larsen, Ilmenaustraße 9, 21335 Lüneburg,

– im Folgenden: Kläger –

Prozessbevollmächtigte: Anwaltsgesellschaft Behrends, vertreten durch Rechtsanwalt Johann Christian Behrends, Elbchaussee 311, 22587 Hamburg,

gegen

Herrn Volker März, Gerbergasse 16, 29308 Fleesund,

– im Folgenden: Beklagter –

vorgerichtlicher Bevollmächtigter: Rechtsanwalt Okko Brinkmann, Schillerstraße 9, 21335 Lüneburg,

wegen: Schmerzensgeldanspruchs,

Streitwert (vorläufig angenommen): 10.000,00 Euro,

zeigen wir die anwaltliche Vertretung des Klägers an. Namens und in Vollmacht des Klägers bitten wir um Anberaumung eines Termins zur mündlichen Verhandlung, für welche wir folgende Anträge ankündigen:

1. **Der Beklagte wird verurteilt, an den Kläger einen Betrag in Höhe von 10.000,00 Euro nebst Zinsen von 5 Prozentpunkten über dem Basiszins gemäß § 247 BGB zu zahlen.**

2. **Soweit sich die Voraussetzungen im laufenden Verfahren ergeben, wird bereits jetzt beantragt, den Beklagten im Wege des Anerkenntnis- bzw. Versäumnisurteils zu verurteilen.**

Mit der Übertragung des Rechtsstreits und seiner Entscheidung auf die Einzelrichterin bzw. den Einzelrichter ist der Kläger einverstanden, § 348a ZPO.

Begründung

I.
Sachverhalt

Der Kläger ist der Vater der am 4. November 1981 vergewaltigten und getöteten Nina Markowski. Das Mädchen war zur Tatzeit siebzehn Jahre alt. Der Beklagte ist ihr ...

Hans klappte die Akte zu und erhob sich wie alle anderen im Saal, als die Vorsitzende, Einzelrichterin Frederike Weinrich – eine junge, fast zierliche Frau mit kurzen Haaren und rahmenloser Brille –, an den Richtertisch trat.

»Guten Morgen«, sagte sie. »Bitte nehmen Sie Platz.«

Alle setzten sich. Hans zog das Foto aus der Hosentasche und klappte es auf. Nina als kleines Mädchen, sie ist vier oder fünf Jahre alt. Sie lächelt. Sie lächelt so schön. Er klappte das Foto wieder zu.

Auch heute waren die Stuhlreihen im Zuschauerbereich leer – wie schon beim letzten Mal in Stade, vor ziemlich genau dreißig Jahren. Nur Sabine und Klaus saßen in der letzten Reihe am Fenster, durch das die Sonne schien.

Charlotte hatte heute früh bei Hans angerufen. Sie bewundere ihn für das, was er tue, hatte sie gesagt. Sie selbst sei nicht imstande dazu, auch nach all den Jahren nicht. Aber wenn er – Hans – Lust habe, dann solle er später vorbeikommen und vom Gerichtsverfahren erzählen, sie könne etwas zum Abendbrot machen. Er hatte sich einverstanden erklärt, und tatsächlich freute er sich auf ein Treffen mit ihr, auf einen Gedankenaustausch über den Prozess und vielleicht sogar ein Gespräch über Nina.

Weinrich lächelte nicht, wirkte aber auch nicht streng. Sie schien weder gelangweilt noch sonderlich ambitioniert. Hans schätzte sie auf Mitte vierzig. Ob sie Kinder hatte, war schwer zu sagen. Mit dem weißen Seidenschal, den kleinen goldenen Creolen und der strengen Frisur hätte eine Barbourjacke gut zu ihr gepasst. Eine Barbourjacke und Reitstiefel, mit denen sie am Wochenende im Stall stand und gemeinsam mit einer kleinen Tochter ihr Pferd striegelte.

Sie nahm ihr Diktiergerät zur Hand. »Bei Aufruf der Sache sind erschienen: Der Kläger in Person mit Rechtsanwalt Behrends und für den Beklagten Rechtsanwalt Brinkmann.« Sie legte das Gerät zurück, das rote Lämpchen blinkte. »Meine Herren, wenn es keine Einwände gibt, würde ich zunächst in den Sach- und Streitstand einführen.«

Beide Anwälte nickten.

»Gut.« Sie schlug ihre Akte auf. »Der Kläger beansprucht vom Beklagten, der die Tochter des Klägers im November 1981 vergewaltigt und anschließend getötet haben soll, die Zahlung eines Schmerzensgeldes für die aufgrund der Todesnachricht von ihm erlittenen psychischen Folgen. Der Kläger ist der Vater der am 1. Mai 1964 geborenen Nina Markowski. Die Eltern trennten sich kurz nach der Geburt der gemeinsamen Tochter voneinander, der Kläger hat jedoch die Vaterschaft anerkannt. Das Sorgerecht wurde der Mutter übertragen, bei der die Tochter aufwuchs. In der Nacht vom 4. auf den 5. November 1981 wurde die Tochter von der Mutter als vermisst gemeldet. Spaziergänger fanden die Leiche des ermordeten Mädchens am Morgen des 8. November 1981.«

Wir trocken und nüchtern man über einen Mord berichten konnte, wie sachlich über all das Blut und eine zerschnittene Kehle hinweggegangen wurde. Über Schmerzen, Todesangst, Verlust. Im Telegrammstil. *Opfer Tochter des Klägers, stopp. Kläger psychischen Schaden erlitten, stopp.* Wahrscheinlich mussten Juristen so vorgehen, sonst zerbrachen sie irgendwann an ihrem Job. Hans' Gesicht glühte, seine Hände dagegen waren eiskalt.

Weinrich telegrafierte weiter. »Der Beklagte wurde am 2. März 1982 wegen Mordes und Vergewaltigung angeklagt. Mit Beschluss vom 18. Mai 1982 ließ die Schwurgerichtskammer des Landgerichts Lüneburg die Anklage der Staatsanwaltschaft zu und eröffnete das Hauptverfahren. Der hiesige Kläger, anwaltlich vertreten, wurde als Nebenkläger im Strafprozess zugelassen. Der Beklagte wurde am 1. Juli 1982 wegen Mordes und

Vergewaltigung zu einer lebenslangen Freiheitsstrafe verurteilt. Auf die Revision des Beklagten hin hob der fünfte Strafsenat des Bundesgerichtshofs mit Beschluss vom 8. Februar 1983 das Urteil auf und verwies es zur ergänzenden Beweisaufnahme an das Landgericht Stade, das den Beklagten letztlich, und zwar mit Urteil vom 13. Mai 1983, freisprach. Das Urteil ist seit dem 21. Mai 1983 rechtskräftig.« Sie sah von ihrer Akte auf. »Soweit alles zutreffend?«

Beide Anwälte nickten wieder.

Weinrich senkte ihren Kopf. »Nach einem Gutachten des Landeskriminalamtes Niedersachsen vom 2. November 2012 steht fest, dass der Beklagte unmittelbar vor dem Tod mit dem Mädchen Geschlechtsverkehr hatte. Aus dem rechtsmedizinischen Gutachten vom 26. November 1981 ergibt sich, dass das Opfer nach der Defloration noch maximal dreißig Minuten gelebt hat.« Weinrich stoppte und schaute auf. »Herr Larsen ... Es tut mir leid, ich kann Ihnen das nicht ersparen.«

Er hielt das Foto fest in seiner Hand. Nina ist da. Nina lacht. Sie lacht für ihn.

»Danke, Frau Vorsitzende«, sagte Hans. »Ist schon in Ordnung.«

Weinrich nickte. »Der Kläger hat nach der Todesnachricht einen körperlichen und seelischen Zusammenbruch erlitten. Infolgedessen nimmt er seither, in den letzten Jahren allerdings in deutlich geringerem Umfang, psychiatrische Hilfe in Anspruch. Mit seiner Klage begehrt er vom Beklagten ein Schmerzensgeld in Höhe von zehntausend Euro. Der Beklagte bestreitet auch nach Vorliegen des DNA-Gutachtens, die Tat begangen zu haben, und hat außerdem die Einrede der Verjährung erhoben. Soweit der Sach- und Streitstand. Gibt es aus Ihrer Sicht Anmerkungen oder Ergänzungen?« Sie sah abwechselnd zu den Anwälten.

Beide schüttelten den Kopf.

»Passt alles«, sagte Behrends neben Hans.

»Gut. Anträge wie angekündigt?«

»Ja«, antworteten die Anwälte wie aus einem Mund.

Weinrich nahm das Diktiergerät wieder zur Hand. »Der Bevollmächtigte des Klägers stellt den Antrag aus der Klageschrift, Blatt vier der Akte. Der Beklagtenvertreter beantragt, die Klage abzuweisen.«

Dienst nach Vorschrift. Abhaken notwendiger Formalitäten. Ein Prozess unter Tausenden, die bearbeitet und entschieden werden mussten. Weinrich bildete keine Ausnahme. Formalismus hatte schon die Strafverhandlungen bestimmt. Ein immer wiederkehrender Rahmen, ein Korsett, das einem die Luft zum Atmen nahm. Nina war zur Sache degradiert worden. Ihr Tod war eine Tatbestandsvoraussetzung, die erfüllt sein musste, um einen Schmerzensgeldanspruch zu begründen. Es sollte vermutlich Rechtssicherheit garantieren, dieses Korsett, Verlässlichkeit sollte es garantieren. Doch es tat genau das Gegenteil. Auf ein und derselben Tatsachengrundlage gab es erst eine lebenslängliche Freiheitsstrafe, dann einen Freispruch. Das hatte nichts, aber auch gar nichts mit Verlässlichkeit zu tun, eher mit Willkür, die die Juristen allerdings »Ermessen« nannten. Die Weinrich war sicher aus dem gleichen Holz geschnitzt. *Kleine Genugtuung*, hatte Sabine die Zivilklage genannt. Davon war bisher nichts zu spüren.

Weinrich stützte sich auf ihren Unterarmen ab. Ihre Brillengläser spiegelten, sodass ihre Augen nicht richtig zu erkennen waren. »Das Gericht soll in jeder Lage des Verfahrens auf einen Vergleichsabschluss hinwirken. Gibt es da Möglichkeiten, oder soll die Sache durchentschieden werden?«

»Wir können uns das grundsätzlich vorstellen«, sagte Behrends. »Hängt davon ab, was der Beklagte gegebenenfalls anbietet.«

»Gar nichts«, sagte Brinkmann. »Der Beklagte möchte sich nicht vergleichen. Aus seiner Sicht käme das einem Schuldeingeständnis gleich, und das kommt für ihn nicht in Frage.«

»Wenn er verurteilt wird, steht seine Schuld auch fest«, sagte Weinrich.

Ihre Feststellung war so sachlich wie interessant. Hatte sie sich mit ihrer Entscheidung schon festgelegt? Gab sie der Klage womöglich statt? Hans faltete das Foto unterm Tisch auf. Nina strahlte über ihr ganzes Kindergesicht. Die dunklen Locken standen etwas zerzaust zu Berge, wahrscheinlich war es windig gewesen, als Charlotte die Aufnahme gemacht hatte.

»Er wird aber nicht verurteilt«, sagte Brinkmann.

Weinrich nahm ihre rahmenlose Brille ab und rieb sich die Augen. »Na gut, dann wird die Sache entschieden.« Sie setzte die Brille wieder auf und lehnte sich in ihrem Stuhl zurück. Sie senkte ein wenig den Kopf, ihr Blick blieb eine Zeitlang auf den Tisch und die Akte gerichtet. »Die Kammer hat sich sehr intensiv mit diesem Fall befasst, er ist ja nun auch mehr als ungewöhnlich. Voraussetzung für den Klageanspruch ist zunächst, dass der Beklagte die vorgeworfene Tat begangen hat. Strafrechtlich ist er insoweit freigesprochen worden. Das könnte dafürsprechen, seine Schuld auch zivilrechtlich zu verneinen. Allerdings gehen das Strafrecht und das Zivilrecht nicht immer Hand in Hand. Strafrechtlich mag der Beklagte nicht mehr belangt werden können, weil die Strafprozessordnung eine solche Wiederaufnahme des Verfahrens nicht vorsieht. Das jedoch ist für die Frage der zivilrechtlichen Haftung unerheblich. Im Zivilprozess können wir durchaus neue Beweismittel berücksichtigen, die es in den Achtzigerjahren noch nicht gegeben hat.«

»Ja«, sagte Sabine leise in der hintersten Reihe. Sie blickte zu Hans und hielt ihren Daumen auf Brusthöhe in die Luft.

Klaus drückte ihren Arm nach unten.

»Und wenn ich das tue«, fuhr Weinrich fort. »Dann steht die Schuld des Beklagten an dem Mord nach Überzeugung der Kammer fest.«

Behrends drehte sich zu Hans, wölbte die Lippen und nickte.

Hans' Kinn zitterte. Am liebsten wäre er aufgestanden, an den Richtertisch getreten und hätte die Frau umarmt.

Kleine Genugtuung. Sie drängelte sich gerade durch die Reihen der überlebensgroßen Zweifel und Enttäuschungen in den Vordergrund, wuchs über sie hinaus. Sie nahm, diese Genugtuung, das Urteil mit dem Freispruch in die Hand, öffnete eine Schublade und legte es hinein, legte es behutsam hinein und schob die Schublade sacht wieder zu. Hans hörte das aufeinander schleifende Holz.

Brinkmann gegenüber saß weiterhin ruhig an seinem Tisch. Er sprang nicht auf, widersprach der Richterin nicht, hielt ihr auch keine juristischen Ausführungen vor, die ihre Worte als Fehlentscheidung entlarvten. Er tat gar nichts, hockte nur da und spielte mit seinem Kugelschreiber.

Weinrich beugte sich vor und blätterte in der Akte. »Das Ergebnis der DNA-Analyse ist eindeutig. Danach bestehen an der Täterschaft des Beklagten keinerlei Zweifel.«

Der Kugelschreiber in Brinkmanns Hand musste ein ganz besonderer sein. Immer wieder drehte er ihn, besah ihn von allen Seiten, drückte die Mine heraus und ließ sie wieder zurückschnappen. Er klickte kurz mit dem chromfarbenen Clip, legte dann den Stift vor sich hin, behutsam geradezu, als könnte er ihn kaputtmachen, und wandte sich an Weinrich. »Fahren Sie doch bitte fort. Der spannende Teil kommt ja erst noch.«

Spannender Teil? Was hatte das zu bedeuten? Das war der Mist an Gerichtsverhandlungen. Richter und Anwälte kannten sich aus, während man selbst dasaß wie ein Affe vorm berühmten Scheunentor.

»Worauf will er hinaus?« Hans beugte sich zu Behrends.

»Das Verschulden ist nicht alles, was wir brauchen«, antwortete Behrends leise. »Und das weiß er.«

»Darüber hinaus ...«, sagte Weinrich, »geht die Kammer auch von einem hinreichenden Schaden im rechtlichen Sinne aus, den der Kläger in Form einer massiven psychischen Beeinträchtigung davongetragen hat. Die Gutachten, die er mit der Klage zur Gerichtsakte gereicht hat, belegen deutlich eine traumatische Schädigung. Das wird zwar vom Beklagten bestritten, weshalb darüber gegebenenfalls noch Beweis durch einen gerichtlichen Sachverständigen zu erheben wäre. Aber ...« Weinrich hielt inne. Sie räusperte sich, sah kurz zu Hans und blickte sogleich wieder auf ihre Akte. »... der Anspruch ist, jedenfalls sieht die Kammer das nach vorläufiger Würdigung so, verjährt.«

»Das kann nicht wahr sein«, sagte Klaus und zwirbelte die linke Spitze seines Schnurrbarts.

Brinkmann griff seinen Kugelschreiber und notierte etwas.

»Bitte, Frau Vorsitzende«, sagte Behrends. »Erläutern Sie uns doch, wie die Kammer zu diesem Schluss kommt, den wir im Übrigen für völlig falsch erachten, wie ich ja bereits in meinem letzten Schriftsatz ausgeführt habe.«

»Natürlich«, antwortete Weinrich. »Ich gebe Ihnen recht, Herr Behrends: Mord verjährt nicht. Aber das ist nur auf der strafrechtlichen Ebene der Fall. Zivilrechtlich bleibt es beim Fristenregime der Paragraphen 199 fortfolgende BGB. Danach verjähren Schmerzensgeldansprüche in drei Jahren von dem Zeitpunkt an, in welchem der Verletzte vom Schaden und der Person des Ersatzpflichtigen Kenntnis erlangt.«

»Sehr richtig«, sagte Behrends. »Und genau da liegt der Hase im Pfeffer. Bekanntermaßen wurde der Beklagte vom Landgericht Stade freigesprochen. Seine Schuld an der Tat war damit gerade nicht bewiesen. Wie also konnte der Kläger, mein Mandant, dann Kenntnis von diesem Zeitpunkt an darüber haben, dass der Beklagte es doch gewesen sein soll?«

Weinrich blätterte in der Akte. Sie zog ein paar zusammengeheftete Seiten heraus. »Ich habe hier eine Entscheidung des BGH vom 21. Dezember 1982, die Fundstelle gebe ich Ihnen noch. Darin hat der sechste Zivilsenat in einem ähnlichen Fall noch einmal bestätigt, dass es auf spätere Erkenntnisse nicht ankommt. Ich lese Ihnen das mal vor: ›Etwaige Zweifel des Klägers oder seines Anwalts daran, ob die Täterschaft des Beklagten zu beweisen sein werde, ändern daran nichts. Zur Kenntnis der Person des Ersatzpflichtigen ist nicht die unbedingte Sicherheit erforderlich, gegen ihn im Prozess zu obsiegen. Es genügt, wenn die Schadensersatzklage ohne Schwierigkeiten unter Benennung der Beweismittel begründet werden kann.‹«

»Ja, und?«, fragte Behrends.

Brinkmann lehnte sich im Stuhl zurück und verschränkte die Arme vor der Brust.

Die Juristen waren in ihrem Element. Hans hatte Schwierigkeiten, den unterschiedlichen Argumenten zu folgen, ja, sie überhaupt voneinander trennen zu können. Das klang alles nach Nuancen, nach Wortklauberei und Spitzfindigkeit. Unglaublich, dass der Tod des eigenen Kindes offenbar überhaupt nicht mehr zählte und völlig in den Hintergrund getreten war. Doch eins zeichnete sich deutlich ab: Mit jedem Wort, das gesprochen wurde, verblasste das Gefühl der Genugtuung ein wenig mehr.

Weinrich faltete ihre Hände ineinander, als wollte sie beten. »Von der Person des Ersatzpflichtigen, also des hiesigen Beklagten, hat Ihr Mandant mit Erhebung der Anklage vom 2. März 1982, spätestens aber mit der Eröffnung des Hauptverfahrens vom 18. Mai 1982, in der er als Nebenkläger zugelassen worden ist, erfahren. Seit Erhalt der Anklageschrift hatte er daher die

Kenntnis von der Person des Ersatzpflichtigen. Die Beweismittel, nämlich Zeugen und Sachverständige, waren in der Anklageschrift namentlich und mit Anschrift aufgeführt. Alle Tatsachen und Beweismittel reichten aus, um den Kläger in den Stand zu versetzen, mit einigermaßen sicherer Aussicht auf Erfolg Schadensersatzklage gegen den Beklagten zu erheben. Von diesem Zeitpunkt an war es ihm zuzumuten, die Klage einzureichen. Das hat er nicht getan. Dadurch ist Verjährung spätestens mit Ablauf des Jahres 1985 eingetreten. So jedenfalls sehe ich das. Es tut mir leid, Herr Larsen.«

Er sah nach hinten zu Sabine und Klaus. Sie bewegten sich nicht, sie saßen starr da, nicht einmal ihre Augenlider schienen zu zucken.

Behrends schrieb irgendetwas in seine Akte. Als er fertig war, warf er den Stift aufs Papier. »Nur, damit ich es richtig verstehe, Frau Vorsitzende: Sie meinen, Herr Larsen hätte den Beklagten auf Schmerzensgeld zu einem Zeitpunkt verklagen sollen, als im Strafprozess gerade dessen Unschuld festgestellt worden war? Bei allem Respekt, aber das kann nicht wirklich Ihr Ernst sein. Das wäre doch vollkommen widersinnig.« Behrends lehnte sich zurück und schüttelte den Kopf.

»Ich gebe zu, das Ergebnis ist unbefriedigend«, sagte Weinrich. »Aber die Rechtsprechung des BGH dazu ist eindeutig. Daran komme ich nicht vorbei.«

»Die Verjährungsregeln sind kein Selbstzweck«, sagte Behrends. »Sie sollen dem Rechtsfrieden dienen, und dazu ist es notwendig, sie so anzuwenden, dass beide Interessen – die des Schuldners und die des Gläubigers – angemessen berücksichtigt werden. Der Gläubiger muss eine faire Chance haben, seine Ansprüche geltend zu machen, und genau das geschieht hier nicht. Wird die Verjährung so verstanden, wie Sie es tun, Frau Vorsitzende, werden den Gläubigern Steine, statt Brot gegeben.

Nein, das kann nicht richtig sein. Ich bitte das Gericht, zu erwägen, das vorliegende Verfahren auszusetzen und diese Frage dem Bundesverfassungsgericht zur Prüfung vorzulegen.«

»Das haben wir in der Kammer bereits besprochen«, sagte Weinrich.

»Und?«, fragte Behrends.

»Wir sehen dazu keinen Anlass.«

»Keinen Anlass?«, fragte er, und seine Stimme war jetzt lauter.

»Die Sache ist höchstrichterlich geklärt. Aus unserer Sicht bestehen gegen die Verfassungsmäßigkeit keine Bedenken. Wir werden das Verfahren nicht zur Prüfung vorlegen. Das Gesetz ist, wie es ist. Daran haben wir uns zu halten. Wenn Sie damit nicht einverstanden sind, bleibt Ihnen die Möglichkeit, eine Gesetzesänderung anzustrengen.« Auch Weinrich war jetzt lauter geworden.

»Genau das ist es«, sagte Sabine von hinten.

Hans verstand nicht. Was war was? Was meinte sie damit?

Die Anwälte saßen mit gekreuzten Armen da und hatten ihr Pulver verschossen. Der eine ins Schwarze, der andere daneben. Alle Anwesenden im Saal schwiegen. Das Foto in Hans' Hand zitterte. Die Justiz war nicht gemacht für Nina, und für ihn war sie auch nicht gemacht. Richter, Staatsanwälte – alle meinten es gut mit ihnen. Doch am Ende blieb nicht mehr als eine Entschuldigung. Die reichte nicht für eine Genugtuung, auch nicht für eine kleine.

Erst kam das Gesetz, dann das Gewissen. Das hatte Hans inzwischen verstanden.

23.

Das Klavier

November 2022

Seine Wunde hat aufgehört zu bluten. Zweimal hat Anne den Verband gewechselt, hat die offene Stelle an der Stirn desinfiziert, hat sie behutsam betupft, wie eine gottverdammte Mutter oder irgend so eine Krankenschwester, und darauf geachtet, dass sie nicht nässt.

Und was macht er? Er lässt sich bedienen wie in einem scheiß Sanatorium. Hockt an der Theke, raucht eine Zigarette nach der anderen und grinst und schweigt vor sich hin. Er mag nicht die hellste Kerze auf dem Kuchen sein, doch gewieft ist er allemal. Er scheint genau zu wissen, wie er an Annes Nerven sägen kann. Er sitzt die Sache aus, dickfellig und unbeeindruckt, und lacht sich innerlich ins Fäustchen.

Klaus hat mal ein Sprichwort zitiert, als sie bei einem Kinderschänder nicht weiterkamen: »Geduld ist wie ein Baum. Seine Wurzeln sind bitter, aber seine Früchte sind süß.« Da ist was Wahres dran.

Anne, reiß dich zusammen. Du ziehst das jetzt durch. Irgendwann hast du ihn so weit.

Sie nimmt den Wasserkessel, befüllt ihn aus dem mitgebrachten Kanister und stellt ihn auf den Kaminofen. Sie braucht frischen Kaffee.

Da ist ein Geräusch im Keller. Hört sich an wie eine quietschende Tür. Anne nimmt die Taschenlampe und geht runter. Sie durchleuchtet die einzelnen Räume. Alte Autoreifen, Bierfässer, eingeklappte Sonnenschirme und ein paar Gartenstühle.

Es riecht modrig und faul. Sie prüft das Türschloss, aber daran ist nichts Besonderes zu erkennen. Keine Aufbruchspuren, keine frischen Kratzer, gar nichts. Ihre erlogenen Waschbären sind wohl doch real. Oder die Geister sind es, die Ermittler-Geister, die sie überallhin begleiten. Sie geht wieder rauf.

März wird müde. Seine Augenlider fallen ständig zu, sein Kopf senkt sich immer wieder ruckartig. März wehrt sich gegen die Schläfrigkeit, zumal Barhocker und Theke alles andere als bequeme Ruhelager sind. Er zieht mühsam an seiner Zigarette, die Asche wird länger, bis sie auf seinen Oberschenkel fällt.

Das Kinn hängt ihm auf der Brust, die Schultern sind eingefallen. Anne greift nach einem Kaffeebecher und donnert ihn auf den Tresen. März' Oberkörper schnellt nach oben, er sieht Anne unter seinem Stirnverband an und schüttelt den Kopf.

Ja, mein Lieber, Schlafentzug ist Folter. Aber du hast die Wahl. Du kannst so viel schlafen, wie du willst, musst nur über mein Stöckchen springen. Über ein einziges kleines Stöckchen.

Der Kessel pfeift, Anne nimmt ihn vom Ofen und gießt heißes Wasser in eine saubere Tasse. Sie reißt das Tütchen mit dem löslichen Kaffee auf und schüttet das Pulver hinein.

März richtet sich auf und drückt die Zigarette in den Aschenbecher. »Kriege ich auch einen?«, fragt er.

Anne rührt die Flüssigkeit um. Jetzt ist sie also auch noch seine Kellnerin. Aber das gehört wohl dazu. Das war vorher klar. Darüber darf sie sich nicht ärgern.

Sie stellt die Tasse vor ihn auf den Tresen. Er trinkt. Es ist mehr ein Schlürfen. Er kneift die Augen dabei zusammen und wirkt mit seinem Verband wie ein Soldat, der gerade aus dem Krieg gekommen ist.

Anne gießt eine zweite Tasse auf. Der Kaffee ist heiß und stark. Inzwischen ist es vier Uhr nachmittags. Das Holz für den Ofen brennt schneller ab als vermutet. Die wenigen Scheite, die noch da sind, werden für die Nacht nicht reichen. Sie muss den Kerl zum Reden bringen. Mit Hartnäckigkeit war zu rechnen, aber nicht mit einer solchen. Eine Waffe an der Kniescheibe, ein Schuss knapp daneben und wenig später sogar – ungeplant – eine herabstürzende Zimmerdecke, die ihn fast erschlägt. Was muss noch passieren, damit der Kerl endlich einknickt?

Sie hat noch ein Ass im Ärmel oder besser gesagt: in ihrem Rucksack. Das Fläschchen mit dem Nussöl ist nicht besonders groß, aber gewiss ausreichend. März weiß garantiert nicht, was sie weiß.

Er hat den Kaffeebecher auf den Tresen gestellt und nestelt am Daumennagel seiner rechten Hand herum. Der Nagel ist länger als die anderen, aber genauso gelb. Er braucht ihn für die Aale, um ihre Eingeweide herauszuschaben. Furchtbares Männerhobby. Nicht vorstellbar, dass eine Frau darauf käme. Wobei – nicht vorstellbar ist heutzutage nichts mehr. Auch Frauen misshandeln und töten Kinder. Warum sollten sie dann nicht auch Fische ausnehmen?

März legt die Hände in den Schoß. Wieder fallen seine Augen zu, wieder sinkt sein Kopf zur Brust. Wenn er einschläft, fällt er vom Hocker. Dann wird sein Arm, der mit der Handschelle am Bein des Hockers fixiert ist, sich einmal um sich selbst drehen, und der Oberarmknochen aus dem Schultergelenk gerissen. Wenn das passiert, ist die Nummer hier endgültig beendet, dann muss Anne ihn ins Krankenhaus bringen. Spätestens dann. Eigentlich müsste sie ihn jetzt schon ins Krankenhaus bringen, so, wie er zugerichtet ist.

Hinter ihren Schläfen puckert es, ihr ist heiß und kalt zugleich, die Nase ist wieder dicht. Mit dem Handrücken fühlt sie ihre Wangen. Sie glühen. Egal. Weiter.

»Hey«, sagt sie lauter.

Er zuckt, richtet sich auf und starrt sie an.

»Nicht einschlafen, Mann. Wir haben noch Programm.«

Mit dem rechten Zeigefinger tippt er sich an die verbundene Stirn. Er legt einen Arm auf den Tresen, und sogleich sinkt sein Kopf darauf. Noch im selben Moment sind seine Augen wieder zu.

Drüben im Nebenzimmer, da müssen doch noch ...

Anne geht auf die andere Seite des Raumes und öffnet die Holzschiebetür. In dem großen Raum dahinter wurden früher Konfirmationen gefeiert, runde Geburtstage, Hochzeiten. Der Hambührener Kursaal, wenn man so will, der Saal für die schönen Anlässe. Die Trauerfeiern fanden im *Schleusenwärter* am Marktplatz statt, er lag dichter am Friedhof; er ist auch schon seit Jahren dicht.

Tische und Stühle sind umgekippt und von Staub und Spinnweben bedeckt. Die Vertäfelung an der Decke hat sich an einigen Stellen gelöst und hängt an einer Seite herab, genauso wie die Tapete an der Wand. Ein Lost Place wie in einem Gruselfilm, der vermutlich nur deshalb so verlassen wirkt, weil er einstmals so belebt war. Anne sieht Menschen trotz der Leere, sie sieht die Tische und Stühle, wie sie in Reih und Glied stehen. Das Gedächtnis schafft es, das Schlechte im Jetzt zu überschreiben und es mit Lachen zu füllen und mit Wärme und Ordnung. Doch sie sind tückisch und fragil, diese Erinnerungen, denn im nächsten Moment verkehren sich Lachen und Wärme und Ordnung in Angst und Schmerz, und alles wird dunkel. Anne darf sich davon nicht aus der Bahn werfen lassen. Sie hat ein Ziel vor Augen. Und im Augenblick stellt sich ihr die Aufgabe – so verrückt es ist –, diesem Kerl da vorn an der Theke zu helfen, damit er nicht umkippt.

Rechts in der Ecke steht das alte Sofa mit dem beigen Kunstlederbezug, daneben der Sessel. Früher, als Anne klein war, hat sie hier mit ihren Playmobilfiguren gespielt oder gemalt, während die Erwachsenen nebenan in der Gaststube Bier getrunken und geklönt haben. Jetzt liegen Bretter auf den Polstern, zwei Dartscheiben, unzählige Bierdeckel und ein Wandbild mit Pferden, die irgendwo im Celler Land grasen. Anne wirft alles zu Boden, packt den Sessel von hinten an der Rückenlehne, bugsiert ihn in die Gaststube und stellt ihn neben das Klavier. März' Kopf liegt immer noch auf dem Arm und dem Tresen. Ein Speichelfaden hängt aus seinem Mundwinkel.

Sie holt auch noch den Fußhocker aus dem Nebenraum und stellt ihn vor dem Sessel ab.

»Hallo!« Sie rüttelt an März' Schulter. »Wachen Sie auf. Nun machen Sie schon.«

Er streckt den Oberköper empor und wischt sich mit dem Handrücken den Speichelfaden von den Lippen. »Lassen Sie mich in Ruhe. Ich bin müde.«

Anne öffnet die Handschellen unter dem Barhocker und greift März unter die Arme. »Hier wird nicht geschlafen.«

Er ist schwer, wenn er seinen Körper nicht unter Kontrolle hat. Sie schiebt ihn rüber und setzt ihn in den Sessel. Die Handschelle fixiert sie am Heizkörper daneben.

Klar, in dieser Position kann er prima wegdösen. Er kann aber nicht mehr vom Hocker fallen und sich sonst was brechen oder auskugeln – nach Lage der Dinge die vorerst beste Lösung.

»Meine Zigaretten«, sagt er und zeigt zur Theke.

Anne holt ihm Schachtel und Feuerzeug. Er steckt sich eine an. Seine dicken Koteletten schimmern im Schein der Petroleumleuchten. An seinem Stirnverband zeichnet sich ein roter Fleck ab. Die Wunde ist zu groß, sie ist scheinbar immer noch offen.

»Wie lange soll das noch gehen?«, fragt er.

Anne nimmt ihre Kaffeetasse und setzt sich auf den Klavierschemel neben ihm. Sie klappt den Deckel des verstaubten

Klimperkastens auf, das Weiß der Tasten ist verdreckt und zu einem dunklen Gelb mutiert.

»Das liegt bei Ihnen.« Sie drückt eine Taste. Der Ton ist klar, er klingt fast schön.

März rückt ein Stück vor und betätigt ebenfalls eine Taste. Anne schlägt den Deckel zu. Seine Hand wird eingequetscht.

»Aaauu!«, schreit er.

Sie öffnet den Deckel wieder. »Nehmen sie Ihre Drecksfinger weg. Sie können kein Klavier spielen.« Sie steht auf, geht zu den Petroleumlampen und dreht die Dochte höher. Sofort wird es heller im Raum.

März richtet sich auf. Er starrt sie an. Seine Müdigkeit scheint wie weggeflogen. Er steckt sich eine neue Zigarette an und lässt Anne dabei nicht aus dem Blick.

Ja, jetzt rattert es in deinem Hirn. Deine Gedanken fallen wie Münzen in deinen scheiß Zigarettenautomaten, aber du kriegst die verdammte Schachtel nicht rausgezogen. Du fragst dich, woher ich das weiß – das mit dem Klavier. Und du fragst dich auch, warum wir hier sind, du und ich. Ausgerechnet hier, in dieser alten Kneipe, in Mutters Wartesaal.

Der Vorteil bei einer Vernehmung – und nichts anderes ist das hier – liegt darin, dass sich der Vernehmende frei im Raum bewegen kann, während der Beschuldigte auf seinem Sitz ausharren muss. Klaus hatte völlig recht, auch wenn er die Sache mit Sicherheit anders angegangen wäre. Wenn der wüsste, was hier gerade abgeht. Wahrscheinlich würde er Anne die Hammelbeine langziehen. Oder er würde – Gesetz hin oder her – seine Waffe ziehen, würde den Hahn spannen und sie noch einmal, wie Anne heute früh, März an die Kniescheibe drücken. Auch Klaus will den Fall endlich abgeschlossen wissen, das hat er oft genug gesagt.

März hockt da und starrt Anne an. Das Klavier steht neben

ihm. Er weiß genau, was für ein Klavier das ist, und er weiß auch, dass der Zigarettenautomat im Flur früher von ihm befüllt wurde.

Die Asche seiner Kippe fällt zu Boden, er beachtet sie nicht. Sein Blick bleibt an Anne kleben, als er sagt: »Welcher Teufel reitet Sie bloß?«

24.

A Kind of Magic

August 2014

»Wo finde ich etwas zum Schneiden?«, fragte Hans.

Sabine zog mit den Fingerspitzen eine der Küchenschubladen auf, zeigte auf ein kleines Messer und rieb die Lammkoteletts weiter mit einer Marinade ein. Die rötlich braune, sämige Flüssigkeit umschloss ihre Finger, die das Fleisch massierten, die es fast streichelten, mit Hingabe streichelten und mit einer Bestimmtheit, die Sabine eigen war. Was sie anfasste, tat sie aus vollem Herzen, tat es mit penibler Sorgfalt, ganz egal, ob es ein Artikel war, den sie für ihre Zeitung schrieb, oder ein Abendessen vorbereitete, zu dem sie Hans und Klaus eingeladen hatte. Ihrer Aufmerksamkeit entging nichts. Sie summte die Melodie der französischen Musik mit, die im Hintergrund dudelte, und während sie ein kleines Kotelett nach dem anderen einbalsamierte, lächelte sie, hob jedes einzelne in die Luft und prüfte die eingeriebene Soße auf Vollständigkeit, bevor sie es behutsam auf einem Teller ablegte.

Hans, der sich eine graue Kochschürze mit weißen Nähten und aufgestickten Blumen an den Taschen umgebunden hatte und einen Schritt neben ihr stand, vergaß fast die Aufgabe, die sie ihm aufgetragen hatte – das Zwiebelschneiden war zur Nebensache geworden. Er sah ihr zu, still beobachtend, gerade so als könne sie ihn nicht wahrnehmen, und bekam nicht genug von der liebevollen Art, mit der sie jede ihrer Bewegungen ausführte, wie sie jedes einzelne Kotelett zentimetergenau auf dem Teller ausrichtete, hin und wieder ihre Anordnung mit einem entschlossenen Fingerschnippen noch einmal korrigierte, um sich dann dem nächsten Stück zu widmen.

Zu dieser Art der Sorgfalt, mit der sie sogar einem Stück Fleisch begegnete, passte alles Übrige in der Küche. Der Raum, dessen Wände in einem warmen Grauton gestrichen waren, schien eingerichtet wie aus einem Möbelhausprospekt. Eine Kochinsel in der Mitte war mit einer Art Schieferplatte belegt. Ein Ceranfeld mit fünf Kochstellen war darin eingelassen, über dem sich ein schwarzer Dunstabzug befand, in den kleine, runde Halogenspotts eingesetzt waren. Frische Blumen standen in einer Kristallvase auf dem Tisch, der von sechs hellbraunen Lederstühlen mit Chromfüßen gerahmt wurde. An den Wänden hingen Reproduktionen berühmter Gemälde von Caspar David Friedrich und Claude Monet, ein Kunstdruck vom *Mondaufgang am Meer* etwa oder ein anderer von der *Frau am Fenster*. Lediglich an einer Seite waren Schränke aufgestellt. Sie besaßen glatte, weiße Oberflächen, und der Fußboden war mit Holzdielen belegt, die mit ihrem honigfarbenen Ton den Raum erwärmten.

Das wirkte alles stimmig zueinander, modern, aber gemütlich. Sabine besaß ein Händchen für solche Dinge.

»Wo bleibt Klaus?« Hans nahm das Messer zur Hand, auf das Sabine gezeigt hatte, und begann, die Haut einer roten Zwiebel abzuziehen.

»Ist schon gleich halb acht«, sagte Sabine. »Er wollte längst hier sein. Ich funke ihn mal an.«

Sie spülte ihre Hände unter dem Wasserhahn ab, trocknete sie mit einem Tuch und griff nach ihrem Telefon.

In diesem Moment klingelte es an der Tür.

»Aha.« Sie legte das Telefon beiseite und ging in den Flur.

Hans griff nach einer zweiten Zwiebel und schälte auch sie, danach eine dritte.

Er spürte eine Hand auf der Schulter. Im Hintergrund erklang weiterhin französische Musik.

»Moin«, sagte Klaus. »Tut mir leid für die Verspätung. Ich war noch in der Werkstatt wegen der Teile für den Elfer. Die von Porsche haben nur die Hälfte geliefert.«

Hans legte das Messer auf dem Brett ab. »Dieser störrische Esel.«

Klaus lächelte. »Ich hab dich gewarnt.«

»Ja, vor dreißig Jahren. Wer rechnet denn mit so was?«

»Kommt Zeit, kommt Rat«, sagte Klaus. »Das wird schon.« Er wandte sich an Sabine. »Kann ich helfen?«

Sie drückte ihm einen Korkenzieher in die Hand. »Mach den Rosé auf, und schenk uns ein Glas ein. Steht im Kühlschrank, in der Tür.« Sie schob die Salatschüssel an das Brett mit den Zwiebeln. »Tomaten dann auch noch«, sagte sie zu Hans. »Und Knoblauch.«

Hans zerteilte die erste Zwiebel und schnitt eine der Hälften in dünne Halbringe. Sofort begann die Zwiebelsäure in den Augen zu brennen.

Ein Korken ploppte. Klaus reichte jedem ein Glas. Sie stießen an und tranken. Hans kniff die Augen zu, konnte jedoch nicht verhindern, dass ihm die Tränen kamen. Er nahm ein Küchenpapier und drückte es sich vor sein Gesicht, worauf das Brennen etwas nachließ.

»Warum muss ausgerechnet ich das machen? Nächstes Mal schenke ich Wein ein, und Klaus schneidet.«

»Nu heul mal nicht rum«, sagte Klaus. »Zwiebeln sind gesund.« Er stellte sein Glas ab, griff nach dem Messer und zerschnitt die zweite Zwiebel. »Jetzt spann uns nicht auf die Folter«, sagte er zu Sabine. »Was hast du mit uns vor?«

Sabine stellte eine Pfanne mit Öl auf eines der Kochfelder und schaltete es ein. Ein sich wiederholendes Ticken des elektrischen Zünders und das gleichzeitige Fauchen des ausströmenden Gases waren zu hören. Sofort sprang unter der Pfanne das Feuer an. »Ich habe eine Überraschung für euch.«

»Überraschung?« Hans nahm einen weiteren Schluck vom Rosé. Er war kalt und schmeckte nach Himbeeren und Zitrusfrüchten.

»Ich war fleißig.« Sabine öffnete die Terrassentür. Vögel sangen im Garten. Die Sonne hatte zwar bereits an Kraft verloren, doch es war noch immer warm.

»Nun sag schon.« Klaus betupfte mit einem Taschentuch seine Augen.

Sabine legte ein paar der Lammkoteletts in die Pfanne. Das Fett spritzte und schäumte und explodierte förmlich und ließ eine Rauchwolke entstehen, die vom Dunstabzug geschluckt wurde. Mit einer Zange schob sie die Koteletts im Fett hin und her, bevor sie sie herausfischte, jedes einzelne kritisch betrachtete, wie vorhin schon im rohen Zustand, bevor sie es mit der anderen Oberfläche wieder in das Blasen schlagende Fett zurücklegte. Das zischte und bräunte die Koteletts und gab ihren Duft frei, diesen fast süßen, ein wenig an einen Schafstall erinnernden Geruch.

»Tomaten und Knoblauch müssen noch an den Salat«, sagte sie.

Hans nahm ein paar Tomaten aus der Schale, viertelte sie und schob die Stücke vom Holzbrett in die Schüssel mit den kleingerupften Bataviablättern. Der Zwiebelgeruch und der Rauch aus der Bratpfanne erzeugten ein erneutes Brennen in den Augen, und so gut das alles roch, es kratzte obendrein im Hals, sodass Hans einen Hustenanfall bekam.

Er hatte eine Ahnung, was Sabine im Schilde führte. Auch sie hatte die Sache mit Nina nie losgelassen, und natürlich hatte sie sich gemerkt, was die Richterin zuletzt im Zivilverfahren gesagt hatte. Sabine war Journalistin aus Leidenschaft, und wenn sie sich einmal mit einem Thema beschäftigte, dann ließ es ihr keine Ruhe. Ihre Gedanken kreisten immer wieder um die entscheidenden Fragen, sie konnte die Hände nicht in den Schoß legen, solange sie keine Antworten darauf gefunden hatte.

»Weißt du, was sie mit uns vorhat?« Klaus kniff die Augen zusammen. Tränen liefen über seine Wangen. Er wischte mit der Armbeuge darüber, schob die Zwiebelringe mit der Messerklinge in den Salat und drückte sich wieder das Taschentuch ins Gesicht.

»Change.org«, sagte Hans.

»Change ... was?«, fragte Klaus.

Sabine hatte in Celle, am Ende der Berufungsverhandlung wegen des Schmerzensgeldes, das erste Mal darüber gesprochen. Gut drei Wochen war das jetzt her.

»Hab ich recht?« Hans drehte sich zu ihr.

Sie fischte die letzten Koteletts aus dem zeternden Fett, ordnete sie der Größe nach auf dem Servierteller an und legte noch drei Zitronenspalten an den Rand.

»Richtig«, sagte sie. »Change.org. Du hast völlig recht.«

Klaus goss Olivenöl über den Salat und verrührte den Inhalt der Schüssel. »Aha. Change.org, also. Was bedeutet das?«

Es bedeutete vor allem, dass Sabine nie aufgegeben hatte. Volker März war Ninas Mörder, aber das Gesetz scherte sich nicht – oder nicht mehr – darum. Mit den ganzen Recherchen, die Hans angestellt hatte, mit den unzähligen Aufsätzen und Gerichtsentscheidungen, die er in den letzten Jahren gelesen und sorgfältig studiert, die er miteinander verglichen hatte, war er selbst fast zu einem Juristen geworden. Zumindest verstand er inzwischen – oder besser: er glaubte zu verstehen –, wie das Recht funktionierte und wie Staatsanwälte, Richter oder Rechtsanwälte tickten. Es ging um Ausgleich. Es ging um die Berücksichtigung unterschiedlicher Interessen. Das Eigentum etwa, das wurde durch Artikel 14 Grundgesetz geschützt. Doch es gab Fälle, in denen es legitim war, dieses Grundrecht einzuschränken, im Extremfall sogar durch Enteignung. Ein ganzes Kapitel hatte Hans darüber gelesen, in einem Kommentar zu den Grundrechten, weit über hundert Seiten. Oder er selbst zum Beispiel konnte nicht einfach Arzt oder Psychotherapeut werden, obwohl er diplomierter Sozialwissenschaftler war. Nach der Verfassung stand ihm eine freie Berufswahl gemäß Artikel 12 Grundgesetz zu. Aber auch dieses Grundrecht erfuhr zugunsten einer Qualitätsgarantie Einschränkungen. Wer Arzt werden wollte, musste Medizin studiert haben, Berufsfreiheit hin oder her.

Kurzum: Dem Recht ging es um Ausgewogenheit – Justitia trug nicht ohne Grund eine Waage in ihrer Hand. Genau das war es auch, worauf es bei Artikel 103 Absatz 3 des Grundgesetztes ankam. Es gab ganze Bücher nur zu dieser einen Regelung, zu diesem Verfassungsgrundsatz, der zu denen gehörte – das hatte Hans inzwischen verstanden –, die der Rechtsstaat als Teil seines Fundaments ansah. Eine Basis, die zwei Jahrtausende alt war. Vielleicht nicht als unumstößliche Basis, aber doch als bedeutsame Grundlage, für deren Errichtung und Durchsetzung die Menschheit Kriege geführt und über die Jahrhunderte hinweg Leben in unbekanntem Ausmaß geopfert hatte. Rechtsstaat bedeutete Rechtsverlässlichkeit, und von diesem Standpunkt aus betrachtet war es durchaus nachvollziehbar, dass ein einmal Freigesprochener nicht ein zweites Mal wegen derselben Tat angeklagt werden durfte. Rechtskraft bedeutete Garantie. Hatte der Rechtsstaat alles versucht, war aber im Ergebnis nicht von der Schuld des Angeklagten überzeugt, musste er ihn freisprechen. Darauf durfte sich der mutmaßliche Täter verlassen. Juristen bezeichneten das gern als *Herstellen von Rechtsfrieden.*

Genau dieser Rechtsfrieden jedoch war es, der sich bei Hans

und gewiss auch bei Sabine und Klaus nie hatte einstellen wollen. Es war ein erzwungener Friede, ein vom Gesetz befohlener, der dem Empfinden nach der Gerechtigkeit eine schallende Ohrfeige verpasste. Ein Mensch, der nachweislich einen Mord begangen hatte, durfte ungestraft in Freiheit leben, weil das Gesetz keine Möglichkeit bereithielt, ihn hinter Schloss und Riegel zu bringen.

Hans hatte in den vergangenen Jahren versucht, darüber hinwegzusehen. Ja, er hatte versucht, den lachenden Volker März aus seinem Kopf zu bekommen, und mal war es ihm besser, mal schlechter gelungen, aber auf jeden Fall besser als Sabine.

Sie nahm den Teller mit den dampfenden Koteletts in die Hand. »Lasst uns draußen essen«, sagte sie und trat hinaus auf die Terrasse.

Hans folgte ihr. Unter einer beigen Markise stand ein Tisch, der bereits gedeckt war. Anthrazitfarbene Teller, Silberbesteck, ein paar Kerzen für später. Grillen zirpten, Vögel trällerten in den Bäumen, ein kleiner Springbrunnen im Gras spuckte kleine Wassersalven in die Luft.

Klaus kam mit der Salatschüssel nach draußen und stellte sie in der Tischmitte ab.

Sabine holte die Weinflasche und die drei Gläser aus der Küche. »Lasst uns essen, bevor das Fleisch kalt wird.«

Sie setzte sich an die Stirnseite, Klaus und Hans setzten sich links und rechts neben sie. Jeder nahm sich eine Portion Salat und zwei Lammkoteletts.

»Jetzt sag endlich. Was ist dieses ›Change... Dingens‹?«, fragte Klaus, kaum dass er den ersten Bissen Fleisch heruntergeschluckt hatte.

»Das ist eine Plattform im Internet – eine wertvolle Hilfe bei Petitionen«, sagte Hans. Als Sabine damals den Begriff hatte fallen lassen, war er im Netz auf die Suche gegangen, hatte recherchiert. Es war faszinierend gewesen zu sehen, wofür sich die Leute alles einsetzten. Vor allem Tierschutzbelange und Umweltfragen waren ihm ins Auge gesprungen.

»Du kennst das?«, fragte Klaus.

»Sabine hat es damals in Celle erwähnt, nach der Berufungsverhandlung wegen des Schmerzensgeldes. Als ich zu Hause war, hab ich gegoogelt.«

»Und was hast du vor?« Klaus schenkte Sabine Rosé nach.

Sie schob sich eine Gabel Salat in den Mund. »Wir starten eine Petition«, sagte sie kauend.

Es war interessant, Klaus zu beobachten, wie sich erst seine Kaubewegungen verlangsamten und fast parallel dazu das Lächeln aus seinem Gesicht wich. Er schluckte den Bissen herunter, wischte sich den Mund mit einer Serviette ab und lehnte sich zurück, beugte er sich gleich darauf wieder nach vorn, griff nach seinem Wein, trank und ließ dabei Hans und Sabine nicht aus dem Blick, um sich dann erneut zurückzulehnen. »Ihr zwei wollt mich auf den Arm nehmen«, sagte er.

»Wieso ›ihr zwei‹?« Hans legte das Besteck zur Seite. »Es ist ihre Idee.« Er deutete mit dem Daumen auf Sabine.

»Stimmt«, sagte sie. »Und ihr beiden helft mir dabei.«

»Helfen?«, fragte Klaus. »Wie geht denn so was – eine Petition starten?«

»Das ist im Grunde ganz einfach«, sagte Sabine. »Du eröffnest eine Kampagne auf der Internetseite von change.org, rührst ordentlich die Werbetrommel und hoffst, dass möglichst viele Leute unterschreiben.«

»Und dann?« Klaus schüttelte den Kopf.

»Na ja, wenn für die Sache genug Unterschriften zusammenkommen, fahren wir drei nach Berlin und drücken dem Justizminister das Ding persönlich in die Hand.« Sabine goss allen vom Rosé nach.

Klaus trank. »Habt ihr euch das zusammen ausgedacht?«

»Nein«, sagte Hans. »Ich weiß es auch erst seit eben.«

Die Abendluft war noch immer warm. Wein war sicherlich genug da, bei so etwas ließ sich Sabine nicht lumpen. Wenn es sein musste, konnte der Abend gern bis tief in die Nacht gehen. Wer hier am Tisch saß, konnte sich glücklich schätzen. Wer hier am Tisch saß, war ein guter, vielleicht sogar sehr guter Freund der Gastgeberin. Und wer weiß, vielleicht fühlte sich so ja Familie an. Es ging nicht darum, ob eine Petition – worum auch immer es sich dabei handeln mochte – Erfolg haben würde. Nina war fort, und nichts auf der Welt brachte sie zurück. Entscheidend war, dass es da zwei Menschen gab, denen Hans nicht egal war, die sich um ihn kümmerten, die wie er dachten, die wie er fühlten. Das war Verbundenheit, die bedeutete, miteinander schweigen zu können. Oder sich fallen zu lassen, den eigenen Anschnallgurt zu lösen – in der Gewissheit, aufgefangen zu werden. Da waren zwei Menschen, vier Hände, da waren Worte, Umarmungen, Auf-die-Schulter-Klopfer, Tröster, Mutmacher. Das, was an diesem Tisch mit Hans zusammensaß – das war inzwischen sein Leben. Sein Richtungspfeil, die verlässliche Bank.

»Ich schlage vor, wir betrinken uns jetzt«, sagte er.

»Worauf soll denn eine solche Petition gerichtet sein?«, fragte Klaus.

»Na, worauf schon?« Sabine legte mit der Zange allen ein weiteres Kotelett auf den Teller. »Darauf, dass die Strafprozessordnung geändert wird, natürlich. Damit ein Freigesprochener für dieselbe Tat noch einmal vor Gericht gestellt werden kann, wenn es neue Beweise gibt.«

Die Frau war einmalig. Unerschütterlich bis zum Letzten, freundlich dabei, manchmal etwas enttäuscht über Zwischenergebnisse, aber nie verzagt. Ein Optimismus, der ansteckte.

»Ach, so ist das«, sagte Klaus. »Frau Friedrichs macht eine

Petition, und der Deutsche Bundestag ändert mal so eben einen uralten Verfassungsgrundsatz. Sag mal, hast du nicht auch den Eindruck, dass da irgendwas nicht ganz überzeugend ist?«

Das war einerlei. Was zählte, war die Aussicht, die damit verbunden war. Hans hätte gern von sich behauptet, endgültig einen Schlussstrich unter die ganze Sache ziehen zu können. Keine Gerichtsverfahren mehr, keine Berichterstattung in den Medien – einfach nur noch Ruhe. Ruhe, die eines Tages vielleicht von selbst zu einem inneren Frieden wurde. Doch das stimmte nicht. Da war keine innere Ruhe, das Gegenteil war der Fall. Bilder bestimmten ihn, verfolgten ihn oder drängten sich schlagartig in den Vordergrund seiner Gedanken. Er musste nur an einer Bushaltestelle vorbeikommen, an der Schülerinnen standen. Musste zusehen, wie sie miteinander kicherten, auf ihre Handys schauten, sich gegenseitig Nachrichten oder Fotos von irgendwelchen Jungs zeigten und sich offenbar etwas ausmalten, was Hans sich gar nicht ausmalen wollte. Oder doch, er wollte es sich ausmalen. Er wollte vor seinem inneren Auge sehen, wie sie träumten, wie sie sich erste Berührungen trauten, einen ersten Kuss vielleicht und sich aus dem Griff der Eltern befreiten. Und dann war da unvermittelt der Gemeindesaal in der Celler Innenstadt, dieses hässliche graue Funktionsgebäude aus den Sechzigern. Nina im Chor: Sie hatte bestimmt eine wundervolle Stimme, sie war selbstbewusst und verunsichert zugleich, aber sie sang, mit geschlossenen Augen vielleicht, kräftig und voller Hingabe. Längst hatte Hans ein Lied für sie beide bestimmt. Keine Ahnung, ob sie es gemocht hätte, es war erst fünf Jahre nach ihrem Tod erschienen. *A Kind of Magic* von Queen. Nina, seine Tochter. Fern und nah zugleich. Eine Art Magie.

Sabine schob ihren Teller von sich. Sie wischte sich mit der Serviette über den Mund – behutsam, sodass ihr Lippenstift nicht verschmierte – und legte die Serviette gefaltet vor sich auf den Tisch. »Das ist eine schreiende Ungerechtigkeit, und das weißt du, Klaus. Und Hans weiß es sowieso.«

Aus dem Nachbargarten drang ein Fauchen. Zwei Katzen stritten miteinander, die von Sabines Terrasse aus nicht zu sehen waren. Ein Knurren, ein keifender Schrei, dann ein Kratzen auf sandigem Boden, und es war wieder ruhig.

Noch einmal schenkte Klaus allen nach, danach lehnte er sich auf seinem Stuhl zurück. »Ich höre noch diese Richterin in Lüneburg, im Schmerzensgeldprozess. Wisst ihr noch? Die war richtig sauer. Die hat das total geärgert, dass sie Hans nicht recht geben konnte. Da ist ein gottverdammter Scheißtyp des Mordes überführt, und die Richter kommen nicht ran an ihn? Das gibt's auf keinem Schiff. Aber sie hat noch etwas gesagt, und das habe ich mir gemerkt. Sie hat gesagt, Gesetz ist Gesetz. Daran müssen wir uns halten. Tut manchmal weh, ist aber so. Und jetzt kommt ihr und wollt das Gesetz ändern. Nichts weniger als das. Verstehe. Wir fahren nach Berlin und sagen: ›Hallo, Moment mal, lieber Herr Justizminister, hier bei unserem Fall ist mächtig was schiefgelaufen, da muss jetzt bitte die Gesetzeslage geändert werden.‹ Und dann machen die das auch. Klar. Ist bestimmt 'ne schnelle Sache. Wann wollen wir los?«

»Kein Grund, zynisch zu werden«, sagte Sabine. »Natürlich können die in Berlin so ein Papier in die Tonne werfen. Aber was ist, wenn wir richtig viele Stimmen zusammenkriegen. Ein paar Zehntausend vielleicht oder sogar hunderttausend. Dann können die nicht einfach darüber hinweggehen. Dann müssen die sich das wenigstens mal anschauen. Ist 'n politisches Ding. Wählerstimmen und so. Und wir ziehen das in den Medien richtig dick auf. Glaubt mir, das Justizministerium wird sich dazu äußern. Da kommen die nicht drum rum. Und wenn der Druck groß genug ist, kann es tatsächlich zu einer Gesetzesänderung kommen.«

Vielleicht hatte Klaus recht, und sie hatten längst das Ende einer Sackgasse erreicht. Aber wenn man dort stand, kam man nur mit dem Auto nicht weiter, mit einem störrischen Elfer zum Beispiel. Doch oftmals gab es im Anschluss an eine Sackgasse wenigstens einen Trampelpfad, auf dem es zu Fuß weiterging. Einen trocknen, von Steinen übersäten oder einen matschigen, rutschigen Weg – aber einen Weg.

Hans stand auf und ging in die Küche, wo es noch immer nach gebratenem Lamm roch. Er mochte gar kein Lamm, er hatte es nur Sabine zuliebe gegessen. Er suchte in den CDs, nahm eine von Queen heraus – auch Sabine war ein Fan von Freddie Mercury – und legte die Disc in den Player. Er drehte den Lautstärkeregler auf, schnappte sich eine weitere Flasche Rosé aus dem Kühlschrank und ging zurück auf die Terrasse.

»Habe ich nicht vorhin schon gesagt, dass wir uns heute betrinken?« Er goss die Gläser voll.

Klaus nahm einen großen Schluck, sah Hans an und nickte. Sabine gab Hans einen Kuss auf die Wange. Ihre Art der Höflichkeit, ihr Versprechen auf Verlass.

»Soll ich euch mal was verraten?«, sagte Klaus.

»Was?«, fragte Sabine.

Klaus grinste. Er schien schon ein wenig angetrunken zu sein. »Du darfst aber nicht böse sein.«

Sie zog die Augenbrauen hoch.

»Ich mag gar kein Lamm.«

Hans lachte. Zunächst nur leise, aber dann überkam es ihn so sehr, dass er aus vollem Herzen lachte. »Oh, shit, Sabine«, sagte er. »Ich auch nicht.«

Sie stand auf und lachte mit. »Ihr Blödmänner. Dabei habe ich die Koteletts nur für euch gemacht.«

Klaus erhob sich ebenfalls, kam auf Hans und Sabine zu und umarmte beide.

Was hier gerade stattfand – ja, das war Familie. Bestimmt fühlte Familie sich so an.

»Lecker war's trotzdem«, sagte Klaus in Sabines Haar hinein.

»O ja.« Hans drückte die beiden fester an sich.

Der Abend würde länger dauern.

Aus der Küche drang die Musik nach draußen. *A Kind of Magic.*

25.

Der Kaffee ist fertig

November 2022

März schläft. Er hat seinen Lodenmantel ausgezogen, hat ihn über die Theke gelegt, hat sich in den Sessel fallen lassen und ist eingeschlafen, den linken Arm mit der Handschelle am Heizkörper fixiert. So, wie der Mann da halb liegt, halb sitzt, Bauschutt und Staub um sich herum, einen nässenden Verband um den Kopf und angeleuchtet vom flackernden Schein der Petroleumleuchten, der seine Haut noch faltiger wirken lässt, kann er einem fast leidtun. Zweiundsiebzig Jahre ist er alt, mehr als vierzig Jahre hat er geschwiegen, hat abgestritten, den guten Mann gemacht. Aber das ist er nicht. Er ist kein guter Mann. Er ist ein Schwein. Ein armes vielleicht – aber ein Schwein.

Er hat Nina Markowski missbraucht und abgeschlachtet. Das steht lange fest, ob er es zugibt oder nicht. Ein siebzehnjähriges Mädchen, ein Kind im Grunde. Ein fröhliches Kind. Nina hat im Chor gesungen, sie soll gut gewesen sein. Eine Vaterfigur habe ihr gefehlt, wie die Mutter behauptet. März rettet sie vor übergriffigen Mitschülern. Er weiß den Moment zu nutzen, ebenso wie ihre pubertätsbedingte Orientierungslosigkeit. Sie nimmt seine Schulter an, aber er will mehr, mehr, als sie zu geben bereit ist. Und da kommt Jens in ihre Klasse. Es dauert nicht lang, und er ist ihre erste große Liebe. Kribbeln im Bauch. Briefe, die sich die beiden auf Karopapier schreiben. Ihre schimpfende Mutter, wenn das Wählscheibentelefon mit dem extralangen Kabel in Ninas Zimmer steht und stundenlang die Leitung blockiert ist. Nina hatte Pläne, sie wollte reisen, zusammen mit ihren Freundinnen, zusammen mit ihm. Alle hatten sie entdeckt, dass das Leben nicht am Ortsschild endet.

März atmet laut. Der Kopf hängt ihm seitlich auf die linke Schulter. Er hat nie Kinder gehabt, er weiß nicht, wie das ist. Das weiß Anne auch nicht, jedenfalls nicht aus eigener Erfahrung. Aber sie wird Charlotte Markowskis Worte nicht los. Charlotte sagte, das eigene Kind zu verlieren sei das Schmerzhafteste, was sie je erlebt habe. Sie sei in eine völlige Leere gefallen. Alles Hoffen, alle Freude sei fortgerissen worden. Nichts im Leben habe noch Bestand gehabt, alles sei mit einem Mal sinnlos geworden. Der einzige Gedanke, der einzige Wunsch, der noch bestanden habe, sei der gewesen, dem Kind zu folgen, um ihm die Hand zu halten, um es auf seiner Reise zu begleiten.

März sind solche Schmerzen sicher scheißegal, er hat sie ja nicht. Er ist nur für sich selbst da, nur für seine eigenen Bedürfnisse. Fürs Rauchen und Biertrinken und für seine Firma, für diese Wohnungsbaugenossenschaft, in der ihm alle das Gefühl geben, unentbehrlich zu sein. Er sonnt sich darin, wenn sie ihm sagen, wie wichtig er sei und dass niemand auf ihn – die gute Seele des Hauses – verzichten kann. Dabei ist er nichts weiter als eine Witzfigur. Er ist einer von denen, die in der Männerklasse gefehlt haben, als der liebe Gott Eier verteilt hat. Ein Zigarettenautomatenbefüller, der froh sein kann, wenn er seinen Namen richtig schreibt. Nicht einmal das Alter hat ihm Respekt verliehen. Er ist noch immer eine Lachnummer. Eine Lachnummer mit Goldkettchen und viel zu dichten, buschigen Koteletten.

Wer weiß, vielleicht hat auch Nina ihn irgendwann ausgelacht. Hat ihn einen Schlappschwanz genannt, und weil er insgeheim weiß, dass er einer ist, hat er ihr gezeigt, was er draufhat. Gekränkter Männerstolz. Das wird sein Motiv gewesen sein. Ist hinlänglich bekannt aus anderen Mordprozessen, von anderen Femiziden. Alle drei Tage wird in Deutschland eine Frau von ihrem Partner oder Ex-Partner umgebracht, und das Muster ist immer gleich. Die Frau entspricht nicht mehr den patriarchalen Rollenvorstellungen des Mannes und entzieht sich seiner Dominanz. Er fühlt sich gekränkt, weil sie seine wahre Größe, seine Einzigartigkeit verkennt. Dann rastet er aus, und oft kommt es zum Äußersten.

Thomas ist davon auch nicht weit entfernt, auch wenn ihm nur einmal die Hand ausgerutscht ist. Schon diese immer wieder benutzte Redewendung ist ein beschissener Euphemismus. Eine Hand rutscht nicht einfach aus. Sie wird von Hirn und Herz gesteuert. Bei Tom war es das erste und gleichzeitig das letzte Mal. Als er besoffen eingeschlafen war, hat Anne ihre Koffer gepackt und ist raus aus der Wohnung.

Und glaub mir, Tom, das ist für immer. Ich will dich nie wiedersehen.

Anne hat oft im Gerichtssaal gesessen, hat den Richtern zugehört, älteren Männern, wenn sie auf mildernde Umstände erkannt haben, weil sich das Opfer vor der Tat vom Mann getrennt hatte. Ein Anachronismus, wie er im Buche steht. Aber März setzt dem Ganzen die Krone auf. Nina musste sterben, weil einem Schlappschwanz der Spiegel vorgehalten wurde. Und anstatt ihm den Prozess zu machen, versagt die Justiz, knickt ein vor verfassungsrechtlicher Weisheit, sodass man nur noch kotzen könnte.

Anne hat keine Wahl. Manchmal muss man die Dinge selbst in die Hand nehmen und sich nicht um die Vorschriften scheren, damit nicht alles den Bach runtergeht. So ist das Leben.

März liegt da und schläft. Er schläft, als sei heute ein Tag wie jeder andere. Ein Nickerchen am Nachmittag. Die Dickfelligkeit dieses Kerls ist unfassbar. Eigentlich könnte Anne die ganze Sache abkürzen und ihm eine Kugel in den Kopf jagen. Dann wäre Ruhe.

Irgendetwas brummt. Das könnte ihr Telefon sein. Aber das ist nicht möglich, sie hat es heute früh ausgeschaltet.

Sie steht auf. Das Brummen kommt aus März' Lodenmantel, der auf der Theke liegt. Sie nimmt das Telefon aus der Manteltasche. Das Vibrieren hat aufgehört, aber sie sieht die Mitteilung in der Displayvorschau, und sofort zieht sich ihr Hals zusammen. Es ist eine Nummer ihrer Dienststelle, es ist Nicks Nummer. Von seinem Schreibtisch aus hat er versucht, März zu erreichen. Verdammt, daran hat sie nicht gedacht. Das ist ihr durchgegangen. Natürlich hat März ein Handy, und natürlich kann Nick auch dieses Handy orten lassen. Er wird sie suchen. Er wird eins und eins zusammenzählen, sich an ihren Eifer in der Sache erinnern, an ihre Ausraster, immer wenn es um März ging. Und wer weiß, vielleicht wird er sogar mit Klaus gesprochen und ihn um Hilfe gebeten haben. Klaus weiß alles, er kennt die Hintergründe, Klaus ist über jedes Detail im Bild.

Es bleibt keine Zeit, Anne muss zum Ende kommen. Wenn Nick sie hier findet, ist alles aus. Dann war alles umsonst.

Sie geht zum Holzofen, wirft die letzten zwei Scheite in die Glut und schiebt den Wasserkessel auf die Heizfläche. Mit etwas Wasser aus dem Kanister spült sie die beiden Tassen aus und schüttet das lösliche Kaffeepulver hinein. Die Flüssigkeit sprudelt, als Anne das kochende Wasser aufgießt.

März kommt langsam zu sich. Vermutlich dröhnt ihm der Schädel, er gibt ein Stöhnen von sich, während er sich im Sessel behäbig von einer Seite zur anderen dreht. Das Licht aus den Petroleumleuchten ist nicht besonders hell, aber es reicht offenbar, um in seinen Augen ein Brennen hervorzurufen.

Er starrt zu ihr rüber. *Sie hat alles gut vorbereitet,* denkt er vermutlich. *Die Schlampe hat an alles gedacht. Wasser, Kaffee, einen Laptop mit Diktiergerät und Spracherkennung. Sogar einen akkubetriebenen Drucker hat sie hergeschleppt.*

Ja, genau, Volker März. Das habe ich getan. Und ich werde noch eine Schippe drauflegen.

Natürlich fragt er sich inzwischen, was sie antreibt. Anne Paulsen: Polizistin, fünfzig Jahre alt, Mordkommission. Viel mehr weiß er nicht von ihr. Dass sie neben Nick Wallat an seinem Fall arbeitet: das schon. Aber sonst? Sonst hat er keinen blassen Schimmer.

Sie geht auf ihn zu. Aus den Tassen in ihren Händen steigt Dampf auf.

»Ich muss ins Krankenhaus«, sagt März.

»Der Kaffee ist fertig«, sagt sie und hält ihm einen der beiden Becher hin.

Er nimmt ihn und beginnt zu trinken. Der Kaffee duftet gut. Für löslichen Muckefuck ist das Zeug gar nicht mal so übel. Das Extraaroma, das sie dazugegeben hat, scheint er nicht wahrzunehmen. Noch nicht.

Sie bleibt vor ihm stehen und pustet in ihren Kaffee, den sie mit beiden Händen vor ihren Mund hält.

Na, rattert's wieder in dir, Volki? Du fragst dich, ob ich wirklich so bescheuert bin und dir etwas antue. Schon der Umstand, dass ich dich gegen deinen Willen hier festhalte, kann mich meinen Job kosten. Umso mehr stellst du dir die Frage: Was hat diese Frau mit der ganzen Sache zu tun, außer dass sie Polizistin ist? Woher kommt diese Verbissenheit? *Du erkennst mich nicht wieder. Aber das wird schon noch, keine Sorge. Ich werde deinem Gedächtnis ein wenig auf die Sprünge helfen.*

»Hören Sie.« Er nimmt einen weiteren Schluck Kaffee. Die Tasse ist schon fast leer. »Wir machen jetzt Folgendes: Sie lassen mich gehen, und ich erzähle keiner Menschenseele, was hier stattgefunden hat. Okay?«

Sie stellt ihre Tasse auf das Klavier. »Ich meine es ernst, Herr März.«

Vom Tresen holt sie Laptop und Diktiergerät, schiebt den Klavierhocker näher an März heran und legt beides darauf ab. »Wir haben nicht mehr viel Zeit«, sagt sie.

Er trinkt erneut vom Kaffee. Jetzt dürften allmählich seine Lippen zu kribbeln beginnen, und es müsste ein Juckreiz auf der Zunge entstehen. So hat Anne es im Internet gelesen.

»Also Sie, meine ich«, fährt sie fort. »Sie haben nicht mehr viel Zeit.« Sie zieht einen Stuhl zu März heran und setzt sich.

Sein Gesichtsausdruck verzerrt sich. In seinem Rachen dürfte es jetzt jucken und brennen, sein Puls wird sich beschleunigen. Die Bilder vor seinen Augen dürften allmählich verschwimmen, sein Hals verengt sich vermutlich bereits, und er bekommt schlechter Luft. Er umfasst seine Kehle mit der freien Hand.

Ja, ja, so eine Nussallergie kann übel enden. Damit ist nicht zu spaßen. Mit mir allerdings auch nicht. Du hast es so gewollt. Da musst du jetzt durch.

Sie steht auf, holt das Fläschchen hinter der Theke hervor und stellt es auf dem Klavier ab. Erdnussöl.

Seine Augen sind mit einem Mal riesig weit aufgerissen. Er starrt seine Kaffeetasse an, starrt Anne an. Das müsste der Moment sein, in dem sich seine Luftröhre weiter zusammenzieht und die Muskeln in seiner Brust krampfen. Er schmeißt die Tasse in Annes Richtung. Sie weicht aus, die Tasse zerspringt auf dem Boden.

Wieder greift er mit der rechten Hand an seinen Hals. Er versucht, die linke dazuzunehmen, aber die Handschelle ist zu kurz.

Tja, Volki, wer nicht hören will, muss fühlen. Jetzt hast du Schiss, zu ersticken, was? Zu krepieren hier in diesem scheiß Sessel, in dieser scheiß Kneipe, in der du hundert Jahre nicht mehr gewesen bist. Glaubst du, ich bluffe nur? Hab ich ja mit meiner Waffe an deinem Knie auch nicht anders gemacht. Aber ich kann noch ganz anders, wenn ich will. Und wenn es das Letzte ist, was ich tue. Jetzt bist du fällig. Entweder wir spielen nach meinen Regeln, oder du spielst gleich gar nicht mehr. Das ziehe ich jetzt durch. Verlass dich drauf.

Sie setzt sich wieder vor ihn auf den Klavierhocker und rückt nah an ihn heran, die Arme vor der Brust verschränkt. Sie sieht auf seinen Hals. »Ja«, sagt sie ruhig. »Das ist die richtige Höhe.«

»Was?«, bringt er krächzend hervor.

»Die Höhe. An Ihrem Hals. Das ist die gleiche Höhe, auf der Sie Nina die Kehle durchgeschnitten haben. Wussten Sie eigentlich, dass es egal ist, ob die Luftröhre zerschnitten oder zusammengepresst wird? Ja, ja. Interessant, nicht? Hat mir mal ein Mediziner erklärt. Klar, wenn der Hals durchtrennt ist, kommt natürlich das ganze Blut dazu. Ist dann vermutlich eine Frage der Zeit, ob das Opfer verblutet oder erstickt. Aber die Reaktionen, die im Gehirn ausgelöst werden, die sind die gleichen. Diese entsetzliche Todesangst. Wissen Sie, was ich meine? Die ist das Gemeine. Diese Verzweiflung und Panik, wenn man merkt, dass es mit einem zu Ende geht.«

Aus einer der Innentaschen ihrer Jacke holt sie den EpiPen hervor.

März versucht, danach zu greifen, aber seine Bewegungen werden immer langsamer. Seine knochige Hand zuckt in der Luft. Er richtet seinen Zeigefinger auf den Laptop und nickt dabei. Dann klappt sein Kopf auf die Brust.

Anne reißt die Verschlusskappe vom Pen. Die Nadel glänzt. Mit einem Ruck stößt sie sie durch seine Cordhose in den Oberschenkel. Er regt sich nicht, er scheint den Stich nicht zu spüren.

März' Gesicht ist blau, aber er atmet, wenn auch kurz und flach. Anne fühlt den Puls an seinem Hals. In der Apotheke haben sie gesagt, bei einem Allergieschock könnte es einen Augenblick dauern, bis das Epinephrin wirkt.

Sie steht auf, sie muss hier raus. Nur kurz, aber sie braucht frische Luft, sonst erstickt sie – so, wie er gerade fast erstickt wäre.

Anne, du bist komplett bescheuert. Du hättest ihn fast umgebracht. Die gottverdammte Sache läuft völlig aus dem Ruder. Nein, falsch. Sie ist es längst. Eine Polizistin, die den Täter halb umbringt. Viel mehr kann nicht kommen.

Sie rennt in den Kühlraum, rennt die Treppe runter in den Keller und die andere Treppe zur Bodenluke rauf. Sie stößt die Luke zur Seite und betritt den nachtfinsteren Garten. Nur milchiges Mondlicht gibt den schneegepuderten Bäumen und dem Gelände ein paar Konturen wie bei einer Bleistiftzeichnung.

Ihr wird übel, der Magen verkrampft, sein Inhalt presst sich nach oben. Anne übergibt sich. Sie übergibt sich zweimal, dreimal. Die Magensäure brennt in der Kehle.

Und dann dieses Dröhnen im Kopf, er platzt gleich. Ihr ist heiß und kalt. Das wird Fieber sein. Die Glieder sind schwer. Jede Bewegung ihrer Arme, ihrer Beine ist ein Ankämpfen gegen Widerstand. Sie will nicht mehr. Sie kann nicht mehr. Sie hebt eine Handvoll Schnee vom Boden auf und reibt ihn sich übers Gesicht. Die Kälte brennt auf den Wangen, auf der Stirn, überall. Doch schon im nächsten Moment glüht die Haut wieder, kaum dass der Schnee fort ist, geschmolzen, verbrannt. Ihre Knie sind ganz weich. Anne will sich setzen, sie will liegen, will schlafen. Sie will weg sein, weg von hier, weg von ihm. Sie will im Bett liegen. Mutter soll ihr eine heiße Milch mit Honig bringen. Anne liegt in ihrem Kinderzimmer, in ihrem Bett, sie hört die Kneipe von unten, die Musik aus der Wurlitzer, die Stimmen der Menschen, das Lachen. Sie will nur einschlafen, mehr nicht. Einschlafen – wie damals als Mädchen, als Kind mit sechs oder sieben Jahren.

Die Krämpfe lassen nach, sie richtet sich auf und atmet

durch. Mit einem Taschentuch wischt sie sich den Mund trocken.

März soll kapieren, dass sie es ernst meint. Er soll es verdammt noch mal in seine scheiß alten Knochen aufsaugen. Aber was ist, wenn er tot ist?

Sie rennt zurück. Rein durch die Bodenluke, Treppe runter, durch den Keller, andere Treppe rauf, durch den Kühlraum, in die Gaststube.

Er sitzt noch da. Wo soll er auch hin? Er hat die Augen geöffnet. Okay. Er atmet. Anne schmeckt noch immer die Säure ihres Erbrochenen. Sie geht zum Kanister und spült sich den Mund aus. Das Wasser spuckt sie auf den Boden.

Sie zwingt sich zu einer ruhigen Atmung, geht gemächlich auf ihn zu und setzt sich wieder auf den Stuhl, der vor seinem Sessel steht.

»Also?«, fragt sie. »Können wir dann?«

Er zündet sich mit wackligen Händen eine Zigarette an. Sein Gesichtsausdruck hat sich verändert. Der Blick ist fragender geworden, das Grinsen auf seinen Lippen ist verschwunden.

Der Rauch seiner Zigaretten vernebelt inzwischen den ganzen Raum.

Er starrt sie mit seinen Eisaugen an und nickt kaum sichtbar.

Sie klappt den Laptop auf, langsam, vorsichtig, schaltet ihn ein und drückt März das Diktiergerät in die Hand.

»Es war kalt an dem Abend damals …«, sagt er.

26.

Rosenblätter

Juni 2021

Die Zahl der Abgeordneten im hohen Haus war ausgesprochen niedrig. Von den über siebenhundert Sitzplätzen waren keine hundert belegt. Vielleicht war die Sonne daran schuld, die das Thermometer schon heute früh auf zwanzig Grad hatte steigen lassen. Das Klischee jedenfalls wurde bestätigt: Politiker nahmen es mit zahlreichen Beratungen im Plenum nicht besonders ernst, und dies offenbar selbst dann, wenn es um ein Vorhaben ging, das nicht nur in Hans' Augen Rechtsgeschichte schreiben konnte.

Sein Rücken schmerzte. Hans hockte inzwischen wie ein gottverdammter alter Mann auf seinen Sitzplätzen – wie ein Greis, wie Yoda aus *Krieg der Sterne*, dieser grüne, runzelige Jedi-Meister mit der nach vorn gekrümmten Haltung, gestützt auf einen Gehstock. Die Bank, auf der er saß, war gut gepolstert, war überzogen mit hellgrauem Stoff. Dennoch taten ihm alle Gesäßknochen weh. Älterwerden war nichts für Weicheier.

Das *Gesetz zur Herstellung materieller Gerechtigkeit* – so hatten seine Initiatoren, Vertreter der CDU/CSU- und der SPD-Bundestagsfraktionen, es genannt – kam heute in die dritte Lesung und musste mehrheitlich beschlossen werden. Danach würde es dem Bundesrat vorgelegt, der ebenfalls darüber abstimmen musste. Vielleicht kam es dann in einen Vermittlungsausschuss, musste nachgebessert, geändert und nochmals weiteren fünfzigtausend Gremien, von denen jedes einzelne Mitspracherechte reklamierte, zur Prüfung übermittelt werden, bevor es endlich vom Bundespräsidenten unterzeichnet werden konnte. Hans hatte das alles recherchiert, trotz seiner permanenten Rückenschmerzen. Es würde sicher noch Monate dauern, bis die Strafprozessordnung mit einer Neufassung der Wiederaufnahmevorschrift in Kraft trat. Aber was waren ein paar Monate im Vergleich zu vierzig Jahren?

Sabine hatte tatsächlich recht behalten. Seine Petition war von weit mehr als hunderttausend Menschen unterschrieben worden, und viele von ihnen hatten auf der Internetseite von Change.org Nachrichten hinterlassen. Da waren Daumen gedrückt, viel Erfolg gewünscht und Solidarität bekundet worden. Keine einzige Stimme, die nicht für ihn gewesen war – ihn, den Vater einer ermordeten Tochter, die inzwischen das ganze Land kannte.

»Bist du nervös?« Sabine auf dem Sitz neben Hans wippte mit ihren Beinen.

Er beugte sich ein kleines Stück zur Seite, legte einen Arm um ihre Schultern und seine Stirn an ihre. »Ich danke dir so sehr«, sagte er. »Allein hätte ich das nie geschafft.«

»Wir werden siegen.« Sie gab ihm einen Kuss auf die Wange.

Siegen. Verlieren. Das waren längst nicht mehr die Maßstäbe. Es ging allein darum – auch wenn es pathetisch klingen mochte –, Seelenfrieden zu finden.

Die Bänke der Zuschauertribüne füllten sich. Sabine und Hans saßen in der vordersten der nach hinten ansteigenden Sitzreihen. Der Platz bot freie Sicht in den Plenarsaal, den die Sonne, die durch die riesige Glaskuppel im Dach schien, hell erleuchtete.

Unten wischte ein Saaldiener, der einen dunkelblauen Frack und weiße Handschuhe trug, über das Rednerpult und richtete ein kleines Standmikrofon aus. An der Wand eines erhöhten Podestes dahinter öffnete sich eine Tür. Alle im Saal erhoben sich.

Die Bundestagspräsidentin Irmgard Vogt-Sauerländer trat ein, begleitet von zwei Stellvertretern.

»Guten Morgen. Bitte nehmen Sie Platz.« Sie ließ sich auf ihrem Stuhl nieder, alle anderen setzten sich ebenfalls.

Hans spürte, dass sein Herzschlag schneller wurde. Mit seinem Handrücken wischte er sich über die Stirn, auf der kalter Schweiß stand. Er hustete, in seiner Brust brannte es. Etwas kratzte oder stach dort. Nein, nicht etwas ... Es war der vertraute Schmerz, den er seit einiger Zeit spürte, wenn er husten musste. Dr. Gabriel hatte Hans einen Saft verschrieben, der nach Orangen schmeckte, aber nicht half. Der Husten hielt seit Wochen an.

Hans hielt sich ein Taschentuch vor den Mund und beugte sich nach vorn. Sabine klopfte ihm behutsam auf den Rücken. Nur langsam ließ der Husten nach. Hans richtete sich wieder auf.

»Da ist ja Blut.« Sabine schaute auf das Taschentuch in seiner Hand.

Er knautschte es zusammen und steckte es zurück in die Hosentasche.

»Warst du damit beim Arzt?«

Er nickte, wollte nicht darüber reden. Sabine musste nichts wissen.

»Hans, sieh mich an. Warst du damit schon bei einem Arzt?«

»Ja«, antwortete er gepresst.

»Und, was hat er gesagt?«

Was sollte er schon gesagt haben? Nur das, was alle Ärzte sagten, wenn es schlecht um einen stand.

»Ist ein Infekt in der Luftröhre. Nichts Schlimmes. Blutet nur manchmal ein bisschen, weil irgendwelche Äderchen platzen. Alles halb so wild.«

»Und behandelt ihr das?«

»Ich habe Tabletten und irgendeinen Saft bekommen. Das

wird schon wieder.« Er klopfte ihr auf den Oberschenkel, und tatsächlich ließ der Hustenreiz nach.

Sabine nickte.

Hans sah auf die große Anzeigetafel an der Wand. Dort stand: »4. Juni 2021. 9:56 Uhr.«

Fast vierzig Jahre. Wie Nina wohl heute ausgesehen hätte – mit siebenundfünfzig? Sicher nicht so alt und grau und faltig wie ihr zwanzig Jahre älterer Vater, der immer mehr Yoda ähnelte. Sie dürfte Wert auf ihr Äußeres gelegt haben, vielleicht hätte sie die allmählich weiß werdenden Haare braun gefärbt und gute Cremes für ihre Gesichtshaut genommen, die noch immer weich und glatt wie damals wäre, als sie siebzehn war. Und an manchen Wochenenden wäre Nina vielleicht zu ihm gekommen ... Nein, sie wäre ganz bestimmt zu ihm gekommen, weil sie ihren Vater über die Zeit lieb gewonnen hätte. Hans hätte Kuchen gebacken, seine Backkünste waren gar nicht mal so schlecht. Er hätte mit ihr im Garten gesessen, unter dem Apfelbaum. Sie hätten geredet und gelacht miteinander, und Volker März wäre nur der Name eines Mannes gewesen, den sie vor vielen Jahren flüchtig gekannt hatten.

Hans nahm die Medikamentenschachtel und eine kleine Wasserflasche aus seinem Rucksack, drückte eine Tablette aus dem Blister und steckte sie sich in den Mund. Das Wasser war noch kalt, er hatte es vorhin erst aus dem Kühlschrank genommen.

Morgen war der Kontrolltermin in der Klinik. Die Ärztin dort hatte letzte Woche gesagt, es sei dringend, er müsse vielleicht ein paar Tage stationär bleiben, um medikamentös neu eingestellt zu werden. Sie hatte tatsächlich »eingestellt« gesagt. Es hatte technisch geklungen, wie bei Klaus' Elfer, bei dem man die Zündung oder den Ölfluss justierte.

Sabine musste nichts von alldem erfahren, sie hätte sich zu

viele Sorgen gemacht. Es ging ihm gut, jedenfalls den Umständen entsprechend. Er war nicht krank ... also nicht wirklich.

»Ich rufe Tagesordnungspunkt eins auf«, sagte Vogt-Sauerländer. »Zweite und dritte Beratung des Entwurfs eines Gesetzes zur Änderung der Strafprozessordnung – Erweiterung der Wiederaufnahmemöglichkeiten zuungunsten eines Freigesprochenen gemäß § 362 StPO, Gesetz zur Herstellung materieller Gerechtigkeit, Drucksache 19/30399. Für die Aussprache ist eine Dauer von dreißig Minuten beschlossen. Sie ist hiermit eröffnet. Das Wort hat der Kollege Dr. Alexander Stein von der Fraktion der SPD. Bitte.«

Ein schwacher Beifall erklang, offenbar aus den eigenen Reihen des Redners. Hans kannte das aus dem Fernsehen.

Stein trat ans Pult. »Frau Präsidentin, liebe Kolleginnen und Kollegen. Der Grundsatz *ne bis in idem*, das Verbot der Doppelverfolgung für dieselbe Tat in Artikel 103 Absatz 3 GG, ist eine tragende Säule unseres Rechtsstaatsprinzips. Falsch ist aber der Eindruck, den die Opposition erweckt – nämlich dass dieser Grundsatz völlig unantastbar sei. Richtig ist vielmehr, dass es schon heute in § 362 StPO Ausnahmen vom sogenannten Strafklageverbrauch gibt. So etwa, wenn der rechtskräftig Freigesprochene später ein glaubhaftes Geständnis ablegt. Das zeigt deutlich, dass unter engen Voraussetzungen weitere Ausnahmen möglich sein müssen, ohne das Grundgesetz zu ändern.« Er hielt inne und nahm einen Schluck Wasser aus dem Glas, das auf dem Rednerpult stand.

Hans drehte sich um und sah durch die Reihen. Ein paar Schüler oder Studenten saßen gelangweilt da und hatten Schwierigkeiten, ihre Augen offen zu halten. Eine andere Gruppe bestand ausnahmslos aus Polizisten in Uniform. Einer von ihnen, ein stämmiger Kerl mit der Figur eines Zehnkämpfers und goldenen Sternen auf den Schultern, erläuterte den anderen offenbar den Ablauf der heutigen Sitzung oder ihre Tragweite für den Rechtsstaat, jedenfalls führten seine Worte bei ein paar seiner Kollegen zu ununterbrochenem Nicken. Die meisten von ihnen waren jung, sicher nicht über dreißig Jahre alt. Ob sie wirklich verstanden, worum es hier ging? Hatten sie eine Ahnung von dem Weg, den Hans, Klaus und auch Sabine hinter sich hatten, von den Strapazen, den Enttäuschungen und der ganzen Verzweiflung? Vielleicht mussten sie nichts von alldem wissen, aber sicher schadete es auch nicht für ihren Beruf. Nur wer Leidenschaft besaß, war gut in seinem Job. Manchmal war Herzblut wichtiger als alles Wissen dieser Welt.

»Von einem Dammbruch, der uns von der Opposition immer wieder vorgeworfen wird, kann keine Rede sein«, fuhr Stein fort.»Wir knüpfen die Wiedereröffnung eines Verfahrens an sehr enge Voraussetzungen, an sehr hohe Hürden. Danach kommt eine Wiedereröffnung nur bei Mord, Völkermord oder Verbrechen gegen die Menschlichkeit in Betracht, also nur bei den schwersten Straftaten, die ein Mensch begehen kann. Gerade in diesen Fällen wiegt das Interesse des Rechtsstaats an der Herstellung materieller Gerechtigkeit besonders schwer. Wir finden, es wäre ein schreiendes Unrecht, wenn einerseits Straftaten wie Mord nicht verjähren, andererseits aber dann keine Verurteilung möglich sein soll, wenn nach einem Freispruch doch Beweismittel auftauchen, welche die Schuld des Täters belegen, etwa durch moderne Techniken der DNA-Analyse. Das ist nicht miteinander zu vereinbaren. Es ist inakzeptabel, wenn ein Mörder nicht verurteilt werden kann. Deswegen ist es richtig und unsere Pflicht, dass wir die Wiederaufnahmegründe – wie beschrieben eng begrenzt – erweitern.«

Applaus aus denselben Reihen, die Stein schon zu Beginn seiner Rede unterstützt hatten.

Auffällig war, dass mehr Zuschauer auf der Tribüne als Abgeordnete im Plenum saßen. Die Fragen, um die es hier ging, beschäftigten die Wähler offenbar mehr als die Gewählten. Die Legislaturperiode war fast vorbei. Knappe vier Jahre hatte es gebraucht, bis überhaupt ein Gesetzesentwurf auf dem Tisch gelegen hatte. Daran konnte man verzweifeln. Gut, dass Sabine da war, dass sie drangeblieben war, selbst in Zeiten, in denen Hans allein längst aufgegeben hätte.

»Eines ist in der Diskussion jedenfalls völlig falsch gelaufen.« Stein sah zur Fraktion der Grünen. »Wenn von Ihrer Seite immer wieder danach gefragt wurde, wie viele Fälle von einer Neuregelung betroffen seien, kann man Ihnen nur noch einmal antworten: Darauf kommt es nicht an. Denn es geht gerade nicht darum, das Gesetz für bestimmte Einzelfälle anzupassen. Materielle Gerechtigkeit kann es nicht geben, wenn Gesetze im Hinblick auf Einzelfälle geändert werden. Materielle Gerechtigkeit gibt es nur, wenn ein genereller Grundsatz für eine Vielzahl von Fällen unverrückbar in Form gegossen wird. Das sieht unser Entwurf vor. Und deshalb ist es – entgegen Ihrer Auffassung – auch keine dunkle Stunde für den Rechtsstaat, wenn er verkündet wird. Das Gegenteil ist der Fall. Viele Hinterbliebene und der Großteil der Bevölkerung unseres Landes werden es uns danken.« Er steckte seinen Zettel in seine Sakkotasche und ging zurück zu seinem Platz. Seine Kollegen spendeten einen Schlussapplaus, der ebenfalls recht müde wirkte.

Sabine beugte sich nach vorn und legte ihre verschränkten Arme auf den Handlauf der gläsernen Balustrade. Eine Träne lief über ihre Wange.

»Hey.« Hans legte seine Hand auf ihren Rücken, seine Wirbelsäule knackte. Erneut verspürte er einen stechenden Schmerz, direkt am Steißbein. Er unterdrückte ein Aufstöhnen.

Sie drehte ihren Kopf in seine Richtung. Ihre Augen waren rot und feucht.

»Wollen wir lieber gehen?«, fragte er.

Sie schüttelte den Kopf, richtete sich auf und schnaubte sich die Nase. »Da kämpft man jahrelang für eine Sache, und wenn es so weit ist, weiß man nicht, ob man lachen oder heulen soll.« Sie betupfte mit dem Tuch ihre Augen. »Hans, wenn das hier heute was wird, dann haben wir echt was geschafft. Dann können wir uns auf die Schultern klopfen, weißt du das eigentlich? Und ein Volker März muss sich warm anziehen.«

Ja, so war es wohl. In all den Jahren war vor allem Sabine nicht müde geworden, nach Wegen zu suchen, die März möglicherweise doch noch ins Gefängnis brachten. Als sie im Sommer 2014 mit der Idee gekommen war, eine Petition zu starten, war es Hans zunächst erschienen, als habe sie sich noch mehr als er im Dickicht der Aussichtslosigkeit verrannt. Sie hatte nicht einsehen wollen, dass ein Mörder auf freiem Fuß blieb, obwohl es hieb- und stichfeste Beweise für seine Schuld gab. »Wenn das Gesetz so etwas zulässt ...«, hatte sie gesagt, »dann ist das Gesetz eben Mist und muss geändert werden.« Natürlich war es ihr immer auch um Nina gegangen, aber nicht nur. Es kam ihr bis heute auf das große Ganze an. Sie wollte nicht in einem Rechtsstaat leben, der nur wegen Formalismen Mörder ungeschoren davonkommen ließ. Sie hatte Treffen mit Strafrechtsprofessoren, Verfassungsrechtlern, mit Politikern, ja sogar mit Biochemikern des LKA Niedersachsen organisiert, um mit ihnen wieder und wieder das immer gleiche Fragengerüst zu entwerfen. Ein Gerüst, von dem Sabine behauptete, eines Tages käme man auf seinen Brettern bis hinauf zum Dach des erbauten Gedankengebäudes. Und dort oben, irgendwo zwischen Himmel und Erde, da, wo das Ende jeder Erkenntnis erreicht sei, da gebe es endgültige Antworten. Sie hatte es tatsächlich so pathetisch formuliert. Sie hatte gesagt: »Solange wir da noch nicht stehen, Hans, so lange machen wir weiter.« Sie hatte

Interviews geführt mit den unterschiedlichsten Rechtsexperten und sie veröffentlicht in ihrem Nachrichtenmagazin, für das sie arbeitete. Und natürlich waren da auch Phasen gewesen, wo sich kaum noch jemand für dieses Thema zu interessieren schien. Sie hatte dann Artikel geschrieben, damit die kleiner werdende Flamme der öffentlichen Wahrnehmung nicht gänzlich zum Erlöschen kam. Durchaus möglich, dass es diese kleine Flamme gewesen war, die die Großkoalitionäre nach der Bundestagswahl 2017 veranlasst hatte, die Änderung der Strafprozessordnung in ihren Koalitionsvertrag aufzunehmen. Und jetzt, fast vier Jahre später, sollte tatsächlich scharfgeschaltet werden. Das war so irreal wie ein K.-o.-Sieg gegen einen amtierenden Boxweltmeister. Und doch geschah es. Gerade jetzt und gerade hier.

»Das Wort geht an Cem Gören von der Fraktion Bündnis 90/Die Grünen«, sagte Vogt-Sauerländer und machte sich irgendwelche Notizen.

Der Beifall, der den Abgeordneten Gören zum Pult begleitete, war noch verhaltener als bei seinem Vorredner. Ganze drei Leute klatschten in die Hände.

»Frau Präsidentin, liebe Kolleginnen und Kollegen. ›Selten war ein Verstoß gegen das Grundgesetz so klar wie hier.‹ Das sind nicht etwa meine eigenen Worte, sondern die des Sachverständigen Dr. Bury in der Anhörung zum vorliegenden Entwurf. Dem kann ich mich nur anschließen. Meine Damen und Herren von der Regierungsbank, Ihr Lösungsvorschlag ist verfassungswidrig. Jeder, der das Schicksal Nina Markowskis und ihrer Familie kennt, kann sich den Schmerz vorstellen ...«

Hans' Herzschlag wurde schneller, seine Atmung ebenfalls. Der da unten, ob nun Bundestagsabgeordneter oder nicht, konnte sich also den Schmerz vorstellen. Der wusste also, was es bedeutete, eine minderjährige Tochter durch eine Vergewaltigung und einen Mord zu verlieren und anschließend jahrzehntelang erdulden zu müssen, dass der Täter immer noch frei herumlief. Nichts wusste er, absolut gar nichts. Und er konnte sich auch nicht im Geringsten vorstellen, wie die Gewissheit in Hans brannte, dass niemand – kein Gericht dieser Welt – für ihn da war, für ihn nicht und nicht für Nina. Hans hatte nichts mehr, hatte niemanden. Nur ein zerknicktes, vergilbtes Bild seiner Tochter in der Jackentasche. Er hatte nie erfahren, wie ihr Haar gerochen hatte, und falls doch, hatte er es längst vergessen. Wie konnte ein Politiker – einer, der seine Kenntnisse wie mathematische Gleichungen auf Papier kritzelte – sich ein solches Urteil anmaßen?

Sabine legte eine Hand auf Hans' Oberschenkel. »Du schaffst das.«

Er nickte, ohne sie anzusehen. Er konnte mit seinem Blick nicht von dem Mann unten am Mikrofon ablassen, von diesem allwissenden, diesem allfühlenden Cem Gören.

»Aber die Kenntnis um diesen Schmerz ...«, fuhr der fort, »darf nicht zu Gesetzen führen, die eine Säule unseres Rechtsstaats ins Wanken bringen.«

Jetzt applaudierten nicht nur die drei von eben, sondern ein paar andere mehr. Das Klatschen wurde lauter, kräftiger, es schlug wie Ohrfeigen auf Hans ein.

»Die Rechtskraft eines Urteils ist unerlässlich für einen Rechtsstaat. Der Staat muss sich selbst an seine eigenen Regeln halten. Und das bedeutet: Niemand darf zweimal wegen desselben Tatvorwurfs vor Gericht gestellt werden. Und genau das, meine Damen und Herren von der Regierungsbank, geben Sie mit Ihrem vorgelegten Entwurf auf.«

Abermals Applaus, bestimmt von zehn, vielleicht von fünfzehn oder mehr Abgeordneten. Ein höllischer Lärm, in den hinein Gören weitersprach.

»Das Bundesverfassungsgericht hat schon in einer sehr frühen Entscheidung festgestellt, Rechtsfrieden und Rechtssicherheit seien von so zentraler Bedeutung, dass um ihretwillen die Möglichkeit – die *Möglichkeit*, wohlgemerkt – einer im Einzelfall vielleicht unrichtigen Entscheidung in Kauf genommen werden muss. Und deshalb, meine Damen und Herren von der CDU/CSU und der SPD, wird ihr Gesetz in Karlsruhe keinen Bestand haben. Wenn Sie es hätten vernünftig machen wollen, dann hätten Sie eine Grundgesetzänderung angestrebt. Aber das tun Sie ja nicht, weil Sie genau wissen, dass Sie an der dafür notwendigen Zweidrittelmehrheit scheitern würden. So aber ist ihr Entwurf nichts anderes als das, was man als ›gut gemeint‹ bezeichnen kann, was aber bekanntlich das Gegenteil von ›gut gemacht‹ bedeutet.«

»Was für ein Dummschwätzer«, sagte Klaus, der plötzlich neben Hans im Gang stand.

»Mensch, wo bist du denn so lange gewesen?«, fragte Hans und blickte mit einem Nicken kurz zu Sabine neben ihm. Die beiden rückten ein Stück zur Seite, sodass Klaus Platz zum Sitzen fand.

»Ich bin zu spät losgekommen. Ich wollte noch eine Jacke kaufen, eine dicke Jacke. Ich habe nämlich keine dicke Jacke mehr, und mir ist ständig kalt. Aber in der Stadt ist die Hölle los. Und bis man hier drin ist ... Habt ihr das Medienaufgebot vorn am Eingang gesehen? Mein lieber Mann, du bist berühmt, Hans.«

Nun ja, das mochte stimmen, aber es war ohne Belang. Es ging nicht um ihn, es ging allein um Nina. Hans hätte diese nie gewollte Berühmtheit sofort gegen die Anonymität eingetauscht, die er noch vor ein paar Jahren gehabt hatte, bevor die Petition gestartet worden war. Doch vermutlich säße er dann heute nicht hier, denn die Politik hätte sich einen Scheiß um Nina und eine

Gesetzesänderung gekümmert. Manchmal war Bekanntheit ein Vorteil, auch wenn sie einen aus der Deckung zwang.

»Du verspätest dich immer«, sagte Sabine. »Andauernd.«

Klaus sah Hans an. »Hat sie schlechte Laune?«

»Nein, sie hat recht«, sagte Hans. »Du bist nie pünktlich. Du warst mal Polizist, Mann. Aber du kannst die verdammte Uhr nicht lesen.«

»Ich wollte nur eine Jacke kaufen. Ich friere immer. Was ist Schlimmes daran, eine Jacke zu kaufen?«

»Du hast ungefähr fünfhundert Jacken in deinem Schrank«, antwortete Hans. »Und heute ist Bundestag, nicht Shoppingtour.«

»Jetzt hört auf«, sagte Sabine. »Ihr seid ja schlimmer als zwei alte Waschweiber.«

Klaus kniff die Augenbrauen zusammen. »Bist du ein Waschweib, Hans?«

»Nein«, sagte Hans und konnte ein Lachen kaum unterdrücken.

»Gut. Ich auch nicht.«

Sabine schüttelte nur mit dem Kopf. »Doofköppe.« Sie drehte sich wieder nach vorn.

Cem Gören hob seinen Zeigefinger in die Luft – das untrügliche Zeichen dafür, dass jemand seine Zuhörer nachdrücklich belehren wollte und niemand, der halbwegs bei Verstand war, die Richtigkeit seiner Auffassungen in Zweifel ziehen konnte. »Und bei allem, meine Damen und Herren, dürfen wir eines nicht vergessen. Heute sind es Mord, Völkermord und Verbrechen gegen die Menschlichkeit, bei denen eine Wiederaufnahme möglich sein soll. Aber das, und da bin ich mir sehr sicher, das ist nur der Anfang. Wenn die Büchse der Pandora erst einmal geöffnet ist, dann kommt morgen die Frage nach der Wiederaufnahme bei einem Totschlag. Und wenn wir damit fertig sind, dann machen wir die Verfahren bei Körperverletzungen auf, irgendwann auch bei Diebstählen. Und kurz darauf sind wir bei der einfachsten Sachbeschädigung angekommen. Wo sind die Grenzen, frage ich Sie. Wo hört das alles auf? Die Antwort liegt auf der Hand: Es hört nirgendwo auf. Nichts ist dann noch vor einer Wiederaufnahme sicher. Und hat das dann noch etwas mit Rechtssicherheit zu tun?«

Die Büchse der Pandora. Worüber man sich alles Gedanken machen konnte. Aber vielleicht hatte der Mann sogar recht. Bestimmt mussten Juristen so etwas berücksichtigen. Gesetze hatten verbindlich zu sein. Es ging ihnen um Verlässlichkeit, um ihre Allgemeingeltung. Hans verstand das bis zu einem gewissen Grad, er verstand die Pflicht zur Generalität, auch wenn ein Einzelfall dabei auf der Strecke blieb. Juristisch musste alles für alle gelten. Und doch war das zutiefst ungerecht. Nur weil die Möglichkeit, ja, das Risiko bestand, dass Missbrauch betrieben wurde, dass irgendwelche Überzeugungen in Zukunft anders sein würden ... durfte doch eine Regelung im Hier und Jetzt nicht scheitern.

Ein Saaldiener trat zwei Reihen hinter Hans zwischen die Studenten und stupste einen von ihnen an, der eingeschlafen war. Der schreckte hoch, starrte dem Saaldiener ungläubig in die Augen, ließ sich wohl auch von den goldenen Knöpfen an dessen Frack und der weißen Fliege auf weißem Hemd irritieren, räusperte sich kurz und entschuldigte sich. Der Saaldiener nickte und trat zurück an die Seite. Strenge war mitunter nötig, bei den Jungs im Knast war das nicht anders.

»Ich habe anscheinend nichts verpasst, oder?« Klaus zog im Sitzen seinen Trenchcoat aus und strich sich mit der flachen Hand seine wenigen verbliebenen grauen Haare glatt.

»Die Abstimmung kommt noch«, sagte Hans. »Die tauschen gerade das Für und Wider aus.«

Klaus nickte. »Wie geht's deinem Rücken?« Er legte den Trenchcoat vor sich auf den Boden.

Dr. Gabriel hatte es – wie die Ärztin in der Klinik – dringlich gemacht – nicht mit dem Rücken, der war sowieso hinüber. Mit Lungenkrebs sei nicht zu spaßen, hatte er gesagt, schon gar nicht in Hans' Alter.

»Muss mich wohl damit abfinden, dass ich ein rundes Rückgrat habe«, antwortete er.

»Aber immerhin ein Rückgrat.« Klaus lachte. Sein Humor tat gut, das hatte er schon immer getan.

»Ich will den verdammten Mistkerl hinter Gittern sehen«, sagte Hans. »Alles andere ist mir egal. Ich will, dass es endlich vorbei ist.«

Klaus klopfte Hans auf die Schulter. »Das wird es, mein Freund. Das wird es ganz bestimmt. Ich habe mit Nick Wallat gesprochen und mit Anne Paulsen. Sie warten nur darauf, dass das neue Gesetz kommt. Und die Staatsanwaltschaft hat schon verlautbaren lassen, dass sie einen neuen Haftbefehl gegen März beantragen wird. Hans, wir sind kurz davor. Du bist kurz davor.«

Der längste Kampf seines Lebens. Fünfzehn Runden. Er war so oft auf die Bretter gegangen, war wieder aufgestanden, hatte sich berappelt, war von Sabine in der Ringecke mit kaltem Wasser versorgt worden, war abgewischt worden von ihr mit einem nassen Tuch. Sie hatte die Platzwunden in seinem Gesicht betupft, hatte seine Oberschenkel massiert, seine Arme, hatte ihn wieder auf die Beine gestellt, hatte ihn – nachdem der Gong erklungen war, der Gong zur nächsten Runde – in die Ringmitte zurückgeschubst und hatte nie den Glauben daran verloren, dass er eines Tages den Kampf gewinnen würde. Sollte er wirklich kurz bevorstehen, dieser Tag?

»Dann kommen wir zur Abstimmung«, sagte Vogt-Sauerländer, die Präsidentin des Deutschen Bundestages, die Ringrichterin. »Ich bitte diejenigen, die für den Entwurf stimmen, sich zu erheben.«

Ein Großteil der Abgeordneten stand auf.

Vogt-Sauerländer notierte. »Dagegen?«, fragte sie.

Eine ganze Reihe von Volksvertretern erhob sich, aber es war eindeutig die Minderheit.

»Enthaltungen?«

Alle blieben sitzen.

»Dann stelle ich fest, dass der Entwurf mehrheitlich angenommen ist. Ich danke Ihnen. Kommen wir zum Tagesordnungspunkt zwei, dem Personengesellschaft-Modernisierungsgesetz.«

»Ja.« Klaus schlug sich mit der geballten Faust aufs Knie.

»Ich glaub das nicht.« Sabine hielt sich die Hände vor den Mund.

Die Stimme der Präsidentin verzerrte sich. Hans hörte sie nicht mehr, sie war weit weg, war nur noch ein hallendes Geräusch aus einem weit entfernten Lautsprecher.

Klaus packte Hans an der Schulter. »Es geht weiter«, sagte er und biss sich auf die Unterlippe. »Hans, es geht weiter.«

Die Studenten in den hinteren Reihen kämpften noch immer mit ihrer Müdigkeit. Die Gruppe der Polizisten starrte reglos nach unten auf das Rednerpult, auf das jetzt eine Frau zusteuerte. Der Zehnkämpfer mit den Goldsternen auf den Schultern unterbrach seine Erläuterungen.

Die Sonne fiel durch die Glaskuppel. Es war warm im Raum, warm und trocken. Und es war hell, gleißend hell.

»Was ... was bedeutet das jetzt?« Hans verschwammen die Bilder vor Augen. Sein Herz raste. Seine Zunge klebte am Gaumen. Aber sein Rücken war schmerzfrei, auch wenn er ihn nicht durchstrecken konnte.

Hans musste morgen in die Klinik, selbst Klaus hatte er nichts davon erzählt. Sein alter Freund musste auch nichts erfahren, er hätte sich genauso viele Gedanken und Sorgen gemacht wie Sabine.

Klaus lachte. »Das, mein Freund, bedeutet, dass wir den Dreckskerl drankriegen.«

Hans holte Ninas Foto aus der Jackentasche. Es war gar nicht vergilbt. Ein wenig zerknittert, ja, aber es zeigte immer noch ein wunderschönes Mädchen mit einem strahlenden Lachen. Ein Mädchen, dem die Welt offenstand.

»Das muss jetzt noch durch den Bundesrat«, sagte Klaus. »Aber da haben CDU/CSU und SPD auch die Mehrheit. Ist nur noch 'ne Formsache. Und dann kann der Bundespräsident unterschreiben. Hans, wir sind da, wo wir hinwollten. Nach vierzig Jahren.« Er drückte die Hand von Hans so fest, dass sich die Finger ineinanderschoben und beinahe das Gefühl entstand, einen leichten Stromschlag zu bekommen.

Formsache. War es das wirklich?

Sabine wischte mit dem Handrücken über ihre Wangen. Sie beugte sich zu Hans und umarmte ihn. Er spürte ihre Arme auf seinem Rücken und schloss die Augen. Es waren Ninas Arme, die er spürte. Sie pressten sich an ihn, sie glitten auf seinem Rücken auf und ab, ließen ihn nicht mehr los, drückten fester.

Er löst sich aus der Umarmung, greift sacht Ninas Kopf, er schaut ihr in die Augen, in ihre blauen Augen – lange, wortlos, bis er ihre Stirn an seinen Mund führt und sie küsst. Er weiß nicht mehr, wie sie riecht, er weiß nicht, wie sich ihre Haut anfühlt. Aber jetzt, genau in diesem Moment, da nimmt er ihren Duft wahr, diesen warmen, weichen Duft nach Mandeln, nach Vanille. Und er streichelt ihre Wangen, die zart sind, zart wie Rosenblätter.

DRITTER TEIL
GERECHTIGKEIT

27.

Weiß

Juli 1979

Der Schulbus hielt genau vor dem Bahnhof, direkt an Mamas *Wartesaal*. Das war super. Anne musste praktisch keinen Weg zu Fuß zurücklegen. Der Bus stoppte in der Parkbucht an der Straße, und schon war sie zu Hause.

Die Tür öffnete sich mit einem Zischen, mit diesem komischen Sausen, das die beiden Flügel gemächlich nach links und rechts auseinanderschob. Anne sprang auf den Parkplatz und sah Opa Willis blaues Auto unter den Pappeln. Mama hatte gesagt, das sei ein Opel Kadett. Anne fand den Blitz vorn an der Motorhaube witzig, vor allem, weil Opa so doll lachte, wenn er sagte, das Zeichen stehe deswegen da, weil das Auto so schnell wie der Blitz sei. Das stimmte aber gar nicht. Immer, wenn Anne mitfuhr, schimpfte Opa, weil der Motor nicht in die Gänge kam, wie er es formulierte. Und das sagte er in seinem friesischen Platt: »He kummt nich in de Gängen.«

Anne lief über den Kiesparkplatz. Es war so heiß heute, sie hatte furchtbaren Durst und musste unbedingt etwas trinken. Vielleicht hatte Opa ja eine Flasche von seiner selbstgemachten Zitronenlimonade mitgebracht.

Die Fenster der Gaststätte standen offen, aus dem *Wartesaal* drangen Musik, laute Stimmen und Lachen. Die Terrasse war noch nicht ganz fertig. Anne hatte Mama geholfen, wo sie nur konnte, hatte Unkraut aus den Fugen der Waschbetonplatten gezogen, hatte die Platten mit einem Wasserschlauch und einem Schrubber bearbeitet, hatte sogar die Blumentöpfe mit

Mama zusammen neu bepflanzt und von außen gereinigt. Doch die Tische und Stühle, die Mama bestellt hatte, kamen und kamen einfach nicht, und auch die großen Sonnenschirme von der Brauerei waren immer noch nicht da.

Es war Sonnabend, früher Nachmittag, und der Beginn der Ferien, der langen, langen Sommerferien.

Die Älteren aus dem Ort läuteten bereits das Wochenende ein, bereiteten sich mit Bier und Köm darauf vor, während die Frauen *Herva mit Mosel* tranken oder Eierlikör. Anne hatte neulich Eierlikör probiert. Das war ekelig gewesen und hatte überhaupt nicht nach Eiern geschmeckt, sondern nur so komisch scharf.

Sie stieg die Stufen hinauf, drückte die Tür nach innen auf und trat in den Flur.

Volker hockte vor dem offenen Zigarettenautomaten und befüllte ihn mit neuen Schachteln. Alle nannten ihn nur Volki, aber das passte gar nicht zu ihm, das klang so niedlich, obwohl er gar nicht niedlich war. Er sah ein bisschen merkwürdig aus. Er hatte ganz buschige Koteletten und trug so eine dicke Goldkette, und er rauchte total viel, viel mehr als Mama oder die anderen Gäste. Dabei stank der Zigarettenqualm furchtbar. Anne mochte den Qualm überhaupt nicht, das hatte sie Mama schon ganz oft gesagt. Aber Mama lachte dann immer nur, machte eine wegwerfende Handbewegung und sagte: »Fang das bloß nich an, das Rauchen. Das ist nich gesund.«

»Moin, junge Dame«, sagte Volker. »Na, endlich Ferien?«

Anne nickte. Volker schob einen Stapel HB-Schachteln in einen Schacht, der wie ein kleiner Fahrstuhl aussah. Wie ein Fahrstuhl in einem Puppenhaus. Die Packungen waren bunt. Hier eine ganze Ladung orangene, da rote und auch gelbe. Es gab sogar welche, die so blau wie Opas Auto waren. Eine Marke hieß *Ernte 23*, eine andere *Lord*. Und dann gab es noch welche, auf denen ein Kamel in einer Wüste mit einer Pyramide und Palmen im Hintergrund abgebildet war. Rauchen war schon eine komische Sache. Es roch zwar blöd, aber warum es ungesund sein sollte, wenn die Packungen doch so schön bunt waren, erschloss sich Anne nicht.

Volker zündete sich eine Zigarette an und blies den Rauch zur Decke.

Das Innere des Zigarettenautomaten war faszinierend. Wenn er geschlossen war, sah man ja nicht, wie viele Dinge sich darin verbargen. Die metallenen Schächte, in denen sich die Schachteln stapelten, die Federn, Schrauben und Bolzen, die überall hingen und dafür sorgten, dass eine ganz bestimmte der vielen kleinen Schubladen aufzuziehen war, nachdem man drei Mark in den Geldschlitz geworfen hatte.

Volker brauchte keine drei Mark, wenn er rauchen wollte. Er hatte einen ganzen Wagen voll mit Zigaretten, und das Geld holte er immer aus dem Automaten raus, anstatt es hineinzuwerfen.

Er klappte die Front zu, schloss ab und richtete sich auf.

»Hast du Durst?«, fragte er. »Komm, ich geb dir 'ne Fanta aus.«

»Ja, danke«, sagte Anne, die wegen der Eingeweide des Zigarettenautomaten ihren Durst ganz vergessen hatte.

Volker hielt ihr die Tür zur Gaststube auf. Anne musste durch eine Wand aus Qualm und Stimmen gehen und trat rechts hinter die Theke.

»Hey, da bist du ja.« Mama ließ den Zapfhahn los, beugte sich zu Anne herunter und gab ihr einen Kuss. Sie nahm ihr den Ranzen von der Schulter und stellte ihn zur Seite.

»Eine Fanta für meine kleine Freundin hier.« Volker legte eine Hand auf Annes Schulter und drückte ein bisschen zu, aber das tat nicht weh.

»Wo ist Opa?«, fragte Anne.

Mama lächelte und zeigte hinter sich. Ohne Opa zu sehen, erklang plötzlich das Klavier in der rechten Ecke des Raums. Anne lief um den Tresen herum auf das Klavier zu, an dem Opa saß. Seine Hände lagen auf den Tasten.

»Opa«, rief sie ihm zu. Er hörte auf zu spielen, drehte sich um und breitete die Arme aus.

»Mien Deern«, sagte er und fing sie auf. »Dor büst du ja endlich.« Er gab ihr einen Kuss auf die Wange und nahm sie in den Arm. Seine Hände waren riesig und fühlten sich ganz warm an. Sie fühlten sich wie eine Stuhllehne an, nur viel weicher.

»Hebbt di de Schoolmeesters endlich inne Ferien freelaten.«

»Ja«, antwortete Anne. Sie war ganz außer Atem und musste ihm unbedingt von ihrem Bild erzählen. »Ich habe ein Bild gemalt, Opa. Einen Leuchtturm mit einem Deich dahinter und mit Schafen. Willst du es mal sehen?«

Mama brachte die Fanta, die kalt und süß war. Die Kohlensäure prickelte im Mund.

»Prost«, rief Volker ihr von der Theke aus zu.

»Prost«, rief sie zurück und trank fast die halbe Flasche leer.

Opa warf Mama einen strengen Blick zu, aber als er Anne ansah, lächelte er wieder.

Sie rannte rüber zu ihrem Ranzen, holte das Bild heraus, lief zurück und setzte sich auf Opas Schoß.

»Oh«, sagte Opa. »Dat is aver schöön. Un wat maakt de Schaap op dien Bild? Blöken?« Er gab ein lautes Lachen von sich, und Anne ließ sich davon anstecken.

»Das kann man doch gar nicht malen«, antwortete sie. »Das ist ja ein Geräusch.«

»Hm«, machte Opa und strich ihr mit seiner riesigen Hand über den Kopf. »Dor hest du woll recht. Aber, wie se sech föhlen tun, dat kannst du malen.«

Volker hatte sich an die Theke zu ein paar Männern gesetzt. Die anderen sahen alle viel älter aus als er, die hatten weniger Haare und so eine schrumpelige Haut wie Opa. Sie tranken alle Bier, nur Volker nicht, der hatte auch eine Fanta genommen. Aber da war immer Korn drin. Anne hatte mal aus seinem Glas getrunken, als sie es mit ihrem eigenen verwechselt hatte, das war ganz bitter gewesen. Unbegreiflich, dass Erwachsene so etwas freiwillig tranken.

Gefühle malen. Wie sollte das denn gehen? »Wie malt man Gefühle, Opa? Kannst du mir das zeigen?«

Opa legte das Bild auf die Tastatur. Er klemmte die äußeren Kanten zwischen den Tasten ein, sodass sich das Papier nicht zusammenrollen konnte. »Mit Farben«, sagte er. »Gefühle kannst du mit Farben malen.«

Anna sah sich ihr Bild an. Da waren die Schafe, denen sie ein helles Grau gegeben hatte und auch ein bisschen Braun. Darüber die Sonne, die war natürlich gelb. Der Deich, zugedeckt mit einem Teppich aus Gras, hatte ein saftiges Grün bekommen, und der Leuchtturm mit den dicken Streifen war abwechselnd rot und weiß.

»Na, wat meenst du? Wie föhlen sik diene Schape? Goot oder slecht?«

Was war denn das für eine Frage? Das war doch klar. »Gut«, antwortete Anne.

Opa nickte. »Dat glööv ik och. Dat sütt man ja. Aver worüm? Worüm föhlen se sik goot? Wat meenst du?«

Die Musikbox sprang an. Irgendjemand hatte Geld eingeworfen und ein paar Nummern gedrückt. Anne hatte das Lied, das jetzt von einem Mädchen gesungen wurde, schon oft gehört, es wurde andauernd hier in der Kneipe gespielt. Aber sie wusste nicht, wie es hieß.

Ich zeige dir mein Paradies,
wo es die schönsten Dinge gibt.
Ich zeig' dir meine kleine Welt,
wo man sich sagt: »Ich hab' dich lieb.«

Hm, also die Schafe waren glücklich. Aber warum? Und warum konnte Opa das erkennen? Anne ruckelte mit ihrem Po auf seinen Oberschenkeln hin und her. »Die Sonne ist warm«, sagte sie. »Und das Meer riecht nach Salz. Und sie grasen auf dem Deich, da haben sie immer etwas zu essen, und keiner ärgert sie.«

Opa nickte. »Genau. Grün för de Zufriedenheit, de Sonn för de Wärme und dat Meer för de Hoffnung. Dat is een wohliges Geföhl. Dat has du aals richtig gemacht.« Er strubbelte ihr über den Kopf, nahm sein Wasserglas und trank einen Schluck.

Opa mochte kein Bier, jedenfalls hatte Anne ihn noch nie eines trinken sehen. Einen Schnaps manchmal, aus einem kleinen Glas. Aber Bier war ihm zu bitter, das hatte er mal gesagt.

»Wann kommst du mich denn ma wedder besöken?« Er stellte sein Glas zurück auf das Klavier.

Das wollte Anne unbedingt. Oben in dem schönen Zimmer schlafen, in der dicken Bettwäsche. Morgens kreischten die Möwen über dem Wattenmeer, das sie von ihrem Zimmer aus sehen konnte. Opa in seinem Atelier, in dem Anne auf richtigen Leinwänden mit richtigen Ölfarben malen durfte. Und dann Oma Lisas Pfannkuchen ... Mit Pflaumenmus und Zimt. Oma konnte die besten Pfannkuchen auf der ganzen Welt machen, sie waren sogar besser als die von Mama.

Anne drehte sich zur Theke. Mama zapfte Bier. Sie stand immerzu an dem messingfarbenen Arm, der wie der Hals eines Schwans aussah, und zapfte.

Mama winkte ihr zu. »Magst du noch was, Ännchen?«, rief sie herüber.

Anne schüttelte den Kopf. Mama sollte nicht immer Ännchen zu ihr sagen. Das war ein Name für Babys, und Anne war kein Baby mehr. Sie drehte sich wieder zu Opa um. »Ich kann doch heute mitkommen«, sagte sie zu ihm. »Ich habe ja ab heute Ferien.«

Jetzt drehte auch Opa seinen Kopf zu Mama. Auf seiner Stirn waren Falten. Er schaute ernst, aber er sah nicht böse dabei aus. Opa konnte gar nicht böse sein, jedenfalls hatte Anne das noch nie erlebt.

Die Musik war aus. Am Tisch in der vorderen Ecke rauchten die Männer Zigarre und spielten Karten. Sie legten die Karten nicht einfach auf den Tisch, sie schlugen sie darauf. Dann zählten sie die Augen zusammen – sie sagten wirklich »Augen« –, und einer von ihnen schrieb irgendwelche Zahlen auf einen Zettel. Der Dicke ohne Haare, der am offenen Fenster saß, gab Mama ein Zeichen mit der Hand, woraufhin Mama nickte, drei frische Biergläser aus dem Regal hinter sich nahm und wieder zu zapfen begann.

»Tööv mal 'n Moment«, sagte Opa, stellte Anne auf die Beine und ging rüber zur Theke.

Anne besah sich noch einmal ihr Bild. Es war wirklich schön geworden, und Opa hatte recht. Die Schafe fühlten sich wohl, es ging ihnen gut, das konnte man – so, wie Anne es gemalt hatte – richtig toll sehen. Gefühle konnte man mit Farben malen. Super! Opa konnte das auch, aber Anne waren seine Bilder manchmal zu dunkel. *Mann am Klavier* hatte er eines seiner Bilder genannt. Das Klavier darauf sah so aus wie das hier in der Kneipe, auf dessen Schemel Anne gerade saß. Opa hatte einen dicken Mann auf den Schemel gesetzt, der seinen Rücken ganz rund gemacht hatte und mit dem Kopf so tief über der Tastatur hing, dass seine Stirn sie fast berührte. Er trug eine dunkelgrüne Wachsjacke, dieser Mann, und seine Handrücken waren knochig und mit wurmartigen Adern durchsetzt. Dem Klavier hatte Opa ein dunkles Braun verpasst, und im Hintergrund waren graue Wände und eine dunstige, schummerige Luft. Das war jedenfalls nicht der *Wartesaal*, in dem der *Mann am Klavier* saß. Im *Wartesaal* hingen zwar auch Rauchwolken, aber hier schien die Sonne durch die Fenster, alles war hell, warm und gemütlich.

»Komm mal mit«, sagte Opa laut zu Mama.

Mama stellte das Bierglas, das sie unter den Schwanenhals gehalten hatte, auf dem Tropfblech ab, verließ den Thekenbereich und ging mit Opa nach nebenan in den Saal, wo immer große Familienfeste stattfanden. Opa schloss die Schiebetür hinter sich.

Was hatten die beiden zu reden? Anne rutschte vom Hocker, lief an der Theke entlang in den Flur und von dort an den Toiletten vorbei zu der anderen Tür, von der aus man ebenfalls in den Saal gelangte.

Vorsichtig, ganz leise drückte sie die Klinke herunter, öffnete die Tür einen Spalt und spähte ins Zimmer hinein.

Opa stand mit ernstem Gesichtsausdruck vor Mama, die ihre Arme vor der Brust verschränkt hatte.

»So kann dat nich weidergehn. Die Kneipe is nix für die Lütte. Dat muss du doch ma verstehn.«

Mama schüttelte den Kopf. »Und was soll ich deiner Meinung nach machen? Soll ich putzen gehen für einen Hungerlohn? Oder wieder in die Fischfabrik zu Hause? Nee, dat kannst du dir abschminken. Dat mach ich nich. Die Kneipe läuft gut, guck doch mal hin. Die Leute rennen mir die Bude ein.«

Opa strich sich über sein Kinn. Anne konnte hören, wie die silbernen Bartstoppeln in seiner Hand kratzten.

»Die Kneipe, dat weer sien Kneipe. Aber nu isser nich mehr da. Un nu hest du dat allens an 'n Hals. Dat is nich goot. Och för di nich.«

Opa sprach von Papa. Papa war weg. Er hatte eine Freundin. Papa war schon lange weg. Papa konnte toll kochen. Knusprige halbe Hähnchen mit Pommes, Currywurst oder Toast Hawaii. Mama schüttelte erneut den Kopf. Sie zupfte an ihrer Bluse. »Du willst es nicht wahrhaben, oder? Es war nicht allein seine Idee, es war unsere gemeinsame – vielleicht sogar eher meine als seine. Als ich gehört habe, dass der alte Plönsen den *Wartesaal* aufgibt, hat's bei mir sofort gekribbelt. Der Bahnhof mit den ganzen Leuten, die Bushaltestelle direkt vor der Tür. Da geht man mal rein, wenn man eh schon da ist, trifft sich mit Freunden, klönt 'ne Runde und isst und trinkt was. Meine Rechnung ist aufgegangen, Vater. Ich verdiene hier gutes Geld, und die Arbeit macht mir Spaß. Und wenn die Möbel und die Schirme für die Terrasse da sind, dann sind die Plätze draußen auch noch voll, jedenfalls im Sommer. Ich will das nicht mehr missen. Das ist Freiheit für mich.« Mama ging zum Tisch, ergriff Annes Playmobil-Polizeiauto, nahm auch die zwei Figuren – einen Mann und eine Frau in grüner Uniform, die zuletzt einen Einsatz auf der sauberen Terrasse gehabt hatten – und drückte Opa alles in die Hand. »Nimm sie mit«, sagte sie. »Es sind Ferien. Nimm sie mit für zwei Wochen. Oder auch für drei. Ich schaue, dass ich ein paar Tage frei mache, und dann komme ich nach.«

»Edith«, sagte Opa. »Dat is keen Lösung. Nich duerhaftig.«

»Das lass mal meine Sorge sein.« Mama schob die Tür auf und ging zurück in den Gastraum.

Opa blieb stehen. Er nahm das Polizeiauto in Augenschein. Er drehte es, prüfte den Unterboden, kontrollierte auch, ob sich die Fahrertür gut bewegen ließ, öffnete sie, schloss sie wieder und stellte das Auto auf den Tisch. Er schob es vor und zurück, und seine riesige Hand umschloss fast das ganze Dach mitsamt der Motorhaube. Was dachte er wohl, was ging in ihm vor? Sah er Papa vor sich, der nicht mehr mit ihnen zusammenleben wollte? Grübelte er über den *Wartesaal* und seine Gäste, über die alten Männer, die rauchten und Bier tranken? Fragte er sich vielleicht, wer demnächst in der Küche stehen würde, nachdem erst Papa und zuletzt der neue Koch gegangen waren? Oder dachte er über die Farben nach und fragte sich, was sie ihm sagten? Das Weiß des Polizeiautos und das Grün? Grün war die Zufriedenheit, das hatte Opa vorhin selbst gesagt. Aber was war Weiß? Was verbarg sich hinter einer Farbe, die eigentlich gar keine Farbe war – die immer da war, die immer den Anfang aller Bilder ausmachte?

Von nebenan erklang Musik, Anne hörte, wie die Männer am Stammtisch ihre Karten auf das Holz droschen. Dann erklang Volkers Stimme, der laut eine Lokalrunde bestellte, worauf ein Raunen, ein Klopfen, auch ein Klatschen ertönte.

Opa stieß das Polizeiauto an, es rollte über die lange Tischplatte. Der Stoß hatte genau die Kraft, die es brauchte, um das Auto bis zur Stirnseite zu schicken, ohne dass es herunterfiel. Opa starrte es eine Weile regungslos an, bevor er die beiden Figuren in seine Hosentasche steckte, auf das Auto zuging, es aufhob, es abermals von allen Seiten prüfte oder ihm vielleicht Fragen stellte, Fragen, auf die er keine Antworten zu erhalten schien, um dann – ruhig, mit langsamen, ja geradezu schweren Schritten, mit diesen typischen Opa-Willi-Schritten – in die Gaststube zurückzugehen, das Auto baumelnd in der Hand.

Anne musste packen. Sie würde mit Opa in seinem blauen Opel ans Meer nach Bensersiel fahren, zum Watt, in dem sie Würmer aus dem Schlick ziehen und sie wieder freilassen würde. Oma würde Pfannkuchen machen. Mama würde bestimmt auch gerne mitkommen, aber sie musste hierbleiben. *Die Kneipe macht sich nicht von allein*, sagte sie immer. Anne würde mit den Großeltern am Kamin sitzen, ein Glas selbstgemachte Zitronenlimonade in der Hand, und Opa würde aus dem großen Buch vorlesen, in dem die Geschichten mit den Seefahrern und den einsamen Inseln standen. Und am Morgen würde sie mit Opa ins Atelier gehen, in dem es nach Firnes und all den Farben roch, mit denen er arbeitete, nach dem Holz der Staffeleien und nach Opas Tee, den er nie ohne einen Schuss Rum trank. Es würde nach Omas Pfannkuchen duften, nach Salzwasser und nach ganz vielem anderen mehr. Nur nicht nach Zigarettenqualm. Danach roch es bei Oma und Opa nie.

Sie schloss sacht die Tür, stand auf und drehte sich zum Vorderflur, als plötzlich eine Gestalt vor ihr stand und ihr den Weg versperrte. Anne erkannte in der dunklen Ecke nicht, wer es war, die Eingangstür auf der anderen Flurseite stand offen, und grelles Sonnenlicht schien herein, sodass das Gesicht im Schatten lag.

»Na, du. Hast du gelauscht?«

Jetzt erkannte sie ihn. Volker ging vor ihr in die Hocke. Sie roch sein süßes Parfüm und sah eine Augen – diese ganz hellen Augen, die wie Meerwasser aussahen. Er sollte sie mit diesen Augen nicht so ansehen. Und außerdem ging es ihn überhaupt nichts an, ob Anne gelauscht hatte oder nicht.

»Ich habe mein Polizeiauto gesucht«, log sie und bekam Herzklopfen.

»Dann ist ja gut.« Volker richtete sich auf.

Er trat einen Schritt zur Seite, und Anne rannte los, rannte an ihm vorbei ins Licht. Es war grell, das Licht, grell und warm. Und es war noch etwas: weiß.

28.

Das fehlende Glied in der Kette

Februar 2022

Wallat drückte auf den kleinen, runden Edelstahlklingelknopf an der Hauswand. Es war kurz vor halb fünf am Nachmittag und bereits dunkel.

»Was ist, wenn er nicht da ist?« Anne hielt ihre Dienstwaffe in der rechten Hand.

Holger Karst und Steffen Schmidt sicherten nach hinten den Weg zur Straße. Auch sie hatten ihre Pistolen im Anschlag.

»Leute, der Mann ist über siebzig.« Wallat klingelte noch einmal. »Packt die Dinger weg.«

Karst und Schmidt steckten die Waffen zurück in ihre Holster, Anne behielt ihre in der Hand.

»Was ist los?«, fragte Wallat.

»Nichts. Was soll los sein? Ich will nur auf Nummer sicher gehen.«

Anne schien nervös. Das passte nicht zu ihr. Auf dem Weg hierher war sie viel zu schnell gefahren. Als Wallat sie ermahnt hatte, war sie abrupt auf die Bremse gestiegen, und alle vier waren in die Gurte gepresst worden.

Im Hausflur sprang Licht an, das Türschloss surrte.

Sieben Stufen führten hinauf. Es war die Wohnung links, Hochparterre. Die Tür stand offen, und das Erste, was Wallat sah, war die glänzende, dicke Halskette aus Gold, die im elektrischen Deckenlicht funkelte.

»'n Abend.« Wallat zog seinen Dienstausweis hervor. »Kripo Lüneburg. Sind Sie Volker März?«

»Klar ist er das.« Annes Stimme war zu laut, sie hallte durch den Hausflur.

Annes Kinn zitterte, ihre Stirn glänzte. Noch immer hielt sie die Waffe in ihrer rechten Hand, die jetzt aber nicht mehr hoch erhoben war, sondern halbwegs locker auf Oberschenkelhöhe herabhing.

»Was wollen Sie von mir?« März stand im Unterhemd da, eine brennende Zigarette in der Hand. Seine Beine steckten in einer hellgrauen Jogginghose. Sein Bauch war flach, auf Brust, Armen und Schultern schimmerten weiße Haare. Er sah auf die Waffe in Annes Hand, gleich darauf wieder zu Wallat.

»Dürfen wir reinkommen?« Wallat trat einen Schritt nach vorn.

»Nein, dürfen Sie nicht.«

»Mach Platz, Mann«, sagte Anne. Sie war noch immer zu laut.

März starrte sie an. »Was ist denn mit Ihnen los? Wer sind Sie überhaupt?«

»Das ist meine Kollegin, Kriminalhauptkommissarin Paulsen. Und die beiden Herren da unten gehören auch zu mir.« Wallat deutete auf Karst und Schmidt an der Haustür.

Aus der Wohnung drang der Geruch von Zigarettenqualm. Die buschigen Koteletten an März' Wangen, die Wallat von Bildern aus der Akte kannte, waren silbergrau geworden. Die Goldkette war viel zu groß für den faltigen, vogelartigen Hals. Es schien, als zöge ihr Gewicht ihn ein Stück weit nach unten, sodass sich sein Rücken gebogen hatte und ein Buckel entstanden war.

Wallat holte den Haftbefehl aus der Innentasche seiner Lederjacke, faltete das Papier auseinander und hielt es März unter die Nase.

März überflog die Zeilen, seine Augenlider zuckten dabei. Der Kehlkopf, der unter der trockenen Haut hervorstach, wanderte auf und ab.

Das Licht im Hausflur erlosch. Aus der Wohnung fiel ein diffuser gelber Schein, der die Umrisse von März' Gestalt betonte, sein Gesicht dagegen verdunkelte.

»Jetzt lassen Sie uns endlich rein.« Anne trat einen Schritt auf März zu.

Er wich nicht von der Stelle. Sein dünnes, flusiges Haar schimmerte über seinen im Schatten stehenden Körper.

Sie schaltete das Licht ein.

März nahm den Haftbefehl an sich, behutsam fast, als könnte er ihn beschädigen. Sein Blick blieb auf das Blatt gerichtet, seine Augen fuhren – langsam, prüfend – mehrmals von links nach rechts. Er drehte das Papier um, besah sich auch die Rückseite, drehte es erneut und starrte dann auf das Niedersachsenwappen oben in der Mitte. Ihm entging sicher auch nicht die Anschrift der ausstellenden Behörde, das Landgericht Verden. Und er mochte sich fragen, warum ausgerechnet das Landgericht Verden den Haftbefehl ausgestellt hatte, ein neues, bisher unbeteiligtes Gericht, das es nun auch auf ihn abgesehen hatte – auf ihn, den Unschuldigen, auf einen rechtskräftig Freigesprochenen. Vielleicht aber interessierten ihn die Formalitäten auch überhaupt nicht, und er erinnerte sich stattdessen an die Prozesse gegen ihn, die vierzig Jahre zurücklagen, an die Verurteilung zunächst, an die Zeit im Knast und später an den Freispruch. Letzterer hatte vier Jahrzehnte gehalten und wurde jetzt, wie in einem bösen Traum, vom Thron der Verlässlichkeit gestoßen.

März sah Wallat an, dann Anne. Er schaute auch hinunter zu den beiden Kollegen, die kaugummikauend zurückblickten. Er faltete ruhig, fast bedächtig den Haftbefehl zusammen und reichte ihn Wallat zurück.

»Kommen Sie rein«, sagte er leise und wich zur Seite.

Die Wohnung wirkte, wie Klaus sie in seinen Aktenvermerken beschrieben hatte. Der Flur war etwa sieben bis acht Meter lang und bedrückend schmal. Gleich rechts das Gäste-WC, aus dem es nicht mehr nach Fisch stank. Etwas weiter auf der linken Seite die Tür zur Küche, ihr gegenüber ein weiterer Zimmereingang und an der Stirnseite – nebeneinander – die zwei Türen zu Räumen, die damals das Schlafzimmer der Eltern und März' eigenes Zimmer gewesen waren.

In der Küche stand noch immer eine Eckbank, ein Vogelkäfig war jedoch nicht mehr da. Grelles Neonlicht fiel auf einen Tisch, der mit einer Plastikdecke belegt war. Ihr Obstmuster war ausgeblichen und von Schnitten durchzogen. Leere Bierflaschen standen darauf und zwei volle Aschenbecher, daneben lagen ein paar Schachteln Zigaretten. Leise Musik drang aus einer kleinen Stereoanlage auf der Fensterbank. »James Last« flackerte auf dem grünlichen Display.

März setzte sich an der Stirnseite auf die Eckbank, drückte seine Zigarette im Aschenbecher aus und zündete sich eine neue an. Seine Hand zitterte. Er blies den Rauch gegen die Fensterscheibe.

»Sie sollten ein paar Sachen packen.« Wallat griff nach einem Stuhl, drehte ihn und setzte sich ebenfalls.

März strich sich mit der flachen Hand über seine Koteletten. Seine Fingernägel waren gepflegt, aber die Haut und die Nägel seiner Zeige- und Mittelfinger waren gelb, fast braun – genau so, wie Klaus es in der Akte festgehalten hatte.

»Ihr wollt es einfach nicht wahrhaben, was?« März griff nach einer Bierflasche und trank.

»Herr März, ich habe keine Wahl. Ich führe aus. Ich hinterfrage nicht. Sie müssen mitkommen.«

März legte seine Zigarette auf den Rand des Aschenbechers. »Sie hinterfragen nicht«, sagte er. »Sie führen aus, machen Ihren Job.« Er sah Wallat an. »Aber ich werde meinen Job nicht machen. Ich werde nicht mitkommen. Ich werde hier sitzen bleiben. Und wissen Sie, warum?« Er hustete. »Weil ich ein freier Mann bin. Darum. Stecken Sie sich Ihren Haftbefehl in den Arsch.« Er nahm wieder seine Zigarette, zog daran und entließ den Rauch langsam aus seinem Mund in Wallats Richtung.

Anne schnellte aus dem Türrahmen auf März zu. Sie packte ihn am Hinterkopf und drückte sein Gesicht auf die Tischplatte.

März schrie auf.

Wallat sprang vom Stuhl, schnappte Annes Arm und riss ihn zurück. »Hör auf damit«, rief er. »Was ist denn in dich gefahren, sag mal? Reiß dich zusammen.«

Anne wich zurück und löste sich aus seinem Griff. »Der Kerl spielt Kasperletheater mit uns. Kapierst du das nicht? Er lacht uns aus.«

»Du beruhigst dich jetzt«, sagte Wallat.

März lachte und hustete wieder. »Ihr seid doch bescheuert.«

Was war bloß los mit ihr? So kannte Wallat sie überhaupt nicht. Oder vielleicht doch. Irgendetwas stimmt mit ihr nicht bei der März-Sache. Sie kniete sich in jede Ermittlung, arbeitete manchmal bis weit in die Nacht hinein, ohne auf die Uhrzeit zu achten. Aber sobald es um März ging, war sie rastlos gewesen in den letzten Tagen ... und nicht nur in den letzten Tagen. Schon vor Monaten hatte sie sich ohne besonderen Anlass die Akten aus dem Archiv geholt. Sie hatte sich in der letzten Zeit mit Klaus getroffen, mehrmals sogar, wie sie Wallat erzählt hatte. Die beiden waren wahrscheinlich nicht nur zusammengekommen, um über die gute alte Zeit zu plaudern. Volker März war Klaus' einziger ungeklärter Fall. Man musste kein Hellseher sein, um zu ahnen, dass die zwei über den Fall gesprochen hatten, kurz nachdem die neue Wiederaufnahmeregelung im vergangenen Dezember Gesetz geworden war. Vielleicht hatte Klaus sie angestachelt, hatte sie instrumentalisiert, um für sich selbst endlich den dunklen Fleck auf seiner ansonsten blütenreinen Ermittlerweste auszuwaschen. Doch das passte weder zu Klaus noch zu Anne. Er war nicht so verbissen und sie nicht so naiv, sich zum Werkzeug eines anderen machen zu lassen. Annes aggressives Verhalten blieb rätselhaft, sie war viel zu professionell für Ausraster.

Wallat nahm März die Zigarette aus der Hand und drückte sie im überquellenden Aschenbecher aus. »Herr März, Sie kommen mit uns. Ich nehme Sie fest wegen des Mordes an Nina Markowski. Stehen Sie auf.«

März sah nach oben. Die Goldkette um seinen Hals funkelte. »Ich will meinen Anwalt sprechen.«

Aus den Lautsprechern der Stereoanlage drang Orchestermusik mit einem Akkordeon, auf dem kleinen grünen Display stand *Biskaya*.

Die Biskaya – keine Ahnung, wieso Wallat jetzt darauf kam – erstreckte sich von der spanischen Nordküste bis hin zum Meer vor der Bretagne in Nordwestfrankreich. Das Seegebiet war bekannt für schlechtes Wetter, starke Stürme und extremen Wellengang. Aber hier, in dieser verqualmten, vergilbten Küche, da gab es keinen Wellengang. Da gab es allein einen alten Mann, den er festzunehmen hatte, ganz gleich, ob er eine Straftat begangen hatte oder nicht. Es gab keine Stürme und auch kein schlechtes Wetter, und doch schien es, als bewege sich der Untergrund, als könnte sich ein Loch im Boden auftun und augenblicklich alle und alles verschlingen.

Wieder trat Anne einen Schritt auf März zu. Sie packte ihn am Arm und zog ihn von der Eckbank hoch. Ihre Finger waren lang und dünn. Sie mochten nicht so kräftig wie die eines Mannes sein, doch als sie sich um März' Arm schlangen, wirkten sie wie Greifer eines Krans, der ein Stück rostiges Eisen auf einem Schrottplatz anhob.

»Au!«, schrie März und trat von seiner Bank weg. »Sie tun mir weh.«

»Wenn wir auf dem Revier sind, können Sie einen Anwalt anrufen«, sagte Wallat. Er nickte Anne zu. »Nicht so heftig«, flüsterte er ihr ins Ohr.

Anne schob März in eines der beiden Zimmer am Ende des Flurs und machte Licht. Wallat folgte ihnen.

Der Raum war immer noch so, wie Klaus ihn beschrieben hatte. Rund fünfzehn Quadratmeter groß, ein Fenster zum Garten, der jetzt nachtschwarz war, in dem aber ein Baum im Licht des Mondscheins zu sehen war – vermutlich der Baum, an dessen Stamm März seine Aale gehängt und mit dem Daumennagel die Eingeweide ausgeschabt hatte.

An den Wänden hingen billige Kunstdrucke von Kandinsky mit bunten Kreisen und Quadraten und Dreiecken auf blauem Grund. Ein Holzschreibtisch stand da, auf dem ein zusammengeklappter Laptop lag. Daneben ein meterhoher Hi-Fi-Turm.

»Das ist doch alles Schwachsinn.« März hustete wieder, zündete sich eine neue Zigarette an und warf eine Sporttasche aufs Bett. Er zog Schubladen auf, packte Unterwäsche in die Tasche, Zigarettenschachteln und ein paar Jeans.

An einer Pinnwand hing ein verblasstes Polaroidfoto. Es zeigte einen weißen BMW 1602 vor einer Garage. März lehnte an der Fahrertür, die Brust stolz nach vorn gedrückt. Er trug eine gelbe Leinenhose, an deren Seite ein Fuchsschwanz baumelte. Am unteren Bildrand war ein handschriftlicher Vermerk: »1981 – mein Dosenöffner.«

Wallat nahm das Bild und hielt es Anne hin. Sie kam einen Schritt näher, betrachtete die Aufnahme einen Moment lang, schüttelte den Kopf, biss sich auch auf die Lippen dabei, drehte sich um – drehte sich geradezu fluchtartig schnell um – und trat hinaus auf den Wohnungsflur.

März nahm Wallat das Foto aus der Hand und verharrte mit seinem Blick darauf. »War ein schönes Ding«, sagte er und gab Wallat das Bild zurück.

Aus der Küche erklang ein Scheppern und Klirren. Offenbar fielen Flaschen zu Boden, und Glas zersprang.

Wallat lief rüber.

Anne stand vor dem Tisch. Überall lagen Scherben herum. März' Bierflasche, die halb voll war, lag auf der Eckbank. Das Bier floss aus der Halsöffnung.

Anne atmete schnell, die Muskeln ihrer Kiefer zuckten.

»Sag mal, geht's noch?« Wallat schob sie hinaus in den Flur.

»Sind Sie verrückt geworden?« März, der in die Küche gekommen war, ließ seine Tasche auf den Boden fallen. »Gott, was für eine Sauerei. Wer macht das denn jetzt weg? Sie vielleicht, Herr Wallat? Ihr habt Sie doch nicht mehr alle.« Er trat einen Schritt auf Wallat zu und tippte mit dem Finger an seine Jacke. »Fluchtgefahr«, sagte er. »Das steht doch auf Ihrem tollen Zettel, nicht? Das ist doch der Grund, weshalb ihr mich festnehmt. Glauben Sie nicht, ich wüsste nicht von der neuen Wiederaufnahmevorschrift? Meinen Sie allen Ernstes, ich hätte nicht mit meinem Anwalt telefoniert? Angerufen hat er mich, noch am selben Tag – am dreißigsten Dezember, als das Gesetz verkündet wurde. ›Sie müssen sich in Acht nehmen‹, hat er gesagt. ›Hauen Sie ab aus Deutschland‹, hat er gesagt. Und was habe ich gemacht? Nichts habe ich gemacht, gar nichts. Bin hiergeblieben. Hier in meinen vier Wänden, obwohl ich bis heute Zeit gehabt hätte, stiften zu gehen. Acht Wochen lang hätte ich Zeit gehabt, um irgendwo hinzufliegen. Um für immer abzuhauen, damit ihr mich nicht kriegt. Und jetzt redet ihr von Fluchtgefahr und verwüstet meine Küche. Wie unglaublich bescheuert ist das denn bitte alles?«

Wallat schob mit dem Fuß ein paar Scherben zur Seite. März

mochte recht haben, vielleicht bestand keine Fluchtgefahr bei ihm. Aber das war egal. Dafür waren Gerichte zuständig. Das war Gewaltenteilung. Wallat war nicht Prüfungsinstanz, er war Vollstreckung. Er mochte nicht mit der Rolle der Richter tauschen. Er war gut aufgehoben, wo er im System stand. Außerdem traf es mit März nicht den Falschen, ganz gleich, was er für ein Schauspiel abzog.

»Um Ihre Küche kümmern wir uns schon, keine Bange.« Er griff März am Arm und schob ihn raus in den Flur.

Wallat öffnete die Wohnungstür und wandte sich um. März stand direkt vor ihm. Altersflecken sprenkelten sein Gesicht. Die goldene Panzerkette funkelte. An ihrem unteren Ende hingen zwei Glieder weiter auseinander als die anderen.

Wallat zeigte auf die Stelle. »Da fehlt was.«

März senkte seinen Kopf und hob die Halskette etwas an. »Nein«, sagte er. »Da fehlt nichts.« Er ging an Wallat vorbei und trat in den Hausflur.

Anne nahm März' Tasche vom Boden auf und zog ihre Waffe aus dem Holster.

Wallat sah sie an. Ihre Augen glänzten. »Ich werd nicht schlau aus dir«, sagte er.

Und sie darauf: »Ich aber.«

29.
Ännchen von Tharau

August 1979

Die Sonnenschirme waren da. Drei riesige weiß-grüne Dächer mit der goldenen Aufschrift *Moravia-Pils*. Sie überspannten die gesamte Terrasse, legten einen Schatten darauf, und es schien Anne gleich, als sei durch sie ein neues Zimmer neben dem *Wartesaal* entstanden.

Opa bog auf den mit Kies ausgelegten Hof und stellte seinen Opel unter den Pappeln ab, direkt neben ein weißes Auto, das als einziges hier stand. Anne sprang heraus und lief die sechs Stufen zum Eingang hinauf. Die Betonstufen gaben Wärme ab. Die rote Backsteinfassade und der große Steinkübel, der auf dem Eingangspodest stand und den Mama ganz bunt bepflanzt hatte, waren ebenfalls warm.

Hinter dem Haus, auf den beiden Bahnsteigen, warteten ein paar Leute auf den Mittagszug, der nach Bremen fuhr. Anne war auch schon mal nach Bremen gefahren, das war aber eine Weile her. Mit Oma und Opa hatte sie einen Ausflug gemacht, als Mama traurig war wegen Papa. Da war Anne noch im Kindergarten gewesen. Anne war – wie heute auch – mit Opa zusammen nach Hause gekommen und hatte sofort nach Mama gerufen, Mama hatte aber nicht geantwortet. Sie hatte sie gesucht und schließlich oben in Annes Kinderzimmer gefunden. Mama hatte auf dem Bett gesessen und geweint. *Papa ist weggegangen*, hatte sie in ihr Weinen hinein gesagt und Anne das Haar geküsst. Opa war dazugekommen und hatte offenbar gleich gewusst, was los war. Anne hatte auf Mamas Schoß gesessen, Opa daneben auf einem Stuhl, Mamas Hand haltend, und Anne hatte an Papa gedacht. Sie hatte nicht gewusst, was es hieß, er sei nicht mehr da. Er war ja nie wirklich da gewesen. Was also hatte sich geändert? In Annes Zimmer hing ein Bild von ihm an der Wand, direkt über ihrem Bett. Darauf stand er neben seinem riesigen Panzer und grüßte lachend und mit der flachen, etwas abgewinkelten Hand an der Stirn in die Kamera hinein. Die Aufnahme war nicht ganz scharf, der Panzer und Papa waren ein bisschen verschwommen, und Anne dachte oft, dass der Mann auf dem Bild auch irgendein anderer Mann sein konnte, gar nicht Papa.

Anne blieb an der Tür stehen. Das Schild oben war erneuert worden. »*Wartesaal*« war jetzt deutlich größer geschrieben, mit weißen Buchstaben auf grünem Hintergrund, offenbar abgestimmt auf die Terrassenschirme. Ein bisschen sah es aus wie bei Annes Polizeiauto.

»Mama, Mama«, rief Anne. »Ich bin wieder da.«

»Hey, Ännchen, ich bin im Keller. Komm runter.«

In der Gaststube saß niemand, aber das war ja klar – es war Montag, Montag war Ruhetag.

Anne ging in den Kühlraum mit den ganzen Currywurstvorräten in den Regalen, den Salatköpfen, den Konservendosen, ging vorbei am Spalier der Ketchupflaschen und auch an den Reihen unzähliger Schnapspullen, um zur steilen Holztreppe zu gelangen, auf der sie hinab in den Keller stieg.

Hier unten war es dunkel und kühl, es roch nach den feuchten, modrigen Kalkwänden. Anne mochte den Keller nicht, der war sogar am Tag düster und unheimlich. Opa hatte mal damit gedroht, sie komme in den Keller, wenn sie weiterhin so frech sei. Darauf hatte Anne zu weinen begonnen. Sie hatte es nicht verhindern können, die Tränen waren einfach drauflosgeschossen bei dem Gedanken an die knarzenden Türen und die finsteren Ecken. Opa hatte sie auf den Schoß genommen, hatte sie fest an sich gedrückt – ganz fest, so fest er konnte – und hatte sich bei ihr entschuldigt und versprochen, so etwas nie wieder zu sagen. Es hatte eine ganze Weile gedauert, bis Anne sich beruhigt hatte.

Am anderen Ende des Kellerflurs stand die Bodenluke offen. Eine Rampe lag auf den Stufen, die nach oben aus dem Haus führten. Von draußen ließen ein paar Männer riesige metallene Bierfässer in den Keller rollen, die unten aneinanderschlugen und sich gegenseitig bremsten.

»Hallo, meine Süße.« Mama stand vor der offenen Tür zum Getränkekeller. »Bleib da stehen, wir sind gleich fertig.«

Aus dem Getränkekeller kam Volker in den Flur. »Moin, Kleine«, rief er Anne zu, griff sich eines der Fässer und rollte es in den Raum.

»Der Volker hilft mir ein bisschen«, sagte Mama. »Die Terrassenmöbel sind heute Vormittag geliefert worden. Wollen wir sie nachher zusammen aufbauen?«

»Ja«, antwortete Anne. Nachher war Volker bestimmt nicht mehr da. Anne wollte die Möbel allein mit Mama aufbauen. Oder mit Opa. Aber nicht mit Volker.

Volker schnappte sich das nächste Fass, drehte es und rollte es fort. Das Metall polterte über den Betonboden.

»Das war's«, rief einer der Männer von oben. »Denn mach's mal gut, Edith.«

»Jou«, sagte Mama laut. »Bis nächste Woche.« Sie hob eine Kiste Cola von einem hohen Kistenturm herunter, stellte sie auf den Boden und schob sie mit dem Fuß bis zur Treppe, um sie dann nach oben zu tragen.

Volker kam in den Kellerflur zurück. Da waren wieder seine Wasseraugen. Die waren ein bisschen wie Glas, die schimmerten so im Lichtschein, der von oben durch die Luke in den Keller fiel.

»Na, Ännchen, war gut bei Oma und Opa?«

Anne nickte.

»Prima«, sagte er. »Dein Opa ist ja auch nett. Und deine Oma bestimmt auch.«

Anne nickte noch einmal. Vielleicht hätte sie etwas sagen sollen, wegen Höflichkeit und so. Aber sie wusste nicht, was sie Volker erzählen sollte. Sie sah sich neben Opa im Atelier, beide trugen einen Kittel und standen mit einem Pinsel in der Hand vor ihren Leinwänden. Aber warum sollte sie Volker davon erzählen? Sie kannte ihn ja gar nicht richtig. Und warum sollte sie ihn teilhaben lassen am Geschrei der Möwen über dem Watt, an den Prielen im Schlick, durch die das Wasser rann. Volker ging das nichts an. Nur Mama. Der würde sie nachher davon erzählen. Auch von den Muscheln, die sie für Mama gesammelt hatte, und von Omas Pfannkuchen, die ihren süßen Vanilleduft im ganzen Haus, wahrscheinlich über den Deich hinaus und über das ganze Wattenmeer verströmt hatten.

»Weiß du eigentlich, dass es ein Lied mit deinem Namen gibt?«

Anne schaute ihn an, seine Koteletten waren voll dick und buschig. Das sah hässlich aus, und eigentlich wollte sie gar nicht mit ihm reden, aber sie war neugierig. »Was denn für ein Lied?«, fragte sie.

Volker setzte die Sprite-Kiste, die er gerade aufgenommen hatte, auf einer anderen ab. »Das ist von Ronny, der ist ein super Schlagersänger. *Ännchen von Tharau* heißt das Lied. Soll ich es Mama und dir mal vorspielen?«

Anne wusste nicht, was sie antworten sollte. Einerseits wollte sie es gern hören. Sie war gespannt darauf, was es für eine Geschichte erzählte. Andererseits wollte sie lieber nichts von ihm vorgespielt bekommen. Sie wollte lieber ein Lied von Mama hören oder eine Geschichte von Opa aus dem Buch mit den Seefahrern.

»Was ist?«, fragte er. »Möchtest du? Es ist wirklich schön. Wird dir gefallen.«

»Ich würde es gern hören«, sagte Mama, die die von oben zurückkam.

Volker lächelte. »Ich habe eine Kassette im Auto. Hast du einen Rekorder?«

Mama nickte. »Oben, im Wohnzimmer. Ich kann ihn nachher runterholen.«

»Aber erst, wenn die Terrassenmöbel aufgebaut sind«, sagte Volker.

Mama hatte also schon mit ihm darüber gesprochen. Aber Opa war noch da, und Anne konnte auch helfen. Volker musste nicht dabei sein. Das bekamen sie auch ohne seine Hilfe hin. Und dieses *Ännchen von Tharau*, das konnte sie auch irgendwann später hören.

Mama kletterte die Stufen zur Bodenluke hoch und zog sie zu. Sie trat einen Schritt zurück, rutschte plötzlich aus, stolperte und wäre fast die Stufen hinabgestürzt, wenn Volker nicht auf sie zugesprungen wäre, ihren Arm gepackt und sie aufgefangen hätte.

»Mist«, stieß es aus ihr heraus. Sie presste sich ihren rechten Handrücken auf dem Mund.

»Ist doch nix passiert«, sagte Volker.

»Danke«, sagte Mama zu ihm, und in das Wort hinein streckte er seine Hand aus und strich ihr mit seinen Fingern über die Wange.

Anne wollte weg. Der Keller roch schimmelig und war kalt und feucht. Außerdem war es düster, jetzt, wo die Bodenluke verschlossen war. »Ich gehe rauf«, sagte sie.

»Nur noch die Wasserkisten, dann kommen wir mit.« Mama griff sich eine der Kisten und brachte sie nach nebenan. Volker tat es ihr nach, stumm, mechanisch, fast ein bisschen wie ein Roboter.

Als die Kisten weggeräumt waren, schloss Mama die Tür zum Getränkeraum von außen, legte eine Hand an Volkers Oberarm und sagte noch einmal: »Danke.«

»Gerne«, antwortete er. »Jederzeit wieder. Musst nur Bescheid geben. Weißte doch.«

Mama nickte und zeigte zur Treppe. Volker zündete sich eine Zigarette an. Anne lief voraus.

Opa stand draußen auf der Terrasse und besah sich die riesigen Pappkartons, in denen offenbar die Möbel versteckt waren. Anne eilte zu ihm. Er nahm sein Taschenmesser, klappte die Klinge heraus und schnitt dünne schwarze Kunststoffbänder auf. Es ploppte richtig, als sie auseinandersprangen.

Unter den neuen Schirmen war es warm und gemütlich, das Licht war gelb oder so sandig. Opa stand der Schweiß auf der Stirn, als er die Pappe aufriss und einen ersten Stuhl hervorzog – einen aus weißem Plastik. Gleich darauf holte er einen zweiten Stuhl heraus, setzte ihn oben auf den ersten und schob beide ineinander.

»Monoblocks sind das«, sagte er. »Die kannste stapeln, damit se nich so viel Platz wechnehmen.«

Die waren glatt und sauber und rochen ganz neu. Donnerwetter, wenn die erst mal alle – mit den Tischen zusammen – auf der Terrasse standen. Das würde bestimmt wie ein richtiges Restaurant in Lüneburg oder Bremen aussehen. Oder wie eine Eisdiele.

Der gerade einfahrende Mittagszug gab seine beiden Hupsignale von sich, das Quietschen der Räder auf den Gleisen war zu hören.

»Fahren wir auch mal wieder nach Bremen?«, fragte Anne.

»Na klar«, antwortete Opa, der sich einen weiteren Karton vornahm. »Dann nehmen wir auch deine Mutter mit, damit die hier mal rauskommt.«

O ja, mit Mama, Oma und Opa zusammen nach Bremen fahren. Fischbrötchen essen, später Eis und Waffeln. Und am Abend mit Mama in einem riesigen Hotelbett einschlafen.

Anne griff nach einem Karton und versuchte, eine Seite der Pappe zu lösen, ihn zu öffnen, aber es gelang nicht.

Opa kam mit seinem Messer, zerschnitt die schwarzen Bänder und riss die Seite auf. »So«, sagte er. »Nu kannst du auch.«

Sie zog ein Tischbein heraus, danach weitere, bis schließlich vier von ihnen neben ihr auf den Platten lagen. »Und jetzt, Opa?«

Er griff in den Karton. »Dat is aver en sweern Ding.« Er zog langsam und mit zittrigen Armen eine Tischplatte hervor und legte sie vorsichtig, mit der Oberseite nach unten, auf dem Terrassenboden ab. »Dar an de veer Ecken, dar kannste die Beene reinstecken.«

Anne nahm eines der Tischbeine und schob seinen oberen Teil in eine der Eckhalterungen. Opa reichte ihr eine lange Schraube und einen Schraubenschlüssel. Die Schraube steckte sie in das kleine Loch und zog sie nach und nach mit dem Schlüssel fest.

»So is dat richtig, mien Deern. Goot machst du dat.«

Das machte riesigen Spaß, und Anne wollte gerade das zweite Bein in eine Halterung schieben, als Mama und Volker auf die Terrasse kamen und fast im selben Moment Jobst Benrath mit einer Tasche unten auf dem Hof erschien. Mit Jobst hatte Mama neulich abends zusammen im Wohnzimmer auf dem Sofa gesessen und dabei *Drei Damen vom Grill* im Fernsehen angeschaut. Jobst war voll nett. Er hatte nicht so eine dunkle Stimme wie die meisten Männer, und er lächelte immerzu. Anne hatte ihn noch nie ohne ein Lächeln erlebt.

»Moin«, rief er herauf.

»Moin«, rief Opa zurück.

Mama und Volker sagten nichts.

Vielleicht hatte Jobst von der Position aus, auf der er sich befand, Volker oder Mama oder auch beide nicht wahrgenommen. Oder er hatte sie aus dem Augenwinkel nicht richtig erkannt, weshalb er einen Schritt um die Terrassenecke herumtrat, bedacht vielleicht, ein wenig zögerlich, und dann noch einmal nach oben sah, nach oben und nach vorn, und jetzt offenbar Mama ausmachte, Mama und gleich darauf Volker, der dicht neben ihr stand.

»Hallo, Jobst«, grüßte ihn Mama, während Volker stumm blieb.

Jobst stellte seine Tasche auf dem Kies ab, ohne Mama aus den Augen zu lassen. Opa drehte sich um, sah Mama und Volker an, blickte dann zu Jobst, die glänzende Stirn in Falten gelegt, und fragte mit rollendem »R«: »Magst du raufkommen, auf 'n Köm?«

Jobst schien die Frage nicht gehört zu haben, jedenfalls reagierte er nicht. Er sagte nichts, und er bewegte sich auch nicht. Er schaute nur weiterhin Mama an, und dabei wich allmählich das Lächeln aus seinem Gesicht. Es schien, als wollte er dagegen ankämpfen, als wollte er seine Wangenmuskeln zwingen, weiterzulächeln. Sie zuckten, während seine Lippen sich für einen kurzen Moment spreizten, sich gleich darauf aber wieder zusammenzogen, schmaler wurden und in diesem Zustand schließlich verharrten.

»Lass man gut sein, Willi«, sagte er und nahm seine Tasche wieder auf. »Ich will nich störn.«

»Du störst nicht«, rief Mama ihm zu.

Aber Jobst hob die Hand und ging mit schnellen, staksigen Schritten auf die Pappeln zu und dann nach rechts Richtung Ortseingang.

Opa warf Mama und wahrscheinlich auch Volker – das konnte Anne nicht richtig erkennen – einen strengen Blick zu. »Wat war dat denn?«, fragte er.

Mama schüttelte nur mit dem Kopf, stieß einen Seufzer aus und ging ins Haus.

Volker zuckte mit den Achseln. Er zündete sich eine Zigarette an und trat einen Schritt auf Opa zu. »Haben Sie meinen Klarinettenkasten gesehen?«

Opa wischte sich mit seinem Taschentuch über die Stirn. Er stand direkt vor Volker und war genauso groß wie er.

»Ich hatte ihn aufs Klavier gestellt«, sagte Volker. »Aber da ist er nicht mehr.«

»Da stellt man ja auch nix drauf.« Opas Stimme war mit einem Mal ganz dunkel geworden.

»Entschuldigung«, sagte Volker. »Das wusste ich nicht. Tut mir leid.«

»Aver nich weh, wat?« Opa starrte ihn an.

Volker sah hinter sich zur Gaststube, dann wieder zu Opa und wich einen Schritt zur Seite.

Opa begann zu lächeln. Das war sein typisches Opa-Willi-Lächeln, das er machte, wenn er einen »überführt« hatte, so sagte er das immer. Er zog eine Augenbraue dabei hoch, während sich der gegenüberliegende Mundwinkel ein kleines Stück nach außen schob.

»Schon gut«, sagte er, und seine Stimme klang wieder freundlicher. »Die Tröte steht hinter der Theke. Dar hab ich se hingestellt. Danke, dat du Edith en beten helpst. Hast een goot bei mir.«

Volker lachte. Er schien richtig erleichtert zu sein und nickte übertrieben mit seinem Kopf, an dem diese komischen dicken Koteletten klebten. Sie sahen aus wie Fingernagelbürsten, und bei dem Gedanken musste Anne auch lachen.

»Denn lasst uns mal weitermachen«, sagte Opa. »Wollen ja schließlich irgendwann feddich wern.«

Anne nahm das Tischbein wieder auf und steckte es in die Halterung an der Platte. Opa zwinkerte ihr zu.

Vielleicht war es doch gar nicht so blöd, dass Volker mithalf, dann war alles schneller aufgebaut. Aber schöner wäre es gewesen, wenn Jobst anstelle von Volker hiergeblieben wäre und mitgearbeitet hätte. Jobst lächelte immer so lieb. Auch wenn er das eben zum allerersten Mal nicht getan hatte. Aber das hätte sich schon wieder eingestellt, wenn er erst einmal eine Weile hier gewesen wäre, hier bei Mama und Anne und Opa. Dann wäre er ganz schnell wieder fröhlich geworden. Ganz bestimmt.

Volker riss einen der Pappkartons auf, zog ein Tischbein heraus und begann leise zu singen, ohne in Annes oder in Opas Richtung zu schauen. »Ännchen von Tharau ist's, die mir gefällt, sie ist mein Leben, mein Gut und mein Geld ...«

30.

Ein Pakt mit dem lieben Gott

April 2022

Das Arztzimmer erinnerte Margraf an sein erstes Büro. Graue Wände, diffuses Licht, das von der Decke und aus einer klapprigen Schreibtischleuchte fiel, Akten überall, jede Menge Akten, aufgeschlagene und verschlossene und natürlich die obligatorische Technik – Telefon, Laptop, den zu Margrafs Zeiten eine Schreibmaschine ersetzt hatte, und ein Diktiergerät. Er selbst hatte das Büro am 1. Oktober 1980 bezogen, nachdem er Leiter der Mordkommission geworden war. Achtunddreißig Jahre jung war er damals gewesen, und viel älter mochte der Mann in dem weißen Kittel, vor dessen Schreibtisch er gerade saß, auch nicht sein. »Dr. Sebastian Meister« stand auf dem kleinen Schild an seiner linken Brusttasche. Etliche Kugelschreiber steckten darin und die zusammengelegten Schläuche eines Stethoskops.

Margraf wiederholte in Gedanken Dr. Meisters Worte, die noch immer zwischen den Wänden hallten, die hin- und herflogen, mal lauter waren, mal leiser und die noch lange in seinem Gedächtnis bleiben würden. »*Ein paar Stunden, vielleicht ein, maximal zwei Tage.*«

»Es tut mir leid, Herr Margraf. Aber alles, was wir jetzt noch für ihn tun können, ist, ihm die Angst zu nehmen. Er wird keine Schmerzen haben, das verspreche ich Ihnen. Wir kontrollieren die Morphindosis alle halbe Stunde und können sie sehr genau an veränderte Situationen anpassen.«

Es war hundekalt in diesem Arztbüro. Margraf stemmte seine alten Knochen aus dem Sessel und griff nach seinem

Gehstock. Er ging zum Fenster rüber und sah in den Park. Eine riesige Magnolie blühte. Aufrecht und kräftig stand sie da mit ihrem weißrosa schimmernden, saftigen Blätterdach vor einem blauen Himmel. Ein schöner Frühlingstag. Vögel sangen in den Bäumen, Kinder schaukelten auf den Spielplätzen und lachten. Die Leute waren bereits sommerlich gekleidet und begegneten sich fröhlicher, aufgeschlossener als noch vor wenigen Wochen, als trübe Wolken und ständiger Regen die Dinge bestimmt hatten.

Margrafs Knie schmerzten, ein Stechen, das nicht aufgab, ihn zu piesacken. Aber was waren schon lächerliche Knieschmerzen? Mit ihnen konnte man leben, zur Not in einem dieser furchtbaren Rollstühle. Man konnte einen Tag wie diesen genießen, konnte die Augen schließen, sich die Sonne ins Gesicht scheinen lassen und einen Kaffee trinken in einer Eisdiele, deren Kellner die Tische und Stühle nach draußen gestellt hatten. Mit kaputten Knien war das Leben nicht zu Ende. Etwas eingeschränkter vielleicht, das schon, aber noch immer da – mit der Aussicht, dass jeder neue Tag ein paar angenehme, wenn nicht sogar schöne Stunden bringen würde und man sich noch auf eine ganze Reihe von Monaten und Jahren freuen konnte. Das war fast so etwas wie ein kleines Versprechen, wie ein Pakt mit dem lieben Gott.

»Er hat in den letzten zwei Tagen oft nach Ihnen gefragt.« Dr. Meister stellte sich neben Margraf.

»Ich wusste nicht, dass er hier ist. Von Krebs hat er mir nichts erzählt.«

Unter der Magnolie tollte ein Hund mit einem Ball umher, den sein Herrchen immer wieder fortschoss, kaum dass der Hund ihn zurückgebracht und vor den Füßen des Mannes abgelegt hatte.

»Herr Larsen ist schon seit einigen Monaten mein Patient.

Sein Hausarzt hat als Erster den Verdacht geäußert. Er hat ihn gleich zu uns überwiesen. Er war das erste Mal im vergangenen September hier. Eine meiner Kolleginnen hat ihn untersucht, und das Ergebnis war eindeutig.«

Hans, du Doofmann. Warum hast du nichts gesagt? Warum hast du das alles mit dir allein ausgemacht? Ich wär doch da gewesen, Mensch. Ich wär doch für dich da gewesen. Oller Sturkopp.

Die Luft war stickig und kratzte im Hals.

»Könnten Sie das Fenster ein wenig öffnen?«

»Sicher.« Dr. Meister stellte das Fenster auf Kipp. »Möchten Sie sich noch einmal setzen?«

»Nein, vielen Dank«, sagte Margraf. »Ich möchte einen Moment hier stehen.«

Der Mann mit dem Hund hatte sich ins Gras gesetzt. Er streichelte das Fell des Tieres. Margraf konnte nicht erkennen, um was für eine Rasse es sich handelte. Ein Schäferhund vielleicht. Nach Größe und Farbe kam das hin.

»Konnte man denn gar nichts mehr machen«, fragte er.

»Wir hätten operieren können.«

»Hätten?«

»Herr Larsen wollte es nicht.«

»Was?«

»Er wollte es nicht. Er wollte überhaupt keine Behandlung. Keine Chemo, keine Bestrahlung, gar nichts.«

»Und das haben Sie zugelassen?«

»Hm«, machte Dr. Meister. »Die Grenze des Arztes ist der Wille des Patienten. Ich habe viel mit ihm darüber geredet, glauben Sie mir. Aber er war nicht zu überzeugen. ›Ich will nur nicht ersticken‹, hat er gesagt. Und das habe ich ihm versprochen.«

Das war Hans. Wenn er sich etwas in den Kopf gesetzt hatte,

dann konnten ihn tausend Mann nicht davon abbringen. Was hatten sie an Margrafs Elfer rumgeschraubt, Stunden, Tage, gefühlte Wochen, immer getragen von Hans' Gewissheit, dass sie ihn schon bald zum Laufen bekämen. Die kleine Diva war hartnäckig geblieben, der Motor hatte nicht gewollt. Aber das hatte Hans nicht davon abgehalten, am darauffolgenden Wochenende einen neuen Versuch zu unternehmen. Alles, was er tat, tat er mit dieser ihm eigenen unbändigen Kraft der Überzeugung, dass es das Richtige war. Vielleicht klang es pathetisch, aber Hans war einer, der sich selbst nie wichtig genommen hatte, dem es stets um andere Menschen und ihre Anliegen gegangen war – um Margrafs Liebhaberei etwa, den Porsche, oder um die Boxschüler, seine Jungs, die der verrückte Kerl noch mit weit über siebzig trainiert hatte. Und es war ihm um Nina gegangen, seine Tochter. Er liebte sie, auch wenn er es ihr wahrscheinlich erst hatte zeigen können, als sie nicht mehr da war, umgebracht von einem Dreckschwein namens Volker März.

Unter der Magnolie lagen Hund und Herrchen jetzt nebeneinander. Der Mann hatte die Arme hinter seinem Kopf verstränkt und sah in das helle, prächtige Blätterdach über sich. Vielleicht aber hatte er auch die Augen geschlossen, Margraf konnte es nicht erkennen. Der Hund lag ganz dicht neben dem Mann und war mit einem Stock im Maul beschäftigt.

Margraf holte sein Handy aus der Manteltasche und wählte Sabines Nummer. Sie war gleich dran.

»Ich bin's«, sagte er. »Ich bin in der Lungenklinik in der Sieboldstraße. Kannst du kommen? Geht um Hans.«

»Was ist los?«

»Komm einfach. Bitte.« Er legte auf und steckte das Telefon zurück in die Tasche. »Ich möchte zu ihm.« Margraf machte zwei, drei Schritte vom Fenster weg und stützte sich dabei auf seinem Stock ab.

»Es ist die rechte Tür am Ende des Gangs. Kommen Sie, ich bringe Sie zu ihm.« Dr. Meister ging nach vorn zum Zimmereingang und blieb stehen.

Margraf schloss zu ihm auf und ergriff seinen Arm. »Weiß er, dass er stirbt?«

Dr. Meister hatte die Türklinke in der Hand. Er hielt inne. Er sah zu Boden, räusperte sich, ordnete wohl ein paar Gedanken, legte sich Worte zurecht, wiederholte aber nur noch einmal: »Kommen Sie.«

Das Zimmer wirkte nicht wie ein Sterbezimmer. Margraf hatte es sich irgendwie anders vorgestellt, dunkler vielleicht, kälter, doch das war es nicht. Die Sonne schien herein und brach sich zwischen den hölzernen Lamellen der zur Hälfte hochgezogenen Jalousie. Die Wände waren in einem warmen Beige gestrichen. Blumen auf dem Tisch, Blumen auch auf der Fensterbank. An allen Wänden hingen Bilder mit Meeres- und Hafenmotiven, und zwei Stoffsessel standen neben dem Krankenbett, in dem Hans schlief.

»Wenn irgendetwas ist – ich bin nebenan. Wenn Sie Tee möchten oder Kaffee, geben Sie einfach Bescheid.« Dr. Meister trat auf den Flur zurück und schloss die Tür.

Da lag Hans nun. Lag da in einem riesengroßen Bett, eingeschlagen in ein dickes Deckbett, neben sich einen Rollwagen mit einem ausgeklappten Tablett, auf dem ein kleiner Wecker, eine Schnabeltasse und ein Teller mit einem unberührten Stück Kuchen standen. Der Raum maß sicher nicht mehr als zwölf Quadratmeter, und doch kam er Margraf riesig wie eine Turnhalle vor.

Er stellte seinen Gehstock beiseite, schob einen der schweren Sessel dicht an das Bett heran und setzte sich.

Bevor er hierher ins Krankenhaus gekommen war, hatte er

mit Charlotte Markowski telefoniert. Er war sich nicht sicher gewesen, ob sie wusste, in welchem Zustand sich Hans befand. Sie hatte sich bei Margraf bedankt und gesagt, sie habe Hans schon heute früh besucht. Sie habe ihm Blumen auf das Tischchen gestellt und ein Stück Nusskuchen.

Das trocknete jetzt auf einem Teller vor sich hin, Hans hatte offenbar nicht einmal davon probiert. Vielleicht hätte er es gern getan, aus Höflichkeit Charlotte gegenüber, aber dafür besaß er vermutlich nicht mehr die Kraft.

Nirgends befand sich ein Gerät, das piepte und das die Vitalfunktionen des Patienten überwachte. Da blinkten keine Monitore mit Zahlen und Kurven, die kein Mensch verstand. Da war nur ein dünner Metallständer mit einer transparenten Kunststoffflasche, aus der eine Flüssigkeit in einen Schlauch tropfte, der an einer Braunüle in Hans' Handrücken endete. Im Schlauch war eine orangefarbene Kanüle mit einem Rädchen eingearbeitet. Die Tropfen der Flüssigkeit fielen im Sekundentakt hindurch.

Hans atmete kurz und abgehackt. Seine Wangen schimmerten rosig, er schien fast ein Lächeln auf den Lippen zu haben. Die Augenlider zuckten. Vielleicht träumte er. Vielleicht war er gerade in der Boxhalle bei seinen Jungs, gab ihnen Befehle, korrigierte ihre Schläge, lobte einen Punch.

Vorsichtig griff Margraf nach der Hand, in der die Braunüle steckte. Die Hand war warm und knöchrig wie seine eigene, die Haut durchfurcht von blauen, eher schwarzen Adern.

Mensch, Hans, warum hast du mir nichts gesagt? Wir sind doch ein Team. Wir sind doch zusammen angetreten, um diese scheiß Welt zu retten.

Hans regte sich, er bewegte seinen Kopf zu beiden Seiten und drückte mit seinen Fingern Margrafs Hand. Er öffnete die Augen, kniff sie im Sonnenlicht zu, schlug sie aber gleich wieder auf. Er sah zur Decke, sah sich im Raum um und sah dann, von einem schwachen Lächeln begleitet, Margraf ins Gesicht.

»Na, du verrückter Kerl«, sagte Margraf leise. Seine Worte fanden keinen Widerhall. Die Wände des Zimmers waren zusammengerückt, waren zusammengeschoben zu einem winzigen Würfel, in dem sich nur Hans und Margraf befanden, eng verschweißt in einen Kokon.

»Klaus«, sagte Hans schwach. »Die wollen mich hier nicht rauslassen.«

Natürlich wollten sie das nicht. Hans lag im Zimmer am Ende des Gangs. Wer hier lag, der wurde nicht mehr rausgelassen. Jedenfalls nicht lebend.

»Du bist hier prima aufgehoben«, sagte Margraf. Er wollte seinen Freund nicht anlügen. Aber was zählte das? Manchmal war die Lüge die bessere Wahrheit.

»Ich habe so furchtbaren Durst«, sagte Hans.

Margraf nahm die Schnabeltasse und führte sie an Hans' Mund. Sein Kopf zitterte, als er ihn nach vorne bewegte. Die trockenen Lippen suchten, ertasteten unsicher, griffen unsicher nach dem Mundstück und umschlossen es. Er saugte daran, zog daran wie ein Säugling und ließ seinen Kopf zurück in das Kissen fallen. Margraf stellte die Tasse zurück aufs Tablett.

»Was macht unser Mistkerl?« Hans starrte zur Zimmerdecke.

Wolken hatten sich vor die Sonne geschoben, dicke graue Berge. Im Zimmer war es dunkel geworden. Eine Lampe an der Wand spendete Licht, ein zaghaftes, ein fast ängstliches Licht.

Was offenbarte man einem Sterbenden, einem Freund? Die Realität? Kam es darauf an? Oder ließ man ihn in Frieden gehen, wohlweißlich, dass man ihn betrog? Was hätte Margraf sich an Hans' Stelle gewünscht? Was hätte er erwartet von einem Freund? Offenheit, sicher. Und Ehrlichkeit auch. Aber auch Ruhe.

»Das Landgericht Verden hat einen Termin anberaumt für den 9. August.« Margraf ließ Hans' knöcherne Hand nicht los. »Das Verfahren gegen März wird wieder aufgenommen. Die werden ihn verurteilen, Hans, die werden die Sache endlich zu einem Abschluss bringen.«

»Ist er noch in Untersuchungshaft?«, fragte Hans.

»Ja, ist er. Das OLG Celle hat seine Beschwerde gegen den Haftbefehl abgebügelt. Die wollen ihn auch drankriegen. Alle haben die Schnauze voll.«

Margraf spürte, wie Hans' Händedruck fester wurde. Hans schloss die Augen. Er lächelte. »Dann haben wir es geschafft«, sagte er.

»Ja«, sagte Margraf. »Wir haben es geschafft. Du hast es geschafft, Hans. Er wird für den Rest seines Lebens hinter Gitter kommen.«

Draußen begann es zu regnen. Dicke Tropfen fielen an der Fensterscheibe herab, sie klopften an, machten sich bemerkbar, als hätten sie etwas zu sagen, hätten eine Ansage zu machen oder eine Bestätigung zu geben.

Hund und Herrchen waren sicher fort. Margraf konnte von diesem Fenster aus den Parkbereich mit dem Magnolienbaum nicht sehen. Aber die beiden hatten bestimmt einen Unterschlupf gefunden, ein Carport vielleicht oder eine Bushaltestelle. Oder sie waren immer noch unter der Magnolie und würden tanzen und spielen im Regen, in diesem jetzt beständigen Regen.

»Das ist gut«, sagte Hans leise und schloss die Augen. Sein Griff gab nach. Die Finger lösten sich von Margrafs Hand. Hans atmete ruhig und legte den Kopf zur Seite. Er schlief ein.

Margraf fiel in den Sessel zurück und massierte sich den Nacken. Gottverdammt, der Rechtsstaat war manchmal wirklich nur schwer zu ertragen. Da lag der Vater eines ermordeten

Kindes im Sterben, und der Mörder seiner Tochter – ja, er war der Mörder, das stand fest – erhob Beschwerde beim Bundesverfassungsgericht, wehrte sich gegen die Entscheidung des OLG Celle, das die Untersuchungshaft gegen ihn bestätigt hatte. März war der Täter, daran bestand kein Zweifel. Aber er wand sich wie einer seiner scheiß Aale, die er immer gefangen hatte. Er stand nicht zu seiner Schuld, wehrte sich bis heute gegen seine gerechte Strafe. Das war alles nicht einzusehen, es war so unglaublich unfair. Vierzig Jahre hatte der Mann, der da jetzt wie ein Schatten seiner selbst lag, gekämpft. Vierzig Jahre, weit mehr als eine Generation. März hatte nicht nur das Leben eines siebzehnjährigen Mädchens ausgelöscht, er hatte auch das Leben eines Vaters zerstört. Und anstatt zu seiner Schuld zu stehen wie ein Kerl, lebte er seit vier Jahrzehnten fröhlich weiter und lachte sich eins ins Fäustchen über den Rechtsstaat und dessen Formalismen. Kein Wunder, wenn manch einer zur Selbstjustiz griff, wenn er sich Luft verschaffte, weil Vater Staat versagte. Hans war nie so einer gewesen. Hans hatte immer die Regeln beachtet, hatte sich gefügt, hatte ausgeharrt und neu gedacht. Und jetzt? Jetzt lag er da, ausgemergelt vom Kampf um Gerechtigkeit. Da sollte noch einer sagen, die Welt sei gerecht. Ein Scheiß war sie, ein Schlag in die Fresse war sie. In der letzten Runde gehst du zu Boden und weißt nicht einmal, warum.

Die Tür öffnete sich. Sabine. Sie hatte einen Blumenstrauß in der Hand.

Margraf wollte aufstehen, aber sie kam zu ihm und drückte ihn sacht zurück. Sie legte den Strauß auf dem Tisch ab und trat ans Bett. Sie verharrte einen Moment, traute sich wahrscheinlich nicht, Hans anzufassen, ihn zu streicheln. Aber dann beugte sie sich zu ihm hinunter und gab ihm einen Kuss auf die Stirn.

Hans rührte sich nicht. Er lag noch immer da und atmete ruhig.

Sabine setzte sich auf Margrafs Sessellehne. »Ich habe mit dem Arzt gesprochen.« Sie wischte sich mit dem Handrücken ihre Wangen trocken. »Hast du was gewusst?«

»Nein«, antwortete Margraf. »Das hat er mit sich selbst ausgemacht.«

»Und jetzt?«, fragte sie. »Was machen wir denn jetzt?«

»Jetzt sitzen wir hier«, sagte Margraf. »Wir sitzen hier, solange es nötig ist.«

Draußen fiel der Regen in Bindfäden vom Himmel. Ein paar Tropfen schlugen an die Scheibe und liefen stumm hinab.

Sabine erhob sich und legte eine Hand auf Hans' Stirn. »Hast du ihm von März' Verfassungsbeschwerde und dem Eilantrag gegen die Entscheidung aus Celle erzählt?«

Margraf richtete sich ein Stück auf. »Manchmal muss einer nicht alles wissen. Es reicht, wenn er weiß, was gut ist für ihn.«

Sabine drehte sich zu ihm. Sie nickte.

»Komm«, sagte Margraf. »Nimm dir den zweiten Sessel. Wir passen zusammen auf. Wir werden einfach hier sitzen und Wache halten.«

Sabine wischte sich noch einmal über ihre Wangen. Sie ging zum freien Sessel, schob ihn dicht an Margrafs und setzte sich.

Zusammen sahen sie Hans an. Er hatte seinen Kopf zu ihnen gedreht, der im Kissen zu versinken schien. Der kleine Wecker zeigte halb sechs, die Zeiger liefen unbeirrt ihre Runden.

Sabine griff Margrafs Hand. Ihre Finger waren kalt.

Die Heizung knackte. Die Zeit verrann. Margrafs Augenlider wurden schwer, sie fielen zu, er konnte sich nicht dagegen wehren.

Da war Hans, als Margraf ihn zum ersten Mal in der *Ritze* auf dem Boden des Boxrings gesehen hatte, blutüberströmt das Gesicht, geschunden vom Kampf, dem er sich ausgesetzt hatte. Da waren die Wochenenden in Margrafs Garage, Hans im Blaumann, ölverschmierte Hände und eine Flasche Bier, wenn sie auf der Bank gesessen hatten, weil sie an der Diva nicht weitergekommen waren. Da fehlte auch nicht Hans' Blick in Sabines Küche, als sie das erste Mal von der Petition erzählte, dieser ungläubige, zunächst abweisende, schon gleich aber entschlossene Blick. Und da war Hans' Gesichtsausdruck, wenn er von Nina erzählt hatte, wenn er gesagt hatte, er sei bescheuert gewesen, keinen Kontakt zu ihr gehabt zu haben, als sie ein Kind gewesen war. Er hätte sie gern erlebt, hatte er gesagt, hätte miterleben wollen, wie sie bei ihrer Einschulung mit dem schweren Ranzen auf dem Schulhof gestanden hatte, die Tränen des Abschieds von den Eltern unterdrückend und gleich darauf lachend, als sie mit einer Freundin den Klassenraum betrat. Ihre Konfirmation hatte er verpasst, ihr Kleid, ein bestimmt sehr schönes Kleid, und ihre hochgesteckten Haare, aus denen sich womöglich eine Strähne gelöst und vor ihrem Gesicht gehangen hätte.

Hans war ein Guter, er hatte Gerechtigkeit verdient. Und er hatte nicht verdient, hier und jetzt zu sterben. Es war zu früh ... aber es war ja immer zu früh.

Die Zeiger am Wecker liefen voran. Draußen war es jetzt stockfinster. Die Gedanken lösten sich auf. Margraf war müde, er war unendlich müde.

Er nahm abermals Hans' Hand in seine und hielt sie fest, er ließ sie nicht mehr los. Die Hand war noch immer warm und knochig, noch immer so wie seine eigene. Er würde hierbleiben. Die ganze Nacht. Den ganzen nächsten Tag. Und wenn es sein musste – für immer. Ein Pakt mit Hans.

Ein Pakt mit dem lieben Gott.

31.

Nostalgie

November 2022

»Sind Sie jetzt zufrieden?« März zieht die letzte Zigarette aus der Schachtel und zündet sie an.

Anne sieht auf den Laptop. Der Cursor blinkt unten auf der fünfundzwanzigsten Seite. Das Licht des Displays brennt in den Augen. Die Buchstaben verwischen. Es ist kurz nach zwanzig Uhr.

Drei Stunden lang hat er geredet, drei Stunden hat sie zugehört. Für kein einziges Detail war er sich zu schade. Für das ganze Blut nicht, das er damals nicht richtig wahrgenommen haben will. Für Ninas Schreie nicht, die ihn nicht erreicht haben wollen. Und auch nicht für ihren flehenden Blick, den sie vermutlich hatte, als er sich auf sie stürzte und in sie eindrang.

Zweimal hat Anne seinen Kopfverband erneuert, jetzt zeichnet sich schon wieder ein roter Fleck auf seiner Stirn ab.

Das Feuer im Ofen ist aus, nur ein paar Reste der Glut sind noch zu sehen. Es ist kühl geworden im Raum. Obwohl Fenster und Türen geschlossen sind, zieht kalte Luft von irgendwo herein und lässt die Flammen der Petroleumlampen auf dem Tresen flackern. Es hat den Anschein, als würden Geister durch die Gaststube tanzen.

Da sind sie wieder, deine Geister, tanzen dir schon auf der Nase rum und verfolgen dich überall hin. 'ne schöne Meise hast du, Anne Paulsen, aber das ist ja nichts Neues.

Die Kopfschmerzen sind schlimmer geworden und hämmern hinter den Schläfen. Müdigkeit zerrt an Annes Armen und

Beinen, die Gliedmaßen sind wie gelähmt, der ganze Körper scheint eingezwängt, eingewickelt wie in einen riesigen Verband.

Sie schließt den Drucker an. Der Akku ist nicht mehr ganz voll, aber für die fünfundzwanzig Seiten wird er reichen. Sie gibt den Befehl zum Drucken, die Mechanik beginnt zu rattern. Eine Seite nach der anderen schiebt sich aus dem Schacht, die Zeit verstreicht quälend langsam, bis das letzte Blatt fertig ist. Anne tackert alles zusammen, holt einen Kugelschreiber aus ihrem Rucksack und legt beides auf März' Oberschenkeln ab.

Ohne eine Zeile zu lesen, schlägt er die letzte Seite auf, setzt den Stift an und unterschreibt. Anne nimmt die Blätter an sich und verstaut sie in ihrem Rucksack.

Was für ein unendliches Dreckschwein er doch ist. Er wird seine gerechte Strafe bekommen. Mord verjährt nicht. Er wird ins Gefängnis gehen. Für seine zweiundsiebzig Jahre ist er gut beisammen, an Haftverschonung braucht er nicht zu denken. Er wird im Knast schmoren, bis er hundert ist, und das ist ihr Verdienst. Scheiß auf die Regeln. Manchmal muss man nachhelfen. Im Grunde denken alle so, nur es auszusprechen traut sich keiner. Und sie? Anne? Sie hat es getan. Alles andere wäre unerträglich. Ein nachgewiesener Mörder auf freiem Fuß. Was soll daran Gerechtigkeit sein? Lächerlich. So lächerlich wie die Karlsruher Richter mit ihrem Grundsatzgequatsche, mit den Verfassungsprinzipien und all dem Kram. Da macht der Gesetzgeber einmal ein gutes Gesetz, und schon kommt das ach so kluge Verfassungsgericht daher und macht einen Strich durch. Was für ein Schwachsinn. Was soll das mit Gerechtigkeit zu tun haben, wenn ein nachgewiesener Mörder frei bleibt. Nicht zu fassen alles. Da bleibt einem keine andere Wahl, als nachzuhelfen.

»Kann ich jetzt zu einem Arzt?«, fragt er.

»Ich bringe Sie aufs Revier. Wenn die Formalitäten erledigt sind, kommen Sie in Untersuchungshaft. Da gibt's genug Ärzte.«

Anne steht auf. Sie holt einen Müllbeutel aus dem Rucksack und leert den Aschenbecher. Sie schmeißt die benutzten Servietten hinein, das Pappgeschirr, die Gabeln und Messer aus Plastik. Die Kaffeebecher aus Porzellan wirft sie im Kühlraum auf den Haufen aus Bauschutt, sie zerspringen in Scherben.

»Und wie wollen Sie denen meine Verletzung erklären? Unfall im Badezimmer – der Klassiker?«

»Warum nicht? Klingt doch plausibel.« Sie legt Drucker, Laptop, Papier in die Klappkiste, die sie gestern hergebracht hat. Dazu die Wassergläser, die leeren Flaschen und das Glas mit den Würstchen, in dem noch eines vor sich hin dümpelt.

»Sie glauben wirklich, damit durchzukommen. Für eine Polizistin etwas naiv, finden Sie nicht?«

Noch etwas mehr als zwölf Stunden, bis die Bagger anfangen. Gut zwölf Stunden, bis alles, was auf Anne und März hinweisen könnte, verschwunden ist. Wirklich ein perfekter Ort. Manchmal muss man Glück im Leben haben. Oder Bulle sein mit dem Gespür fürs Wesentliche.

»Sie haben Nina umgebracht. Und jetzt haben Sie es zugegeben. Sie gehen für den Rest Ihres Lebens ins Gefängnis. Alles andere ist mir egal.«

»Ein Geständnis kann widerrufen werden. Und außerdem könnte ich Ihren Kollegen erzählen, was hier abgelaufen ist. Dann wäre der ganze Spaß sowieso nicht verwertbar als Beweis. Schon mal darüber nachgedacht? Der ganze Aufwand – alles fürn Arsch. Frau Paulsen, Sie enttäuschen mich. Ich hätte Sie für klüger gehalten.«

Er kennt sich aus im Strafprozessrecht. Das verwundert nicht. Er hat die letzten vierzig Jahre nicht nur damit verbracht, die Regeln kennenzulernen, sondern vor allem ihre Lücken.

Aber er täuscht sich, er hat nicht bis zum Ende gedacht. Klar kann er sein Geständnis widerrufen. Aber das macht es nicht ungeschehen. Das Gericht prüft dessen Glaubhaftigkeit genauso wie die des Widerrufs. März' Aussage wird Annes Aussage gegenüberstehen, der Aussage einer bis zum heutigen Tag tadellosen Polizeibeamtin. Er hat darum gebeten, dass Anne ihn zu Hause aufsucht. Sein Anruf von heute früh ist auf der Mailbox ihres Dienstanschlusses. Und die Räumlichkeiten hier, der *Wartesaal?* Das ist morgen alles Geschichte. Abgerissen und entsorgt. Keine Spur mehr von ihm oder ihr. Soll er widerrufen und sein Märchen von der Geiselnahme und der Erpressung seiner Aussage erzählen. Das wird ihm niemand glauben. Niemand. Auch ein Richter nicht.

»Sie langweilen mich«, sagt sie. »Tun Sie, was Sie nicht lassen können. Aber glauben Sie mir, Sie fahren ein, und zwar richtig, Sie dummes Dreckschwein.«

Er drückt die letzte Kippe auf dem Tisch aus. »Ui, Frau Kommissarin, warum so aggressiv? Ich habe Ihnen nichts getan. Im Gegenteil. Ich habe alles gemacht, was Sie wollten. Ich finde, ich habe etwas mehr Höflichkeit verdient.«

Höflichkeit, dass sie nicht lacht. 'ne Kugel im Kopf – das wär's, was er verdient hätte. Anne nimmt den Zigarettenstummel vom Tisch und wirft ihn in den Müllbeutel.

»Wir brechen auf«, sagt sie.

»Oh, wie schade. Ich hatte mich gerade an diesen wundervollen Ort gewöhnt. Aber dann verraten Sie mir noch eines. Warum hier? Warum haben Sie mich ausgerechnet hierhergeschleppt?«

Ja, das interessiert ihn. Warum dieses verfallene Gemäuer? Warum der *Wartesaal* – diese Kneipe von damals? Er hat wirklich keine Ahnung. Erinnert sich tatsächlich an nichts.

»Nostalgie«, sagt sie.

»Nostalgie? Was soll das heißen?«

Denk nach, Schwachkopf. Fang an, eins und eins zusammenzuzählen. Oder lass es. Mir egal.
Er sieht neben sich auf das Klavier, dann zum Tresen und zu den flackernden Leuchten. »Gibt's noch Zigaretten?«

»Sie haben genug geraucht.« Anne gießt das restliche Wasser aus dem Kanister in den Ausguss und stellt den Behälter in die Klappbox zu Drucker und Laptop.

»Kommen Sie schon«, sagt er. »Sie sind nicht nur Polizistin, Frau Paulsen. Warum sitzen wir hier? Doch nicht, weil ich früher den Automaten hier mit Schachteln befüllt habe.«

Anne hält in ihren Bewegungen inne. Sie stützt sich mit den Händen auf dem brüchigen Tresen ab.

Der Abend damals. Anne liegt in ihrem Bett. Von unten aus der Gaststube die Stimmen, das Lachen. Und irgendwann ist es still, vollkommen still. Sie geht hinunter, sie weiß auch nicht, warum sie es tut. Vielleicht folgt sie einem Instinkt, und dieser Instinkt trügt sie nicht.

Es gibt nicht viel, was einem in Erinnerung bleibt, wenn man sieben Jahre alt ist und mehr als vierzig Jahre später daran denkt. Doch manches vergeht nicht. Es bleibt in einem, es begleitet einen das ganze Leben lang und taucht in Gedanken und Träumen immer wieder auf. Die Bilder verblassen nicht, und die Geräusche, die da waren, vergehen nicht. Sie sind laut und schrill und rauben einem nachts den Schlaf. Und dann ist da etwas, das präsent ist, als könnte man es anfassen. Es leuchtet, es strahlt, es schnürt einem die Kehle zu, wenn man es Jahre später erneut sieht. Es kann ein Blick sein, ein Blick aus Eisaugen. Oder eine Goldkette, die damals an einem braungebrannten, schweißglänzenden Nacken klebte und blitzte, als führe sie ein Eigenleben.

Anne geht zu ihm, beugt sich hinab an sein Ohr und stimmt an: »Ännchen von Tharau ...«

Sie hievt ihn aus dem Sessel. Seine Kniegelenke knacken wie heute früh, als er sich gesetzt hat. Seine Augen sind zusammengekniffen, sie starren Anne an. Sie haben mit einem Mal ihren Glanz verloren, diese Eisaugen.

»Na?«, sagt sie. »Was ist? Erkennen Sie das Lied wieder?«

Sein Blick bewegt sich nicht von ihr weg. Sacht beginnt er mit dem Kopf zu schütteln, und ganz leise, mit schwacher, fast kratziger Stimme fragt er: »Anne?«

32.

Mal sehen, ob er auch fliegen kann

November 1979

Irgendetwas hatte Anne geweckt. In ihrem Zimmer war es dunkel, nur der schwache Schein der Straßenlaternen, der sich im kahlen Geäst der Pappeln brach, fiel durch die Fensterscheiben. Sie tastete nach dem Schalter am Stromkabel neben ihrem Bett und knipste die Nachttischlampe an. Das Licht stach ihr in die Augen, Anne musste blinzeln.

Von unten war ein dumpfer Schlag zu hören, ein Aufprall vielleicht, sonst nichts. Keine Stimmen mehr wie vorhin, kein Lachen, auch keine Musik.

Sie sah zum Wecker auf dem Wandbord. Es war halb drei Uhr nachts. Anne nahm ihre Puppe Emma vom Kopfkissen und stand auf. Sie fror, es war eisig im Zimmer. Mutter drehte beim Zubettgehen immer die Heizung herunter.

Anne zog sich ihren Bademantel über, öffnete vorsichtig die Tür und ging hinaus in den Flur. Im Wohnzimmer brannte Licht, aber es saß niemand da. Sie drückte Emma fest an ihre Brust.

Ganz leise drückte sie die Klinke der Schlafzimmertür herunter und schob ihren Kopf durch den Spalt. Mamas Bett war unberührt. Der Raum roch nach Waschmittel. Mama hatte ihr Deckbett und das Kissen neu bezogen. Das wollte sie morgen auch mit Annes Bettbezug machen.

Sie schloss sacht die Tür und öffnete die nächste, hinter der sich die Treppe nach unten befand. An deren Ende, zwischen Eingang und Gaststube, leuchtete der Zigarettenautomat. Neben dem Geldschlitz blinkte ein kleines rotes Lämpchen.

Vielleicht war es dieses Lämpchen mit seinem auffordernden Blinken, das Anne einen Schritt nach vorne gehen ließ, das sie langsam, aber beständig die Treppe hinunterzog, Stufe für Stufe, um dann – vorsichtig und mit Bedacht – der angelehnten Tür zur Gaststube einen sanften Stoß zu geben, sodass sie sich lautlos ein paar Zentimeter öffnete. Durch den Spalt konnte Anne nur einen Teil des Raums sehen, und ihr Blick fiel auf den Bereich rechts, dorthin, wo die Theke stand.

Sie erkannte es nicht gleich, obwohl ein paar Kerzen auf dem Tresen flackernde Licht spendeten. Sie erkannte nicht – oder vielleicht wollte sie es auch nicht erkennen –, dass Mamas Beine dort auf dem Boden zappelten. Dass sie sich offensichtlich gegen die anderen zwei Beine wehrten, die über ihnen waren. Mama gab ein dumpfes Stöhnen von sich, so, als würde ihr der Mund zugehalten. Anne konnte den oberen Teil von Mamas Körper, der hinter der Theke lag, nicht sehen, aber sie traute sich nicht, die Tür weiter zu öffnen und in die Gaststube hineinzugehen. Irgendetwas hinderte sie daran, irgendetwas hielt ihre Füße fest an Ort und Stelle, als wären sie auf dem Boden festgeklebt worden. Anne konnte mit einem Mal auch ihre Arme nicht mehr bewegen, ihren Kopf, die Hände, gar nichts. Sie spürte, wie ihr Herz in der Brust raste und sie ganz schnell atmen musste, immer schneller, immer kürzer. Sie presste Emma noch fester an sich.

Da lag ein Mann auf Mama, Anne konnte aber nur den unteren Teil der beiden Körper sehen, bis zur Mitte der Rücken. Mama war in Gefahr. Anne musste ihr helfen. Doch dafür musste sie vorwärtsgehen. Einige wenige Schritte hätten genügt, aber ihre Beine waren wie Beton.

»Kannst mir ruhig auch mal einen Gefallen tun«, hörte Anne den Mann keuchend sagen, und sie erkannte seine Stimme sofort. Sie sah die Wasseraugen vor sich, sah die buschigen Koteletten und die Goldkette um seinen Hals.

Anne wollte schreien. Sie musste nur schreien, die Augen schließen und sich ganz doll schütteln, dann wäre alles vorbei.

Sie holte Luft, atmetet abgehakt ein und aus. Und dann hörte sie, wie Mama wimmernd ein paar Worte hervorbrachte. »Nicht, Volker. Bitte nicht.«

Anne schrie. Sie schrie, so laut sie konnte. Ihre Brust schmerzte dabei, ihre Kehle auch, aber sie schrie weiter, rang nach Luft und schrie. Emma fiel zu Boden.

Volker sprang auf, hielt seine Hose mit beiden Händen fest und stolperte zur Tür. Er riss sie weit auf, starrte Anne aus riesigen Augen an. »Hör auf!«, schrie er zurück, und Anne hörte auf.

Er atmete hastig, sein Gesicht war feuerrot. Er schnürte den Gürtel seiner Hose zu und griff seine Jacke, die auf dem Tresen lag.

Mama stand auf, aus ihrer Nase rann ein Tropfen Blut. Ihre Augen waren feucht. Sie zog ihren Rock hoch.

»Verpiss dich!«, sagte sie zu Volker. »Lass dich nie wieder hier blicken.«

Er verzog seinen Mund zu einem umgedrehten »U« und spuckte auf den Boden. »Fotze«, sagte er und ging.

Anne sprang auf Mama zu und umarmte sie. Mama beugte sich zu ihr hinab und küsste ihr Haar. Anne roch das süße Parfüm von Volker an Mamas Bluse.

Mama löste die Umarmung. Ihr Kinn zitterte. Mama sollte nicht weinen. Anne wollte sie noch einmal drücken, aber Mama schob sie sacht zurück, hob Emma von Boden auf, gab sie Anne in die Hand und sagte: »Komm mal mit.«

Sie trat hinaus in den Flur. Der Zigarettenautomat leuchtete und blinkte. Mama bückte sich und zog den Stromstecker aus der Wand. Das Licht im Automaten erlosch.

»Mach mal die Tür auf«, sagte sie.

Anne drückte die Eingangstür auf, ging ein Stück hinaus und hielt sie geöffnet.

Es regnete. Es war dunkel. Anne fror.

Mama schob den Automaten über die Schwelle nach draußen auf das Podest und richtete ihn mit der schmalen Seite zur Treppe aus. »Mal sehen, ob er auch fliegen kann«, sagte sie und gab dem Automaten einen kräftigen Schubs. Er polterte die sechs Stufen hinab. Es klirrte und schepperte, Glas zersprang, Bolzen schienen sich zu lösen, Federn aus ihrer Halterung zu springen. Aus den kleinen Puppenhausfahrstühlen fielen die bunten Zigarettenschachteln auf die Treppe und in den Kies.

Unten blieb der Automat – oder besser gesagt, der zerbeulte Blechkasten mit kaputten Scheiben – auf den nassen Gehwegplatten liegen.

Mama ließ ihren Blick nicht von ihm ab, auch nicht, als sie Anne zu sich zog und wieder fest an sich drückte.

Der Regen fiel auf Annes Kopf, ihre Haare wurden nass, und auch Emma wurde nass. Aber das machte nichts.

Es war nämlich überhaupt nicht mehr kalt.

33.

Die Zigarrenkiste

November 2022

Wenn Wallat einmal alt ist, möchte er auch so leben. Drei Generationen unter einem Dach. Er steht vor einem Bauernhaus mit großem Grundstück, das ein paar Kilometer außerhalb von Celle liegt und das von Pferdekoppeln umgeben ist. Ein Teich im Garten, Obstbäume, eine große Wiese, auf der ein Klettergerüst und eine Schaukel stehen. Jeder hilft jedem. Die Alten helfen den Jungen bei den Schularbeiten, die Jungen den Alten beim Kochen und Einkaufen. Es ist der vielbeschriebene, gelebte Generationenvertrag. Sein einstiger Chef hat ihn schon vor Jahren unterschrieben. Dabei hat Klaus so gut wie nie über seine Familie gesprochen, als er noch im Dienst war. »Dienst ist Dienst, und Schnaps ist Schnaps«, pflegte er zu sagen, wenn man ihn darauf ansprach.

Wallat klingelt an der Haustür. Es ist kurz nach einundzwanzig Uhr. Er hat sich vorhin per Telefon angekündigt. Die Frau war nett, sie sagte, sie sei Klaus' Tochter Steffi und er – Wallat – könne kommen, wann er wolle, nur nicht zu spät am Abend, ihr Vater gehe früh zu Bett.

Zu Wallats Überraschung öffnet niemand, aber im Haus brennt Licht. Er klingelt noch mal, doch es kommt keiner an die Tür. Vorsichtig drückt er die Klinke runter. Die Tür ist nicht verschlossen, er schiebt sie auf.

»Hallo?«, ruft er nicht zu laut, aber es hallt in der gekachelten Diele. Wahrscheinlich schlafen doch schon alle und haben nur vergessen, die Tür zu verschließen und das Licht auszuschalten.

Er tritt in den Flur, die Tür fällt ins Schloss. An den cremefarbenen Wänden hängen Kinderzeichnungen, Motive mit krakeligen Häusern, einer leuchtenden Sonne und bunten Blumen.

Auf der linken Seite steht ein Biedermeierschrank, der Thermoskannen und Tassen und grüne Mineralwasserflaschen mit Gläsern bereithält. Die Tür gegenüber ist einen Spalt geöffnet, im Raum dahinter sind Stimmen zu hören.

Wallat klopft und schiebt die Tür auf. Zwei junge Frauen und zwei Jungs sitzen an einem Küchentisch. Die Kinder mögen elf oder zwölf Jahre alt sein und sind offenbar mit Hausaufgaben beschäftigt.

»Entschuldigung«, sagt er. »Mein Name ist Wallat, Kripo Lüneburg. Ich möchte zu Herrn Margraf.«

Die Jungs sehen ihn mit großen Augen an, und einer fragt: »Echt? Kripo? Wie Opa früher?«

Wallat muss schmunzeln. So hat er als Kind auch reagiert, wenn er einen richtigen Polizisten zu Gesicht bekam, nicht nur einen aus dem Fernsehen.

Eine der Frauen steht auf. »Hi, ich bin Steffi, Klaus' Tochter. Jetzt lernen wir uns endlich mal persönlich kennen.« Sie gibt ihm die Hand.

»Ja, freut mich.«

»Mein Vater ist in seinem Zimmer. Er kann es kaum erwarten, Sie zu sehen.«

»Wie geht's ihm denn?«

Sie bewegt ihre rechte Hand, als wollte sie eine Glühbirne eindrehen. »Na ja, so einigermaßen. Aber besser als befürchtet. Er gibt halt nicht so schnell auf. Kommen Sie, ich bringe Sie zu ihm.«

»Hast du auch eine echte Pistole?«, fragt einer der Jungs.

»Jonas«, sagt die andere Frau am Tisch. »So was fragt man nicht.«

»Schon okay«, sagt Wallat. »Pass gut in der Schule auf. Dann kannst du auch Polizist werden.«

Die Jungs sehen sich an und kichern.

Steffi geht voraus durch den Flur. Sie trägt weiße Sneaker, die Sohlen quietschen auf dem Boden. »Wenn Sie Kaffee möchten oder sonst irgendwas, geben Sie einfach Bescheid.« Sie öffnet eine Zimmertür, die Scharniere knarzen. »Besuch für dich«, ruft sie in den Raum.

Eine grau getigerte Katze liegt zusammengerollt auf dem Sofa links an der Wand. Im Hintergrund läuft ein Fernseher ohne Ton. Eine Teekanne steht mit einem brennenden Stövchen auf einem kleinen Wohnzimmertisch.

Wallat hat Klaus länger nicht gesehen, das letzte Mal vor anderthalb Jahren. Es muss im Mai oder Juni 2021 gewesen sein. Sein Schlaganfall liegt erst ein paar Wochen zurück. Erstaunlich, dass er überhaupt schon wieder einigermaßen fit ist.

Die Luft im Zimmer ist verbraucht und warm. Klaus sitzt in einem Sessel und sieht hinaus in den Garten, in dem nur noch ein paar Wegleuchten gelbes Licht in die Dunkelheit schicken. Das Bild eines alten Porsches hängt an einer Wand.

»Er hat bestimmt seine Hörgeräte nicht drin«, sagt Steffi. »Liegen wahrscheinlich wieder in der Nachttischschublade.«

Sie geht zu ihm und tippt ihm an die Schulter. »Paps? Schau mal, wer hier ist.«

Sein Oberkörper zuckt. Er greift an die Armlehnen des Sessels und dreht sich zur Raummitte. »Nick, wie schön. Da bist du ja. Komm näher, bitte. Setz dich. Setz dich hier neben mich. Magst du einen Tee? Oder besser ein Bier? Es ist alles da.« Er lächelt seiner Tochter zu.

»Danke«, sagt Wallat. »Ich brauche nichts. Schön, dich zu sehen, Klaus.«

»Wo sind deine *Earlies*?«, fragt Steffi ihn und zeigt an ihr Ohr.

»Wie bitte?«, fragt er.

Sie öffnet die Nachttischschublade, holt zwei Hörgeräte heraus und befestigt sie vorsichtig an seinen Ohren. »So besser?«

»Oh, ja, danke. Die ollen Dinger vergesse ich andauernd.«

»Dann lass ich euch mal allein«, sagt sie und geht.

Klaus ist alt geworden. Schütteres Haar auf dem Kopf, das Gesicht nur noch Haut und Knochen, bei dem die Augen eingefallen wirken und die Wangenknochen zu sehr hervorstechen. Er trägt seinen Schnauzbart nicht mehr, sein einstiges Markenzeichen. Insgeheim haben sie in der Abteilung oft über ihn geschmunzelt, die linke Seite war immer etwas länger als die rechte. Das sah unbeholfen aus. Dennoch genoss Klaus als Leiter der Mordkommission bis zu seiner Pensionierung hohes Ansehen. Wallat hat eine Menge von ihm gelernt. Besonnenheit im Vorgehen zum Beispiel. Oder die Pflicht, das Gesetz ernst zu nehmen.

Der Rechtsstaat ist die Geißel des Rechtsstaats. Der Täter ist uns immer voraus. Dennoch haben wir uns an die Vorschriften zu halten.

Wallat hat die Worte verinnerlicht, sie sind zu seinem Kompass geworden, zu den Koordinaten seines Wertesystems. Schwer zu glauben, dass der Mann, der jetzt vor ihm sitzt, der verletzlich wie ein Kind und hilfsbedürftig ist, diese Koordinaten einst aufgestellt hat.

»Wie schön, dass du mich besuchen kommst. Das freut mich wirklich sehr.«

Seine Aussprache ist etwas zittrig, aber klar. Wallat hat bei einem Schlaganfall mit Schlimmerem gerechnet, mit viel Schlimmerem. Aber es soll nur ein leichter Anfall gewesen sein, und der Rettungswagen war schnell zur Stelle. Das nennt man wohl Glück im Unglück.

»Gut siehst du aus, Klaus. Wir haben uns große Sorgen gemacht in der Abteilung, als wir von deinem Schlaganfall gehört haben. Ich soll dich von allen grüßen.«

In Wahrheit interessiert sich bis auf Anne keiner mehr für den ehemaligen Chef. Als Wallat vorhin ein paar Kollegen erzählte, er wolle ihn besuchen, haben sie nur den Kopf geschüttelt. Denn es stimmt leider: Klaus ist nicht nur beliebt gewesen. Insbesondere seine Verbissenheit im Fall März grenzte für manche in der Abteilung an Unprofessionalität. Darunter litt seine Autorität, und als er pensioniert und Wallat sein Nachfolger wurde, haben die meisten drei Kreuze gemacht. Nur Anne nicht. Sie hatte bei seinem Abschied Tränen in den Augen.

»Ich bin noch nicht wieder so gut auf den Beinen. Aber das wird schon.«

Es ist sicher unhöflich, wenn Wallat ein Fenster öffnet. Aber die Luft hier drin ist derart trocken, dass sie im Hals kratzt.

»Soll ich etwas frische Luft hereinlassen?«, fragt er.

Klaus nickt. »Nur zu. Mach die Terrassentür einen Augenblick auf. Sauerstoff ist gut.« Er greift unter einen kleinen Beistellwagen, der direkt neben ihm steht, und holt eine Flasche Whiskey sowie zwei Gläser hervor. »Den hat mir meine Tochter verboten. Aber ein kleiner Schluck schadet nicht.« Er gießt die beiden Gläser zu einem Drittel voll.

Wallat öffnet die Tür nur einen Spalt. Auf der Terrasse steht eine Hollywoodschaukel mit einem massiven Holztisch davor. Die Luft riecht nach Schnee.

Mit einem Lächeln nimmt Wallat sein Glas in die Hand, stößt mit Klaus an und setzt sich auf das Sofa. Der Whiskey brennt, aber er tut gut im Hals.

Beide sehen in ihr Glas. Es entsteht die Art von Stille, die nicht entstehen soll, wenn man zu Besuch ist. Wo nicht gesprochen wird, gibt es keine Themen, über die es sich zu reden lohnt, und genau diese Erkenntnis ist es, die Unwohlsein hervorruft. Wallat greift zur Seite und streichelt die Katze. Sie hebt kurz den Kopf, beschnüffelt Wallats Hand und lässt es mit sich geschehen.

Im Fernsehen läuft irgendeine Ratesendung. Klaus stellt sein Glas beiseite und legt seine Hände in den Schoß. Er lächelt nicht mehr. Sein Gesichtsausdruck hat sich verändert. Lag eben noch ein Ausdruck von Hilfsbedürftigkeit in seinem Blick, ist er jetzt fragend und klar. So konnte er damals schon gucken – wie ein Lehrer, vor dem man mit der Überzeugung steht, nichts ausgefressen zu haben, und dennoch ein schlechtes Gewissen hat.

»Weißt du, mein lieber Nick, ich bin zwar alt und hatte einen kleinen Aussetzer, aber meine Rübe funktioniert noch ganz gut. Ich nehme an, du bist nicht nur aus Nächstenliebe hier.«

Wallat lässt von der Katze ab und kippt seinen restlichen Whiskey in einem Zug. Er kann Klaus nichts vormachen. Also sollte er es lassen.

»Es geht um Anne.«

»Anne? Was ist mit ihr?« Klaus nimmt die Fernbedienung und stellt den Fernseher aus.

»Ich erreiche sie nicht, ihr Telefon ist tot. Seit heute früh. Ich weiß nicht, wo ich noch suchen soll. März hat eine Nachricht auf ihrer Mailbox im Präsidium hinterlassen. Er will mit ihr reden, hat er gesagt – und dass sie zu ihm nach Hause kommen soll.«

Klaus schiebt seinen Oberkörper empor und setzt sich aufrecht. Er zwirbelt an seinem Schnauzer, der nicht mehr da ist.

»Ich nehme an, du hast die beiden nicht bei ihm zu Hause angetroffen.«

»Ich war mehrmals da. Es hat niemand aufgemacht. Und nirgends brannte Licht. Eine Nachbarin sagte, er sei heute früh ganz normal zum Dienst gefahren, zu seiner Wohnungsgenossenschaft. Aber da hat ihn heute keiner gesehen. Ich fürchte ... Ich fürchte, Anne hat sich mit ihm getroffen. Wo auch immer. Und ich weiß nicht, ob ich das gut finden soll.«

Die Tür öffnet sich. Steffi steckt ihren Kopf ins Zimmer. »Alles gut bei euch?«

Klaus lässt sein Glas zwischen den Beinen verschwinden und dreht sich zu ihr. »Danke, meine Liebe. Uns geht es hervorragend.«

»Schön«, sagt sie. Ein spöttisches Grinsen huscht über ihr Gesicht. »Und nicht zu viel Whiskey – denk an deine Gesundheit.« Sie beugt sich nach hinten und zieht die Tür ins Schloss.

Klaus rollt mit den Augen. »Sie sieht alles.«

Wallat lacht. »Sei froh, dass es so ist.«

»O ja, das bin ich.« Klaus reibt sich die Nasenwurzel. »Kennst du Annes Geschichte?«

»Geschichte? Wie meinst du das?«

Klaus stellt sein Glas zur Seite und verschränkt die Arme vor der Brust. »März ... März hat ihre Mutter vergewaltigt – zwei Jahre, bevor die Sache mit Nina Markowski passiert ist. Anne war noch ein Kind. Als es geschah, ist sie hinzugekommen und hat März erkannt.«

»Was? Und wieso ist das bei den Gerichtsverhandlungen nie zur Sprache gekommen?«

»Die Sache ist nicht aktenkundig. Es ist nie zu einer Anklageerhebung gekommen.«

»Warum nicht?«

»Na, dreimal darfst du raten. Annes Mutter hat sich Rat bei einer Anwältin geholt, und die hat erklärt, dass in einem solchen Fall Aussage gegen Aussage steht und im Zweifel für den Angeklagten entschieden wird. Und die Mutter wollte Anne da nicht reinziehen. Ein Grundschulkind als Zeuge in einem Vergewaltigungsprozess – so was ist nie gut.«

Das also ist es. Deshalb Annes Verbissenheit die ganze Zeit, wenn es um März ging. Deshalb ihr Eifer, ihre Besessenheit geradezu. Gottverdammt. Warum hat sie nicht ein einziges Mal mit ihm darüber geredet und sich stattdessen Klaus anvertraut? Das kann doch alles nicht wahr sein. Sie verrennt sich. Sie verrennt sich immer mehr und immer tiefer. Sie will Rache. Das ist nicht gut. Das ist gar nicht gut.

»Weißt du, wo sie ist?«

Draußen schlägt eine Turmuhr zweimal zur halben Stunde.

»Nein, das weiß ich nicht«, antwortet Klaus.

»Aber du hast eine Ahnung.« Wallat steht auf und schließt die Terrassentür.

»Ihre Mutter hatte eine Kneipe«, sagt Klaus. »Den *Wartesaal*, im Bahnhof in Hambühren. Bis Sommer 1980. Dann ist sie weg, nach Bensersiel. Anne ist dort groß geworden. Mitte der Achtziger wurde der Bahnhof stillgelegt. Die Kneipe wurde nie wieder betrieben.« Klaus richtet sich auf, er verzieht das Gesicht. »Du glaubst, Anne hat März in ihrer Gewalt?«

»Ja«, sagt Wallat. »Deshalb bin ich hier. Du kennst sie besser als ich. Von der Sache mit ihrer Mutter hatte ich keine Ahnung.«

Klaus reibt sich die Augen. Die Haut seiner Finger ist trocken und sieht aus wie weißes Leder. »Wenn du recht hast, Nick, dann würde ich es da versuchen. In dieser ehemaligen Kneipe. Das Gebäude ist seit Jahren baufällig. Die Fenster sind mit Holzjalousien verschlossen. Niemand, der dort vorbeikommt, schöpft Verdacht, dass sich im Inneren jemand aufhält.«

Natürlich! Sie will ein Geständnis von ihm. Das ist der einzige Weg, wie es noch zu einer Verurteilung kommen kann. Aber den Mistkerl zu entführen, ihn zu erpressen – das ist total bescheuert. Das fliegt doch sofort auf. März muss nur einen Ton sagen, und sein Geständnis ist nichts mehr wert.

Gottverdammt, Anne Paulsen. Was hast du dir bloß dabei gedacht?

Klaus schiebt seinen Oberkörper vor, legt die Hände auf die

Armlehnen und versucht, sich nach oben zu drücken, um aufzustehen. »Hilf mir mal«, sagt er. »Bevor ich es vergesse.«

Wallat steht auf, greift ihm unter die Arme und zieht ihn hoch. »Vergessen? Was hast du vor?«

»Zum Schrank. Wenn du mich stützt, geht es. Ich kann schon wieder ein paar Schritte gehen.«

Klaus setzt Fuß um Fuß nach vorn, der Körper zittert und ist wacklig.

»Die Tür«, sagt er, als sie vor dem Kleiderschrank stehen. »Mach sie mal auf.«

Wallat dreht den Schlüssel herum und zieht den Türflügel nach rechts.

Klaus greift in den Schrank und holt eine hölzerne Zigarrenkiste heraus, deren Messinglasche mit einem kleinen Vorhängeschloss versehen ist.

»Was ist das?«, fragt Wallat.

Klaus dreht sich um und geht zurück. Wallat stützt ihn und lässt ihn sacht in den Sessel nieder.

»Danke«, sagt Klaus etwas außer Atem. »Ich habe es immer gehasst, wenn mein Vater diese Dinger geraucht hat. Aber die Kisten waren ganz schön. Man konnte darin Sachen aufbewahren. Sachen, die einem ans Herz gewachsen sind. Anne kennt die Zahlenkombination. Und wenn sie sich nicht mehr erinnert, dann haut sie das bisschen Holz einfach kaputt. Das Schloss ist sowieso nur ein symbolisches Ding.« Er streicht mit seiner knochigen Hand über den Holzdeckel. »Wir haben die Schachtel jedes Mal vergessen, wenn Anne hier war. Dabei sollte sie sie längst bekommen haben. Ich möchte, dass du sie ihr gibst. Würdest du das für mich tun?« Er reicht Wallat das Kistchen.

Es ist aus leichtem Sperrholz gefertigt, das Schwerste daran scheint das kleine vorgehängte Zahlenschloss zu sein, das offenbar nachträglich angebracht wurde.»Don Papa« steht eingebrannt auf dem Holz.

Briefmarken werden vermutlich nicht darin sein. Aber Wallat wird einen Teufel tun, nachzufragen, auch wenn es ihm unter den Nägeln brennt.

»Das mache ich. Aber ... warum gibst du sie Anne nicht selbst?«

Klaus' Blick ruht auf der Kiste in Wallats Schoß. Seine Mundwinkel zucken, ein zaghaftes Lächeln zeichnet sich ab. Es ist der Blick, den einer hat, wenn er nichts aufmerksam anschaut, sondern sich den Bildern in seinem Kopf hingibt. Ein gedankenfliegender Blick. Ein wenig melancholisch vielleicht, ein wenig sehnsüchtig, doch ohne Groll. Vor seinem inneren Auge spielt sich ein bedeutsamer, winziger Ausschnitt des eigenen Lebens ab oder vielleicht das ganze Leben selbst, in einer Art Zeitraffer, und Wallat hat keine Ahnung, wie auch nur ein einziges dieser Bilder in Klaus' Kopf aussieht.

Klaus dreht sich zur Seite und schaut hinaus in den dunklen Garten. Schneeflocken fallen im Licht der Wegleuchten herab, aber die kleinen Eiskristalle bleiben nicht liegen, sondern lösen sich auf. Der Boden in der Nähe des Hauses ist offenbar noch zu warm, als dass sich eine Schneedecke bilden kann.

Wallat rückt ein Stück näher an Klaus heran.»Alles in Ordnung?«

Klaus nickt.»Sie war lange nicht mehr hier. Ich weiß nicht, warum. Sie kommt einfach nicht mehr. Ich glaube, ich habe ihr nichts getan. Und wenn, dann weiß ich nicht, was es gewesen sein soll.« Er dreht sich zu Wallat und sieht ihn an.»Gib ihr das Kästchen. Und sag ihr, dass ich da bin, wenn sie mich braucht.«

Wallat zögert. So nah war er Klaus nie. Aber was soll's. Er legt eine Hand auf seinen Unterarm.

»Danke, Klaus. Danke für alles.«

Klaus zieht seinen Arm weg und legt seine Hand auf Wallats Schulter. »Fang sie ein, unsere Anne. Sie schafft das nicht allein. Du musst ihr helfen. Du musst ihr unbedingt helfen.«

Ja, das muss er wohl, Klaus hat recht. Er hatte oft recht, schon damals – auch wenn Wallat das nicht gern zugibt.

Er steht auf. »Kannst dich auf mich verlassen. Ich geb dir Bescheid, okay?«

Klaus nickt. »Hau ab jetzt. Hast keine Zeit zu verschenken. Such sie. Und bring sie zur Vernunft.« Klaus gibt Wallat zum Abschied die Hand, aber das genügt nicht, das fühlt sich zu förmlich an. Wallat tritt einen Schritt näher und umarmt ihn. »Verlass dich drauf«, sagt er noch einmal, bevor er – die Zigarrenkiste in der Hand – das Zimmer verlässt.

Er geht durch den Flur, vorbei an den Kinderzeichnungen und durch die Tür ins Freie. Auf dem Parkplatz vor dem Gebäude holt er Luft.

Er schüttelt die Kiste. Im Inneren klappert es.

Im Auto wirft er die Kiste auf den Beifahrersitz und fährt los. Bis nach Lüneburg zurück sind es rund neunzig Kilometer. Eine gute Stunde Fahrt, bis Wallat in der Dienststelle ist. Aber vorher muss er noch in Hambühren vorbeischauen, vielleicht ist Anne tatsächlich mit März in dieser verlassenen Bahnhofskneipe.

Er biegt auf die B 214. Die Straße ist glatt, es schneit noch immer. Er muss langsam fahren.

Da, da vorn, auf der rechten Seite, das muss es sein. Kahle Pappeln, ein Parkplatz, das verfallene Gebäude, das von einem Bauzaun umgeben ist. Wallat stoppt. Er steigt aus, nimmt seine Taschenlampe aus dem Kofferraum und betritt das Grundstück.

»*Wartesaal*« steht auf einem Schild über dem Eingang. Der

Putz an der Fassade bröckelt, Holzrollläden hängen vor den Fenstern, an einigen Stellen sind Graffiti-Schmierereien zu sehen.

Er geht ums Haus. Zwei Bagger stehen an der Seite. Die einzelnen Elemente des Bauzauns sind an einer Stelle nicht zusammengeschraubt und auseinandergezogen, sodass ein provisorischer Eingang entstanden ist. Im Schnee zeichnen sich Reifen- und Fußspuren ab, sie scheinen frisch zu sein und führen durch die Öffnung im Zaun zu einer Bodenluke. Wallat folgt ihnen. Die Luke ist nicht verschlossen. Er hebt den Deckel an, eine Treppe führt nach unten in einen Keller. Alles ist stockfinster. Hier ist kein Mensch. Aber vielleicht war hier einer.

Der Lichtkegel der Taschenlampe tänzelt voraus. Da sind noch mehr Fußspuren zu erkennen, in einer dicken Staubschicht am Boden. Sie reichen bis zu einer weiteren Treppe. Wallat geht rauf, langsam, Stufe für Stufe, und gelangt in einen Raum, dessen Decke zur Hälfte eingestürzt ist. Überall liegen Bauschutt und unzählige Scherben und kaputte Weinflaschen herum.

Er beugt sich hinab. Mit der Lampe sieht er sich den Bauschutt genauer an. Holzbalken, Lehm, rote Ziegelsteine, weißer Kalkputz. Und da, das ist doch … Er geht näher heran. Das ist Blut. Getrocknetes Blut. Nicht viel, nur ein paar Spritzer oder Tropfen, aber es besteht kein Zweifel.

Er richtet sich auf und geht weiter. Eine Tür führt in einen Gastraum. Hier ist die Luft wärmer als in den anderen Räumen. Ungewöhnlich warm für eine Bauruine, und es riecht nach Zigarettenqualm. Er stellt die Taschenlampe aufrecht auf den brüchigen Tresen, sodass sie an die Decke strahlt und den Raum ein wenig ausleuchtet. Ein altes Klavier, daneben ein Ledersessel, gegenüber in einer Ecke ein Holzofen.

Wallat legt eine Hand auf die Ofenkacheln. Sie sind warm.

Er öffnet die Ofentür. Die Asche ist auch noch nicht ausgekühlt. Hier war jemand, und das ist noch nicht lange her.

Sein Handy klingelt in der Jackentasche. Eine unterdrückte Nummer, er geht ran.

»Hi«, sagt Anne.

34.

Rotwein macht mir nichts

November 2022

Es ist nach zweiundzwanzig Uhr, Anne kann sich kaum noch auf den Beinen halten. Sie hängt mehr auf ihrem Schreibtischstuhl, als dass sie darauf sitzt. Die Körperspannung ist fort, jede Bewegung schmerzt und strengt an.

Anne hat ihre dicke Daunenjacke anbehalten, ihr ist trotzdem kalt. Der Kopf dröhnt, als stünde er kurz vor dem Zerplatzen. Die Augen brennen und drücken von innen. Sie gehört ins Bett, nicht ins Büro. Aber sie muss das zu Ende bringen, sie hat es fast geschafft.

Das Geständnis ist paginiert und zum Vorgang geheftet. März' Mailbox-Nachricht von heute früh ist gespeichert und verschriftlicht bei der Akte. Und der *Wartesaal* ... ist ab morgen Vergangenheit. Alles läuft nach Plan.

Die Orchidee auf der Fensterbank lässt ihren einzigen Kopf hängen. Anne nimmt den Messbecher, der danebensteht, und gießt Wasser auf die trockene Blumenerde. Nick hat gesagt, die Orchidee sei das Einzige, was hier lebt. Er kann ein echter Idiot sein.

März liegt drüben im Krankenzimmer. Er hat Blut verloren und eine leichte Gehirnerschütterung. »Alles nichts Lebensbedrohliches«, haben die Sanis gesagt, Krankenhaus ist nicht nötig. Er schläft jetzt, ein Kollege bewacht ihn.

Anne wählt die Nummer des diensthabenden Staatsanwalts. Peter Brock hat Schicht. Er ist taff, lässt auch schon mal fünf gerade sein. Er kennt März' Geschichte und hat eine sechzehnjährige Tochter. Er wird keine überflüssigen Fragen stellen und den Ermittlungsrichter mit einem Fingerschnippen zum Erlass des Haftbefehls bewegen. Alles ist in der Spur. Nur Anne nicht. Die kippt gleich vom Stuhl.

»Brock.« Er ist sofort dran.

»Moin, Peter, ich bin's, Anne. Ich brauche einen Haftbefehl. Volker März hat gestanden. Ich hab's schriftlich.«

»Du hast was? Wie das denn?«

»Bei ihm zu Hause. Er hat mich heute Morgen angerufen. Fünfundzwanzig Seiten. Hat ein paar Stunden gedauert. Ich bin komplett erledigt.«

»Das hört man. Wo ist er jetzt.«

»Im Krankenzimmer.«

»Im Krankenzimmer?«

»Er ist im Bad ausgerutscht, hat sich die Stirn am Waschbecken aufgeschlagen. Ich hab's verbunden, ist alles halb so wild.« Die Worte gehen Anne von den Lippen, als sei das Ereignis, das sie schildert, tatsächlich passiert. Erstaunlich, wie leicht ihr das Lügen fällt. Erschreckend geradezu. Anne erkennt sich selbst nicht wieder. Früher war sie anders. Nein, falsch. Sie ist auch heute noch anders. Sie hat auch heute noch keinen Hang zum Lügen. Nur wenn es um März geht, macht sie eine Ausnahme. Bei ihm muss sie sich nicht an die Regeln halten, sie darf es nicht. Hat man ja gesehen, wohin das führt. Dazu, dass ein brutaler Mörder und Vergewaltiger frei herumläuft.

Regeln. Na prima! Wenn es nach denen geht, bleiben alle Mörder, die irrtümlich freigesprochen wurden, auf freiem Fuß. Diese Mistkerle klopfen sich vor Lachen auf die Schenkel, während den Angehörigen der Opfer ein weiteres Mal ein Schlag ins Gesicht verpasst wird. Traurig, aber wahr. Die Justiz hat Täter schon immer wichtiger genommen als ihre Opfer.

»Okay«, sagt Peter. »Pass auf. Ich hab hier eine Eilsache vor mir, die dauert noch einen Moment. Danach komme ich rüber, und wir fahren zusammen mit ihm zum Haftrichter.«

»Wer ist heute dran?«, fragt Anne.

»Bernd Höfer.«

Höfer ist neu, ein Berufsanfänger. Das ist alles, was Anne von ihm weiß. Berufsanfänger neigen zu übermäßiger Gewissenhaftigkeit. Ein alter Hase wäre besser. Kann man sich nicht aussuchen.

»Alles klar. Dann bis nachher.« Sie legt auf.

Ein letztes Mosaiksteinchen. Es fehlt nur noch dieser eine winzige Schritt. Ein letztes Glied.

Aus dem Schrank an der Wand zieht sie den untersten rechten Ordner heraus. Dahinter steht die Flasche Rotwein. »Notfallwein« – so hat Nick ihn mal getauft. Sie zieht den Korken raus, gießt ein Wasserglas voll und trinkt. Alkohol ist in ihrem Zustand keine gute Idee. *Egal. Wat mut, dat mut,* so hat Opa das immer genannt. Anne hat sich den Wein verdient, und außerdem spült er ihren Kopf durch. Das gelingt fast immer, wenn sie Alkohol trinkt. Er nimmt die schlechten Gedanken mit – und die gemeinen Erinnerungen auch.

Die Büros der Kollegen sind dunkel. Nur vorn im Flur ist noch Licht, die Zentrale ist besetzt. Für einen Moment überlegt Anne, ob sie rübergehen und mit Lisa, der Sekretärin, anstoßen soll. Aber nach Feiern ist ihr nicht zumute. Wenn sie morgen ausgeschlafen hat, wird sie nach Benserseil fahren und Mutter besuchen. Anne wird ihr alles erzählen. Oder vielleicht auch nicht ... Das würde nur alte Wunden aufreißen. Aber zu ihr fahren wird sie auf jeden Fall. Und sie wird sie in den Arm nehmen. Oder besser: Sie wird sich von Mutter in den Arm nehmen lassen. Anne wird sich fest an sie drücken und sie nicht mehr loslassen. Wäre Mutter doch jetzt nur hier.

Sie nimmt einen großen Schluck aus dem Glas und schenkt

nach. Zur Not lässt sie nachher ihr Auto stehen und fährt mit dem Taxi. Es wird Zeit, dass sie zu Hause ins Bett kommt.

Zu Hause. Was ist das eigentlich? Der *Wartesaal* war ein Zuhause – und auch die Wohnung darüber. Jetzt, nach der Trennung von Tom vor drei Monaten, wohnt sie allein in einer möblierten Zweizimmerwohnung. Ledersofa, überall Echtparkett, eine teure Küchenzeile. Fünfzig Quadratmeter im zweiten Stock eines Mehrparteienhauses. Fast so wie Volker März. Nur dass er sich in seinen vier Wänden vermutlich wohlfühlt, auch wenn er zwischen Billo-Möbeln haust. Er konnte all die Jahre ruhig schlafen, ist seiner Arbeit nachgegangen, seinem Angelhobby und sonst was. Er hat am Wochenende Fußball geguckt, hat irgendein Auto poliert und wahrscheinlich die Dienste unzähliger Prostituierten in Anspruch genommen. Für ihn hat vierzig Jahre lang die Sonne geschienen, strahlender und wärmer als für alle anderen, weil er sich als Sieger über Recht und Gesetz sehen konnte. Mutter dagegen hat nach der Vergewaltigung nie wieder einen Mann gehabt, vom Kaffeetrinken und Fernsehen mit Jobst Benrath mal abgesehen. Sie war gezeichnet fürs Leben, und damit auch Anne. Bis heute – das gilt für sie beide. Es kommt nicht von ungefähr, dass Anne kein Glück mit Männern hat. Tom hätte die große Liebe sein können, Anne hat es sich gewünscht. Aber dann fällt ihr diese gottverdammte Teetasse aus diesem gottverdammten Service seiner Großmutter auf den Boden. Okay, sie hat sie geworfen. Tom hat nicht mit der flachen Hand zugeschlagen. Er hat die Faust genommen. *Das Schlimme ist, dass du nicht damit rechnest, nicht in deinem ureigenen Schutzraum, in deiner Wohnung, und auch nicht von dem Mann, dem du all dein Vertrauen und deine Liebe geschenkt hast.* Der Schlag kam so unvermittelt, dass Anne nicht ausweichen konnte, trotz ihres ganzen Verteidigungstrainings. Er traf sie mitten ins Gesicht, und auch wenn das Jochbein ein stabiler Knochen ist – einer solchen Wucht hält er nicht stand.

Zu Hause. Das ist Rückzug in einen Raum, der einem Geborgenheit vermittelt. Und die gibt es nur, wo es Gerechtigkeit gibt. Und Genugtuung. Seelenfrieden.

März muss ins Gefängnis. Sonst hat das Leben keinen Sinn. Und wird nie mehr einen haben.

Vorn im Flur schwingt eine Tür auf. Schritte kommen näher. Die Glastür ihres Büros öffnet sich.

»Da bist du ja«, sagt Nick.

Ja, da ist sie. Es ist nichts passiert. Sie hat nur ein paar Bilder gerade gehängt. Und der Wein fließt angenehm durch ihre Adern.

»Hol dir ein Glas und setz dich«, sagt sie. »Wollen wir rauchen?« Sie kann Nick und den Schreibtisch und das ganze Drumherum nicht mehr genau erkennen. Ihr Blick verschwimmt. »Ich habe heute so viel geraucht wie noch nie.«

Nick nimmt ein Glas aus dem Schrank, gießt Rotwein ein und setzt sich auf den Stuhl vor ihrem Tisch.

Sag etwas, Nick! Sag ein nettes Wort. Komm schon.

Draußen vor dem Fenster rieselt der Schnee herab. Dieser scheiß Schnee, diese ätzende Kälte. Ein paar Wochen noch, mehr nicht ... In ein paar Wochen scheint wieder die Sonne. Und dann ist es warm, endlich warm.

»Du siehst furchtbar aus«, sagt er.

Na prima. Genau das, was sie hören will.

Nick, du Feingeist. Fast so sensibel wie Tom. Soll ich bei dir auch eine scheiß Teetasse auf den Boden werfen? Haust du mir dann auch eine in die Fresse?

»Er hat gestanden«, sagt sie. »Er hat jedes beschissene Detail erzählt. Ich musste überhaupt nicht mehr nachfragen. Er hat geredet und geredet.«

Sie nimmt die Flasche und schenkt sich nach.

Nick stellt sein Glas auf ihrem Schreibtisch ab. Er starrt sie an. »Meinst du nicht, es ist genug?«

Hat der eine Ahnung, was sie vertragen kann. Der frisst doch nur noch Grünzeug und kippt Eiweißshakes in sich rein. Einen geilen Körper hat er ja. Aber er ist ein Langweiler. Nein, ist er nicht. Anne ist diejenige, die bescheuert ist. Oder ist er doch ein Langweiler? Egal. Sie hat Lust, mit ihm zu ficken.

Du Blödmann, nimm mich wenigstens in den Arm. Drück mich einmal fest an dich. Die Nacht damals – das war schön mit dir. Aber was ist schon eine einzige Nacht? Oder viele Nächte? Es kommen auch Tage. Und Alltage. Haust du mir dann auch aufs Maul? Was ist deine Ausrede? Auch eine kaputte Teetasse?

»Rotwein macht mir nichts«, sagt sie.

Er steht auf, öffnet ein Fenster und bleibt davor stehen. Kalte Luft zieht herein.

»Er hat also gestanden, ja?«, fragt er. Sein Blick lässt nicht von ihr ab.

Er soll sie nicht so ansehen. Sie hat nichts Verwerfliches getan. Sie hat getan, was getan werden musste. Er hätte an ihrer Stelle genauso gehandelt. Er hat keine Mutter, die von diesem Schwein misshandelt wurde. Und eine Tochter hat er auch nicht. Er weiß gar nichts.

»Peter ist gleich da. Er nimmt März mit. Er beantragt Haftbefehl, und dann ist Ruhe. Ich muss schlafen.«

»Ich denke, Rotwein macht dir nichts.« Er schenkt nach.

Nick Wallat, du Arsch. Du siehst genau, wie beschissen es mir geht. Trotzdem nimmst du mich nicht in den Arm. Verbieg dich bloß nicht. Verpiss dich besser. Ich brauche keinen Aufpasser. Fick dich alleine.

Er setzt sich neben sie auf den Stuhl und nimmt ihre Hand. Seine Hand ist warm, weich. Anne drückt fest zu.

»Anne, was ist passiert? Was hast du gemacht? Sag es mir. Als dein Freund. Sag es mir als dein Freund.«

Sie trinkt. Ihre Zunge ist pelzig und reibt am Gaumen. Noch immer sind diese verdammten Kopfschmerzen da. Sie stechen ihr ins Gehirn, sie stechen die Worte kaputt, die sie sagen will. Wie Luftballons, die mit Pfeilen beworfen werden.

»Ich kann nicht mehr«, sagt sie. »Es geht einfach nicht mehr. Das Schwein hat gestanden – und gut ist. Ich habe alles protokolliert, ist alles bei der Akte.« Ihr fallen die Augen zu. Aber sie sollen ihr nicht zufallen. Rotwein macht ihr nichts. Eine Grippe macht ihr nichts. Und März macht ihr schon gar nichts. Sie ist da, sie ist wach. Aber sie muss ins Bett.

»Anne?«

Was will er denn noch?

»Ich war in eurer alten Kneipe. Im *Wartesaal*. Der Kaminofen war noch warm.«

Quatsch. Was redet er da? Das ist Unfug. Er kennt das alles überhaupt nicht. Er hat keine Ahnung davon.

»Ich habe vorhin mit Klaus geredet.«

Mit Klaus. Aber Klaus hat bestimmt nichts gesagt. Das hat er Anne hoch und heilig versprochen. Er hat Anne geschworen, dass alles bei ihm bleibt. Nur Anne und er kennen ihre Geschichte, niemand sonst. Es ist ihrer beider Geheimnis. Es hat so gutgetan damals, den ganzen Mist einem anderen Menschen anzuvertrauen. Es war wie eine Reinigung von innen. Nick blufft. Er blufft nur.

Lass dich davon jetzt bloß nicht aus der Ruhe bringen, Anne Paulsen. Das packst du auch noch. Nick packst du auch noch.

»Wie geht's ihm denn? Ich war schon viel zu lange nicht mehr bei ihm.«

»Anne ... Ich weiß, was damals passiert ist. Ich weiß, dass März deine Mutter vergewaltigt hat. Klaus hat mir alles erzählt.«

Sie zittert am ganzen Leib. Ihre Stirn und ihren Wangen sind heiß, und noch immer brennen ihre Augen.

Warum, Klaus? Ich fasse es nicht. Warum hast du das gemacht? Du hast es mir versprochen, verdammt noch mal.

Nicks Konturen verwischen, sein Gesicht ist verschwommen. Wasser. Anne braucht Wasser. Eiskaltes Wasser. Sie drückt sich vom Stuhl hoch, ihre Knie geben nach. Sie stützt sich am Schreibtisch ab. Nick springt zu ihr und packt sie bei den Schultern. Sie klammert sich an ihn. Sie umarmt ihn. Und er umarmt sie.

Halt mich fest! Halt mich fest, und lass mich nie wieder los. Nie mehr.

Ihre Tränen laufen auf seine Lederjacke. Er hat wieder dieses herbe Aftershave an sich. Wie in jener Nacht bei ihm in der Wohnung.

Der Weinkrampf wird stärker. Sie kann nichts dagegen tun, sie umschließt Nick fester mit ihren Armen. Er darf sie nicht loslassen. Sonst fängt das Zittern wieder an.

März wäre fast verreckt in dem alten Gebäude. Die herabstürzende Decke hätte ihn ganz anders treffen können. Und dann die Nummer mit dem Nussöl. Gottverdammt, wozu hat sie sich hinreißen lassen? Sie ist Polizistin geworden, weil sie an Recht und Gesetz glaubt. Sie gehört doch zu den Guten.

»Ich habe Scheiße gebaut«, flüstert sie.

Nick streichelt ihr Haar. »Ich fahre dich jetzt erst mal nach Hause. Du schläfst dich aus, und wir reden morgen. Einverstanden?«

Sie löst sich sacht aus der Umarmung, wischt sich über ihre nassen Wangen und sieht ihn an. »Er ist ein solches Dreckschwein ...«

Nick legt seine Hand an ihre Wange. »Wir kriegen das hin«, sagt er. »Gemeinsam.«

Vorn im Flur öffnet sich die Tür. Peter Brock ist da. Er kommt, um März abzuholen.

Nick sieht sie mit ernstem Blick an.

»Wir kriegen das hin«, hat er gesagt. »Gemeinsam.«
Er hat das wirklich gesagt.

35.

Kaninchen aus dem Hut

Mai 2023

Wallat ist nervös. Schon hundertmal hat er als Zeuge bei Gericht ausgesagt, aber noch nie gegen eine Kollegin. Und Anne ist nicht nur eine Kollegin.

Die heutige Verhandlung gegen sie vor dem Amtsgericht Lüneburg musste in einen anderen Raum verlegt werden. Die Kapazitäten der Sitzungssäle und die Masse der Verfahren treiben die Justiz langsam, aber sicher in den Kollaps. Der Vorsitzende, Martin Brandstätter, hat sich offensichtlich mit der Verlegung einverstanden erklärt und den Termin nicht aufgehoben. Jetzt sitzen alle in einem Sozialraum mit Kaffeemaschine, surrendem Kühlschrank und Mikrowelle. An der Längswand tickt eine Uhr wie in einer Küche, und aus dem Spülbecken darunter riecht es säuerlich. Der Wasserhahn tropft. Die Tropfgeräusche geben sich mit dem Ticken der Uhr ein Stelldichein. Die Situation ist bizarr und einer Hauptverhandlung in einer Strafsache nicht würdig.

Die grauen Funktionstische sind zu einem »U« zusammengeschoben. Wallat sitzt am offenen Ende in der Mitte, Brandstätter ihm gegenüber an der Stirnseite. Er blättert in seiner Akte und sucht scheinbar nach irgendetwas. Nebenbei macht er sich Notizen. Er hat verblüffende Ähnlichkeit mit Professor Brinkmann aus der *Schwarzwaldklinik*, dieser Vorabendserie, die Wallat als Teenager gerne gesehen hat. Hohe Stirn mit silbernen Geheimratsecken, wulstige Tränensäcke unter den Augen, Altersflecken auf den Wangen. Nur trägt Brandstätter statt eines weißen Kittels eine schwarze Robe. Man muss vorsichtig bei ihm sein. So gutmütig, wie er auf den ersten Blick scheint, so aufbrausend kann er werden.

Rechts neben Wallat, an einem der Seitentische, wischt Peter Brock mit dem Zeigefinger über das Display seines Handys. Er hat sich nicht darum geschlagen, die Anklage gegen Anne zu vertreten, aber der Geschäftsverteilungsplan hat ihm den Kelch in die Hand gedrückt. Er weiß genau, dass für Anne viel auf dem Spiel steht, doch das zählt nicht. Sein Chef hat gesagt, er solle die Sache ernst nehmen – sehr ernst sogar –, die Presse beobachte das Verfahren mit Argusaugen. Eine Polizistin, die womöglich Geständnisse mit Gewalt erzwingt. Da muss die Weste der Staatsanwaltschaft noch reiner sein als sonst. Für alle steht viel auf dem Spiel.

Es gibt keine Zuschauer. Das Schicksal einer Polizeibeamtin weckt kein besonderes Interesse bei der Bevölkerung. Spannend sind nur Mörder oder Kinderschänder. Je brutaler die Tat, desto voller der Raum. Nichts ist aufregender als das Grauen. Geiselnahme und Nötigung durch eine Hauptkommissarin sind kalter Kaffee.

Nur Klaus ist gekommen, gestützt von seiner Tochter Steffi, und eine junge Frau mit Block und Stift in der Hand, vermutlich die eine Reporterin, vor der Peters Behördenleiter so furchtbare Angst hat, weil sie womöglich die Integrität des Rechtsstaats in Grund und Boden schreiben wird. Immerhin, die Feder ist bekanntlich schärfer als das Schwert, und deshalb hat auch der Polizeipräsident, gleich nachdem die Anklage gegen Anne eingereicht war, eine salbungsvolle Presseerklärung herausgegeben. Tenor: absoluter Einzelfall, an dem außerdem nichts dran ist. Alles Hirngespinste eines zwischen Justitias Mühlen geratenen Mannes. Die Gerichte würden die wahren Hintergründe ans Licht bringen, darauf dürfe sich jeder verlassen und so weiter. Wallat dachte nur: *Wahrscheinlich so, wie im Fall März. Da hat das ja auch wunderbar geklappt mit dem Rechtsstaat und dem Finden der Wahrheit.* Wie sehr Wunsch und Wirklichkeit manchmal auseinanderklaffen.

Brandstätter grummelt vor sich hin und blättert weiter in der Akte.

Links neben Wallat und etwas weiter vorn Richtung Brandstätter sitzt Anne mit ihrer Verteidigerin, deren Namen er vergessen hat. Anne sieht zu ihm, ihre Augen sind leer. Sie ist Polizistin aus Leidenschaft, die Suspendierung setzt ihr zu. Anne hat ihn gefragt, was sie tun soll, wenn sie ihren Job verliert. Er hat darauf keine Antwort gewusst. Er weiß bis heute keine.

Er sieht zum Fenster hinaus, das einen Spalt geöffnet ist. Heute ist Markttag, die Händler aus der Region haben ihre Stände und Wagen aufgebaut. Lachen und Getuschel der Menschen sind zu hören, Babygeschrei, das Singen der Vögel, die sich irgendwo im grünen Blättermeer der Bäume verstecken, und ein Hund, der unentwegt bellt.

Es ist der 4. Mai, die Sonne scheint von einem strahlend blauen Himmel herab. Es könnte ein schöner Tag sein.

Nächste Woche wird Anne einundfünfzig. Wallat war gestern Abend bei ihr. Sie saßen in der winzigen Küche am Tisch, Tee und Mineralwasser vor sich, und Anne sagte, sie wolle weg, nur noch weg. Einmal schütteln, hat sie gesagt, und der böse Traum sei aus. Wie damals, als sie noch ein kleines Mädchen war. Da habe das immer geklappt.

Doch sie ist kein kleines Mädchen mehr. Und ein Traum ist es auch nicht, in dem sie steckt. Es ist die Realität – eine Realität, die man sich nicht ausdenken kann.

Der einzige Trost ist: Auch März hat sich verspekuliert. Er dachte wahrscheinlich, er brauche nur sein Geständnis zu widerrufen, lang und breit von den Geschehnissen in dem abbruchreifen Gebäude zu berichten, und alle würden vor ihm auf die Knie fallen. Stattdessen sitzt er noch immer in Untersuchungshaft. Staatsanwalt und Ermittlungsrichter haben sich von seiner Geschichte bisher nicht überzeugen lassen, und noch bedeuten Annes Aussagen etwas. Sie ist eine exzellente Polizeibeamtin mit tadellosem Führungszeugnis und etlichen Auszeichnungen. Ihre Aktenführung im Fall März ist gewissenhaft und lückenlos. Nun gut – auch etwas gepimpt zum Ende hinaus, aber das weiß keiner. März hat Anne am Telefon zu sich gebeten. Sie ist hingefahren und hat über Stunden seine Ausführungen protokolliert. Sie hat sein Blut am Badewannenrand und auf dem Fußboden entfernt, nachdem er ausgerutscht war und sich die Stirn aufgeschlagen hatte. Niemand hat bislang an der Richtigkeit dieser Einlassungen gezweifelt. März' Version einer Entführung und Erpressung wirkt dagegen ausgedacht und konstruiert. Er ist und bleibt ein Mörder. Ein Mann mit dem Rücken zur Wand. Er würde alles Mögliche erdichten, um seinen Kopf aus der Schlinge zu ziehen. Das wissen auch Richter und Staatsanwälte.

»So, na endlich«, sagt Brandstätter. »Hier habe ich es doch. Ich bitte um Entschuldigung für die kleine Unterbrechung.« Er hustet. »Also, Herr Wallat, Sie sind drei Tage nach der Festnahme des Verdächtigen März vernommen worden. Ihre Aussage habe ich jetzt gefunden. Was ich noch nicht verstanden habe, ist, wie es zu Ihrer Vernehmung gekommen ist. Bitte schildern Sie das noch einmal.«

An der Seite fallen weiter die Tropfen aus dem Wasserhahn ins Spülbecken. Der Sekundenzeiger der Uhr darüber klackt. Von draußen die Vogelstimmen und noch immer der kläffende Köter.

Anne in ihrem Büro, der Notfallwein auf dem Tisch. Ihre Gesichtshaut glüht, ihr Körper zittert. Wallat hält sie fest. Peter Brock kommt irgendwann. Er stellt nicht viele Fragen. Der Haftbefehl gegen März ergeht noch in derselben Nacht.

»Das habe ich doch alles schon dem Staatsanwalt gesagt.« Wallat sieht Peter an.

Auf dem Marktplatz hört der Kläffer nicht auf zu bellen.

»Sicher«, sagt Brandstätter. »Ich möchte es aber noch einmal von Ihnen hören.«

Jetzt schreit eine Frau den Besitzer des Hundes an, was das Tier, ein weißer Terrier, noch aggressiver und lauter bellen lässt.

Peter solle das Verfahren ernst nehmen, hat sein Chef gesagt. Bisher glaubt er Annes Geschichte. Aber es ist unklar, was er wirklich denkt, ob er nicht vielleicht doch Zweifel hegt. Immerhin hat März die von ihm behaupteten Geschehnisse im alten, verfallenen Bahnhof, in dieser Kneipe namens *Wartesaal*, detailliert und widerspruchsfrei geschildert und sich auch bei Nachfragen nicht verhaspelt. Irgendetwas wird also vielleicht dran sein. Aber die Staatsanwaltschaft konnte die Angaben nicht überprüfen, das Gebäude lag längst in Schutt und Asche. Die Aussagen eines mutmaßlichen Mörders stehen den schlüssigen Einlassungen einer bis dato vorbildlichen Polizistin gegenüber. Und Wallat ... Wallat ist das Zünglein an Justitias Waage. Jetzt würde er sich auch gern schütteln, um aus einem Traum aufzuwachen – aus Annes Traum, der auch zu seinem geworden ist.

März gehört hinter Schloss und Riegel, das ist klar. Aber wenn herauskommt, dass Wallat lügt, ist nicht nur Annes Karriere am Ende.

»Also ...«, sagt er. »Die Kollegin Paulsen hat mich angerufen. Ich solle aufs Revier kommen, der Beschuldigte März habe ein Geständnis abgelegt. Ich bin hin, und dann kam auch schon Staatsanwalt Brock. Herr März hat im Krankenzimmer geschlafen. Es wurde Haftbefehl erlassen, und der Beschuldigte wurde in die Untersuchungshaft überstellt. Das ist alles.«

Der Terrier hat aufgehört zu bellen, die Frau ist nicht mehr da. Das Tier zerrt an der Leine, die der Mann festhält.

»Sie kennen die Aussage des Beschuldigten März?« Brandstätter zieht die Stirn kraus und sieht über den oberen Rand seiner Brille hinweg. Er sieht wirklich aus wie Professor Brinkmann.

»Natürlich«, antwortet Wallat.

»Und?«, fragt Brandstätter.

Dieser gottverdammte Wasserhahn gibt keine Ruhe. Erst der Kläffer da draußen, jetzt der Hahn hier drinnen.

»Wie, und?«, fragt Wallat.

»Der Beschuldigte März schildert die Umstände, wie es zu seinem Geständnis gekommen ist, grundlegend anders. Dass er sich das alles ausgedacht hat, ist kaum vorstellbar. Meinen Sie nicht?«

Klaus hustet hinter Wallat und räuspert sich.

Wenn Wallat sich jetzt offenbart, verkehrt sich Unrecht in Recht. Das darf nicht sein. Aber er ist Polizist. Er hat eine Vorbildfunktion. Für ihn ist das Gesetz Pflicht. Wenn er mit dem Gesetz spielt wie mit einem Gummiball, verkommt es zur Farce. Dann ist es nichts mehr wert. Genauso wie er selbst.

Dieser Wasserhahn macht ihn wahnsinnig. Die Tropfen scheinen in immer kürzeren Abständen ins Spülbecken zu fallen. Wallat stellt sich einen Tropfen in Zeitlupe vor, wie er aufschlägt und zerplatzt, wie er plötzlich explodiert und dadurch ein gigantisches Loch entsteht, in das dieses verfluchte Spülbecken, die Küchenzeile, der gottverdammte ganze Raum hineinstürzt und einfach alles vom Erdinneren verschluckt wird.

»Ich weiß nicht recht, worauf Sie hinauswollen, Herr Vorsitzender.«

Die Luft im Raum ist stickig. Der säuerliche Geruch aus der Spüle ist stärker geworden. Wallat bekommt kaum noch Luft, versucht, sich zu beruhigen. Die Situation ist gleich vorbei, dann ist Wallat hier raus und kann durchatmen.

Anne hat ihre Arme vor der Brust verschränkt und starrt mit zusammengepressten Lippen auf die Tischplatte vor sich. Ihre Anwältin sieht Wallat mit einem schwachen Lächeln an. Sie kennt die Wahrheit auch nicht. Anne hat ihr nichts erzählt. Vielleicht ist es dumm, die eigene Anwältin anzulügen, aber sicher ist sicher. Je weniger Leute von der Sache wissen, desto besser.

»Nun«, sagt Brandstätter. »Ich frage mich, wer von den beiden lügt. Der Beschuldigte oder Frau Paulsen. Denn eins steht mal fest: Das Geschehen kann sich nur auf eine Weise abgespielt haben, entweder so oder so. Die beiden Versionen schließen einander aus. Und ich wüsste gern, wie es wirklich war.«

Er weiß natürlich ganz genau, dass etwas nicht stimmt. Aber er weiß auch, dass er ohne handfeste Beweise nicht weiterkommt und Anne freisprechen muss. Es steht noch immer Aussage gegen Aussage, ein Patt. Für eine Verurteilung reicht das nicht. Wenn Wallat jetzt bei seiner Version bleibt, kommt die Nummer mit dem *Wartesaal* vermutlich nie ans Licht. Dann bleibt auch er – Wallat – verschont.

Aber ist er dafür Bulle geworden? Um Beweise zu manipulieren? Um eine Straftat – und sei es die einer vertrauten Kollegin – zu vereiteln? Nein, das ist die rote Linie. Er hat sie nie überschritten, und das fühlt sich gut an. Es fühlt sich richtig an. Verdammt.

Aber was ist schon richtig an dem, was rauskommt, wenn er die Wahrheit sagt? Ein gewissenloser Mörder auf freiem Fuß und eine anständige Polizistin im Knast. Das hat nichts mehr mit Gerechtigkeit zu tun. Und dafür ist Wallat auch Bulle geworden – für Gerechtigkeit.

Wenn der Wasserhahn nicht gleich Ruhe gibt, reißt er ihn

aus der Wand. Pro Sekunde fallen zwei Tropfen in die Spüle, sie platschen geradezu hinein, sie platschen direkt in Wallats Kopf. Was würde wohl passieren, wenn sie dort die riesige Explosion auslösten? Dann würde Wallat verschlungen, würde einfach verschluckt.

»Entschuldigung«, sagt er und springt auf. Er geht zum Hahn und dreht den Einhebelmischer in alle Richtungen, er kippt ihn und verschließt ihn wieder, aber das Tropfen hört nicht auf. Wallat nimmt ein Geschirrtuch, das an der Wand hängt, faltet es zusammen und legt es in die Spüle. Das Tuch fängt das Wasser auf. Ruhe fürs Erste. Er setzt sich zurück an seinen Platz.

»Ich hab den Hahn gar nicht wahrgenommen«, sagt Brandstätter. »Aber bitte, fahren Sie fort.«

Anne sieht Wallat an. Ihr Blick sagt: *Verrat mich nicht. Verrat uns nicht.* Auch alle anderen – die Anwältin, Peter und Brandstätter – starren auf Wallat und warten.

Nina ist tot, März hat sie umgebracht.

Draußen ist der Mann mit dem Terrier nicht mehr zu sehen, nur ein paar Kinder toben herum und lachen. Sie haben ihre Schuhe ausgezogen und laufen durch ein kleines Rinnsal, das aus einem Marktwagen läuft.

»Ich weiß nicht, was ich noch sagen soll, Herr Vorsitzender. Ja, ich kenne die Einlassungen des Beschuldigten März. Und ja, Sie haben völlig recht, seine Version ist eine gänzlich andere als die meiner Kollegin. Aber wenn Sie mich fragen, ob ich ihm oder ihr glaube, dann ist die Antwort eindeutig. Volker März hat ein siebzehnjähriges Mädchen vergewaltigt und auf bestialische Art und Weise ermordet. Das steht seit der DNA-Analyse fest. Dennoch streitet er die Tat bis heute ab. Er lügt. Er lügt seit vierzig Jahren. Er lügt Sie an, mich, er lügt alle an. Warum also sollte ich ihm ausgerechnet jetzt glauben? Und warum sollte ich glauben, dass Frau Paulsen es war, die sich alles nur ausgedacht hat? Sie ist eine hervorragende Polizistin. Sie setzt sich *für* das Recht ein, nicht dagegen, und deshalb besteht für mich nicht der geringste Zweifel, dass der Beschuldigte März einmal mehr versucht, alle an der Nase herumzuführen.«

Anne sieht Wallat noch immer an. Ihr Kinn zittert, aber sie lächelt.

Es ist richtig, was er tut. Es ist die einzige Chance. Schluss jetzt mit diesen blödsinnigen Gewissensbissen. Sie sind mit Blick auf März völlig unangebracht. Er zieht das jetzt durch. Mit Anne zusammen. Punkt.

Brandstätter nickt. Er blättert wieder in der Akte. Ja, er weiß, dass etwas faul ist, und das wurmt ihn, ganz sicher. Strafrichter mögen nicht, wenn man sie anlügt, wenn man ihnen Geschichten auftischt und sie nicht wissen, welche davon stimmt. Dann wird ihnen die Endlichkeit ihrer Möglichkeiten bewusst, und nichts ärgert einen Richter mehr.

Peter kaut auf der Unterlippe. Schon seit Beginn der Verhandlung würdigt er Wallat kaum eines Blickes. Es ist ihm sicher unangenehm, was hier gerade geschieht. Vielleicht ahnt er, dass März' Geschichte stimmt. Aber auch er will ihn und nicht Anne hinter Gittern sehen. Sein Chef hat gesagt, er solle diese Sache akkurat machen. Also macht er sie akkurat. Dienst nach Vorschrift. So gut er kann. Oder so gut er will. Das ist nicht dasselbe. Er fummelt schon wieder an seinem Handy herum.

Brandstätter sieht von seiner Akte auf. »Na schön. Dann wäre ich so weit durch. Gibt es Fragen an den Zeugen?« Er schaut Annes Anwältin und dann Peter an.

Beide schütteln den Kopf.

»Gut«, sagt Brandstätter. »Herr Wallat, sie sind mit Dank als Zeuge entlassen. Sie können hinten noch Platz nehmen oder gehen. Wie Sie mögen.« Er richtet sich abermals an die Anwälte. »Frau Verteidigerin, Herr Staatsanwalt, ich würde dann die Beweisaufnahme schließen, und wir kommen zu Ihren Plädoyers. Einverstanden?«

Annes Anwältin nickt. »Einverstanden.«

Peter sieht Wallat an, er hat die Stirn in Falten gezogen.

»Herr Brock?«, fragt Brandstätter. »Wie steht es mit Ihnen?«

Peters Blick klebt an Wallat. Er rührt sich nicht. Er sitzt da wie eine Figur aus einem Video, das auf »Pause« gestellt worden ist. Bis er seinen Kopf zu Brandstätter dreht. »Die Staatsanwaltschaft ruft noch einen weiteren Zeugen auf.«

»Was?«, sagt Anne und schaut zu Wallat.

Der zuckt mit den Achseln. Er hat keine Ahnung, was Peter gerade macht.

»Was für einen weiteren Zeugen?«, fragt Annes Anwältin. »Davon steht nichts in den Akten. Und angekündigt ist er auch nicht.«

Brandstätter wendet sich an Peter. »Herr Staatsanwalt, was soll das? Sie kennen die Regeln. Kein Kaninchen aus dem Hut.«

Ja, genau, was soll das? Was spielt Peter für ein Spiel?

»Ich bitte um Verständnis, Herr Vorsitzender. Der Zeuge hat sich eben erst bei uns gemeldet. Ich habe eine Nachricht auf meinem Handy bekommen. Ein Kollege ist gleich hier mit ihm.«

»Und darf man fragen, wer der unbekannte Dritte ist?« Annes Anwältin ist lauter geworden.

»Das interessiert mich allerdings auch«, sagt Brandstätter, ebenfalls mit erhobener Stimme.

Wieder sieht Peter Wallat an. Mit der Zunge befeuchtet Peter sich die Lippen und schluckt. Der Kehlkopf geht auf und ab.

»Es handelt sich angeblich um einen Augenzeugen«, sagt Peter. »Sein Name ist ... Benrath. Jobst Benrath. Herr März hat seinen Namen ins Spiel gebracht. Wir mussten der Spur nachgehen. Ich weiß nicht, ob er etwas zur Sache aussagen kann. Aber anhören müssen wir ihn uns.«

Von draußen dringt wieder das Bellen eines Hundes in den Raum, eines größeren Hundes diesmal. Wolken haben sich vor die Sonne geschoben, und das Kinderlachen ist nicht mehr zu hören. Das Rinnsal, in dem die kleinen Füße eben noch geplantscht haben, ist versiegt.

Jobst Benrath. Den Namen hört Wallat zum ersten Mal.

36.

Von guten Mächten

4. November 1981

»Das war wunderbar.« Christina, die Chorleiterin, klatschte in die Hände. »Dann kann unser Auftritt kommen. Und ein paar Proben haben wir bis dahin ja noch. Schönen Abend für euch. Und bis nächste Woche.«

Nina klappte ihre Gesangsmappe zusammen und verstaute sie in ihrem Rucksack. Sie sah auf ihre Uhr: genau halb acht. Der Bus kam in ein paar Minuten.

»Soll ich Uwe Bescheid sagen?« Kathi setzte ihre Mütze auf. »Er kann dich heimfahren.«

Nina schüttelte den Kopf. »Ist lieb von dir, aber lass man. Ich nehme den Bus.« Sie gab Kathi einen Kuss auf die Wange und umarmte sie.

»Wie du willst. Wär aber echt kein Problem.« Kathi schulterte ihre Tasche.

Nina verabschiedete sich von den anderen Chormitgliedern, verließ gemeinsam mit Kathi den Gemeindesaal und trat auf den Celler Bahnhofsvorplatz. Regen fiel still auf die wartenden Taxis. Ein paar Fußgänger hetzten unter ihren Schirmen über das glänzende Kopfsteinpflaster.

»Dann bis morgen.« Noch einmal umarmte Kathi sie und ging.

Nina zog den Reißverschluss ihrer Daunenjacke bis unters Kinn und lief hinüber zur verwaisten Haltestelle. Im seitlich angebrachten Schaukasten flackerte eine Neonröhre hinter den Fahrplänen. Gegenüber war ein Werbeplakat, auf dem eine überlebensgroße Frau eine Zigarette in der Hand hielt und lachte: »R1 – Ich rauche gern!«

Nina setzte sich auf die Bank, holte ihre Mappe hervor und las erneut den Text. Dietrich Bonhoeffer hatte ihn im Dezember 1944 als Gedicht an seine Verlobte geschrieben; damals war er in Gestapo-Einzelhaft gewesen. Viele Jahre später hatten verschiedene Komponisten die Verse vertont. Als Christina vor ein paar Wochen das erste Mal davon erzählt hatte, war Nina sofort fasziniert gewesen, schon die erste Strophe hatte Sogwirkung gehabt.

Von guten Mächten treu und still umgeben,
behütet und getröstet wunderbar,
so will ich diese Tage mit euch leben
und mit euch gehen in ein neues Jahr.

Der Chor hatte anfangs Schwierigkeiten gehabt, Text und Melodie miteinander in Einklang zu bringen, doch inzwischen haute das super hin. Das Konzert fand in vier Wochen statt, und es waren schon jede Menge Karten verkauft.

Noch will das alte unsre Herzen quälen,
noch drückt uns böser Tage schwere Last.
Ach, Herr, gib unsern aufgeschreckten Seelen
das Heil, für das du uns geschaffen hast.

Großartig. Nina klappte die Mappe zu und steckte sie zurück in den Rucksack.

Wo blieb der Bus? Er musste längst hier sein. Sie schaute noch einmal zur Uhr. Es war gleich zwanzig vor acht.

Sie stand auf und sah sich um. Bei Woolworth waren die Schaufenster hell erleuchtet, aus einer Kneipe daneben drangen

Stimmen. Ein paar wenige Autos waren auf der Straße unterwegs.

Eigenartig. Der Bus hatte nie Verspätung. Er startete von hier aus seine Route über Hambühren bis nach Nienburg.

Nina ging hinüber ins Bahnhofsgebäude. In der hohen Halle dudelte irgendeine Musik. Es waren kaum Menschen da.

Die Uhr über der Reiseanzeige stand auf fünf vor acht. Verdammt. Ihre Armbanduhr ging fast eine Viertelstunde nach. Der Bus war längst weg. Christina hatte die Probe mal wieder überzogen.

So ein Mist. Es gab keinen späteren Bus, und ein Taxi war viel zu teuer. Aus der Jackentasche holte sie zwei Groschen hervor. Mehr Geld hatte sie nicht bei sich. Das konnte doch alles nicht wahr sein.

Sie ging wieder nach draußen. Kathi war längst fort. Nina konnte zu ihr gehen und das Angebot mit Uwe annehmen. Aber Uwe hätte extra aus Hambühren herüberkommen müssen. Der hatte bestimmt Besseres zu tun, und Nina wollte nicht nerven.

Rechts standen Telefonzellen. Nina lief hinüber. Sie warf die zwanzig Pfennig in den Schlitz und wählte. Es tutete in der Leitung. Mama ging nicht dran. Wieso nicht? Sie musste doch zu Hause sein, sie war mittwochs um diese Zeit immer zu Hause. Aber Moment ... Stopp. Mama hatte irgendetwas von Überstunden geredet, die sie in nächster Zeit machen müsse. Ihr Chef hatte das angeordnet.

Nina hängte den Hörer in die Gabel. Sie nahm die beiden Groschen aus dem kleinen Geldrückgabefach und steckte sie zurück in die Jackentasche.

Bis Hambühren waren es neun Kilometer. Neun verdammte Kilometer, und das bei dem Wetter. Was für ein verdammter Mist.

Sie wollte nicht mehr trampen, das hatte sie Mama versprochen. Aber Mama musste ja nichts davon erfahren.

Nina hielt sich ihren Rucksack über den Kopf und ging zur anderen Straßenseite. Es dauerte, bis das erste Auto auftauchte. Sie streckte den rechten Arm aus und hob den Daumen, doch der Wagen fuhr an ihr vorüber. Um diese Uhrzeit war hier wirklich nichts mehr los. Wenn das so weiterging, war sie schon bald nass bis auf die Knochen.

Dann war es vielleicht doch besser, Kathi aufzusuchen und sich von Uwe heimfahren zu lassen. Immerhin hatte sie es angeboten. Aber betteln?

Nina ging die Straße Richtung Hambühren entlang, als ein Wagen direkt neben ihr hielt. Sie drehte sich zur Seite.

Volker winkte hinterm Steuer. Er kurbelte die Scheibe herunter. »Komm rein, ich fahr dich. Du bist ja pitschnass.«

Was suchte er hier? Sie wollte nicht zu ihm ins Auto steigen, sie wollte seine Nähe nicht. Jens würde sicher ausrasten, wenn sie in Volkers Wagen stieg.

Andererseits … Der Regen wurde immer stärker. Neun Kilometer. Auf der Landstraße entlang. Durch finstere Nacht. Oder doch bei Kathi nachfragen? Verdammter Mist …

Sie atmete durch, öffnete die Beifahrertür und setzte sich. Das ganze Auto roch nach Tabac Original. Süßlich, hölzern und trotzdem irgendwie bitter. Die Luft war stickig. Volker hatte sein Hemd bis zur Bauchmitte aufgeknöpft, seine goldene Panzerkette glänzte auf den Brusthaaren. Er hatte sich die breiten Koteletten ein wenig gestutzt.

»Hi.« Er lächelte. Seine Hand lag auf der Gangschaltung, der lange Daumennagel schimmerte beige. »Soll ich dich nach Hause bringen?«

Sie nickte. Sie brauchte ihm gegenüber kein schlechtes Gewissen zu haben. Die Dinge waren, wie sie waren, Volker musste sich damit abfinden. Und wenn er sie nach Hause fahren wollte – bitte. Das änderte an ihrem Entschluss gar nichts.

Jens wartete sicher schon an der Haltestelle in Hambühren und fragte sich, warum sie nicht im Bus gewesen war. Hoffentlich bekam er nicht mit, dass Volker sie fuhr. Nina würde es ihm erzählen. Aber er musste es nicht unbedingt sehen, auch wenn nichts dabei war, sich von Volker helfen zu lassen. Die Sache zwischen ihm und ihr war ein für alle Mal aus, ob Volker es wahrhaben wollte oder nicht. Sie liebte Jens, sie konnte es kaum erwarten, ihn in die Arme zu schließen.

Lass warm und hell die Kerzen heute flammen,
die du in unsre Dunkelheit gebracht,
führ, wenn es sein kann, wieder uns zusammen.
Wir wissen es, dein Licht scheint in der Nacht.

Volker fuhr aus der Stadt. Licht und Schatten flogen im Wechselspiel durch das Wageninnere. Er schaltete das Radio ein und schob eine Kassette in den Schlitz. Irgendeine Instrumentalmusik erklang leise, vermutlich James Last.

Die Scheibenwischer quietschten, während sie über die Windschutzscheibe glitten. Es war eng im Auto, und zu warm war es auch. Nina legte ihre Hand neben ihrem Oberschenkel auf den Sitz. Das Kunstfell fühlte sich rau an. Trotz ihrer Kleidung schien es auf der Haut zu kratzen.

Volker bog nach links in den Schleichweg nach Hambühren ein. Um sie herum war nur Wald. Die Fahrt wurde immer holpriger, der Weg war nicht befestigt. Eigenartig, dass er mit seinem sauberen weißen Wagen ausgerechnet hier entlangfuhr. Sonst ging er kein Risiko ein, dass sein BMW zu viel Dreck oder gar Kratzer abbekam. Er wurde langsamer, lenkte ein Stück nach rechts und hielt unvermittelt an.

»Was ist?«, fragte sie. Er sollte weiterfahren. Sie wollte nicht hier stehen und mit ihm lang und breit über ihre unterschiedlichen Gefühle füreinander sprechen. Es war stockdunkel, nur das Radio und die Instrumente am Armaturenbrett leuchteten.

Er drehte sich zu ihr. »Ich liebe dich, Nina. Mein kleiner Fratz. Und du liebst mich auch, ich weiß es. Das fühle ich.«

Sein Atem roch nach Minze, offenbar hatte er einen Kaugummi im Mund. Er war verrückt geworden. Er steigerte sich in etwas hinein, das es nicht gab. Er tat ihr leid, aber sie hatte keine andere Wahl, als ihm reinen Wein einzuschenken.

»Volker, bitte versteh mich doch. Wir sind zu verschieden, du und ich. Und ich ... Ich liebe dich nicht.«

Er nahm ihre Hand. »Doch, das tust du. Du lässt es nur nicht an dich heran. Nina, du kannst alles von mir haben. Was du willst. Musst es mir nur sagen. Wir wollen doch nach Bibione, oder etwa nicht? Lass uns fahren. Heute Abend noch. Scheiß drauf, was deine Mutter sagt.«

Im November war es auch in Bibione kalt und grau. Sie zog ihre Hand zu sich, aber er hielt sie fest.

»Volker, bitte. Fahr weiter. Wenn du mir einen Gefallen tun möchtest, dann fahr mich nach Haus, und wir reden morgen noch mal in Ruhe, okay?«

Er ließ ihre Hand los, lehnte sich in seinem Sitz zurück und starrte durch die Windschutzscheibe in die Dunkelheit.

Die Luft aus dem Gebläse war trocken und roch nach Moos und faulem Laub.

»Was ist jetzt«, fragte sie. »Warum sagst du nichts?«

Er lächelte und starrte weiter nach vorn. Geigen und Trompeten und ein Chor säuselten leise eine langsame Melodie aus den Lautsprechern. Furchtbare Musik, aber Nina traute sich nicht, sie auszuschalten.

Volker drehte seinen Kopf zu ihr, seine Augen glänzten, seine Lippen waren feucht.

Nina schüttelte den Kopf. »Tut mir leid für alles.«

»Du verstehst das nicht«, sagte er. »Was wir haben, ist etwas ganz Besonderes. Wir sind füreinander bestimmt. Das habe ich vom ersten Moment an gespürt.«

Nichts war besonders, gar nichts. Höchstens, dass er vierzehn Jahre älter war als sie und immer noch bei seinen Eltern wohnte.

»Volker, versteh mich doch. Ich bin jetzt mit Jens zusammen. Ich habe mich in ihn verliebt. Und dieses Gefühl – das habe ich bei dir nicht. Sei mir nicht böse, bitte, aber es ist so.«

Er drehte sich von ihr weg, sah auf seine Fingernägel. Sie waren wie immer sauber und gepflegt.

»Jens ist nicht der Richtige für dich, und das weißt du. Er wird dir niemals das geben können, was ich dir gebe.«

Was sollte Volker ihr schon geben können? James-Last-Platten vielleicht. Oder Zigaretten bis an ihr Lebensende. Wenn Jens doch jetzt nur hier gewesen wäre. Er hätte Nina aus dem Wagen geholt und Volker ein paar Takte erzählt.

»Volker, bitte, fahr mich nach Haus. Jens wartet auf mich. Ich bin schon zu spät. Er wird sich sicher fragen, wo ich bleibe.«

Im Auto wurde es enger. Die Seitenwände und der Himmel schienen sich zusammenzuziehen.

»Ich werde gut für dich sorgen, das verspreche ich dir.« Auf Volkers Stirn stand Schweiß. Er schaltete das Radio aus. »Ich weiß, dass du James Last und Schlager nicht magst. Aber das ist kein Problem. Wir können deine Musik hören. Was immer du willst. Und ich werde Klarinette spielen, nur für dich.«

Als kam es auf die richtige Musik an. Das konnte unmöglich sein Ernst sein. Er verstand wirklich nichts.

»Bitte fahr jetzt weiter!«

Er drehte sich wieder zu ihr. »Meine Mutter mag dich auch. Sehr sogar. Weißt du das eigentlich? Sie sagt, du bist ein tolles Mädchen. Willst du ihr wirklich das Herz brechen? Dann musst du zu ihr fahren und es ihr persönlich sagen. Du muss es ihr ins Gesicht sagen. Willst du das?«

Seine Mutter hatte Nina zwei- oder dreimal gesehen, und das nur, als Nina sich im Flur verabschiedet hatte.

»Deine Mutter kennt mich doch überhaupt nicht.«

Er holte Luft und streichelte ihre Wange. »Meine Nina. Du weißt noch so wenig von der Welt. Aber ich werde sie dir zeigen. Ich weiß, was gut für dich ist. Du bist mein kleiner Fratz. Ich werde immer auf dich aufpassen. Niemand wird dir etwas tun. Auch kein Jens.«

Er war völlig übergeschnappt. »Ich weiß selber, was gut für mich ist.« Sie schob seine Hand von sich weg.

»Du bist so niedlich«, sagte er. »Ich liebe dich. Und das werde ich dir zeigen. Jetzt. Jetzt mache ich dich zu einer richtigen Frau.« Er packte ihren Arm.

Sein Griff war fest und tat weh.

»Lass das.« Sie versuchte sich loszureißen, aber er war zu stark. Er beugte sich zu ihr, wollte sie küssen. Sie drehte ihren Kopf zur Seite. Er ließ sich davon nicht beirren und leckte ihr über die Wange. Seine Koteletten waren hart wie Borsten. Er führte ihre Hand zwischen seine Beine, sein Penis war steif.

Das hier passierte nicht wirklich. Das war nur ein schlechter Traum. Aber in einem schlechten Traum roch es nicht nach Tabac Original, es roch nach überhaupt nichts.

Nina schrie. Sie schrie und warf ihren Oberkörper hin und her. Doch er packte sie mit beiden Händen. Sie presste Volker ihre rechte Hand ins Gesicht, drückte, so gut sie konnte, seinen Kopf von sich fort. Aber er schob sich weiter an sie heran. Er riss an ihrer Jacke, öffnete den Reißverschluss ein Stück weit und griff nach ihren Brüsten. Er massierte, er quetschte sie zusammen. Der Schmerz zog sich bis in ihren Unterleib.

»Du liebst mich«, sagte er. »Du liebst mich.«

Die Türklinke. Wo war die gottverdammte Türklinke? Da, Nina bekam sie zu fassen. Sie zog am Hebel, die Tür öffnete sich. Volker starrte Nina an. Sie schlug ihm mit der Faust ins Gesicht. Er schrie auf. Sie konnte sich aus seinem Griff befreien, strampelte sich mit den Beinen frei und rollte sich aus dem Wagen auf den matschigen Waldboden. Sie stand auf und rannte los.

»Nina«, schrie er.

Sie schaute kurz nach hinten. Er stieg aus dem Wagen und lief hinter ihr her. Der Boden war rutschig und uneben. Sie sah kaum die Hand vor Augen.

Ein Stein – Nina stolperte und fiel hin. Sie robbte durch das nasse, klebrige Laub, versuchte, wieder auf die Beine zu kommen. Doch da warf Volker sich von hinten auf sie und drückte sie zu Boden. Sie konnte sich auf den Rücken drehen, aber sein Körper war schwer. Nina bekam keine Luft. Sie wollte schreien, doch Volker drückte seine Lippen auf ihre. Sie hielt ihren Mund geschlossen. Volker wollte seine Zunge hineinschieben.

»Du gehörst mir«, flüsterte er. »Mir allein.«

Sie drehte ihren Kopf zur Seite und schrie. »Hilfe! Hilfe!« Mit ihren Beinen und ihrem Becken bäumte sie sich auf, stemmte sich gegen ihn, aber sie konnte ihn nicht von sich wegstoßen.

Er richtete sich ein Stück auf und verpasste ihr mit der rechten Hand eine Ohrfeige. Der Schlag traf ihre Wange so heftig, dass sich ein Rauschen in ihren Ohren ausbreitete.

Er holte aus und schlug von der anderen Seite. Ihr Kopf schleuderte nach links. Nina verschwamm alles vor Augen.

»Lass mich das nicht tun müssen«, sagte er, und es hörte sich an, als würde er dabei schluchzen.

Sie musste sich ihm hingeben, sonst würde er sie womöglich

totschlagen. Sie musste ihn gewähren lassen, wenn sie hier irgendwie rauskommen wollte.

Nina bewegte sich nicht mehr. Volker sah sie an. Er lächelte. Er richtete seinen Oberkörper auf und streichelte ihr Gesicht. Langsam öffnete er den Reißverschluss ihrer Jacke. Sein gescheiteltes Haar troff vom Regen. Er zog ihr die Jacke aus, die zwei Groschen fielen aus der Tasche ins Gras. Er öffnete ihre Bluse, griff hinter ihren Rücken und löste den Verschluss ihres BHs.

Nina zitterte. Der Boden und der Regen waren eisig. Volker beugte sich herab und schob sein Gesicht zwischen ihre Brüste. Seine Koteletten kratzten.

Tränen rannen Nina aus den Augen. Sie hörte Regentropfen, die auf nasses Laub plätscherten. Das Zittern verschwand. Nina spürte sich nicht mehr. Sie hörte nur noch Gesang, sie hörte den Chor.

Von guten Mächten wunderbar geborgen,
erwarten wir getrost, was kommen mag.
Gott ist bei uns am Abend und am Morgen
und ganz gewiss an jedem neuen Tag.

Christina klatschte in die Hände. Es war eine gute Probe gewesen. In vier Wochen war das Konzert.

37.

I did it my way

November 2023

Die Tage werden kürzer, die Schatten dafür länger. Bäume haben ihre rotgelben Laubmäntel fast abgelegt, er klebt auf Straßen und Gehsteigen, und im Park spielen lachende Kinder in den zusammengeharkten Blätterbergen. Der November zeigt sich von einer ungewöhnlichen Seite: einer goldenen. Selbst in Lüneburg schafft es die Sonne, die Luft auf sechzehn oder siebzehn Grad zu erwärmen. Ein schöner Tag, trotz allem.

Anne steht vor dem Hallentor, von dem Klaus in seinem Brief geschrieben hat. Sie hält den Brief in der Hand und liest die Zeilen wieder und wieder. Er ist verrückt, aber er meint es ernst. Nick hat ihr damals kommentarlos die Zigarrenkiste gegeben. Es war noch in der Nacht, als März auf dem Revier in U-Haft kam – fast schon wieder ein Jahr her.

Anne hat auch den Zeitungsartikel aus dem *Lüneburger Anzeiger* bei sich. Die Presse war gestern voll mit einem einzigen Thema; das Urteil des Bundesverfassungsgericht vom 31. Oktober 2023 auf allen Kanälen. Überall wurde berichtet, nicht nur in den Zeitungen, auch im Radio und sogar im Fernsehen. Sie hat den Artikel aus dem Anzeiger ausgeschnitten und in die Hosentasche geschoben, aus welchem Grund auch immer. Vielleicht als eine Art Warnung. Oder weiß der Geier, warum.

Sie steckt den Schlüssel ins Schloss und dreht ihn herum. Der Schließmechanismus ist etwas schwergängig und scheint eingerostet zu sein, aber er funktioniert noch. Anne drückt die Klinke nach unten und schiebt das Tor rauf.

Die Luft in der Halle ist warm und riecht nach Motoröl und Benzin. Das Tor pendelt ein Stück Richtung Boden zurück, ein Spalt bleibt offen.

Da steht er, auf glänzendem Fliesenboden: der Ur-Elfer. Das Auto, das Klaus sein halbes Leben gepflegt und gestreichelt hat. In das er ein Vermögen gesteckt, das er wahrscheinlich dreimal auseinandergebaut und wieder zusammengesetzt und dennoch nie zum Laufen gebracht hat. Die Diva, sein Schmuckstück, das Auto mit den tausend Kosenamen, die allesamt die Realität verleugneten – die Realität, dass es immer ein Groschengrab war.

Dennoch, Klaus hat es geliebt. Oder vielleicht gerade deshalb. Ein Auto, das zum Fahren nicht taugt. Ein Auto als Wunsch. Ein Gedanke, ein Gefühl, ein Ausbruch aus dem Hier und Jetzt. Vielleicht war es völlig egal, ob es fuhr oder nicht.

Der rote Lack glänzt, auch wenn er mit einer dünnen Staubschicht gepudert ist. Anne öffnet die Fahrertür. Holzlenkrad, beige Kunstledersitze, die Schaltkulisse mit einer Aluminiumplatte eingefasst. Alles ist sauber und strahlt. Das Armaturenbrett mit Drehzahlmesser in der Mitte, ein Radio mit dicken Knöpfen zum Drehen und Drücken.

Klaus hat oft von seinen Tagen hier in der Garage erzählt. Zusammen mit Hans Larsen hat er geschraubt und gewerkelt, und vermutlich war es beiden weit weniger darum gegangen, den Wagen zum Laufen zu bekommen, als Zeit miteinander zu verbringen. Zeit unter Freunden.

Als Anne gegenüber Klaus irgendwann einmal erwähnte, ein alter Porsche sei ein Traum, den sie sich wahrscheinlich nie werde erfüllen können, hat sie das eher beiläufig gesagt. Er jedoch hat es sich offenbar gemerkt, und jetzt steht Anne hier und streicht mit der Hand über das Autodach – über das Dach eines Porsche 911. Über das Dach *ihres* Porsche 911. Unweigerlich muss sie den Kopf schütteln. Über sich. Über Klaus. Über alles, was passiert ist. Eine bescheuerte Situation.

Klaus hat geschrieben, der Motor sei neu. Er hat ihn irgendwann vollständig austauschen lassen, als niemand mehr Rat wusste, wie man die Kiste sonst zum Fahren bekommen würde.

Sie setzt sich ans Steuer. Der Sitz gibt etwas nach und knarzt. So muss es sein. So muss sich das anhören. Ihre Hände sind ganz feucht. Das Holzlenkrad ist glatt, der Klarlack ist neu, er hat keinerlei Macken. Sie schaltet das Radio ein und dreht am Sendersuchlauf, bis das Rauschen aufhört.

Ausgerechnet, denkt sie. Ausgerechnet Sinatra, *I did it my way*.

Das Tor öffnet sich. Im Gegenlicht erkennt Anne nicht gleich, wer in die Halle tritt. Doch als er näher kommt, schießt ihr Hitze ins Gesicht. Sie schaltet das Radio aus und steigt aus dem Wagen.

»Was machst du denn hier?«, fragt sie.

»Das war die letzte Möglichkeit, wo ich dich finden kann.« Nick lächelt.

Anne umarmt ihn, und er tut es ihr gleich. Seine Hände auf ihrem Rücken. Sie fühlen sich gut an.

Er löst sich von ihr, tritt auf den Elfer zu und streicht über das Dach, so wie sie es eben getan hat.

»Das ist jetzt also deiner? Ich gratuliere. Klaus erzählt bis heute mit leuchtenden Augen davon.« Nick setzt sich auf den Fahrersitz.

Anne kann sich nicht helfen, aber sie muss sich eingestehen, dass der Wagen besser zu Nick als zu ihr passt. Sie hat sich nie wirklich viel aus Autos gemacht, auch wenn der Elfer wunderschön ist. Klaus hat es gut gemeint, als er ihr den Wagen vermacht hat, nur kann sie damit eigentlich nichts anfangen. Bei dem Gedanken bekommt sie ein schlechtes Gewissen. Aber

Klaus mag Nick auch. Er hätte sicher nichts dagegen, wenn sie Nick öfter mal fahren lässt.

»Hier«, sagt sie und hält ihm den Schlüssel hin.

»Wie?«

»Du fährst. Und ich mache Musik. Deal?«

Er lacht, nimmt den Schlüssel an sich und steckt ihn ins Zündschloss. Anne schiebt das Tor nach oben. Die Sonne des späten Nachmittags ist noch warm.

Der Motor springt sofort an, ein Röhren und Blubbern erfüllt die Halle. Nick fährt raus auf die Straße. Anne schließt das Tor und steigt zu ihm. Der Sitz vibriert, aber Nick fährt noch nicht los.

»Was ist?«, fragt sie.

Er dreht sich zu ihr. »Tut mir leid für alles. Die Sache mit diesem Jobst Benrath ... Damit konnte keiner rechnen. Warum hast du ihn nie erwähnt?«

Der alte Jobst. Gezittert hat er am ganzen Leib, als er seine Aussage machte.

»Ich war unvorsichtig«, sagt sie. »Ich hätte es besser wissen müssen. Aber was soll's. Es ist, wie es ist. Du bist jedenfalls der Letzte, der irgendetwas dafürkann.«

Nick lächelt. »Es ist vorbei. Du hast alles versucht. Und Benrath, der arme Kerl – der hätte am liebsten für dich gelogen.«

»Diese scheiß Tür«, sagt sie.

»Was für eine Tür?«

»Die Metalltür zum Kühlraum. Es musste alles schnell gehen. Ich hab sie nur angelehnt. März muss gehört haben, als ich Benraths Namen nach draußen gerufen habe. Ich Vollidiotin.«

»Hör auf, Anne. Vergiss die ganze Sache. Es ist vorbei. Mach einen Haken dran. Benrath ist da in was reingeschlittert, wofür er nichts konnte.«

Nick hat recht. Jobst Benrath kann einem leidtun. Er wollte

Anne nicht schaden, ganz sicher nicht. Aber was hätte er im Gerichtssaal aussagen sollen? Er hatte sie an jenem Tag im alten Bahnhofsgebäude gesehen. Nur darauf kam es an. März' Entführungsgeschichte war damit plausibilisiert, seine Aussage war plötzlich wieder glaubhaft. Wie gewonnen, so zerronnen. Leben und lernen.

Anne lehnt sich im Sitz zurück, das Leder knarzt. »Lass uns die Sache vergessen. Lass uns abhauen!«

»Okay«, sagt Nick. »Aber dennoch ... Ich möchte dich ... Ich möchte dich um Verzeihung bitten.«

»Verzeihung? Wofür?«

Er holt Luft. Er räuspert sich, schaut einen Moment auf seine Fingernägel. »Anne ... Es hat nicht viel gefehlt, und ich hätte auch gegen dich ausgesagt.« Er kaut auf seiner Unterlippe. »Wir sind Polizisten, und deine Aktion mit März ... na ja, die wird nicht gerade in die Lehrbücher für vorbildliche Polizeiarbeit eingehen. Um ehrlich zu sein, hatte ich Schiss, zusammen mit dir aufzufliegen ... Der Wallat hat alles gewusst. Der hat die Paulsen gedeckt und so weiter. Du weißt, was ich meine. Aber dann ... Dann habe ich dich gesehen, nachdem ich mit Klaus gesprochen hatte und deine Geschichte kannte. Die Verzweiflung in deinen Augen, deine Fassungslosigkeit. Da habe ich mit mir gerungen, hab mich gefragt, was ich an deiner Stelle getan hätte.«

»Und, was hättest du getan?«

Nicks Schale ist rau, das gehört sich für einen Bullen. Aber sein Kern, der ist weich. Der Mann ist authentisch, das hat Anne schon immer an ihm gemocht.

Er wischt sich mit der Hand übers Kinn. »Ich habe mich an mich selbst erinnert. An einen kleinen ... Vorfall. Im letzten Herbst. Zwei ältere Jungs hatten meinem elfjährigen Neffen auf dem Schulweg aufgelauert und wollten Geld von ihm haben.

Als er ihnen gesagt hat, er hätte keines dabei, haben sie ihn zusammengeschlagen. Einfach so. Auf offener Straße. Am hellichten Tag. Meine Schwester hat mich angerufen, ich bin sofort hin. Sie hatten ihm das Nasenbein gebrochen, der kleine Kerl sah furchtbar aus. Wir sind zum Arzt, und dann – ein paar Tage später – hat er mir die beiden Typen gezeigt. Ich bin raus aus dem Auto, auf die zwei zu und hab sie mir vorgenommen. Danach haben sie auch einen Arzt gebraucht. Aber eines ist seitdem geklärt: Die zwei fassen meinen Neffen nie wieder an, das schwör ich dir.«

Ja, das wird so sein, das glaubt Anne ihm. Manchmal muss man die Dinge eben selbst in die Hand nehmen – ihr Credo. Und ein weicher Kern kann schneller verletzt werden als ein harter.

Sie dreht sich zu ihm, beugt sich hinüber und küsst ihn. Sie küsst ihn lange, während er ihr Gesicht streichelt.

Als sie den Kuss unterbricht, schaut sie ihm in die Augen. Sie sind braun, das ist ihr noch nie aufgefallen. Sie sind schön, warm. Anne möchte sie öfter so nah sehen.

»Fahr los«, sagt sie. »Bring mich hier weg.«

Nick küsst sie noch einmal, bevor er den Gang einlegt. Die Reifen quietschen, als er abfährt.

Was ist Schuld? Sie ist nichts weiter als vorwerfbare Verantwortung, sie ist »persönliches Dafürkönnen« für begangenes Unrecht. Im Grunde ist es Unfug, einen anderen Menschen um Entschuldigung zu bitten. Die Tat wird dadurch nicht ungeschehen. Sie bleibt für immer, selbst wenn die Entschuldigung angenommen wird. Anne hat das nie verstanden. Für sie ist eine Entschuldigung etwas, womit Unmögliches von ihr verlangt wird. Nick sieht das genauso. Er ist feinsinnig in solchen Dingen, denkt und empfindet ähnlich wie sie. Deshalb hat er sie nicht um Entschuldigung, sondern um Verzeihung gebeten. Das ist etwas ganz anderes. Jemandem etwas verzeihen – das ist möglich. Wer um Verzeihung bittet, dem kann vergeben werden, obwohl die Tat bleibt, obwohl das Unrecht fortbesteht.

Volker März wird Anne mit Sicherheit nicht um Verzeihung bitten, und sollte er es doch tun – sie wird ihm für den Rest ihres Lebens keine Absolution erteilen. Das Recht darauf hat er auf ewig verwirkt, selbst wenn er ein freier Mann ist. Unschuldig ist er nur nach dem Gesetz. Anne ist weiß Gott kein gläubiger Mensch. Aber in diesem Augenblick denkt sie: *Auch du, Volker März, wirst eines Tages vor deinen Schöpfer treten und dich zu verantworten haben. Leb so lange weiter, werd so alt, wie du willst. Aber Seelenfrieden, glaub mir, Seelenfrieden wirst du nicht finden. Nicht bis zum Jüngsten Tag. Deine Schuld bleibt für immer.*

Anne sieht Nick von der Seite an. Er konzentriert sich auf die Straße. Die Nacht mit ihm, damals in seiner Wohnung – sie war schön.

Nick Wallat, ich mag dich. Sehr sogar.

»Wo möchtest du hin?«, fragt er irgendwann.

Die Antwort ist nicht schwierig: Wo soll sie schon hinwollen? »Nach Bensersiel ... Hast du so viel Zeit? Ich würde gern nach Bensersiel fahren.«

Mutter weiß nicht, dass Anne kommt. Sie wird sich freuen. Und Anne sowieso. Wer weiß, vielleicht backen die beiden zusammen ein paar Pfannkuchen. Pfannkuchen mit Pflaumenmus. Anne hat sie ewig nicht gegessen.

Nick sagt: »Jetzt mach endlich Musik.«

Es dauert eine Weile, bis sie raus sind aus der Stadt. Aber dann, auf der Bundesstraße Richtung Westen, wird der Verkehr weniger. Abgeerntete Felder ziehen vorüber, ein Spalier Pappeln und manchmal Bauernhöfe mit langen Einfahrten und großen reetgedeckten Häusern.

Der sanfte Fahrtwind weht durchs offene Fenster und greift Anne ins Haar. Sie nimmt den Zeitungsartikel aus der Hosentasche und faltet das Papier auseinander.

Anne P., eine einundfünfzig Jahre alte Kriminalhauptkommissarin, ist wegen Geiselnahme zu einer Freiheitsstrafe von zwei Jahren auf Bewährung verurteilt worden. Das ist die Strafe, die das Amtsgericht Lüneburg für tat- und schuldangemessen erachtet. Strafmildernd hat es berücksichtigt, dass sie Volker M. in dessen Lebenskreis – wie es im Gesetz heißt – hat zurückgelangen lassen. Aus dem Beamtenverhältnis wird sie fristlos entlassen, sie verliert ihre sämtlichen Pensionsansprüche. Nach der Urteilsverkündung, als sich alle anderen im Saal längst erhoben haben, saß sie starr auf ihrem Platz. Ihr Blick hatte sich verloren in der Leere des Moments.

Volker M. hat ein siebzehnjähriges Mädchen vergewaltigt und anschließend mit einer Vielzahl von Messerstichen ermordet. Seine Schuld an der Tat steht fest, der DNA-Beweis, den das Landeskriminalamt Niedersachen bereits 2012 geführt hat, ist eindeutig. Der Gesetzgeber besserte nach und verabschiedete im Dezember 2021 eine neue Regelung (§ 362 Nr. 5 StPO), auf deren Grundlage ein Strafverfahren auch zuungunsten eines rechtskräftig Freigesprochenen wieder aufgenommen werden kann, wenn – wie im Fall des Volker M. – neue Beweise eine Verurteilung hoch wahrscheinlich machen. M. kam daraufhin im Januar 2022 – mehr als vierzig Jahre nach der Tat – erneut in Untersuchungshaft, wehrte sich jedoch dagegen mit einer Verfassungsbeschwerde und einem Eilantrag beim Bundesverfassungsgericht.

Die Karlsruher Richter gaben dem Eilantrag statt. Begründung: Es sei nicht auszuschließen, dass die Neuregelung der Wiederaufnahme eines Strafverfahrens zuungunsten eines Freigesprochenen verfassungswidrig sei. Es sei mit dem Grundgesetz voraussichtlich unvereinbar, einen Menschen einem zeitlich unbegrenzten Strafverfolgungsrisiko auszusetzen. Die Rechtssicherheit und der Rechtsfriede stünden über dem Streben nach materieller Gerechtigkeit im Einzelfall. Volker M. kam im Juli 2022 auf freien Fuß.

Nun hat das Gericht im Hauptsacheverfahren entschieden (Urteil vom 31.10.2023, 2 BvR 900/22) und die Neuregelung in § 362 Nr. 5 StPO für verfassungswidrig erklärt. In der mündlichen Urteilsbegründung hieß es, ein Freispruch sei ein Freispruch und kein Freispruch unter Vorbehalt. Darauf könne und dürfe sich in einem Rechtsstaat ein jeder verlassen – selbst dann, wenn später neue Beweise seine Schuld nahelegten. Damit bestätigte das Gericht, was es bereits im vorangegangenen Eilverfahren durchblicken ließ: Die Rechtssicherheit im Allgemeinen steht über der materiellen Gerechtigkeit im Einzelnen.

Volker M., ein nachgewiesener Mörder, kann damit für seine Tat nicht mehr verurteilt werden. Er ist ein freier Mann. Er wird ein freier Mann bleiben.

Anne zerknüllt das Papier und wirft es aus dem Fenster.

»Wie geht es dir?«, fragt Nick.

Sie fahren der untergehenden Sonne entgegen, die Luft wird kühl. Aber morgen ... morgen ist ein neuer Tag. Er soll sogar noch etwas wärmer werden als heute. Wirklich verrückt für Anfang November.

Anne lässt sich in den Sitz zurückfallen und schließt die Augen. Sie hat getan, was getan werden musste. Sie würde es wieder tun. Es war richtig. *I did it my way.*

Die Tage werden kürzer, die Schatten dafür länger. Aber es

sind keine Schatten der Vergangenheit. Sie gehen fort, sie lösen sich auf. Im Licht, das vor ihr liegt. Im Weiß am Horizont, einem Weiß, das nie klarer war, klarer und freundlicher als heute.

Sie greift nach Nicks Hand und drückt fest zu. »Fahr schneller«, sagt sie.

Und Nick ... Nick beschleunigt.

– Ende –

Nachwort

Als ich mich zum ersten Mal näher mit dem Fall der Frederike von Möhlmann befasst habe – das war im Sommer 2021 –, war ich erst sprachlos, dann wütend und wurde schließlich neugierig darauf, wie eine Rechtsfrage dieser Dimension gelöst werden kann. Das Thema ließ mich nicht mehr los, und irgendwann war die Idee für den vorliegenden Roman geboren.

Frederike, eine damals siebzehnjährige Schülerin, wollte am Abend des 4. November 1981 gegen halb acht im Anschluss an ihren Musikunterricht in der Celler Stadtkantorei – vermutlich als Anhalterin – nach Hause fahren. In ihrem Heimatort Hambühren kam sie jedoch nie an. Vier Tage später wurde ihre Leiche in einem nahe gelegenen Waldstück gefunden. Sie war vergewaltigt und anschließend vom Täter mit einer Vielzahl von Messerstichen ermordet worden.

Als Tatverdächtiger wurde Ismet H. ermittelt, ein junger Mann aus Celle. Das Landgericht Lüneburg verurteilte ihn am 1. Juli 1982 zu lebenslanger Haft. Der Bundesgerichtshof hob das Urteil jedoch wegen Mängeln in der Beweisführung auf – was durchaus häufiger vorkommt und Frederikes Fall noch nicht zu einem besonderen macht – und verwies den Fall an das Landgericht Stade, das Ismet H. 1983 freisprach. Ein wichtiges Beweismittel stellten Reifenspuren am Tatort dar; es war jedoch umstritten, ob diese vom Wagen des Angeklagten stammten. Zudem genügten den Richtern Stofffaserreste an der Kleidung des Mädchens nicht als Beweis, um den Angeklagten zu verurteilen.

Dass der juristische Weg danach noch rund vier Jahrzehnte –

also bis heute – weitergehen sollte, war vor allem Frederikes Vater, Hans von Möhlmann, zu verdanken. Auf sein Drängen hin wurden 2012 die Beweisstücke durch das Landeskriminalamt Niedersachsen erneut untersucht. Eine – in den 1980er Jahren technisch noch nicht mögliche – DNA-Untersuchung von Spermaspuren auf einem Stück Toilettenpapier im Slip der Getöteten ergab eine Übereinstimmung mit der DNA von Ismet H. Zu einer Wiederaufnahme des Strafverfahrens kam es allerdings nicht, da eine solche nach § 362 a. F. Strafprozessordnung (StPO) nur unter sehr engen Bedingungen möglich war und kein Geständnis von H. vorlag. Hans von Möhlmann startete daraufhin eine Petition und sammelte mehr als 180.000 Unterschriften, um die Vorschrift in der StPO durch den Gesetzgeber ändern zu lassen. Diese Änderung bzw. Erweiterung fand dann tatsächlich im Dezember 2021 statt. Der neu eingeführte § 362 Nr. 5 StPO ermöglicht seither eine Wiederaufnahme auch dann, wenn neue Tatsachen oder Beweismittel beigebracht werden, die allein oder in Verbindung mit früher erhobenen Beweisen dringende Gründe dafür darstellen, dass der freigesprochene Angeklagte wegen Mordes verurteilt werden könnte.

Die Staatsanwaltschaft Verden beantragte daraufhin im Januar 2022 die Wiederaufnahme des Strafverfahrens gegen H. Mit Beschluss vom 25. Februar 2022 erklärte das Landgericht Verden die Wiederaufnahme für zulässig und ordnete gegen H. Untersuchungshaft wegen Fluchtgefahr an. Diese Entscheidung wurde durch Beschluss des Oberlandesgerichts Celle im April bestätigt. Der Verdächtige legte daraufhin Verfassungsbeschwerde beim Bundesverfassungsgericht ein und beantragte eine einstweilige Anordnung zur Aufhebung der Untersuchungshaft.

Hans von Möhlmann verstarb im Juni 2022. Kurz darauf, am 14. Juli 2022, entschied das Bundesverfassungsgericht im Eilverfahren, dass Ismet H. unter Auflagen aus der Untersuchungshaft zu entlassen sei, da Zweifel an der Verfassungsmäßigkeit der Neuregelung der StPO bestünden und es demgemäß möglich erscheine, dass die Verfassungsbeschwerde im Hauptsacheverfahren Erfolg haben könnte. Infolge dessen kam H. auf freien Fuß.

Um zumindest ein wenig Genugtuung zu erlangen, hatte Frederikes Vater 2015 beim Landgericht Lüneburg eine zivilrechtliche Schmerzensgeldklage gegen H. eingereicht. H. berief sich dabei auf Verjährung, worin ihm das Gericht folgte und die Klage deshalb im September 2015 abwies. Das Urteil wurde zwar im April 2016 vom Oberlandesgericht Celle bestätigt, jedoch stellte der dortige Zivilsenat in der Sachverhaltsdarstellung zu Beginn der Urteilsbegründung als Tatsache fest, dass H. »die Tochter des Klägers im November 1981 vergewaltigt und anschließend getötet hat«. Weiter heißt es dort: »Der Beklagte vergewaltigte und tötete [...] die Tochter des Klägers in dem Tatzeitraum vom 4. November 1981 18:00 Uhr und 5. November 1981 06:00 Uhr.«

Im vorliegenden Roman habe ich mich weitgehend an diese Prozesshistorie gehalten. Frei erfunden sind hingegen die Figuren und ihre Beziehungen zueinander. So ist im realen Fall insbesondere nichts von einem persönlichen Näheverhältnis zwischen Täter und Opfer bekannt.

Auch die Polizistin, Anne Paulsen, ist reine Fiktion. Ihr Versuch, mittels Folter ein Geständnis zu erpressen, ist von dem Fall des ehemaligen Frankfurter Vizepolizeipräsidenten *Wolfgang Daschner* inspiriert, der 2002 *Magnus Gäfken* Gewalt androhen ließ, um ihn dazu zu bringen, den Aufenthaltsort des von ihm entführten *Jakob von Metzler* preiszugeben. Auch hier prallen die Fragen von Recht und Gerechtigkeit aufeinander:

Darf der Rechtsstaat Foltermethoden anwenden, um das Leben eines Menschen zu retten?

Im Hauptsacheverfahren erklärte das Bundesverfassungsgericht mit Urteil vom 31.10.2023 die Neuregelung in § 362 Nr. 5 StPO endgültig für verfassungswidrig. Die Rechtssicherheit im Allgemeinen wiege verfassungsrechtlich schwerer als die materielle Gerechtigkeit im Einzelfall. Damit bleibt Ismet H. – obschon seine Schuld am Mord nachgewiesen ist – auf Dauer ein freier Mann. Für diese Tat jedenfalls darf er nicht noch einmal strafrechtlich verfolgt oder belangt werden.

Nach Art. 103 Abs. 3 GG dürfe niemand wegen derselben Tat mehrmals bestraft bzw. verfolgt werden, so das Gericht in der mündlichen Urteilsbegründung. »Das ist absolut«, betonte die Vorsitzende des Zweiten Senats beim Bundesverfassungsgericht, Doris König. Sie verwies auf den Vertrauensschutz, den Freigesprochene genössen: »Dieser weitreichende Vertrauensschutz beruht darauf, dass ihm unbedingter Vorrang gegenüber den grundsätzlich berechtigten Korrekturinteressen zukommt, die der Gesetzgeber ansonsten berücksichtigen könnte.« Zugleich sagte sie aber auch, dem Senat sei bewusst, »dass diese Entscheidung für die Familie schmerzhaft und gewiss nicht leicht zu akzeptieren ist«. Doch habe der Einzelfall – so tragisch er sein möge – hinter dem generellen Rechtsschutz der Verfassung zurückzutreten.

Die Entscheidung fiel nicht einstimmig aus. Von den acht Richtern im Senat hatten zwei deutlich gemacht, dass sie der Auffassung der Senatsmehrheit nicht folgen könnten und sich ein anderes Ergebnis gewünscht hätten.

Das Land Niedersachsen muss Ismet H. für seine entstandenen Kosten und für die Zeiten in der Haft eine Entschädigung zahlen. Über die Höhe war zum Zeitpunkt der Drucklegung dieses Romans nichts bekannt.

Siegfried Lenz hat einmal gesagt, er brauche Geschichten, um die Welt zu verstehen. So geht es mir auch, selbst wenn ich – wie in Frederikes Fall oder dem meiner erdachten Anne Paulsen – noch immer mehr Fragen als Antworten habe. Aber vielleicht ist es das, was das Geheimnis ausmacht: Nicht die Erkenntnis ist es, die uns antreibt, sondern der Weg dorthin. Steinig ist er, dieser Weg, aber er ist auch ein guter – lässt er doch den kritischen Diskurs nicht verebben. Und bei all dem bleibe ich zuversichtlich: Nur durch ebendiesen Diskurs, nur durch die kritische Auseinandersetzung mit den Themen unserer Zeit bleibt unser Rechtsstaat verlässlich – im besten Fall mit Antworten, mit denen wir alle leben können.

Markus Thiele, November 2023

Danksagung

Ja, es stimmt: Ich habe dieses Buch ganz allein geschrieben. Und genauso stimmt es nicht. Denn ohne helfende Hände (und Köpfe) wäre es schlicht und ergreifend nicht zustande gekommen. Da ist zum einen die wunderbare Charlotte Körber zu nennen, die seinerzeit für meine Literaturagentur – Kossack in Hamburg – ganze dreißig Minuten gebraucht hat, um mich nach Erhalt von Exposé und Textprobe anzurufen und mir einen Vertretungsvertrag anzubieten. Ihre Begeisterung am Telefon habe ich bis heute im Ohr, und ihr Engagement bei der Suche nach einem geeigneten Verlag war herausragend. Sie hat den Funken weitergetragen, er sprang über auf meine – nicht weniger wunderbare – Lektorin Gerke Haffner, die für den Lübbe-Verlag Potential sah und zugeschnappt hat. Deine anschließenden Hinweise und Ideen zum Text, liebe Gerke, waren unendlich wertvoll.

Und dann ist da ... meine Frau. Meine einzigartige, atemberaubende, meine verrückte, durchgeknallte und so unglaublich kluge und feinsinnige Ehefrau Marion Talmeier. Ihr hat Volker März das Aaleangeln und den langen Daumennagel zu verdanken. Sie war es, die ihn zum Zigarettenautomatenauffüller gemacht hat und die mich auf den *Wartesaal* in einem verlassenen Bahnhof brachte. Stundenlange Gespräche, Spaziergänge. Abende mit Wein und Text, Morgende mit Kaffee und Text. Immer da, nie genervt, immer bereit für einen Feinschliff am Romanpersonal oder dem Sujet – eine Hilfe, für die ich nicht genug Worte finde, um meinen Dank auszudrücken. Doch vielleicht braucht es gar nicht so viel Worte, vielleicht braucht es nur drei. Ich liebe Dich.

Die Community für alle, die Bücher lieben

Das Gefühl, wenn man ein Buch in einer einzigen Nacht verschlingt – teile es mit der Community

In der Lesejury kannst du
- ★ Bücher lesen und rezensieren, die noch nicht erschienen sind
- ★ Gemeinsam mit anderen buchbegeisterten Menschen in Leserunden diskutieren
- ★ Autoren persönlich kennenlernen
- ★ An exklusiven Gewinnspielen und Aktionen teilnehmen
- ★ Bonuspunkte sammeln und diese gegen tolle Prämien eintauschen

Jetzt kostenlos registrieren: www.lesejury.de

Folge uns auf Instagram & Facebook:
www.instagram.com/lesejury
www.facebook.com/lesejury